2016中国经济社会发展
形势与对策
——国务院研究室调研成果选

黄守宏　主编

中国言实出版社

图书在版编目(CIP)数据

2016中国经济社会发展形势与对策：国务院研究室调研成果选 / 黄守宏主编 . -- 北京：中国言实出版社 ,2016.12

ISBN 978-7-5171-2115-2

Ⅰ . ① 2… Ⅱ . ①黄… Ⅲ . ①中国经济—经济发展—调查研究—2016 ②社会发展—调查研究—中国— 2016 Ⅳ . ① F124 ② D668

中国版本图书馆 CIP 数据核字（2016）第 310866 号

出 版 人：王昕朋
责任编辑：肖　彭
文字编辑：张　强
封面设计：杨　启

出版发行　　中国言实出版社

地　址：北京市朝阳区北苑路 180 号加利大厦 5 号楼 105 室
邮　编：100101
编辑部：北京市海淀区北太平庄路甲 1 号
邮　编：100088
电　话：64924853（总编室）　64924716（发行部）
网　址：www.zgyscbs.cn
E-mail：zgyscbs@263.net

经　　销　新华书店
印　　刷　北京温林源印刷有限公司
版　　次　2017 年 1 月第 1 版　　2017 年 1 月第 1 次印刷
规　　格　710 毫米 ×1000 毫米　1/16　40 印张
字　　数　448 千字
定　　价　88.00 元　　ISBN 978-7-5171-2115-2

《2016中国经济社会发展形势与对策
——国务院研究室调研成果选》
编委会

做好调查研究工作应注意把握的若干问题

（代序）

黄守宏

调查研究是人们认识世界的基本途径，是党和政府准确把握形势、进行科学决策的前提和基础。中央历来高度重视调查研究，历代党和国家领导人对调查研究都有深刻阐述和精辟论断。习近平总书记指出，调查研究不仅是一种工作方法，而且是关系党和人民事业得失成败的大问题。李克强总理强调，要加强重大问题调查研究，做到实事求是、尽力而为、量力而行。这些都为我们做好调研工作指明了方向。国务院研究室是国务院的综合政策研究和决策咨询部门，承担着建言献策、撰写文稿等重要职责。要完成好这些任务，首先要做好调查研究。欲寻安邦策，须行万里路。只有在深入调研的基础上，才能提出符合实际、切实可行的决策建议，也才能凝聚各方面的智慧和掌握群众的鲜活语言，起草出思想深刻、鲜明生动的文稿。我们每一位同志都要紧紧围绕党中央、国务院的中心工作，既仰望星空又脚踏实地，深入实际调查研究，珍惜和用好手中的笔杆子，以文辅政、以文报国，履行好自己的职责，为推进决策的科学化、民主化贡献力量。

一、做好调查研究非易事，须根底扎实立场正确

做好调查研究工作，关键要在求真务实上下功夫，即调查要求真、研究要务实。所谓调查要求真，就是要通过深入的调查和科学

1

的分析，全面了解经济社会发展的真实情况，准确把握面临的突出矛盾和问题，深刻认识经济社会的变化趋势和阶段性特征。所谓研究要务实，就是提出的政策建议要可用、能用、管用，即符合实际，有针对性、可操作性。简言之，调查研究要求实情、讲实话，出实招、务实效。

求真务实说起来容易，做起来难。一方面，我们所要认知的经济社会纷繁复杂，各地情况千差万别、千变万化；另一方面，我们自身的能力和水平存在着局限性，调研过程中往往还会受到各种因素的制约和干扰。哪一个环节出了问题，都不会走向真理。毛泽东同志曾讲过："认识世界，不是一件容易的事。马克思、恩格斯努力终生，做了许多调查研究工作，才完成科学的社会主义。"

调查研究要做到求真务实，需要坚持以下几点。一是要有求真务实之"心"。态度决定一切。调研者只有发自内心想求真务实，才会克服各种困难，千方百计去了解真实情况，聚精会神研究问题。倘若不是这样，面对复杂问题就会绕道而行，遇到某种干扰就会犹豫不决，碰到些许困难就会浅尝辄止。二是要有求真务实之"勇"。在利益关系多元化、各方面认识不尽一致的情况下，调查和反映真实情况、提出自己的意见和建议，可能会与一些领导的看法、重要部门的看法不同甚至相左，有时甚至还要付出一定的代价，这就需要调研者有无私无畏的勇气和坚韧不拔的毅力。三是要有求真务实之"法"。这就要解决好"桥"和"船"的关系，即调研方法的问题。只有方式方法得当，才可事半功倍，否则就会事倍功半甚至劳而无功。四是要有求真务实之"能"。调查研究能否成功与调研者的素质密切相关。我们要在全面提高自身素质上下一番大功夫、真功夫、苦功夫，切实打好一些基本根底，包括打好政治方向和基本理论的根底，打好国家政策和法律法规根底，打好各领域业务知识的根底，打好基本调查研究方法的根底，打好思想素质和品格的根底，打好辞章和文字的根底。

做调查研究工作，立场问题至关重要。同样的问题，站在不同立场会有不同的看法和结论。总体来说，我们要立足于党和国家战略全局，从广大人民群众的长远和根本利益出发来分析和观察问题，提出意见和建议。由于我国城乡、区域发展不平衡，社会出现了群体分化现象，不同群体在思想观念、利益诉求等方面存在很大的差异甚至有时候截然相反。在现实生活中，不同群体的话语权和影响力是不同的。一些群体在利用大众传播渠道特别是互联网表达诉求、维护利益方面的声音强、社会影响力大，而普通群众特别是一些弱势群体表达自身诉求和维护权益的能力弱、社会影响力也小。比如，在农产品价格问题上，社会上往往只听到城市消费者的呼声，听不到农民的哭声。在这种情况下，作为政策研究人员，确实需要统筹考虑各方面的诉求，但更多要站在普通群众立场来思考问题，从维护他们利益的角度来提出建议。这样做，实际上就是秉持公平正义的立场，是对党和人民事业最大的负责。

二、着眼决策需要，选准调研题目

选题是调查研究的起点，选题是否恰当，往往决定调查研究的成败。这就如同开矿，地方选准了，可以相对轻松地开掘出丰富的矿藏；选不准，就可能劳而无功，一无所获。党政机关做调研，有别于学术研究单位，目的是为了服务决策、推动解决问题，属于对策性调研。文可载道，以用为贵。只有选准选好调研题目，有的放矢，才能进入决策者视野，发挥应有的作用。现在需要研究和解决的问题很多，必须突出重点、把握关键。我体会，应围绕以下几个方面来选题：领导同志近期比较关心的问题，改革开放和经济社会发展中的重点和难点问题，社会上关注的热点问题，群众反映强烈的问题，各方面争议比较大的问题，带苗头性、倾向性和趋势性的问题，重大部署、重大政策出台前各方面的反映、实施中应注意的问题以及出台后的落实情况等。以上这些，一般都是党和政府关注的重点，从中选择和确定调研的具体主题，就比较容易引起决策层的重视并予以采纳，从而收到比较好的效果。从调研的切入点看，有时可以"大题小做"，有时也可以"小题大做"。所谓"大题小做"，就是把一个很大的问题，通过选择有代表性的个案，或者选择其中的一个侧面来开展调研，以小见大，一叶知秋。所谓"小题大做"，就是抓住某个方面或局部的问题做调研，进而延伸阐发，从中提炼出对宏观大局的建议。

三、切实掌握实际情况，精心研究提出对策

调研题目确定之后，就要着手进行调查研究。调查研究大体上可分为设计、调查和研究三个阶段，但这三个阶段密不可分、相辅相成，有着有机的、逻辑的内在统一性。设计阶段要围绕调研主题，对整个调研工作进行粗线条的勾画，包括采取什么样的调查方式方法、了解哪些方面的情况以及可能的结论；调查阶段要根据研究需要了解情况、搜集相关材料，还要做初步的分析研究工作、考虑对策建议；研究阶段往往需要补充材料、进行延伸调查。只有整体考虑、环环相扣、前后照应，才能很好地完成从具体到抽象、再由抽象到具体的逻辑思维全过程和调查研究的工作任务。

第一，做好调研设计。正如建高楼大厦要先有设计一样，搞调研也得有设计、有充分的准备，才能有的放矢、有序进行。否则，就可能使该调研的问题没调查清楚，该收集的素材没有收集到，该挖掘的问题没有达到应有的深度，以致到撰写调研报告时不得不东拼西凑、陷入被动。具体要注意以下几点：一是尽可能收集已有相关调研成果。我们国家研究经济社会发展问题的机构很多，几乎所有的重大问题，都有人研究过。充分了解和掌握别人已有的调研成果，可以从中了解很多情况，避免从头开始、重复劳动、浪费时间和精力，而且只有了解别人的观点、得失及可供拓展的空间，才有可能提出具有突破性和创新性的观点。二是初步梳理调研主题中存在的重点和难点问题。只有心中有数，带着问题去调研，才能使调查更加深入、直击要害，而不致流于表面、止于现象，才能使搜集到的材料有用、管用，避免做大量无用功。三是可以预先做一些假

4

设。学术性研究一般都要先有假设，然后进行检验和求证，以证实或证伪假设，即所谓的大胆假设、小心求证。搞对策研究也可如此。通过平时掌握的情况和已有材料的分析，形成一些初步观点，然后通过实地调查去印证哪些观点是符合实际的，哪些是需要修正和完善的，哪些是根本行不通的。但决不能把假设作为定论，按图索骥，搞"论证式"调研，材料合之则用、不合则弃，这就违背了调研工作的初衷，是极为有害的。所有观点的定夺应以实际调查情况为依归，避免主观主义和形而上学。正如毛泽东同志所说的："一切结论产生于调查研究的末尾，而不是它的先头。"

第二，深入进行调查。调查搞得好不好，主要取决于态度和方式方法。调查方式方法有多种多样，应根据调研主题来选择，有时可能要使用多种方式方法相互印证。这些年，我搞调查的基本方式是，先选择具有典型性和代表性的若干地方的农村、企业等基层单位，待上几天"解剖麻雀"，全面了解情况，掌握第一手资料，然后再听取县、市、省有关同志的意见，回京后再与有关部委同志进行商讨。通过多层次、多方位、多渠道、立体式调查，可以最大限度地全面、客观了解真实情况，减少片面性。我感到，其中最为重要的是"解剖麻雀"。过去老一代领导人常用这种方式调研，有的在一个村庄、一个企业等基层单位住很长时间。现在人们慢慢地用得少了，而代之以其他调查方式。其实"解剖麻雀"式的调查感受直接、体验深刻、互动性强，这是其他调查方式难以替代的。只有面对面与基层干部群众交流，"问问家长里短事，听听鸡毛蒜皮言"，实地察看情况，才会有切身的体会和感受。这种感性认识在判断形势、研究政策时往往起着很重要的作用。调查时要有一种"打破砂锅问到底"的精神，对感觉有用的信息和材料要认真核对，对一些认为有价值的线索要把来龙去脉搞清楚，不能浅尝辄止、听风就是雨。搞调查免不了要提问，方式和技巧很重要。要因情而定，随机应变，或开门见山、直来直去，或投石问路、先做试探，或竹笋剥皮、层层深入，或枯井打水、一竿到底，或耐心开导、循循善诱，或旁敲侧击、弦外听音。总之，要营造轻松的氛围，打消群众的顾虑，使他们能够畅所欲言，否则就听不到实话、真话。

第三，用科学方法进行研究。通过调查取得了丰富的第一手材料，对如何解决问题也有了初步的意见，在"研究"这一环节就要运用科学方法，对材料进行分析概括和逻辑加工，在此基础上提出政策建议。要看到，我们调查的毕竟是部分地方，不一定代表全国；看到的毕竟是局部的情况，不一定代表一般；听到的毕竟是部分人的观点，不一定代表大多数；初步的意见毕竟是粗线条的，不一定具有可行性与操作性。这就需要进行一番"去粗取精，去伪存真，由此及彼，由表及里的改造制作功夫"，对材料进行分类、归纳、综合，以透过现象把握本质，对观点和建议进行推敲、提炼、完善，使之具有可行性和操作性，从而实现从感性认识到理性认识的飞跃。对发现的情况和问题要"区别性质"，辨识出是局部性的还是全国性的、是偶发性的还是趋势性的、是偏离还是符合发展方向的，等等。研究解决问题的建议时要"居高临下"，立足经济社会发展全局来分析和思考，准确判断潮流所在和大势所趋，既要考虑其必要性，也要考虑现实可行性，还要进行国际比较，看看外国面对类似问题是怎么做的。有时还要考虑如果不采取措施会有什么后果。上述过程往往不是一次就能完成的，而是需要进行多次交换、比较、反复，才能达到观点和材料的统一、归纳和演绎的统一、依据和判断的统一、典型和一般的统一。

还要指出的是，在分析研究和提出建议时，必须坚持实事求是的思想路线，像陈云同志所倡导的"不唯上、不唯书、只唯实"。从我自己的体会来说，还要做到两点。一是不唯众。要勇于独立思考，不要随大流或人云亦云，不为多数人不符合客观实际的看法所左右。二是不唯己。不囿于个人成见，敢于否定自己不切实际的观点。要解放思想，更新观念，以新的思维方式、用新的研究手段、从新的角度研究问题，提出解决问题的新思路和新办法。

四、认真撰写调研报告，努力发挥应有作用

调研成果最终体现在调研报告上。报告写得如何，直接决定调研成果的成效。如果调研报告写得不好，即使调查再全面、研究再深入，也可能打动不了领导，也就发挥不了应有作用，甚至前功尽弃。领导关注什么样的报告？大体是领导原来不了解或者了解不多的重要情况，通过你的报告全面了解了；领导正在思考研究一些重大问题时，你的报告及时提出了可行的办法。这就要求我们努力做个高明的厨师，站在全局和领导者的角度考虑问题，想领导者之所想与未想。

要写好调研报告，必须在内容和形式上都下功夫，把握主题、突出主线、抓住重点，做到"凤头""熊腰""豹尾"。"凤头"就是要开门见山，引人入胜。"熊腰"就是内容要充实丰满，结构要严谨，条理要清晰。"豹尾"就是政策建议要切实可行、能用管用。一般说来，需要注意以下几个方面：

第一，突出一个主题。调研时可能涉及面很广，但写作时不一定要这样做。一个报告最好是围绕一个主题来展开。否则报告内容庞杂、面面俱到，容易失之于肤浅。在这种情况下，可以考虑写成系列报告，每一个报告突出一个方面的问题。

第二，是优化结构布局。根据表达调研主题的需求，选择合适的文体和结构，统筹好材料和观点。既可以写成论证性的，围绕一些观点和建议来层层展开，也可以写成纪实性的，寓观点和建议于生动的事实之中。报告的结构可以不拘一格。最常见的是三段式：基本情况、存在的问题及原因、政策建议。这种结构的好处是条理清晰、整体感强，但把观点和材料、论点与论据前后分开，不容易直接看出其内在逻辑和因果关系，往往会给人公式化、"八股"文的感觉。那么，也可以采用另外一种结构，即分成若干部分，每一部分都有情况、有分析、有建议。

第三，是精心选择例证。调研的材料很丰富，不能也不必都写

进报告，要注意取舍。一要有用，不管材料多么生动，如果与主题关系不大，就应舍弃，决不可因偏爱材料而损害了主题。二要真实，不能使用未经核实的甚至虚假的材料。三要新颖，用新事例、新材料、新数据、新语言、新概括，让人看了耳目一新。四要典型，具有代表性，可以一当十，用尽可能少的材料说明问题。

第四，反复推敲文字。写调研文章不应过多雕饰、过于华丽，不要用词生僻、晦涩难懂，也不能过于平淡或空话套话连篇，而要准确、鲜明、生动、朴实，特别要注意运用群众的鲜活语言。即使讲道理，也要寓理于事实之中，不能搞纯粹的理论推理。要让人看得懂、愿意看，看了以后还津津乐道、回味无穷。其中，要注意斟酌标题。俗话说，"文章要好，标题要巧""看人先看眼，看文先看题"。对于调研报告来说，如果大小标题贴切、新颖、生动、简洁，就如同画龙点睛，一下子就能抓住领导的注意力。

第五，是提倡写短报告。领导同志日理万机，很难有时间读长篇大论。调研报告要惜墨如金，力求短小精悍、简明扼要、简洁明快，意到言到、意尽言止，千万不要空泛议论、冗长乏味，动辄洋洋万言，让人到沙堆中淘金捡宝。我们报送给国务院领导的调研材料多在两三千字左右，有的甚至只有几百字。

第六，是要讲求时效性。我们搞调研不是为了发表文章，而是为领导决策服务，因此时效性非常重要。情况在不断变化，领导的注意力也在不断变化。如果在领导关注、研究某些问题的时候，及时拿出报告、反映信息、提出建议，就会发挥很大的作用；否则，写得再精彩、再深刻，用处也不大，等于放了"马后炮"。在调研过程中，若发现重大问题、重要信息需要反映的，就及时反映，不必等全部工作完成后再上报。

调查研究既是科学，也是艺术。我们要在实践中积极探索，及时总结经验教训，不断提高调研水平，为党和政府决策多出主意、出好主意，更好地发挥"智囊团""参谋部"和"思想库"的作用。

目录|CONTENTS

1

二、加快发展现代农业
　　促进农民持续增收

三、以改革促发展
  坚决打好国有企业提质增效攻坚战

四、切实保障改善民生 加强社会建设

五、发挥大众创业、万众创新和"互联网+"集众智汇众力的乘数效应

六、加快财税体制改革
深化金融体制改革

七、国外政策研究 和决策参考

一、稳定和完善宏观经济政策
保持经济运行在合理区间

近年来我国宏观调控理论和实践创新以及进一步完善宏观调控的几点建议

肖炎舜　高振宇

新一届政府成立以来，不断创新和完善宏观调控，形成了区间调控、定向调控的理念和方法，丰富了宏观调控的理论和实践，在促进我国经济平稳健康发展中发挥了重要作用。当前国际国内经济形势更加复杂多变，有必要对近几年宏观调控适当进行总结，进一步完善宏观调控的思路和政策，在区间调控、定向调控基础上实施"协同调控"，坚持从供需两侧协同发力、在总量和结构两方面协同用力、对"双创"及公共物品和服务双引擎协同加力，促进经济持续健康发展。

一、区间调控理论：科学把握宏观调控目标和边界

宏观调控究竟要实现怎样的目标？这是宏观调控理论和实践面临的首要问题。"区间调控"理论的核心思想是，宏观调控要守住稳增长、保就业的下限和防通胀的上限，只要经济在合理区间运行，就集中精力抓住转方式调结构不放松，保持宏观政策基本取向不动摇，以增强市场信心、稳定社会预期，实现增长、物价、就业、收入、环保多重目标协调发展。区间调控的理论创新

3

主要表现在：

第一，更好地体现了发展目标的内在统一和经济均衡的实际情况。稳增长和保就业之间具有一致性，但要把握好与防通胀之间的平衡，把它们分别确定为上、下限体现了对发展目标内在统一的要求。同时，将均衡状态从一个具体的"点"扩展为一个"合理区间"，既体现了经济均衡理论的思想本质，也适应了经济运行现实的复杂多变，更好地兼顾了经济运行的波动性。经济运行是一个动态变化的过程，众多变量之间的关系错综复杂，处于合理区间的经济波动是经济均衡的现实表现，也有利于促进资源优化配置。

第二，更好地将预期管理引入了宏观调控。预期对宏观经济运行的影响历来受到高度重视，如何科学引导和管理预期，以更好发挥其对宏观经济运行的积极作用，是各国宏观调控实践中都非常重视的问题。比如，美联储常以会议公告或讲话的形式，来引导市场预期和行为。区间调控理论中关于合理区间上、下限的设定，给了市场主体一个明确的预期，既不让市场觉得，一有困难政府肯定出手，从而避免了消极的"等、靠、要"思想和道德风险；也让市场相信，如果真正遇到困难，政府也不会撒手不管，从而有利于增强市场信心，避免经济大起大落。

第三，更好地体现了市场在资源配置中起决定性作用的要求。区间调控理论强调，当经济运行保持在合理区间时，要以转变经济发展方式为主线，以调结构为着力点，释放改革红利，更好发挥市场配置资源和自我调节的作用，增强经济发展活力和后劲；当经济运行逼近上下限时，宏观政策要侧重稳增长或防通胀，与调结构、促改革的中长期措施相结合，使经济运行保持在合理区间。这一要求科学界定了政府和市场的职能和边界，深刻阐述了在宏观经济运行中如何处理好政府和市场的关系。

二、定向调控理论：针对重点领域和关键环节精准施策

定向调控是对区间调控的发展和深化。区间调控是目标管理，强调调控结果的有效性；定向调控是手段管理，强调瞄准经济运行中的突出问题确定调控"靶点"，在精准、及时、适度上下工夫。作为一种结构性调控，定向调控的创新之处主要体现在：

一是更加有针对性地激发市场内生活力和动力。改革开放30多年来，我国社会主义市场经济不断发展壮大，但在不少领域市场体系还不成熟不完善，市场运行还面临不少约束和障碍。比如，各种行政审批过于复杂，企业设立、投资和贸易便利化程度有待提高，市场环境有待改善等。定向调控的一个重要领域，就是通过结构性改革，大力破除市场障碍，积极营造更加宽松便利、公平公正的环境，这将激励更多人去创业创造，让松绑的企业在市场上充分竞争，增强经济发展的内生动力。

二是更加有针对性地弥补市场自发调节的不足。在充分肯定市场有效配置资源作用的同时，经济学理论也认为，单纯的市场调节有其不可避免的局限和缺陷，包括微观层面的各种市场失灵问题，宏观层面的经济危机、失业、两极分化、金融动荡、环境和资源破坏等。定向调控的一个重要方面就是瞄准这些单靠市场自发调节难以解决的问题，更好发挥政府作用以弥补市场的不足，进一步提高资源优化配置水平。

三是更加有针对性地补齐经济社会发展短板。近年来，我国经济发展成就举世瞩目，但一些结构失衡问题日益突出，交通、水利、物流等短板日益凸显。通过精准实施定向调控，积极发挥政府引导作用，加快完善投融资体制，有助于形成政府、企业、

社会资本多元投入格局，增加公共产品和公共服务有效供给，加快补上经济社会发展的短板，突破制约平衡发展的瓶颈，既可以改善民生、增加就业，也能有效优化发展硬环境，起到"一石多鸟"的作用。

四是更加有针对性地夯实经济发展的长远基础。我国正处在新"四化"同步推进的重要阶段，实现经济提质增效升级的关键在于促进实体经济健康发展。定向调控把支持小微企业、农业、服务业发展作为重点，统筹采取措施，提升制造业等产业的综合竞争力，能够为经济持续健康发展提供有力支撑。

三、实践证明区间调控和定向调控是成功的

面临复杂严峻的国际国内环境，新一届政府始终保持战略定力，稳定宏观经济政策，在区间调控基础上加大定向调控力度，宏观调控成效逐步显现，经济发展的稳定性、协调性和可持续性不断增强。

一是经济运行处于合理区间。2013 年和 2014 年国内生产总值分别增长 7.7%、7.3%，2015 年前三季度，在错综复杂的形势下依然增长 6.9%，在世界主要经济体中名列前茅。新增就业不降反增，2013 年和 2014 年城镇新增就业分别达到 1310 万人和 1322 万人，同比分别增加 44 万人和 12 万人；2015 年前三季度新增就业 1066 万人，已经提前完成全年目标。物价持续平稳运行，2013 年和 2014 年 CPI 同比分别上涨 2.6% 和 2%，2015 年前三季度同比上涨 1.4%。

二是经济结构加快优化升级。服务业发展态势良好，2015 年前三季度第三产业占 GDP 的比重达到 51.4%，比 2014 年同期提升 2.3 个百分点；高技术产业和装备制造业保持较快增长，前三

季度增速分别高于规模以上工业增速 4.2 和 0.5 个百分点；最终消费支出对经济增长贡献率持续提升，前三季度达到 58.4%，同比提高 9.3 个百分点；中西部地区经济增速快于东部地区，新的经济增长极增长点正在加快形成。

三是经济内生活力不断增强。两年多来，国务院各部门已分 8 批次取消或下放行政审批事项 586 项，本届政府承诺减少三分之一的目标提前两年多完成，有力激发了市场活力和社会创造力，形成了大众创业、万众创新的热潮。新增市场主体呈现"井喷式"增长，2014 年达 1293 万户，其中新注册企业增长 45.9%；2015 年上半年，新增市场主体 685.1 万户，其中新注册企业 200.1 万户，增长 19.4%，平均每天新登记企业 1.1 万户。

四是经济社会短板得到改善。2014 年新增节水灌溉面积 223 万公顷，新建改建农村公路 23 万公里，解决 6600 多万农村人口饮水安全问题，改造农村危房 266 万户，农网改造稳步进行。基础设施建设不断加强，2014 年新建铁路投产里程 8427 公里，高速铁路运营里程达 1.6 万公里、占世界的 60% 以上，高速公路通车里程达 11.2 万公里，水路、民航、管道建设进一步加强。民生保障网络织密织牢，财政用于民生的比例达到 70% 以上，社会保障、教育、医药卫生、文化等改革发展稳步推进。

四、进一步增强调控协同性，促进经济保持中高速增长、迈向中高端水平

当前，我国经济正处在结构调整和动力转换的关键期，短期和长期因素相互交织，总量和结构问题相互叠加，国际和国内经济相互影响，经济下行压力加大，经济形势的复杂性、不确定性超过以往。建议在区间调控、定向调控基础上实施"协同调控"，坚持以提高经济发展质量和效益为中心，更加自觉地从总需求和总供给两侧发力，总量调控和结构调控并重，加强政府调控和市场调节协调配合，促进经济持续健康发展。

一是坚持从供需两侧协同发力。当前我国经济下行压力较大，既有总需求增长乏力的原因，也受到潜在增长率回落的影响，需要从总供给和总需求两侧协同发力。

从供给方面看，关键是要积极采取措施解除"供给抑制"，减缓潜在增长率下降趋势。我国在经过30多年高速发展后，受资本边际收益下降、人口结构变化、资源环境约束趋紧等因素影响，潜在增长率正在相应出现下降。同时也要看到，劳动力、资本和全要素生产率都是影响潜在增长率的重要因素，积极采取有力措施解除这些领域的"供给抑制"，可以在一定程度上减缓潜在增长率下降趋势。要进一步完善人口生育政策，继续推进户籍、教育和培训制度改革，提高劳动力参与率，提升人力资本水平。减少资本与金融管制，加快破除"玻璃门""弹簧门"，充分激发民间投资活力，引导社会资本投向更多领域。持续增加科技研发投入，优化资源配置水平，努力提高全要素生产率。

从需求方面看，重点要加强逆周期调节，弥补总需求周期性回落产生的"缺口"。要加快培育新的消费增长点，优化消费环境，充分挖掘广大民众的消费潜力，更好地发挥消费对稳增长的基础性作用。我国扩大投资还有很大空间，比如，在棚户区改造、城市地下管网等民生领域，中西部铁路和公路、内河航道等交通领域，信息、电力、油气等网络建设领域，以及传统产业技术改造等领域，都存在着巨大的投资需求。要增加对这些薄弱环节、重点领域的有效合理投资，启动实施一批新的重大工程项目，这既有利于当前稳增长，也有利于长远促发展。同时，积极推动外贸转型升级，加快培育外贸竞争新优势。

二是坚持在总量和结构两方面协同用力。处理好稳增长和调结构的平衡，既要稳住速度，确保经济平稳运行，为调结构转方式创造有利条件；又要调整结构，为促进经济持续健康发展打好基础。

从总量调控方面看，要继续稳定和完善宏观经济政策。积极的财政政策要加大实施力度，根据经济发展需要和财政承受能力，适当扩大财政赤字规模。经济下行周期中，财政困难加大有其客观必然性，要做好应对财政困难的中长期准备。稳健的货币政策要加强对实体经济的支持，保持货币信贷和社会融资规模平稳增长，疏通货币政策传导机制，提高货币政策的有效性，优化信贷结构，提高直接融资比重。及时化解各类金融风险隐患，坚决守住不发生区域性系统性金融风险的底线。

从结构调控方面看，要着力提高经济发展的质量和效益。加快实施创新驱动发展战略，改革科技资源配置体制机制，加快科技成果向现实生产力转化，促进创新链、产业链、市场需求有机衔接。推动传统产业技术改造，继续化解产能过剩，支持企业兼并重组，在市场竞争中优胜劣汰。加快培育新兴产业和新兴业态，结合实施"互联网＋"行动计划和《中国制造2025》，促进移动互联网、云计算、大数据、物联网等与现代制造业融合，努力把一批新兴产业培育成主导产业。深化服务业改革开放，落实好财税、土地、价格等支持政策，促进现代服务业比重提高、水平提升。

三是坚持对"双创"及公共产品和服务双引擎协同加力。处理好政府与市场的关系，使市场在资源配置中起决定性作用和更好发挥政府作用，是经济体制改革的核心问题，也是实施协同调控的关键所在。

在发挥市场作用方面，要进一步鼓励和支持"双创"发挥更大作用，打造经济发展新引擎。当前，大众创业、万众创新蓬勃兴起，对拉动经济增长、促进经济转型升级、增加社会就业都发挥了重要作用，已经成为激发市场活力的一个突出亮点。要进一步消除不利于创业创新的体制机制障碍，打破市场分割和行业壁垒，完善统一透明、有序规范的市场环境，切实解决创业创新者面临的政策扶持、资金需求、技术支撑、公共服务等瓶颈问题，使创业创新成为全社会共同的价值追求和行为习惯。

在发挥政府作用方面，重点要弥补市场失灵，增加公共产品和服务供给。加大对教育、卫生、科技等领域投入，加大对棚户区和危房改造、中西部铁路和公路、重大水利工程、节能环保和生态建设等领域的投资。继续在市场、财税、金融、投融资、价格、对外开放、民生等领域集中推出一些力度大、措施实的改革方案。完善社会主义市场经济法治体系，加快法治经济和法治社会建设，更加自觉运用法治思维和法治方式深化改革、推动发展。

经济增速换挡中面临的主要困难、原因分析和政策建议

肖炎舜　潘国俊　李江冰

经济增速换挡是近几年我国经济运行最显著的特征。总的看，政策应对是成功的，我国经济运行在增速下行中，没有改变"稳"的基本面，而且实现了稳中有"进"。但要看到稳中也有"难"，而且"难"明显加大。2016 年是"十三五"第一年，做好 2016 年的工作对于完成"十三五"各项目标任务、实现 2020 年全面建成小康社会至关重要。建议宏观调控政策适度加码，实施更加积极的财政政策，着力打通金融血脉，千方百计搞活生产力，既优化振兴传统动力，也培育发展新动力，着眼 2016 年乃至更长时间推动经济平稳较快增长。

一、近几年经济运行不乏亮点，但困难有加大趋势

几年来，我国经济运行持续稳中有进。"稳"主要体现在：经济增速换挡平稳，2013 年、2014 年 GDP 分别增长 7.7%、7.3%，2015 年前三季度增长 6.9%；就业形势保持稳定，2013 年、2014 年城镇新增就业分别为 1310 万人、1322 万人，2015 年前三季度为 1066 万人，提前完成全年目标；居民收入增速持续跑赢 GDP，

2013 年、2014 年全国居民人均可支配收入实际增速分别为 8.1%、8%，2015 年前三季度为 7.7%；物价上涨温和，2013 年、2014 年居民消费价格总水平同比分别上涨 2.6%、2%，2015 年前三季度为 1.4%。"进"主要体现在：产业结构调整进展明显，服务业占 GDP 比重从 2013 年的 46.1% 上升到 2014 年的 48.2%，2015 年上半年进一步提高到 49.5%；节能降耗进展明显，能源消耗强度 2013 年、2014 年分别下降 3.7%、4.8%，2015 年前三季度同比下降 5.7%。

从挑战和压力看，当前我国经济运行主要面临"五难"。

一是新动力难以填补老动力减弱缺口。固定资产投资增速持续回落，2013 年和 2014 年同比增长 19.6%、15.7%；2015 年 1—9 月份同比仅增长 10.3%，是 2000 年 12 月以来的最低点；制造业、房地产和基础设施投资三大支柱同时减速，增速较 2014 年同期分别回落 4.1 个、5.5 个和 9.9 个百分点。固定资产投资到位资金增速 2015 年以来维持在 6%—7% 较低水平，新开工项目计划总投资头 9 个月同比回落 11.6 个百分点。同时，外贸疲弱，已经连续三年未完成增长目标，2015 年前三季度同比下降 7.9%，与增长 6% 左右的年度目标相差甚远。其中，2015 年 1—3 季度出口增速分别是 4.8%、-3% 和 -5.6%，一直在回落。

二是实体经济运行困难持续加大。一方面，工业生产低迷。2013 年和 2014 年规模以上工业增加值同比增长 9.7%、8.3%，2015 年头 9 个月进一步回落至 6.2%，其中 9 月份同比增长 5.7%，较 2014 年同期下降 2.3 个百分点。传统行业产能利用率下降、开工不足情况普遍。工业生产者出厂价格指数（PPI）同比已经连续 43 个月下降。另一方面，企业效益下滑明显，下行压力从煤炭、冶金、建材等行业向装备制造业等传导。2013 年和 2014 年规模以上工业企业利润总额同比增长 12.2%、3.3%，2015 年头 9 个月同比下降 1.7%，较 2014 年同期下滑 9.6 个百分点，其中石油和天然气开采业利润同比下降 66.1%，汽车制造业利润下降 4.4%，专用设备制造业利润下降 5%。市场需求不振、成本居高不下、库存和应收账款持续偏高等因素，制约着企业经营状况的改善。

三是融资规模总量大但实体经济融资难依然突出。稳健的货币政策实施已经 5 年，2014 年末社会融资规模存量已经达到 122.86 万亿元，总量已然不小；2015 年以来又 4 次普降金融机构存款准备金率、5 次实施定向降准、5 次下调人民币存贷款基准利率，前三季度社会融资规模增量有 11.94 万亿元。但货币政策传导渠道不畅，释放的资金尚未有效进入实体经济，6 月末银行业金融机构超额准备金率高达 3 万亿元，资金"脱实向虚"依然突出；非金融企业及其他部门贷款加权平均利率为 6%，考虑到担保费、存贷挂钩等因素，社会融资实际成本仍然很高。同时，金融风险防范压力上升，2 季度末商业银行不良贷款余额达到 1.09 万亿元，连续 14 个季度上升；不良贷款率为 1.5%，连续 8 个季度上升。6 月中旬以来，股市出现异常波动，上证指数、创业板指数最大跌幅分别约为 45%、56%，对金融稳定造成一定冲击。

四是财政困难进一步凸显。随着经济下行、体制和政策调整，财政收入赶不上经济增长的情况超过预期。全国财政收入 2013 年、2014 年分别增长 10.1%、8.6%，2015 年前三季度增速则降至 5.4%，增幅较 2014 年同期回落 2.7 个百分点，要完成全年预算，最后一个季度必须增长 17.3%，比前三季度增速要高 11.9 个百分点。中央财政收入增长 5.6%，如果扣除特殊增收因素，实际增速接近零。地方财政收入低位增长且区域分化加剧，近四分之一省份可能完不成年度预算。前 9 个月，全国土地出让收入同比减少 10853 亿元，下降 34.7%。落实养老医疗等民生政策提标扩面、机关事业单位工资和养老保险、公车改革等政策，增支压力很大，地方财政资金调度困难。

五是市场信心回升面临困难也不小。从国家统计局公布的 PMI 来看，自 2013 年 1 月至 2015 年 9 月份共计 33 个月份里，该指数有 4 个月处于 50% 的荣枯线之下，其余月份都在 50%、51% 左右徘徊，其中 2014 年 7 月为最高点，也只有 51.7%。中、小型企业 PMI 则较长时期处于荣枯线之下。财新制造业 PMI2015 年 9 月份为 47.2%，是 2009 年 3 月以来的最低值，也是连续 7 个月处于荣枯线之下。

二、影响经济增长的因素交织叠加，都应当予以高度重视

当前经济运行困难的原因错综复杂，必须客观看待各因素影响，全面挖掘深层次根源。

一是国内和国际周期性因素交织叠加。目前我国经济运行正在本轮周期的底部徘徊。经济下行与国际的周期性也密切相关。国际金融危机爆发以来，世界各国经济的共同趋势是，经济增速远低于危机前的平均水平。我国已经深度融入国际市场，全方位参与国际分工和竞争，经济增长遇到全球增长逆流，直接冲击我国外贸发展，这是新的重大变化。从出口来看，改革开放到 2011 年，年均增长 17.3%，但 2012 年开始增速掉到 10% 以下，2015 年出现负增长。

二是主观因素与客观因素交织叠加。我国经济在经历 30 多年高速增长之后，基数在增大，加上劳动力成本上升、环境约束趋强、技术创新不足，潜在增长率下降，增长速度"下台阶"也有其必然性。改革开放以来，我国经济高速增长的一个成功经

验，就是调动了地方和国有企业的积极性。当前要转变经济发展方式，把更多精力放到调结构、促转型上来。但一些地方和国有企业还不能适应新的发展理念，工作积极性下降，存在"少做少错、不做不错"的思想，主动作为不够。相当部分民间资本对经济发展信心不足，预期较为悲观，观望、等待情绪较重。

三是体制性因素与结构性因素交织叠加。体制性因素主要有：国有企业改革不到位，部分行业垄断较强，民间资本进入不充分，抑制市场主体活力；财税体制不够完善，影响市场公平竞争；金融体制改革不到位，融资成本过高，挤占实体经济利润；收入分配制度不完善，城乡区域发展差距和居民收入分配差距较大，抑制消费增长。同时，我国经济结构中长期存在的内需外需不平衡、投资消费不协调、自主创新不够，对投资和出口依赖程度较高，当外部环境变化时，出口首当其冲，并影响到投资，造成部分行业产能过剩，进而拖累经济增长。

三、把反周期和促转型结合起来，努力推动经济稳定增长

建议政策要加码、思路要创新，抓住关键环节精准发力，促进经济持续稳定增长，为"十三五"开好局、起好步。

一是千方百计搞活生产力。发展必须调动人的积极性，增强各方发展经济的信心。要重启地方干事的激情。既要加强督查，形成有力制约，也要通过激励正面引导，推动中央顶层设计在基层落地。进一步简政放权、放宽准入，切实改善企业经营环境，把民间资本的活力激发出来。改善消费环境，适应消费升级的需求，培育新兴消费热点，引导海外消费回流，进一步挖掘消费潜力。适当放宽一些紧缩性政策，让政策回归中性偏积极。比如，在房地产领域，建议从财税、金融等方面进一步鼓励改善性住房

需求；在汽车领域，打破销售垄断；在农村土地方面，放宽流转和使用的限制。

二是实施更加积极的财政政策。建议 2016 年全国财政赤字率扩大到 3%，预计比 2015 年高 0.6 个百分点。据此测算，赤字规模增加到 2.22 万亿元，比 2015 年增加 6000 亿元。落实好 2015 年出台的各项减税政策，减轻企业负担，大力支持创业创新。经济下行压力较大的情况下，减税是必要的，但要从加强维护市场公平竞争等角度出发，选择对经济冲击不大的税种适当增加部分收入，比如研究对电商征税，完善消费税制度等，并加强税收征管，避免税收收入下降过快。同时，要优化财政支出结构，尽最大可能压缩不必要开支，保证重点支出需要。继续做好地方政府债务置换，降低地方政府付息支出。

三是着力打通金融血脉。坚持总量性政策和结构性政策并举，用好增量和盘活存量并重，疏通货币政策传导渠道，更好发挥金融支持经济稳定增长的作用。进一步推进信贷资产证券化，加大不良资产处置核销力度，有效释放银行信贷投放能力。通过回收再贷、贷款重组等方式盘活沉淀在低效领域的信贷资源。继续推动扩大民间资本进入银行业，推进民营银行、消费金融公司、村镇银行设立实现常态化。积极拓展直接融资渠道，稳定股市运行、修复股市功能，促进股市平稳健康发展。防范风险是金融工作的生命线。要加强金融监管，建立风险处置常态化工作机制，确保不发生区域性、系统性金融风险。

四是传统产业与新兴产业发展要并重。我国经济正处于转型的阵痛期，既要鼓励发展新兴产业，也要注重发展好传统产业，避免发生转型没有成功、传统产业企业死掉一片的情况。对于智能制造、大数据、新能源、3D 打印、环保等接续主导产业，要着力放开市场准入，释放产业活力。对建材、水泥、玻璃、电解铝、冶金、造船等产能过剩行业中的先进企业和项目，不能简单抽贷、压贷、停贷，要推动企业技术改造和兼并重组，实现从中低端向中高端升级。坚持实业兴国，处理好产能走出去和国内产业转型升级的关系，防止国内产业空心化。

五是结合补民生短板培育新的发展动力。加快城市基础设施建设，增加城市地下综合管廊、地下空间开发、停车设施、城市充电基础设施、海绵城市等投入。在农村实施若干重大民生工程。我国农村正在发生重大变化，对道路、厕所、电力、饮水、环境等需求已经提升到一个新层次。农村正是下一阶段拉动投资消费的新领域，发展得好，短期可以带动诸多行业发展，使一些传统行业起死回生，长期可以缩小城乡差距。建议加快研究在农村实施改造厕所、道路、电线以及改进饮水、加强绿化等重大工程，与扶贫工作结合起来，通过财政资金扶持，并引入金融和社会资本，打一场农村发展的新硬仗。

地方对上半年经济形势和
下半年经济工作的看法与建议

——当前经济形势分析座谈会观点综述（上）

张昌彩　黄文川　曾　辉

2015 年 7 月上旬，国务院研究室召开经济形势分析座谈会，邀请北京、天津、河北等 31 个省区市政府研究室负责人，就 2015 年上半年经济形势与做好下半年经济工作，进行座谈讨论。现将主要看法和政策建议综述如下：

一、对经济形势的总体判断

与会各地同志认为，2015 年以来，我国经济发展面临复杂严峻的环境，经济下行压力持续加大。在各方面努力下，当前经济运行总体平稳、稳中有进，主要指标仍处于合理区间，结构调整步伐继续加大，新兴产业快速成长。近两个月来一些积极因素在增加，出现企稳回暖迹象。但经济稳定的基础并不牢固，下行压力仍然较大，完成全年经济发展预期目标还需继续努力。从不同地方来看，经济增长分化明显：东南沿海地区、沿长江地区开局平稳，走势企稳向好；东北三省、山西、河北等资源和重化工业地区，经济增速继续回落，有的已经滑出合理区间，实现全年预期目标难度很大。

表1 2015年上半年31个省区市经济增长速度分类表

经济增长区间	各省区市经济增速预计数
高于8% （10个省份）	西藏11.3%、重庆10.5%、贵州10.4%、天津9.4%、江西8.9%、福建8.6%、江苏8.5%、湖北8.5%、安徽8.5%、湖南8.5%
7%—8% （13个省份）	甘肃8%、云南8%、山东7.8%、广西7.6%、浙江7.5%以上、四川7.5%、青海7.5%、广东7.4%、河南7.3%、内蒙古7.3%左右、陕西7.2%—7.3%、上海7%左右、宁夏7%左右
低于7% （8个省份）	新疆6.9%左右、北京6.8%左右、河北6.2%以上、海南6%左右、吉林低于一季度5.8%、黑龙江4.8%、辽宁3%、山西2.5%—3%

来源：各省区市政府研究室书面材料或口头发言。

一是总体平稳。主要表现在"五稳"：增长稳、就业稳、物价稳、收入稳和农业稳。从增长来看，大部分地区趋稳向好。江苏、浙江、上海、广东、天津等东部沿海地区，经济运行稳开稳走或低开企稳向上，总体呈平稳态势，主要指标都处于合理区间。经济大省广东，2015年一季度经济增长7.2%，上半年有望达到7.4%。浙江工业产销、用电量、货运量企稳并有回升，企业效益继续好转，5月份规上工业企业利润增长14%，创2014年6月以来最大单月幅。上海经济总体企稳回升，上半年预计7%左右，增速高于一季度的6.6%，实现"时间过半、完成任务过半"；投资、消费增速呈回升态势，其中投资增幅同比提高4.2个百分点，比一季度提高4.8个百分点。天津上半年农业稳、工业快、服务业好，规上工业增加值预计增长9.5%，比一季度加快

0.1 个百分点；全社会投资增长 13.5%，消费增长 10.5%，均与一季度持平。山东经济缓中趋稳，主要指标增长平稳，先行指标稳中趋好，房地产市场有所好转，政府债务总体可控，金融运行基本稳定。沿长江地区经济增速都比较高，呈现"低开稳走、稳中向好"的态势。重庆、贵州、江西、安徽、湖北、湖南经济增速都在 8.5% 以上，重庆更是高达 10.5%，经济运行指标有"五好"：产业支撑有力、"三驾马车"齐发力、财税金融总体稳定、市场活力逐步增强、经济先行指标向好。1—5 月，重庆全社会用电量、货运量分别增长 5.2%、8.8%，出口增长 30.6%，投资增长 17.5%，规上工业企业利润增长 24%，发展势头良好。

从就业来看，各地情况都比预想的好，大城市调查失业率是下降的，即使东北三省等地区经济形势不好，也没有出现严重失业问题。上海在"双创"的推动下，就业岗位增加，1—5 月就完成全年目标的 60.8%。黑龙江第三产业发展较快，1—5 月完成全年就业目标的 52.1%。同时，大多数地区 CPI 都在 2% 左右，物价保持基本稳定。各地城乡居民收入增长都高于经济增速，收入保持稳定增长。粮食大省等地夏粮又获丰收，农业稳定发展。

二是稳中有进。主要表现在：大众创业、万众创新势头良好。各地积极促进创新创业，以促进新兴产业、新兴业态发展和带动就业增长。北京大力推进"双创"，全市各类孵化机构超过 150 家，入驻企业超过 9000 家；推动"互联网 +"加快发展，互联网和服务产业收入增长 24.7%。1—5 月，江苏互联网和相关服务业营业收入增长 58.8%；重庆新办企业增长 40.8%，市场主体总量突破 180 万个。

结构调整步伐不断加快。各地新产业、新业态蓬勃发展，战略性新兴产业、高端制造业和现代服务业等发展提速，成为稳增长的重要力量。北京市高端产业带动能力显著增强，金融、信息服务、科技服务三大产业贡献了经济增长的70.8%。安徽前5个月，战略性新兴产业产值增长16.6%，高于规上工业产值10.9个百分点，电子信息业增加值增长39.8%，成为拉动工业增长的第一动力。天津互联网相关消费增势强劲，1—5月限上商贸企业网上零售额增长1.3倍，全市快递业务量增长80%。上海第三产业继续稳步增长，预计上半年增长10%以上，占经济比重达到67%以上。江苏推进"中国制造2025"，加大投资结构优化和节能降耗力度，1—5月，工业技改投资增长21.4%，服务业投资增长12%，民间投资增长13.3%，都明显高于全社会固定资产投资；工业企业耗能比2014年同期增速回落4.8个百分点，其中七大高耗能行业回落5.5个百分点。

三是走势向好。与会同志一致认为，在上半年出现企稳回暖迹象的情况下，随着国家和省区市系列稳增长政策的落地实施，预计下半年经济形势将进一步企稳向好，保持平稳增长态势，经过努力有望实现全年预期增长目标。安徽预计经济二季度触底，三季度开始小幅回弹，全年预期增长8.5%左右的目标能够实现。海南认为上半年很不乐观，下半年不太悲观。山东经济下半年将小幅上扬，全年呈现"低开、稳走、向好"态势。

二、经济运行中面临的突出问题

与会同志认为，当前我国经济下行压力仍然较大，部分地区存在的困难和一些领域面临的问题还很突出，有的甚至有所加剧。

一是部分省份经济下滑严重。东北三省、山西、河北等地出现稳中趋缓、下行压力加大的情况，形势不容乐观。如辽宁省，1—5月投资下降15.4%，出口下降17.6%，规上工业增加值下降6.1%，预计上半年经济增长只有3%左右，全省一般公共预算收入下降23%。黑龙江1—5月投资增长1.2%，规上工业增加值下降0.3%，上半年经济增长4.8%，公共财政收入下降16.9%。山西省煤炭全行业亏损且亏损面进一步扩大，1—5月规上工业增加值下降3.3%，12个主要行业中7个行业工业增加值下降，预计上半年经济增长2.5%—3%，整个经济相当困难。

二是"三驾马车"动力不足。（1）投资下滑压力较大。多数地区投资下降或增速回落。1—5月，安徽新开工项目数下降40.9%，内蒙古房地产开发投资下降24.5%，甘肃工业投资下降14.24%。（2）消费增长乏力。1—5月，北京社会消费品零售总额增速5.7%，山西省增速5.4%。汽车、家电、金银珠宝等传统商品消费低迷。（3）外贸形势严峻。1—5月，四川出口下降9.6%，上海出口下降4.6%。

三是实体经济困难很多。（1）部分地区速度效益双下降。1—5月，云南规模以上工业企业亏损面为39.67%。（2）传统行业困难凸显。煤炭、钢铁、石化、冶金、汽车、家电、电子等行业情况不容乐观。1—5月，山西煤炭行业累计亏损29.42亿元。（3）成本上升压力较大。劳动力成本上升较快，企业融资难、融资贵问题仍然突出。企业贷款利率从基准下浮变为上浮较多，限贷、惜贷、抽贷较普遍。1—5月，福建省规模以上工业企业财务费用增加7.1%。（4）产品价格持续走低。全国PPI已连续39个月负增长，天津连续42个月负增长。山西5月份工业生产者出厂价格下降11.5%。

四是财政收支压力增大。部分省区市财政收入下降明显或增幅回落较大。1—5月，新疆财政收入下降17.1%。同时，结构性减税、项目配套资金、政府债务偿还、调工资、调社保基金、医改、车改、生态环保等减收增支因素增多，使地方财政收支压力明显加大。1—5月，福建地方公共财政收入增长1.7%，同比回落12.6个百分点，但支出增长25.7%。

五是房地产市场分化明显。北上广深等一线城市房地产量价齐升，价格涨幅较大。上海市1—5月，新建商品住房、二手存量住房成交面积分别增长42%和68%，5月成交均价分别同比上涨18%和20%。但其他大部分地区房地产销售仍然低迷。1—5月，辽宁省商品房销售面积和销售额分别下降43.6%和40.8%，安徽省分别下降8.7%和8.5%。

三、做好下半年经济工作的政策建议

与会同志认为，应对下行压力，要下更大决心，拿出更多办法，推动经济平稳健康发展。要加大宏观调控力度，顶住经济下行压力，培育经济增长新动能，提振社会信心，稳定市场预期，狠抓改革落地、政策落地、项目落地，保持经济运行在合理区间，努力完成全年预期发展目标任务。

第一，把稳增长放在更加重要位置。在经济下行压力加大的情况下，必须更加强调稳增长，保持必要的合理经济增长速度。把稳增长作为当务之急，投资、消费、出口"三管齐下"。深入实施"抓项目、扩投资、稳增长"行动，加快推进重大项目建设，加大"补短板"项目投资，出台有力措施推进PPP项目建设，努力稳定投资增长。进一步扩大地方政府债券发行规模，帮助地方解决基础设施和重点项目建设的资金不足问题。努力稳定"三市"——股市、房市、车市，稳定股市发展，稳定住房消费，稳

定汽车市场。促进旅游休闲消费，拓宽信息消费、绿色消费等新兴领域，促进消费转型升级和持续稳定增长。采取进一步稳定出口的政策措施，加大出口退税进度，降低出口费用，更大程度推进出口便利化，在推进国际产能合作中带动中国装备和商品出口。

第二，加快培育发展新动能。要切实把握稳增长和调结构的平衡点，在把稳增长放在突出位置的同时，坚持调整存量、做优增量，实行"以调促稳"。坚持"两手抓"，一手抓改造提升传统产业，通过扩大基础设施建设消化过剩产能；一手抓新兴产业发展，实施《中国制造2025》战略，推进"互联网+"行动计划，培育和打造新的经济增长点。

第三，在改革上下更大功夫。突出重点，着重抓好牵一发动全身的关键性改革。在稳增长的重点领域加大改革力度，通过"负面清单"管理方式向民间资本放开投资领域。认真落实促进大众创业、万众创新的一系列政策措施，进一步简政放权，降低创业创新门槛，完善创业投融资机制，打造一批低成本、便利化、开放式的众创空间。深化金融改革，支持民营资本参股入股村镇银行、地方性银行等金融机构，大力发展多层次资本市场。加快推进"四个自贸区"建设，允许更多的改革开放措施先行先试，为全国深化改革开放创造更多可复制可推广的经验。

第四，强化对实体经济的支持。中小企业融资难、融资贵问题依然很严重，要加大金融对实体经济的支持力度，坚持实行定向调控，进一步优化商业银行考核评价体系，使信贷资金更好地落到实体经济。支持符合条件的企业到境内外资本市场融资。增加财政投入，采取财政贷款贴息和补助奖励等方式，支持企业自主创新、技改投资和重大转型升级项目建设。完善相关政策，加快发展电子商务等新业态新商业模式。

第五，进一步支持西部地区、贫困地区、东北老工业基地、资源型城市转型发展。增强宏观调控的针对性和有效性，针对区域发展不平衡的现状分类施策，把财政投入和信贷资金更多地向这些地区倾斜，进一步增加转移支付，降低地方项目建设的配套资金和出资比例。特别是要加大对这些地区传统产业改造的支持力度，支持沿海地区产业转移，促进产业转型升级，培育发展新动能。加大对这些地区的基础设施和公共服务投入力度，把扶贫开发作为稳增长的重要举措，着力解决民生问题。

第六，狠抓政策措施的贯彻落实。宏观调控政策和改革措施都要落到实处，特别是投资项目要落地开工。抓落实关键靠地方，气可鼓不可泄，要充分调动各地方抓发展的积极性主动性创造性。加强督促检查，严格行政问责，确保完成各项目标任务。

有关部门对上半年经济形势和
下半年经济工作的看法与建议
——当前经济形势分析座谈会观点综述（下）

党小卉　张红晨　李宏军

2015 年 7 月上旬，国务院研究室召开经济形势分析座谈会，邀请发改委、工信部、财政部、人社部、住建部、商务部、人民银行、国家统计局有关司局负责人，就上半年经济形势和下半年经济工作进行座谈。现将主要看法和政策建议综述如下：

一、对经济形势的总体判断

与会部门同志普遍认为，2015 年上半年，在复杂严峻的国际国内经济形势下，我国经济运行总体平稳、稳中有进，主要经济指标处于合理区间，结构调整取得新进展。初步核算，上半年 GDP 同比增长 7%；其中，一季度同比增长 7%，二季度增长 7%。虽然近期经济趋稳回暖迹象增多，但稳定的基础仍十分脆弱，下行压力依然较大，不确定不稳定因素增加。下半年，政策效应和改革作用将进一步显现，经济增速有望企稳，结构调整态势向好，全年 7% 左右的经济增长预期目标可能实现，但经济运行中存在的困难和风险不可低估，全面完成经济社会发展目标任务仍需付出艰苦努力。

发改委、人社部、住建部、工信部、商务部、人民银行和国家统计局等部门同志认为，2015年以来，经济运行总体平稳。一是就业稳。上半年31个大城市城镇调查失业率一直保持在5.1%左右，6月末为5.06%，与2014年同期基本相当。人力资源市场供求处于动态平衡，农村劳动力转移就业总体稳定，创业促就业的倍增效应更加显现。上半年，新注册企业200.1万户，每天新增1万户以上。二是收入稳。随着改善民生、增加居民收入等各项政策落地，城乡居民和工薪人员收入保持增长。三是物价稳。CPI涨幅低位平稳增长，上半年同比上涨1.3%。夏粮又获丰收，为物价稳定运行提供了基础。

经济运行稳中有进，经济结构继续优化，新的动力孕育成长。一是服务业继续领先增长。上半年，第三产业增加值增长8.4%，增速较一季度加快0.5个百分点，较2014年同期加快0.4个百分点；第三产业投资占全部投资比重为56.3%，比2014年同期提高0.5个百分点。东部沿海地区服务业发展势头尤为迅猛。二是消费升级加快。上半年，通讯器材零售额同比增长37%，比2014年同期大幅加快14.9个百分点，比社会消费品零售总额增速快26.6个百分点。家具、建材及装潢材料类消费均增长强劲，旅游、休闲娱乐、绿色消费等升级趋势明显。三是高技术产业增长较快。前5个月，高技术产业增加值同比增长10.8%，增速比规模以上工业快4.6个百分点；占比为11.3%，比2014年同期提高1.2个百分点。四是新业态、新模式发展势头良好。以互联网经济为代表的新经济增长点快速成长，新一代信息技术加速与传统产业融合，信息消费等热点消费持续扩大。上半年，全国网上零售额同比增长 39.1%。其中，实物商品网上零售额增长 38.6%，非实物商品网上零售额增长 41.9%。

特别是近两个月，经济运行缓中趋稳的积极因素增多。一是工业生产增速止跌回升。6 月份规模以上工业增加值同比增长 6.8%，增速比 5 月份加快 0.7 个百分点，连续 3 个月回升。二是三大需求增速均有所回升。6 月份，固定资产投资在 5 月份同比增长 9.9% 的基础上，环比增长 0.88%；社会消费零售总额同比增长 10.6%，比 5 月份回升 0.5 个百分点；出口增速由负转正，以人民币计为 2.1%。三是部分实物指标和货币指标好转。日均统调发电量、铁路货运量、货币增速和新增贷款规模等均出现企稳迹象，6 月末 M2 同比增长 11.8%，连续 2 个月回升。四是房地产市场回暖迹象明显。全国新建商品房成交量已连续 4 个月环比增长。5 月末，全国已竣工商品房库存量首次出现下降。6 月份，90 个重点城市新建商品住宅价格指数同比上涨 0.4%，2015 年首次转正。五是主要经济先行指数继续向好。6 月份制造业 PMI、汇丰中国制造业 PMI、消费者信心指数等指标与 5 月份持平或小幅回升，非制造业 PMI 指数持续处于扩张区间，市场信心和社会预期均有所增强。

与此同时，发改委、工信部、商务部、财政部和国家统计局等部门同志强调，当前经济运行企稳的基础并不牢固，尤其是主要经济指标累计增速同步放缓，凸显下行压力持续加大。一是投资延续减速态势。上半年，固定资产投资同比增长 11.4%，增速比一季度回落 2.1 个百分点，比 2014 年同期回落 5.9 个百分点，新开工项目计划总投资仅增长 1.6%，投资增长后续乏力。二是消费增速略有放缓。上半年，社会消费品零售总额同比增长 10.4%，增速较一季度回落 0.2 个百分点，较 2014 年同期放缓 1.7 个百分点。三是外贸增速远低于预期。以人民币计，上半年进出口同比下降 6.9%，降幅较一季度扩大 0.9 个百分点，较 2014 年同期放缓 6 个百分点。其中，出口同比增长 0.9%，比一季度回落 4 个百分点，较 2014 年减缓 4 个百分点。四是工业生产减速明显。上半年规模以上工业增加值同比增长 6.3%，增速较一季度回落 0.1 个百分点，较 2014 年同期放缓 2.5 个百分点。此外，供需失衡还导致价格持续低迷。上半年 PPI 同比下降 4.6%，降幅与一季度持平，比 2014 年同期扩大 2.8 个百分点。PPI 已连续 40 个月负增长，持续时间为改革开放以来最长。

当前，经济发展面临"两难"与"两险"。一是"企业难"。在市场需求不振、产品价格下降、生产成本不断上升的大背景下，企业生产经营困难增多：库存压力加大，资金回笼困难，利润持续下降。前 5 个月规模以上工业企业实现利润同比下降 0.8%，较 2014 年同期回落 10.6 个百分点。传统产业普遍被困，三分之一的企业产能利用率在 70% 以下，煤炭、冶金、水泥、平板玻璃等行业企业亏损面在 30% 以上；石化、汽车、电子设备等制造业动力明显减弱，有的转入负增长，甚至一些优势大企业也身陷困境；中小微企业融资难、融资贵问题依然较为突出。二是"政府难"。受经济放缓、物价水平回落等因素影响，财政收支矛盾更加突出。上半年，全国一般公共预算收入同口径增长 4.7%，增幅同比回落 4.1 个百分点，为近 6 年来同期最低水平。中央财政收入"明升实降"，地方财政收入低速增长且分化加剧，主体税种增速回落甚至负增长，而财政支出刚性增长，资金调度难度加大。三是"金融险"。企业经营困难，银行不良贷款率上升。房地产市场深度调整，区域分化趋势加剧：一线城市资产市场泡沫积聚，而三四线城市住房库存仍处于高位，房地产开发企业资金链断裂风险上升。降准降息政策释放的流动性"脱实向虚"，助力股市行情暴涨；6 月中旬后，股市又出现"恐慌性"暴跌，可能引发系统性金融风险。此外，还存在地方政府债务、民间借贷、互联网金融等诸多风险点。四是"就业险"。主要是存在隐性失业风险。在经济下行压力加大、需求不旺的情况下，城镇新增就业出现下滑，前 5 个月同比减少 26 万人。产能过剩行业用工萎缩，转型升级企业岗位流失率达历史高位；高校毕业生签约率降幅较大，失业人员再就业难度增加。

二、对做好下半年经济工作的建议

发改委、工信部、商务部、人民银行、国家统计局等部门同志分析认为，下半年经济回稳动力将有所增强，GDP 增速有望趋稳向好；但在国内外经济发展环境难有根本改善的情况下，回稳幅度和持续性存在较大变数：美国经济回升力度及其决定的美联储加息进程，通过贸易、金融、大宗商品市场等渠道对我国经济运行的影响程度；房地产市场回暖何时能传导至购地和投资，进而缓解投资增速下滑压力；下一步国家能否有效引导资金流向实体经济、稳步推进地方政府债务置换和融资平台在建、新建项目资金接续等，均是有待观察的不确定因素。总体来看，在现有政策力度不变和不出现重大意外冲击的情况下，三季度我国经济增速有望回稳，四季度增速持平或略升，全年可能呈现"低开、稳走、向好"态势。但要实现这个预期，还要增强信心，克服困难，狠抓落实。

与会同志一致认为，当前我国经济正处于筑底企稳的关键时期，经济结构分化趋势明显，增长动力转换特征突出。面对经济上行动力与下行压力较量的胶着困局，我们要保持战略定力，坚持稳中求进工作总基调，把稳增长放在更加突出位置，加强宏观政策预调微调和统筹协调，全力推动经济运行由筑底企稳向回稳向好转化。宏观调控政策思路和着力点：立足稳增长、控风险，实行总量与结构政策并举，改革与发展举措并重。在区间调控基础上，实施精准定向调控：更加注重扩内需稳外需释放有效需求，更加注重拓宽资金流向实体经济的渠道，更加注重重点领域和关键环节的改革创新举措落地，更加注重培育新的增长点增长极增长带，更加注重保障和改善民生。

第一，积极的财政政策要切实加力增效。加大盘活存量资金力度，着力解决好财政性建设资金同比少增形成的紧缩效应。一是支持重点领域有效投资。加快棚户区、城乡危房改造等建设，促进信息、养老等消费增长，落实支持创业创新税收优惠政策，进一步规范收费管理，减轻企业负担。二是加快推动地方政府债券发行管理。指导地方做好置换债券发行工作，择机再下达 1 万亿元置换额度；研究并下达剩余 2000 亿元新增专项债券；妥善解决融资平台在建项目后续融资问题，以满足在建项目融资需求。三是指导地方加快推广 PPP 模式。抓紧推进相关立法和制定管理办法。加快推进 30 个示范项目建设，加快设立 PPP 融资支持基金，开展地方运用 PPP 开展公租房建设运营试点；指导地方强化项目"物有所值"评估。

第二，稳健的货币政策要体现灵活有效。一是根据经济形势变化，适时出台新的总量政策。在保持总量适度的前提下，加大对重点建设领域的支持力度，为经济结构调整和转型升级提供资金支持。二是明确投资增长点，加大对重大投资工程、战略重点项目等方面的资金支持力度。三是多渠道拓展实体经济融资渠道。进一步建立和完善资本市场体系，提高直接融资服务实体经济发展的水平。鼓励金融机构赴境外发债，设立人民币海外合作基金，为装备制造业走出去和国际产能合作提供人民币贷款、股权投资和跨境担保。四是进一步完善监管和考核体系，适当减轻商业银行利润考核压力，增加对小微、"三农"领域不良贷款的容忍度。五是引导人民币适度贬值，防止人民币升值与国际市场需求不足、国内要素成本上升形成叠加效应，减轻出口企业压力。

第三，进一步加大对实体经济的支持力度。继续推进结构性减税和普遍性降费，加大力度优化企业发展环境。有的同志建议，将减半征收所得税标准由年应纳税所得额 20 万元以内提高到 30 万元以内，免征增值税、营业税标准由月销售额不超过 3 万元扩大到不超过 5 万元。加快清费立税进度，明确取消和调整政府性基金项目的时间表，继续清理附加在资源产品价格上征收的各种基金和收费。支持企业兼并重组，区别对待产能过剩行业中的企业，避免信贷政策一刀切。以失业保险基金来援企稳岗，加大专项帮扶力度，用社会政策托底企业转型发展。加快实施"中国制造 2025"，推动传统产业技术改造和装备升级，超前谋划工业互联网，努力形成稳定经济增长的新动力。

第四，巩固房地产市场企稳向好势头。强化"因城施策、分类指导"，特别要密切关注一线城市和部分二线城市的房地产市场走势，加强点对点工作指导。抓紧完善住房税收和信贷等政策，适时扩大住房税收优惠范围，适当下调住房贷款首付比例和利率，进一步释放自住性改善性住房需求。有的同志建议，对个人购买家庭唯一住房，契税减按 1.5% 税率征税；对个人购买 90 平方米及以下家庭唯一住房，减按 1% 税率征税。优化住房用地供应结构，加强市场监管、舆论引导和预期管理，促进房地产市场持续健康发展。

第五，加快结构性改革步伐。把体制机制创新作为调结构促创新的总钥匙，全力推进重点领域和关键环节的改革，释放经济活力。抓好已出台简政放权、放管结合、优化服务等改革措施的落实，着力消除阻碍发展和创业创新的体制机制。推进财税体制改革，制定出台全面推进预算公开的意见，调整和完善税制，多措并举缓解财政收支矛盾。进一步推动利率市场化改革，完善人民币汇率市场化形成机制。逐步开放不良资产转让市场。加快放开金融机构设立和开展业务的准入管制，鼓励民营银行等中小机构发展。出台实施内贸流通体制改革文件，降低流通成本，提高流通效率。不少同志还反映，要抓紧推出更为有力的实质性改革举措，更加注重各项改革任务落地，让更多民众享受改革成果，切实有获得感。

地方对稳定经济发展的十点建议

张昌彩　刘武通　黄文川

2015 年 7 月上旬，国务院研究室召开经济形势分析座谈会，邀请北京、天津、河北等 31 个省区市政府研究室负责人，就 2015 年上半年经济形势与下半年经济工作，进行座谈讨论。我们在上次整理综述的基础上，进一步归纳整理出地方对稳定经济发展的主要政策建议：

第一，坚定不移落实国家宏观调控政策。有的地方反映，目前的感觉是积极的财政政策不够积极，稳健的货币政策不够稳健，尤其是金融政策存在过度创新、泡沫化和高杠杆率趋向，一些本应投入实体经济的资金进入股市，融资难、融资贵状况没有根本性改善。湖南的同志建议，落实好积极财政政策，在加大结构性减税力度的同时，增加建设性和有利于提高收入水平的财政支出；货币政策方面，在加大降准力度的同时，进一步降低利息，切实减轻企业负担。江西的同志建议，进一步加大定向调控力度，提高直接融资比重，降低社会融资成本，使信贷资金更好地落到实体经济。

第二，充分发挥投资对经济增长的关键作用。河南的同志建议，继续加大对交通、水利、能源、生态等方面公共基础设施投入，支持完善对全国路网具有重要意义的跨区域铁路项目，加大对城市医疗、农村电网等基础设施项目投资力度，并降低地方配套比例。江西的同志建议，加大"补短板"的项目投资，特别是城市地下管网、污水处理厂、立体停车场等建设投资。黑龙江的同志建议，加快推进和谋划大庆石化千万吨炼油扩能改造、大庆炼化百万吨聚丙烯等大项目，带动东北地区老工业基地的产业结构调整。

第三，加大国家重大战略项目推进力度和支持转型升级项目建设。湖北的同志提出，国务院发布的《关于依托黄金水道推动长江经济带发展的指导意见》《长江中游城市群发展规划》《大别山革命老区振兴发展规划》，布局了一大批重大项目，为中部地区加快基础设施建设、推动产业发展提供了难得的机遇。建议国家加大这些项目建设力度，加快推进实施。山东的同志建议，国家对于重大转型升级技改项目，给予财政贷款贴息，引导金融机构和社会资本支持重点行业转型升级。建议中央财政列支一定资金，采取补助奖励的方式，支持重大工业强基工程项目，主要包括重点行业关键基础材料、核心基础零部件、先进基础工艺、大众创新服务平台等方面的重大项目建设，着力解决产业转型升级基础不强、后劲不足问题。

第四，加快打造新的经济增长点。江苏的同志建议，应全面推进"互联网+"，使互联网与农业、工业、金融、商贸、零售、交通运输、旅游、医疗、教育、城市管理等领域融合发展，带动新产业、新业态、新商业模式，进而为大众创业、创新、创意、创造搭建更多平台。安徽的同志建议，进一步推动服务业发展，适应国内消费需求增长趋势，大力发展旅游、文化、时尚、健康、休闲、养老、信息增值服务等产业。湖南的同志提出，现行全国统一的节假日制度容易造成"拥堵"现象，降低了群众出游的兴趣，可以让各地根据各自情况作适当调整，由集中化向分散化的方向发展。

第五，创新思路、多措并举化解过剩产能。针对当前钢铁、水泥、玻璃等产业产能过剩问题，要压缩淘汰、改造升级、产业转移、扩大利用"多管齐下"：该淘汰的坚决淘汰；技术落后的要改造升级；走出去对外开展产能合作；通过扩大基础设施建设消化利用。同时，还要通过严格用电、用水、环保标准，推动企业兼并重组等方式进行化解。河北的同志建议，设立"化解过剩产能转向基金"，加大对表现突出企业的奖补力度，同时对压减的、转移的过剩产能在融资方面给予一些优惠政策。国家应支持拓展钢材用途，扩大农村危房改造、棚户区改造、居民住宅等建设，鼓励钢结构在大型桥梁、高层建筑、大跨度屋盖结构等建筑工程中使用。

第六，进一步增强政策措施的针对性和可操作性。许多地方反映，现在有的政策难以操作。比如，农村土地承包经营权登记颁证试点，任务由农业部门牵头，但所需的农村土地地籍数据资料在国土部门，协调难度较大。有的政策还需增强针对性。比如，国务院出台了多项重大政策，但需要完善配套措施，特别是要围绕国家战略有针对性地布局一些项目，如围绕"一带一路"、长江经济带、京津冀协同发展三大战略和《中国制造 2025》、"互联网+"行动计划等，要有针对性地分区域布局重大产业、基础设施和社会发展项目，引导各地找到对接点，发挥比较优势，形成参与实施国家战略的合力。

第七，扩大国家战略性新兴产业创投引导基金规模和地方政府债券发行规模。发展战略性新兴产业，当前不缺市场，也不缺技术，关键在于解决好投融资问题。2015 年初，国家设立总规模 400 亿元的新兴产业创投引导基金，这有利于引导社会资本投入新兴产业，但还很不够，因为许多新兴产业投资体量大，往往都是几十亿甚至百亿级的项目。比如，重庆发展的京东方 8.5 代液晶面板项目投资 300 多亿、惠科 8.5 代项目 100 多亿。为解决产业发展资金难题，重庆的同志建议国家扩大新兴产业创投引导基金规模，并与地方产业引导基金合作组建若干专项基金。福建的同志建议，下放海外投资审批权限，简化审批手续，加快审批进度，进一步扩大地方政府债券发行规模，以帮助地方解决基础设施和重点项目建设的资金不足问题。

第八，加大对西部地区支持力度和实施差别化政策。西部地区的同志提出，要结合"十三五"规划和西部地区不同情况，尽快制定全面建成小康社会的地域差异指标体系，科学制定限制开发和禁止开发区域实现小康的发展指标，推出有利于重点生态功能区实现小康目标的配套财政政策。对西部能源资源型地区实施差别化产业政策，制定符合西部地区实际的综合能耗等考核指标。加大中央财政对西部地区一般性转移支付力度，加大对中小企业减免税政策扶持力度，扩大国有商业银行对西部省区分行的授信规模。甘肃的同志建议，国家加大对西部地区扶贫开发的支持力度，根据西部贫困地区实际重点安排扶贫资金，取消西部贫困地区基础设施项目地方配套资金，支持西部贫困地区基础设施建设、生态环境保护、公共事业发展和富民产业培育。

第九，推动股市持续稳定健康发展。股票市场暴涨暴跌，影响资本市场功能发挥，带来经济潜在风险，甚至引发社会稳定问题。重庆的同志建议，对于上市公司减持、IPO、向机构投资者定向增发、向股民配股增发等，要保持合理节奏，严格条件审批，加大对违规违法行为的处罚力度。上海的同志建议，要坚持远近结合、标本兼治，解决证券市场发展中的突出问题，并加强制度建设，防止股市出现大起大落。

第十，国家有关部门要加强对地方工作的指导。许多地方同志提出，"十三五"规划编制是下半年的一项重要工作，建议国家早点明确"十三五"规划初步思路，以便地方更好地衔接。上海的同志提出，"一带一路"、长江经济带等是党中央、国务院统揽全局作出的重大战略决策，建议国家有关部门能够加强对地方的支持指导，创造条件让地方更好地融入和服务国家战略。

关于当前经济形势的分析和建议

肖炎舜　高振宇

综合各方面情况看，2015 年上半年经济运行保持缓中趋稳、稳中有进态势，但下行压力仍然较大，一些困难和风险呈现长期化、交织化特征。建议把稳增长放在更加突出的位置，处理好逆周期调节和结构性调整、支持实体经济和防范金融风险的关系，有序推动新旧动力接续，促进经济保持中高速增长、迈向中高端水平。

一、缓中趋稳、稳中有进，经济运行仍处在合理区间

2015 年以来，随着一系列稳增长、促改革、调结构、惠民生政策效果逐步显现，经济运行总体呈现缓中趋稳态势，结构调整取得新进展，新的增长活力和动力正在形成，企稳向好因素逐步增多。主要表现：

（一）"稳"的基本面没有改变。一是经济增速基本稳住。预计二季度经济增长 7% 偏弱，与一季度大体持平，后续走稳的概率增大。农业生产形势较好，总产量 14107 万吨，增长 3.3%。二是物价总体平稳。上半年居民消费价格指数同比增长 1.3%，其中 6 月份增长 1.4%，同比下降 0.9 个百分点。三是就业保持稳

定。上半年新增城镇就业 718 万人，6 月 31 个大城市城镇调查失业率为 5.06%，环比下降 0.06 个百分点。四是收入稳定增长。全国居民人均可支配收入增速高于 GDP 增速，人民生活水平继续提高。五是市场预期稳中回升。6 月国家统计局制造业 PMI 为 50.2%，与上月持平，连续 4 个月高于荣枯线；汇丰制造业 PMI 为 49.4%，比上月回升 0.2 个百分点。

（二）"进"的表现更加突出。一是产业升级持续加快已经成为稳定趋势。上半年第三产业增加值增长 8.4%，占国内生产总值的比重为 49.5%，比 2014 年同期提高 2.1 个百分点，高于第二产业 5.8 个百分点。1—5 月高技术产业增加值占规模以上工业比重为 11.3%，同比提高 1.2 个百分点。同时，高技术制造业投资快于全部投资增速 3.8 个百分点，服务业投资占全部投资比重提高 0.4 个百分点至 56.2%。二是新增长点正在形成并具有可持续性。信息、旅游、教育、文化、健康等服务消费较快增长，上半年网上零售额增长 39.1%，新型消费对经济增长的拉动作用继续增强。以互联网经济为代表的新增长点快速成长，前 5 个月，净增 4G 用户 1 亿户，移动互联网接入流量同比增长 91.6%，电子商务交易规模增长 31.8%。特别是在企业困难加大情况下，七大战略性新兴产业规上企业收入和利润同比增长 10.8% 和 20%。三是节能环保成效明显。单位国内生产总值能耗大幅下降，主要污染物排放持续减少，重点区域和城市空气质量状况进一步好转，一些群众反映强烈的"老大难"问题开始出现趋势性转变。

（三）"升"的迹象逐步显现。一是需求状况略有改善。6 月份社会消费品零售总额名义增长 10.6%，比上月加快 0.5 个百分点。二是工业增速连续 3 个月小幅回升。6 月规模以上工业增加值同比增长 6.8%，比上月加快 0.7 个百分点。三是房地产市场交易升温。5月房地产市场销售面积同比增长15%，连续两个月出现正增长，商品房待售面积开始下降，住房销售价格小幅上涨。四是货运量、用电量等实物指标出现增长。5月份全国铁路货物发送量环比增长2.73%，6月份全社会用电量同比增长1.8%，符合经济小幅回稳态势。五是各类企业"抗压"和"突围"能力不断增强。大众创业、万众创新氛围浓厚，前5个月，全国新登记注册企业同比增长22.9%，注册资本增长45%，非公有制规模以上工业企业增加值增速高于全部规上工业企业1.5个百分点，规上私营企业利润增速快于全部规上工业企业利润7个百分点。

二、低位运行、风险积聚，经济困难呈现长期化、交织化趋势

当前经济低位运行是周期性下降与"结构调整阵痛期"叠加所致。估计困难还会持续较长时间，最困难的时期还没有过去，同时各种风险隐患正在积累。对以下几个方面的困难，要进行深入分析和研判。

（一）新旧动力接续难。在需求疲弱、产能过剩的大背景下，储蓄转化为投资的动力和空间都不足。一季度工业产能利用率仅为73.2%，特别是传统的重化工业领域面临的"去产能"压力尤为突出。上半年投资增长11.4%，同比回落5.9个百分点，而且新开工项目计划总投资和到位资金增速均处于近年低位，反映投资增长后劲不足。尽管这两年新市场主体大幅增加，新型业态较快发展，但还不足以抵消传统动力减弱的影响。估计经济下行压力会持续较长时间，对此要有充分的思想准备。

（二）企业生产经营困难。当前经济形势的一个特征，是宏观稳定、但微观困难。企业效益下滑明显，1—5月规模以上工业企业利润同比下降0.8%，企业亏损面达到17.3%，其中煤炭、冶

金、水泥、平板玻璃利润降幅达 35%—65%，企业亏损面达 30% 以上。出现这种情况的原因，主要是工业生产者出厂价格长期负增长，融资、劳动力等成本持续上升。从深层次看，有国际国内市场需求萎缩的原因，也有市场运转不畅的原因；有劳动力供给等生产要素发生趋势性变化的原因，也有企业创新能力不足、竞争力不强的原因。搞活微观是促进经济稳定增长的基础，但提升微观主体的活力与动力也不是件容易的事。

（三）金融面临宏观松、微观紧"两难"。6月末银行系统超额存款准备金达 3 万亿元，但企业融资难问题仍然突出，上半年投资到位资金中贷款同比下降 4.8%。这说明，在经济下行压力较大的情况下，一方面商业银行盈利能力下降、风险偏好减弱，另一方面企业等市场主体的资金需求可能减弱，从而导致大量资金淤积在金融系统而没有进入实体经济。2014 年下半年以来股市一度持续上涨，沪深两市曾出现 1500 多只个股股价翻番，吸引大量资金从流入，进一步助推股价上涨、泡沫积聚。同时，还有不少资金流入民间借贷、非法集资等，也需要引起高度重视。资金的"量""价"关系也反映一些问题。尽管 5 月份银行加权平均利率从 4 月份的 6.61% 下降到 6.16%，贷款基准利率也从 4 月末的 5.30% 降低到 5.05%，同比降幅达 0.72 个百分点，但加上担保费、存贷挂钩等额外成本，一些企业特别是中小企业综合融资成本仍然居高不下。资金价格要能够覆盖风险，融资成本高既反映了渠道不畅的问题，也反映了实体经济领域风险上升。

（四）财政困难已然成为常态。2015 年上半年全国财政收入增长 4.7%，增幅比 2014 年同期低 4.1 个百分点，多数税种增速回落甚至出现负增长。其中，中央财政收入增长 4.5%，同比回落 1.7 个百分点。同时，受房地产市场调整影响，前 4 个月全国土地出让收入同比下降 38.2%，严重挤压了地方基础设施投资资金来源。近年来的财政困难表明，财政与经济关系已经发生重大改变。不少现行政策、制度是与财政收入增长快于经济增长的状况相适应的，适应经济发展新常态的财政工作思路还需要深入研究。不少地方反映，机关事业单位工资和养老保险制度改革增支、地方政府债务还本付息、重大民生政策提标扩面等支出压力不断加大，基层财政资金调度困难明显增加。

三、保持定力、政策加力，在夯实基础中推动经济稳定增长

面临经济下行压力加大和各种矛盾相互交织的复杂状况，要注重从总体上把握发展大局，改进和创新工作思路，坚定信心、保持定力，敢于作为、善于作为，在夯实基础中推动经济发展实现"双中高"目标。

一是加强宏观思维，把经济工作的主要线索理清楚。在工作思路上，要把稳增长放在更加重要的位置，处理好宏观调控和结构性改革的关系，既要应对周期性放缓，也要破解结构性问题。要认真梳理政策，形成政策组合拳，出台一些管用的"干货"，避免出现文件一大堆、繁文缛节的重复多、实质性内容少。

二是用好财政货币政策，提高宏观调控政策的科学性有效性。从当前经济形势看，还应适当加大财政货币政策的力度。但从财政金融情况看，已经到了要更加重视财政货币政策可持续性问题的时候。这两者之间的关系要处理好。同时，财政货币政策的运用，也有其自身的规律，要处理好存量和增量、总量和结构、制度和政策、政府和企业等方面的关系。还要看到，财政货币之间存在内在的关系，要加强两大政策的协调，切实形成宏观政策体系的合力。当前特别要加强对宏观政策运用的综合研究，大家都

要跳出部门利益的束缚，从大局出发提出和制定政策。

三是突出薄弱环节，重点针对民生领域扩大有效投资。这两年政府推出一系列工程包，在稳增长中发挥了重要作用。这其中，还是要注重处理好政府与市场的关系。政府的投资要切实投在增加公共产品和公共服务有效供给上。现在公共产品和服务的均等化程度差，既反映在社会事业方面，也反映在农村、中西部地区基础设施差等方面。雪中送炭的事还有很多要做，我们既要抓好大项目，也要把涉及民生方面的需要理一理，作为政府投资的重点。

四是大力推动产能走出去，提高我国产业国际竞争力。要落实好推进国际产能和装备制造合作的政策措施，推动钢铁、有色、铁路、电力等重点领域加快走出去，促进向中东欧、非洲等地区转移优势产能和输出成熟技术装备。同时，要处理好产能走出去和发展壮大国内产业的关系，避免我们出钱出力出技术，培养了对手，削弱了自己的竞争力。

五是加强金融问题研究，有效破解金融"两难"和防范金融风险。当前银行信贷风险加大，商业银行金融机构不良贷款余额连续 14 个季度上升，4 月底突破 1 万亿元，关注类贷款达 4 万亿元；不良贷款率持续升高，3 月末达到 1.39%，比 2014 年末提高 0.15 个百分点。不少地方反映，企业经营困难加大，资金链紧张，信用违约增多。当前信贷风险正从产能过剩行业向上下游企业和其他行业、从东部沿海地区向中西部和东北地区、从小微企业向大中型企业蔓延，这种态势应引起高度重视。债券市场个案风险事件增加，新型金融和民间融资监管难度较大，潜在风险隐患也在增多，要系统研究，切实找到解决办法。

投资增速下行压力较大
稳投资政策需继续发力

高振宇

固定资产投资增速下行压力较大，是当前我国经济运行中的一个突出问题。建议高度重视投资增速继续下行风险，把稳投资放在更加重要的位置，进一步完善政策、加大力度，努力避免投资增速出现大幅趋势性下滑。

一、投资增速持续下行问题突出

2014年年初以来，我国固定资产投资增速呈现持续下行态势。随着一系列稳投资政策效果逐步显现，当前投资领域出现一些积极变化，如5月当月投资增速小幅回升、制造业投资结构改善、民间投资比重继续提高等，但投资总体形势比较严峻，增速持续下行问题较为突出。主要表现在：

一是固定资产投资增速持续回落。2015年1—5月，我国固定资产投资（不含农户）完成17.1万亿元，同比名义增长11.4%，增速比前4个月回落0.6个百分点，比2014年同期回落5.8个百分点，是2001年以来的最低水平，仅为2001—2014年平均增速的49%。

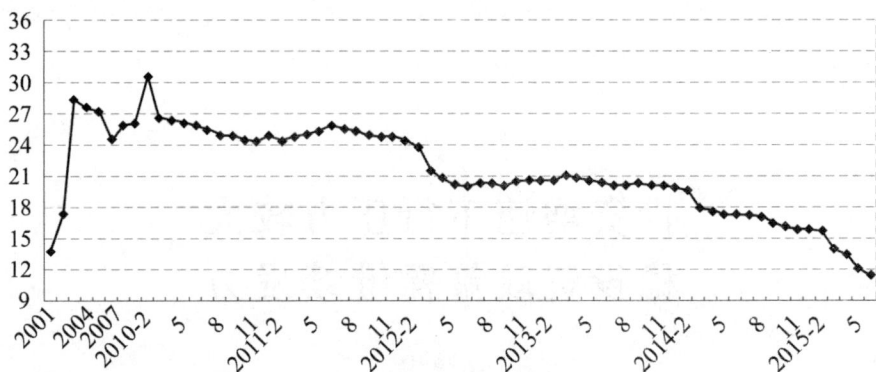

图 1　2001 年以来我国投资累计增速变化情况[①]（％）

二是重点领域投资增速普遍明显下行。制造业、房地产和基础设施是投资的三个重点领域，1—5 月占比分别为 34.1%、18.9%、17%。其中，制造业投资同比增长 10%，比前 4 个月小幅提高 0.1 个百分点，但比 2014 年同期下降 4.2 个百分点；基础设施、房地产投资分别增长 18.1%、5.1%，比前 4 个月分别下滑 2.3、0.9 个百分点，比 2014 年同期大幅回落 6.9、9.1 个百分点。

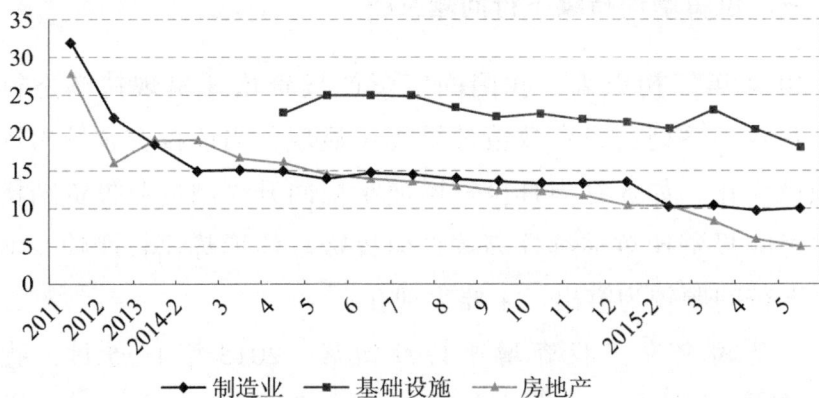

图 2　2011 年以来我国重点领域投资累计增速变化情况（％）

---

① 　由于统计口径调整，2010 年及以前数据为城镇固定资产投资，2011 年开始为固定资产投资（不含农户）。

46

三是东中西部地区投资增速均有所下滑。1—5月东、中、西部地区投资分别占总投资的48.7%、27.8%、23.5%，同比增速分别为10.2%、15%和9.2%，比1—4月回落0.7、0.5和1个百分点，比2014年同期回落6、4.3、9.2个百分点。

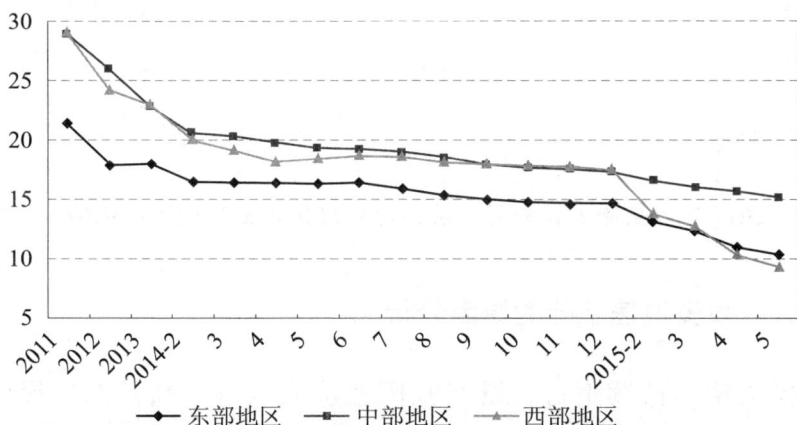

图3　2011年以来我国东中西部地区投资累计增速变化情况（%）

四是多种注册类型投资增速出现下降。1—5月，占投资比重接近95%的内资企业投资同比增长11.7%，比前4个月和2014年同期分别回落0.6和6.5个百分点。其中民间投资在投资中超过65%，同比增长12.1%，比前4个月和2014年同期分别回落0.6和7.8个百分点。港澳台商和外商投资分别增长8.9%、0.9%，比前4个月回落2.2、1.6个百分点。

五是施工和新开工项目计划总投资增速均处低位。1—5月施工项目计划总投资增长4.9%，比前4个月和2014年同期分别回落0.5和8.3个百分点；新开工项目计划总投资增长0.5%，比前4个月加快0.3个百分点，但比2014年同期降幅达12.2个百分点。特别是亿元以上新开工项目计划总投资同比下降20%，新开工项目不足问题更为突出。

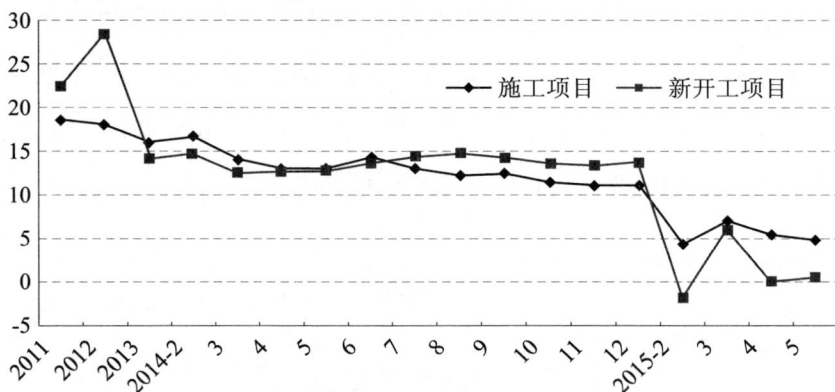

图4　2011 年以来施工和新开工项目计划总投资累计增速变化情况（%）

二、投资增速下行的原因分析

投资增速持续下行，既与我国经济发展进入新常态后投资需求出现新的阶段性变化有关，也受到多方面短期因素影响。主要有：

一是市场有效需求增长乏力。1—5 月，社会消费品零售总额名义增速比 2014 年同期回落 1.7 个百分点、实际增速回落 0.4 个百分点；出口累计仅增长 0.7%，3—5 月连续负增长。内外需求不振导致工业产能利用率持续处于低位，一季度仅为 73.2%；工业生产者出厂价格连续 39 个月负增长，1—5 月同比下降 4.6%；企业效益明显下滑，1—5 月规模以上工业企业利润同比下降 0.8%。市场需求不足、前景预期不明、企业效益下滑，是导致企业投资意愿不强的直接原因。

二是房地产市场调整分化影响。当前我国房地产市场正处于调整分化阶段，一线城市去库存压力相对较小，部分二线城市和多数三四线城市去库存压力仍然较大。受此影响，5 月当月房地产投资增长 2.4%，比上月回升 1.9 个百分点，但仍处于近年低位，也影响了上下游相关产业投资增长。

三是地方政府投资能力下降。1—5 月，地方本级一般公共财政收入同口径仅增长 4%，而支出增长 9.7%，收支压力趋增。再加上土地出让收入大幅下降、融资平台融资能力弱化，导致以地方投入为主的基础设施投资增速出现较大幅度下降。比如，占基础设施投资 43.9% 的公共设施管理业投资，1—5 月增长 16%，比 1—4 月下降 3.9 个百分点，比 2014 年同期回落 10.1 个百分点。

四是资金约束问题较为突出。1—5 月，投资到位资金增长 6%，增速比前 4 个月和 2014 年同期分别回落 0.5 和 7 个百分点，比 2015 年同期投资增速低 5.4 个百分点；其中国内贷款下降 6.3%，降幅比前 4 个月扩大 4.2 个百分点，已经连续 3 个月出现负增长，大幅低于 2014 年同期 13.5% 的同比增速。

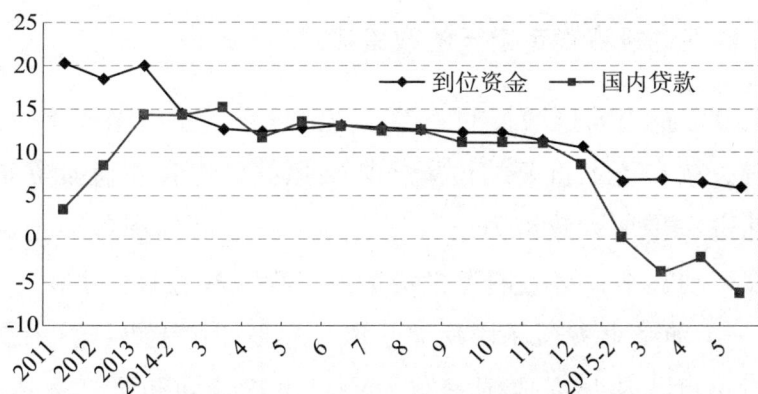

图 5　2011 年以来投资到位资金累计增速变化情况（%）

五是投资审批改革还不到位。一些地区项目审批前置手续多、周期长、成本高等问题还没有得到完全解决，部分权限下放不同步，核准、备案权下放到市县，但有的相关手续仍要到省里办理，企业投资便利化水平还有待提高。

以上各种因素相互交织，短期难以得到明显改善，投资增速继续下行风险不容低估。从国际金融危机爆发以来各年投资累计增速月度变化情况看，多数年份全年投资增速略低于前 5 个月，平均幅度约 1.3 个百分点。从 2015 年以来投资增速变化情况看，前 5 个月投资增速比 1—2 月下降 2.5 个百分点，明显超过近 3 年约 1 个百分点的平均降幅。从一些投资先行指标看，施工和新开工项目不足问题较为突出，投资增长后劲不足，同时资金来源紧张，导致一些拟建项目推迟开工、续建项目进度放缓。综合以上，我们认为如果不及时采取更加有力措施，下半年投资增速继续下行风险较大，全年有可能趋近甚至向下突破 10%。这将对实现 7% 左右经济增长预期目标产生较大压力，甚至对 2016 年经济增长产生一定拖累。

三、促进投资稳定增长的政策建议

稳投资是当前稳增长的关键。应高度重视投资增速下行风险，把稳投资放在更加重要的位置，切实抓好已有各项稳投资政策落实，并进一步加大政策力度，将各地区、各部门和各类企业的积极性都调动起来，努力避免投资增速出现大幅趋势性下滑。

（一）加强中央预算内投资管理。一是加快中央预算内投资计划执行进度，尽早完成国家重大项目投资计划和预算下达工作，推动相关项目加快开工建设。二是有效盘活中央预算内投资存量资金，将结余资金和期限超过 2 年的结转资金调入一般公共预算，统筹用于重点领域投资。三是促进财政资金与金融资本有机结合，加快设立国家新兴产业创业投资引导基金和国家中小企业发展基金，推动集成电路产业投资基金等加快投资进度，充分发挥财政资金的杠杆作用。

（二）切实抓好重大工程建设。对重大工程项目开通"绿色通道"，加快审批进度和资金下达，促进项目及时落地，可考虑将一些经过深入论证、拟于2016年开工的重大项目提前到2015年下半年开工建设。积极协调解决重大项目实施中遇到的问题和困难，加快在建工程建设进度。结合"十三五"规划编制，围绕"一带一路"建设、京津冀协同发展、长江经济带建设三大战略和装备走出去等重点领域，科学谋划重大项目，努力形成重大项目"建设一批、核准一批、储备一批、谋划一批"的动态推进格局。

（三）充分发挥地方政府作用。一是督促指导地方做好债券置换工作，适时向全国人大申请新的置换债额度。二是抓紧下达剩余新增债券限额，优先用于棚户区改造等保障性安居工程、普通公路发展等重大公益性项目。三是依法合规积极支持融资平台公司在建项目后续融资，支持地方基础设施建设，确保在建项目有序推进。同时，强化地方政府在房地产市场调控中的主体责任，支持地方灵活采取合理控制土地供应节奏、进一步提高棚改货币安置比例、适当提高公积金贷款上限等针对性措施，稳定房地产开发投资，促进房地产市场健康发展。

（四）积极支持企业扩大投资。一是落实完善企业研发费用加计扣除等税收优惠政策，更好地支持企业研发创新和技术改造。二是做好涉企收费专项清理工作，坚决取缔地方政府和部门违规设立的收费项目，有力规范强制垄断性的经营服务性收费行为，研究实行收费目录清单管理，切实加强收费监管。三是进一步将"营改增"试点行业范围扩大到建筑业、房地产业、金融业、生活性服务业等行业。四是加快推广中关村股权奖励等试点政策。同时，进一步取消下放投资审批权限，精简和规范前置审批及中介服务，不断提高企业投资的便利化程度。

（五）大力推广政府和社会资本合作模式（PPP）。一是加快在城市公共交通基础设施、供水供热供气、医疗卫生、养老等领域筛选一批示范项目优先重点推进。二是加大税收和融资等方面支持力度，研究设立 PPP 融资支持基金，有针对性地解决 PPP 项目实施中遇到的突出问题。三是着力破除制约 PPP 发展的体制机制障碍，有序推进 PPP 立法准备工作，将 PPP 项目管理纳入法治化、规范化框架。

（六）健全多元化资金保障机制。加大银行信贷资金支持，适当扩大抵押补充贷款（PSL）规模，适时运用定向降准、定向再贷款等政策工具，支持和引导政策性、开发性金融机构加大中长期贷款投放。支持项目主体通过发行公司债、企业债、项目收益债等市场化方式进行融资。鼓励社保、保险资金运用债权投资计划、股权投资计划、项目资产支持计划等参与重大项目建设。

增值税改革的物价效应分析

刘柏惠　李宏军

在市场经济条件下，一定时期内的宏观经济政策选择，应该把物价水平控制在与经济增速相匹配的合理区间。随着我国经济进入提高发展质量的"新常态"时期，经济增速相应进入由高速向中高速转变的换挡期，与此对应的通货膨胀合理区间应该由3%—5%调整为3%左右。在当前经济下行压力较大的形势下，如何着力避免物价继续回落导致的紧缩风险，已成为我国实施稳增长、调结构、惠民生政策过程中要重点关注的问题。

作为财税改革的一项重要内容，营业税改征增值税改革自2011年试点以来，经历了"局部试点"到"地区扩围"，再到"行业扩围"的持续改革，直接覆盖或间接影响到各行各业，不可避免地会对物价水平产生广泛影响。从理论上看，营改增的铺开会对各类产业的税负产生不同影响。对于本来就征收增值税的行业来说，由于抵扣项目增加，整体税负将下降，下降程度取决于其中间投入所占比例的大小；对于扩围中新覆盖到的行业，其税负变化取决于改革前后的税率变化和中间可抵扣成本的比重。企业税负的变化将直接影响生产成本，进而对生产者价格产生影响，而生产者价格变化对消费者价格的机制又会受到产品需求弹性等因素的影响。因此，增值税改革对价格的影响机制是隐含和迂回的，需要通过数据模拟来彰显。

我们基于全国投入产出数据，采用投入产出价格模型，测算和模拟了增值税改革的物价效应，得出了以下基本结论。

一、营改增使生产者价格下行

营改增会影响各行业实际税负，进而带来生产者价格的变动。

首先，营改增试点行业价格出现明显下浮。其中，商务服务业、计算机服务业、仓储业、邮政业、软件业的价格变动幅度分别为 -17.00%、-14.46%、-13.43%、-10.30%、-10.24%，下降尤其显著。试点行业实际税负的下降降低了生产者成本，为产出价格创造出较大的下降空间，有利于提高竞争力，增强发展潜力。

其次，传统增值税行业价格下降幅度在 1%—3% 之间，差别不大。其中降幅较为明显的几个行业分别为批发零售业（-3.18%），医药制造业（-2.79%），软饮料及精制茶加工业（-2.70%），通信设备、计算机及其他电子设备制造业（-2.18%）。这些行业中间投入中的新增服务抵扣带来税负下降，进而影响到价格。各行业变动幅度的差别与中间投入结构不同有关。

再次，营改增未覆盖行业虽然实际税负提高，但生产者价格也出现下浮现象。例如，保险业下降 1.67%，住宿业下降 1.18%，文化体育和娱乐业下降 1.17%。这些行业往往直接面对消费者，向下转嫁成本的能力有限。同时，大量中间投入行业价格向下浮动，迫使其价格跟随下降。

最后，免税行业价格变动虽然不明显，但也都有所下降，如教育（-0.93%），水利、环境和公共设施管理业（-0.8%）等。这些行业带有公共服务性质，或者在整个国民生产体系中具有基础性地位，价格往往具有上升的刚性。同时，其他行业税负的下降会对其产生关联效应，导致生产者价格下降。

二、营改增使消费者价格回落

营改增带来的生产者价格变动逐级传导到消费品，会对各类消费品价格水平产生影响。测算结果显示，八大类消费品的价格均出现了向下的浮动。交通和通讯下降4.40%，娱乐、教育、文化用品和服务下降3.72%，医疗保健和个人用品下降1.98%，烟酒及其用品下降1.94%，家庭设备用品和维修服务下降1.80%，衣着下降1.45%，居住下降1.14%，食品下降0.94%。若再加上各行业税率变化对消费者支出的直接影响，营改增对消费者价格指数的总体影响为-1.556%。可见，营改增较为显著地降低了通货膨胀率。

三、增值税税率调整的价格效应预测

目前，增值税改革还面临两个亟待解决的问题：第一，仍有住宿、餐饮、金融、保险等生活类服务业未纳入增值税征收范围。第二，合并税率是增值税改革的方向，也是增值税立法的前提。世界各国多实行单一税率，超过2档税率的国家只占四分之一，我国现行"六档税率（17%、13%、11%、6%、3%、0）＋免税"的税率结构偏离了税收中性原则。

设定三个增值税税率改革方案，分别验证其价格效应。

方案一：全覆盖＋归并税率。基本税率从17%下降为13%，优惠税率从11%降为6%，现征收营业税的行业和免税行业统一征收税率为6%的增值税。

方案二：全覆盖＋简易征收。基本税率从 17% 下降为 13%，优惠税率从 11% 降为 6%，对现在征收营业税的行业实行简易征收，适用 3% 的税率。

方案三：单一税率的全覆盖。参考亚太地区的平均税率水平（11.15%），设计单一税率。即对所有行业实行 12% 的单一税率，只对农业实施免税政策。

模拟结果显示，方案一能最明显地降低生产者价格，其中营改增试点行业和免税行业下降幅度更为明显。方案一降低消费者价格的作用也最为显著，能够消减 9.91%，作用明显大于剩余两种方案（-7.05% 和 -6.71%）。可见，增值税归并税率全覆盖的改革路径会最大程度地降低价格水平，其次是对个别行业采取简易征收的改革方案，最后才是单一税率的全覆盖方案。

可以看出，增值税改革会对价格产生明显影响。在下一步的扩围和税率改革中，除了考虑税收收入、征管成本、产业发展等因素外，必然要将物价波动因素考虑在内，从而形成最优的改革方案和配套措施。以上结论能够为此提供实证依据。

官方和民间 PMI 指标
背离的原因和启示

钱谱丰

采购经理指数（PMI），是以经济景气理论为依据，以采购经理调查为基础编制的指数体系，是重要的经济先行预测预警指标，被喻为观察经济的"风向标"和"晴雨表"。目前，我国主要发布两种 PMI 指标：一是由国家统计局和中国物流与采购联合会联合编制，并由国家统计局发布的"中国制造业 PMI"系列指数（以下简称"中采 PMI"），即官方 PMI；二是由国际金融信息公司 Markit 负责编制，由财新智库冠名的"财新中国制造业 PMI"系列指数（2015 年 8 月之前为汇丰中国 PMI，以下简称"财新 PMI"），可看作民间 PMI。

近年来，中采 PMI 和财新 PMI（包括 2015 年 8 月之前冠名的汇丰中国 PMI）之间多次出现背离，引起市场和社会的普遍关注。深入分析两种 PMI 指标背离现象，对于研判宏观经济走势、把握经济运行方向、更好实施宏观调控具有重要参考意义。

一、两种 PMI 指标背离的表现

PMI 是比较成熟的指标体系，无论是调查还是编制过程，都有通行的国际惯例。中采 PMI 和财新 PMI 在许多方面基本一致。包括：核心指标体系相同，均包括 5 个核心分项指标，即新订单指标，产出指标，就业指标，供应商配送时间指标和原材料库存指标；核心指标的权重也相同，赋予上述 5 个分项指标的权重分别是 0.3、0.25、0.2、0.15、0.1；都采用按比例抽样（PPS）的方法进行数据搜集。因此，中采 PMI 和财新 PMI 在总体趋势和多数情况下是一致的，两者的相关系数非常高，基本在 0.7 以上，属于强相关。两者相互背离仅是少数情况。

从表现来说，PMI 指标之间的背离可以分为两种形式。第一种是指标含义背离。当 PMI 大于 50% 的时候，表明制造业处于扩张阶段；当 PMI 小于 50% 的时候，表明制造业处于收缩阶段，50% 被称为"荣枯线"。如果在某个月份，两种 PMI 指标一个大于 50%，一个小于 50%，处于"荣枯线"的两侧，就出现了指标含义的背离。第二种是指标趋势背离。即在某个月份，不同的 PMI 指标较上月出现了不同方向的变化。如果在某个月份，两种

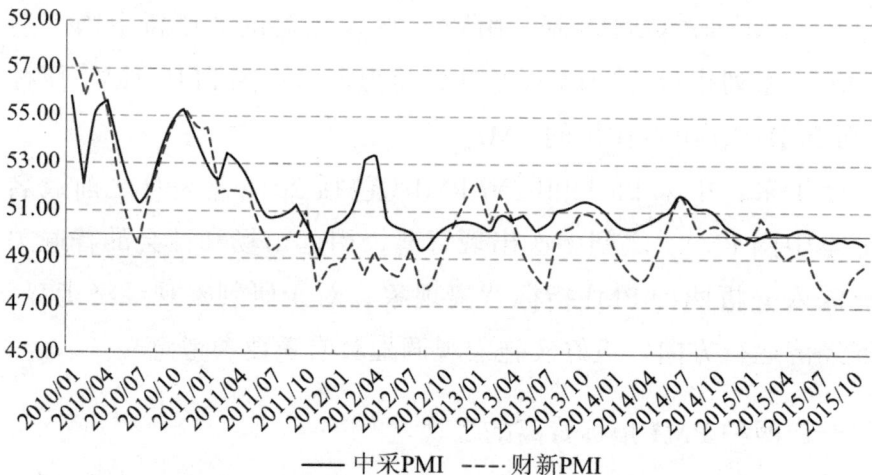

图 6　中采 PMI 和财新 PMI 走势（2010 年 1 月—2015 年 11 月）

PMI 指标一个较上月增加，一个较上月减少，就出现了指标趋势的背离。

从中采 PMI 和财新 PMI 在 2010 年 1 月到 2015 年 11 月之间的走势（图 6），可以看出，在此期间，中采 PMI 和财新 PMI 共出现指标含义背离 29 次，指标趋势背离 21 次。其中，指标含义背离大体集中在 2012—2013 年，指标趋势背离则主要集中在 2015 年，具体如下：

第一次背离时段：2011 年 12 月到 2012 年 7 月，表现为指标含义背离，持续 8 个月。当时由于欧债危机升级，外需受阻，经济下行压力加大，中采 PMI 和财新 PMI 都一度跌破 50% 荣枯线。随后，中采 PMI 反弹至 50% 以上，而财新 PMI 始终保持在 50% 以下。直到 2012 年 8 月，中采 PMI 回升至 49.8%，两者之间的背离才消失。

第二次背离时段：2013 年 5 月到 2013 年 7 月，表现为指标含义背离，持续时间较短，仅为 3 个月。这次背离主要表现为财新 PMI 迅速跌破 50% 荣枯线，中采 PMI 也有下跌趋势，但仍保持在 50% 荣枯线水平左右，因此并没有引起市场过多关注。

第三次背离时段：2014 年 1 月到 2014 年 5 月，表现为指标含义背离，持续时间为 5 个月。这次背离主要表现为中采 PMI 在 50% 以上且基本保持平稳，而财新 PMI 则迅速跌破 50%，然后快速反弹。

第四次背离时段：2015 年 1 月到 2015 年 11 月，期间共出现 7 次指标趋势背离。财新 PMI 先是快速跌破 50%，然后出现反弹，而中采 PMI 则保持缓慢下跌的趋势。这次背离引起了市场的普遍关注，两者对中国经济趋势的反映准确程度仍然有待进一步观察。其余年份发生趋势背离的情况是：2010 年 1 次，2011 年 4 次，

2012 年 3 次，2013 年 4 次，2014 年 2 次。

二、两种 PMI 指标背离的原因

中采 PMI 和财新 PMI 也存在一些重要的差异，包括企业样本类型、规模、分布、数量不同以及季节调整技术存在差异，这是导致两者出现背离的主要原因。

2012 年之前，季节调整的技术不同是导致两种 PMI 指标背离的主要原因。2012 年之前，国家统计局发布的 PMI 数据未经过调整，因此中采 PMI 数据波动剧烈。2012 年，国家统计局宣布历史数据已经足够支持进行季节调整，因此 2012 年之后中采 PMI 的数据要显著平稳（参见图 7）。目前中采 PMI 和财新 PMI 的季节调整方法差异不大，2012 年之后两种指标背离的主要原因已不再是季节调整因素。

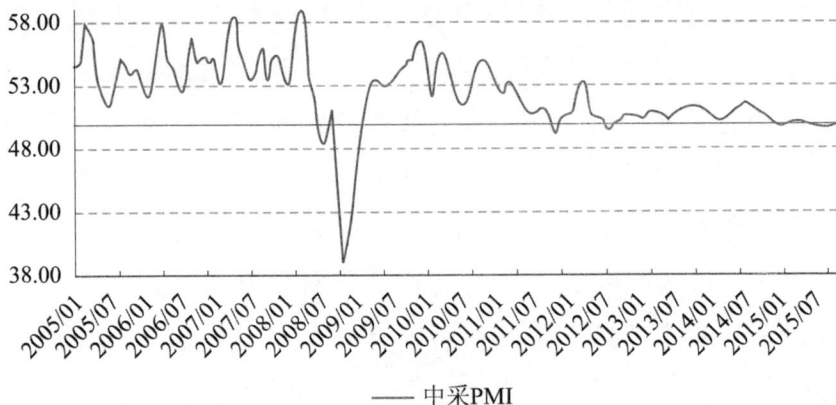

—— 中采PMI

图 7　中采 PMI 在 2012 年前后的波动性差异

2012 年之后，企业样本的差异是导致两种 PMI 指标背离的主要原因。由于样本企业的具体信息未公开发布，我们结合已有信息，并通过将中采 PMI、财新 PMI 与其他指标对照的方式，推断两种 PMI 样本企业的差异。

第一，中采 PMI 的样本主要是大中型国有企业，其中大型企业占 60%，中型企业占 27%，小型企业仅占 13%。大中型国有企业对经济冲击更有耐受力，更容易获得政策和资金支持，就业和经营的稳定性更强。财新 PMI 的样本主要是中小型民营企业，这些企业对经济变化更敏感，更容易受到外部冲击的影响。在经济下行过程中，中小型民营企业的生存压力也会更大。这在一定程度上能够解释，当出现指标含义背离的情况时，中采 PMI 均高于 50%，而财新 PMI 则低于 50%。

第二，中采 PMI 的样本企业在全国范围内分布更为平均，财新 PMI 的样本企业可能更集中于东部地区。全国范围的中小企业发展指数与中采 PMI 的相关系数为 0.27，与财新 PMI 的相关系数仅为 0.11。中小企业发展指数的东部地区指标与财新 PMI 相关系数为 0.36，高于中采 PMI 的 0.31。由此推断，中采 PMI 兼顾了企业在不同地区的分布，财新 PMI 的样本可能更多来自东部地区。

第三，中采 PMI 样本企业的行业分布更为全面，尤其是重工业比重相对较高，而财新 PMI 样本企业的行业分布更集中于轻工业和服务业。通过计算国家统计局发布的各行业预期指数与中采 PMI、财新 PMI 的相关系数可以发现，与中采 PMI 相关系数最高的行业，大多是重化工业，而重化工业与财新 PMI 的相关系数很低，甚至是负的，因此财新 PMI 样本中的重化工企业可能比重较低，更集中于轻工业和服务业，也表明出口外向型企业比重较高。

第四，样本量的差异在一定程度上导致财新 PMI 的波动性更大。通过衡量波动性大小的标准差指标看，在 2011 年之前中采

PMI 和财新 PMI 的波动性都较大。2011 年之后两者的波动性都显著减小，反映出中国经济渐趋稳定。近年来中采 PMI 的波动性始终低于财新 PMI，除了中采 PMI 样本企业中大型企业较多，承受经济冲击能力更强之外，中采 PMI 的样本企业数量不断增加，从数百家企业增至 3000 多家，而财新 PMI 的样本企业则始终保持在 400 家左右，这也是中采 PMI 更稳定，而财新 PMI 更易于波动的原因之一。

三、政策启示

中采 PMI 和财新 PMI 两个指数反映出不同样本企业的情况，从不同角度展现出中国经济运行态势，综合利用好两种 PMI，可为形势判断和政策取向提供有价值的参考。

一是中采 PMI 更加稳定，较适于衡量宏观经济的总体变化趋势。2005—2015 年，从当季 PMI 均值与 GDP 同比增长率相关系数看，中采 PMI 为 0.778，财新 PMI 为 0.753；从 PMI 季度平均值同下个季度 GDP 同比增长率相关系数看，中采 PMI 为 0.787，财新 PMI 为 0.635；从当月指数同延后 3 个月的工业增加值同比增长率相关系数看，中采 PMI 为 0.639，财新 PMI 为 0.569。以上三个相关系数，中采 PMI 均略高于财新 PMI。从这个角度看，中采 PMI 更符合宏观经济的实际运行情况，对整体经济的反映和预测更为准确。

二是财新 PMI 更加敏感，较适于及时反映经济的边际变化趋势。以 2012—2013 年间宏观经济走势及政策为例。2011 年底，欧债危机出现恶化局面，与出口部门密切相关的中小企业受到严重影响。2011 年底到 2012 年年中，财新 PMI 更为敏锐地反映了经济下行压力。财新 PMI 从 2011 年 11 月开始低于 50%，之后连续 12 个月在荣枯线之下，而中采 PMI 只有在个别月份低于 50%，2012 年 4 月更是高达 53.3%。同一时期，2012 年 2—4 月全国工业企业利润同比增长为负，2012 年 3 月，工业生产者出厂价格指数（PPI）也由正转负，体现出一定的通缩压力。因此，中采 PMI 没有及时反映出当时的经济颓势。政府面对经济下行压力，果断出手，出台了一系列适度的刺激政策，成功地实现了托底，经济出现反弹。从对经济反弹的反映来看，财新 PMI 过于敏感，从实施经济刺激政策前的 47.6%（2012 年 8 月数据）反弹到 52.3%（2013 年 1 月数据），落差为 4.7%，而中采 PMI 则只是从刺激前的 49.2%（2012 年 8 月数据）回复到刺激后的 50.9% 峰值（2013 年 3 月数据），落差为 1.7%。可以说，财新 PMI 更加及时敏锐地反映了经济的边际变化趋势，对于东部地区和出口型企业形势变化的预警作用更好。

三是综合利用两种 PMI，可更好把握中国经济运行态势，及时作出政策反应。具体而言，如果中采 PMI 和财新 PMI 都稳定在 50% 以上，且没有出现下行拐点，则不需要出台刺激政策；如果财新 PMI 和中采 PMI 均下跌至 50% 以下，且未出现上行拐点，说明经济下行压力较大，应果断采取刺激政策，避免出现硬着陆。如果财新 PMI 下跌超过中采 PMI，或已反映出中小企业遇到更多的压力，有必要保持警惕，可以实施定向调控，出台相关政策帮助中小企业渡过难关；如果财新 PMI 的上升超过中采 PMI，可能说明经济已经完成筑底，准备企稳回升，可以抓住经济下行压力缓和的时机，推进结构性改革，释放制度红利。总的来说，两种 PMI 从先行指标的角度对形势判断和政策取向提供了一个重要参考。

进一步深化商事制度改革
应当突出八个"注重"

——商事制度改革调研报告

张　泰　李　钊　袁喜禄　郑冠兰

2014 年以来，我国商事制度改革取得重大进展，放宽市场准入、强化事中事后监管、扶持创业创新发展等一系列改革措施，释放出巨大的政策效应，极大地激发了市场活力。但在改革推进过程中，也存在一些矛盾和问题，需要在今后的改革中妥善解决和完善。2015 年 9 月初，我们赴江苏省和南京市、泰州市、镇江市等地，实地调研商事制度改革情况，听取相关意见和建议。现将有关情况报告如下。

江苏省是我国经济大省，也是最早探索商事制度改革的省份之一。该省在认真做好商事制度改革"规定动作"的基础上，积极推行更为便利的网上注册审批，提前试点"一照一码"、外资企业"单一窗口"和"一表制"登记，依托企业信用信息公示平台、证照联动监管平台及部门协作机制等创新监管方式，整合基层市场监管部门实行协同监管，改革成效显著，社会投资创业热情高涨。2015 年 1—6 月份，全省新登记各类市场主体 48.93 万户，同比增长 13.5%，注册资本（金）同比增长 10.36%。其中新登记企业 18.05 万户，同比增长 31%，月均新设立企业户数首次突破 3 万户。从调研情况看，社会各界和广大企业普遍认同商事制度改革对经济社会发展的积极促进作用，对改革成效感到满意，对发展前景充满信心。

商事制度改革牵涉面广、系统性强，许多改革措施在释放出巨大"红利"的同时，也还存在需要完善、细化、配套和落实的地方，地方同志对进一步深化改革的期盼很高。我们认为，下一步推进商事制度改革，应当强化改革措施的统筹协调，完备改革的法律法规基础，进一步加强对地方改革探索的指导，努力做到全国商事制度改革联动实施、系统推进，尽快形成比较完备的商事制度和配套的行政执法体系。我们建议，下一步改革应坚持问题导向，突出难点重点，做到八个"注重"。

一是推进改革要更加注重加强顶层设计。商事制度是市场经济的基本制度，必须全国统一，至少要基本统一。近两年的改革，打破了原有的模式，取得了积极进展。但我国商事制度改革的目标模式和路线安排是什么，市场监管规则和竞争政策框架是什么，评价改革成功与否的标准是什么，这些重大的核心问题迫切需要解决。相关部门以及各地开展了多种形式的探索和试点，取得了不少宝贵经验，但如果上述重大核心问题没有及时解决，过多的试点也可能造成各地区商事制度体系、监管体系、执法标准体系等出现重大差异，反而会影响执法效率和效果，影响市场经济健康有序发展。对此，地方同志迫切希望得到上级指导，企业也强烈要求解决各地区间，甚至省内、市内监管和执法体系、依据、标准不统一的问题。

我们建议，今后的商事制度改革要更加注重加强顶层设计，按照"十三五"市场监管现代化的要求，系统梳理当前面临的重点难点问题，规划未来商事制度改革的方向、重点、目标和措施，至少对改革中的重大、关键问题要提出原则性意见，加大对地方改革试点的指导，适当控制各地试点规模，做到部门协调、上下衔接、有序推进，降低地方各自探索、模式不一可能带来的高昂制度转换成本。

二是推进改革要更加注重理顺管理体制机制。按照改革要求，各地探索整合市场监管资源和执法力量，推行协同监管、综合执法，这对于解决部门职责交叉、多头执法、重复执法等问题，提高市场监管效能，发挥了积极作用。但由于缺乏整体设计，各地区各行其是，做法各异。江苏省基本上是省、市级工商、质监、食药监分设，但县、区一级合并为市场监管局；其他省市有的是工商与质监或者工商与食药监"二合一"，有的是"三合一""四合一"甚至"六合一"。这种状况打破了行政执法体系的完整性，容易造成执法尺度、标准和市场规则不一致，很多地方执法标志、执法服装都难以统一，也加剧了地区间、部门间监管和执法合作难度。这种状况还打破了工商登记制度的统一性，例如，仅江苏省核发营业执照的机关，在县和区这一层次是市场监管局，在省和市这一层次则是工商局，社会和企业感到十分困惑，也容易出现混乱，其他地区的具体情况也是多种多样。此外，机构和管理体制不统一，还可能会出现执法主体资格、执法依据等方面的具体问题。

我们建议，应当按照简政放权、放管结合、优化服务的总体要求，研究提出科学的机构改革、职能调整指导性方案，国家部委层面要加强对综合执法的制度设计和配套衔接，加强对地方市场监管机构改革的指导，尽快建立纵向沟通顺畅、指导协调有效，横向标准统一、合作高效的市场监管和行政执法体制，以适应建立全国统一大市场的需要。

三是推进改革要更加注重提升基层基础能力。商事制度改革的一个重要目标是实现监管重心下移，强化一线监管执法。但在实际操作中，部门内部纵向放权多，行政部门向社会组织或者企业的横向分权少，特别是质监、食药监等部门将电梯、锅炉等特种设备和食品药品监管工作下放到基层市场监管所，超出基层单位承受能力，"小马拉大车""放下去、接不住""线多人少"等问题较为普遍。以镇江市宜城区市场监管分局为例，现有职工13人，要接受市工商、质监、食药监部门的指导，执行市工商、质监、食药监部门分别开展的专项检查，除日常的工商行政管理职能外，还负责本区300余台特种设备、1000多户餐饮食品商户的监管，任务十分繁重。另外。基层单位员工的知识结构和能力与监管任务要求不适应，效能不高，很多技术要求较高的监管流于形式。例如，由于缺乏电梯安全等专业监管人员，一般只能查台账，难以进行深入的技术性监管。

我们建议，监管职能下放要坚持"事随人走、权责一致、人岗相宜"的原则，监督管理、执法办案职能下放到基层，人员和装备也必须相应分配到基层，加强对基层的培训指导，帮助改善执法条件，提高监管效率。同时，要按照简政放权、转变职能的要求，在对行政权力事项进行全面评估的基础上，该精简的精简，该整合的整合，该交给企业和中介组织的就交给企业和中介组织，集中精力抓好关键领域、关键环节的监管执法，努力营造公平竞争的市场环境。

四是推进改革要更加注重严格市场监管执法。商事制度改革既有"放"的一面，也有"管"的一面。只有真正做到"放管结合"，商事制度改革才能取得成功。地方同志反映，前一阶段商事制度改革中，"宽进"的成效十分明显，"严管"则相对滞后。部分地方照后证前监管责任还未落实到位，联动监管机制尚未有效形成，对改革中出现的违规从事非法集资、使用虚假地址、利用网络售假等行为打击力度不够。例如，南京市 28.2% 的新设立企业无法通过注册地址取得联系，其中 10% 通过所有联系方式均联系不上，宿迁市出现在同一场所注册上千家投资公司，"宽进"后的市场风险初步显现。对于"严管"，我们在调研中感觉到，由于基层实行综合执法后监管任务加重，监管和执法力量不足、配置失衡，目前对市场垄断、不正当竞争、虚假宣传、强迫交易、商业贿赂等严重危害市场经济秩序的违法违规行为，查处力度有所下降，监管主动性有所削弱，其突出表现就是查办案件数量降幅较大。

我们建议，在国家部委层面尽快明确证照监管职责和联动监管机制，按照谁审批谁监管、谁主管谁监管的原则，严格落实先照后证改革后的部门监管责任，避免出现监管真空和"灰色地带"，确保在改革推进过程中，市场经济秩序不出现大的波动；在改革完成后，市场经济秩序明显优于改革前。

五是推进改革要更加注重强化信用约束机制。《企业信息公示暂行条例》规定，相关政府部门可以通过企业信用信息公示系统，也可以通过其他系统公示涉企许可、监管等信息，实现企业信用信息的互联共享。但在各地企业信用信息公示平台上，"相关部门信息交换"项基本仍是空白。现在要求扩大企业信用信息在政府管理活动中的应用，但除个别金融行业外，其他相关部门在政府采购、工程招投标、国有土地出让等工作中，还未将企业信用信息作为重要考量因素，未对违法失信企业实施限制或者禁入，企业"一处失信，处处受限"的联合约束机制不健全、作用不明显。另一方面，企业特别是量大面广的小微企业，对年报编制工作不重视，年报不及时、信息失真问题突出，大量企业因此被纳入经营异常名录。截至 2015 年 7 月 15 日，江苏省共有 34.5万户企业被列入经营异常名录，其中 99% 以上是由于未按规定期限公示年报或者年报信息不准确。监管部门对经营异常企业缺乏必要的制约手段，如对这些企业实施怎样的约束和限制，各部门如何分配监管职责等，都没有明确规定，严重影响以信息公示为基础、信用监管为核心的新型监管制度有效发挥作用。

我们建议，由各级政府牵头，按照《企业信息公示暂行条例》规定，督促有关部门将履职过程中产生的企业行政许可准予、变更、延续信息和行政处罚信息及时公示，部门共享信息，强化企业信用信息公示功能。尽快出台具体规定，将企业信用信息纳入政府采购、工程招投标、国有土地出让等工作的审批程序，严格落实信用约束和惩戒机制。未按规定履行职责的，由监察机关、上级政府部门责令整改，依法给予处分直至追究法律责任。加大对违法失信企业的处罚力度，视情节给予罚款等行政处罚。

六是推进改革要更加注重完善市场退出机制。企业生生死死，是市场经济条件下的正常现象，也是市场竞争发挥作用的表现形式。商事制度改革，既要让企业生得顺畅，也要让企业死得便当。目前企业注册登记环节已实行并联审批、"三证合一"等，开办企业相对容易，但企业注销退出环节的便利化程度还远远不够，仍然需要到不同部门分别办理各种手续，费时费力，导致不少实际上已经停止经营的企业不办理注销手续。另外，商事制度改革前，工商部门可以对逾期未年检的企业吊销营业执照，江苏省每年约有 10 万家企业因此被吊销营业执照，强制退出。但改革后，工商部门只能根据《企业信息公示暂行条例》将其列入经营异常名录，不能吊销营业执照。据江苏省测算，如果这种状况不改变，5 年后经营异常名录中的企业预计将达到存续企业总量的一半。这既浪费了大量宝贵的行政资源，又影响了一个地区乃至国家的经济信誉或市场信誉。

我们建议，在改革中要进一步畅通市场主体退出渠道。对未开业、无债权债务企业，未开业、不经营以及通过登记场所和信息无法取得联系的个体工商户，可以实行简易注销程序；对长期（如三年以上）列入经营异常名录和"黑名单"的企业，应当实施吊销营业执照的行政处罚。

七是推进改革要更加注重健全法律法规体系。地方同志反映，部分商事制度改革措施突破现有法律法规的规定，也有部分法律法规的规定已不再适应当前形势，配套的修法工作需要提速，以实现立法、修法与改革同步推进。例如，注册资本实缴改认缴后，现行《公司法》《公司登记管理条例》中有关"两虚一逃"行为查处规定不再适用；先照后证改革后，"谁许可、谁监管"的事中事后监管责任划分缺少法律依据；机构改革后，市场监管部门的执法主体资格，各部门原有执法程序、处罚规定需要调整，等等。此外，其他已出台的法规条例，也需要根据上述法律法规修订情况进行全面梳理，在实施过程中逐步完善。

我们建议，要坚持用法治思维、法治方式推进改革，抓紧清理与商事制度改革相关的法律法规，制定深化改革需要的新法律法规，修改与改革要求不适应的法规或条款，废止与改革精神相违背的内容，为改革顺利进行提供法律制度保障，确保改革沿着法治轨道有序推进。

八是推进改革要更加注重提升市场主体活力。商事制度改革的最终目的，是要最大限度优化营商环境、激发市场主体活力，使改革新红利转化为发展新动能，打造大众创业、万众创新的经济增长新引擎。当前，新设立企业数量保持较快增长，市场主体大量涌现，在推动经济发展、促进结构调整、扩大就业等方面的积极效应已经开始显现，但更关键的是要让这些新设立企业顺利度过初创的高风险期，更多地生存下来、更快地壮大起来，不断增强市场实力和竞争能力。

我们建议，进一步整合政府资源，形成对小微企业从出生到成长壮大全过程的扶持政策体系，全面增强企业持续发展能力。深入了解新设立企业在准入、经营、审批、税收、融资等方面的实际困难和问题，进一步精简工商登记后置许可项目，优化审批流程，减少审批环节，切实解决"办照容易办证难"问题，特别要注意防止一些名非审批实为审批的"备案""盖章"等事项。探索小微企业名录作用，加大支持小微企业优惠政策的落实力度，特别是税收、贷款和融资担保等方面的扶持政策，进一步清理规范涉企收费，确保企业能够便利享受优惠政策。加强中小企业社会化服务体系建设，重点支持公共服务平台、社会中介服务组织、小企业创业基地，为中小企业提供找得到、用得起、可信赖、有保障的服务。

围绕城乡统筹加快推进村庄环境综合整治

张顺喜　王昕朋

推进村庄环境综合整治、改善农村人居环境，是全面建成小康社会的重要任务，也是稳增长、调结构、惠民生的重要举措。近年来，江苏省徐州市铜山区在创新村庄环境综合整治方面进行了积极探索，取得了明显成效。铜山的探索表明，推进村庄环境综合整治要把着力点放到落实城乡统筹发展要求上，加快建立起城乡统筹的基础设施建设、投入和运行管护机制。

一、进展与成效

铜山是一个呈"C"字型环抱徐州市主城区的典型城郊区县，综合经济实力在全国区县排名中比较靠前。但铜山又是一个有1300 多个自然村、近 100 万农村户籍人口的区县，并且是主城区污水和垃圾转运处理的必经通道，"污水乱泼、垃圾乱倒、粪土乱堆、杂草乱跺、畜禽乱跑"等农村环境问题也曾相当突出。为改变这种状况，铜山于 2009 年启动了"清洁城乡、美化家园"行动，制定了以垃圾处理为重点的乡村环境整治计划，对 100 个重点村进行集中整治。从 2011 年开始，铜山的村庄环境综合整治进入全面推进阶段，成为江苏省第一批"村庄环境整治工作示范区",农村环境面貌也焕然一新。

一是村中垃圾基本实现"全扫完"。目前,铜山所有的自然村都完成了以垃圾处理为重点的整治任务,户垃圾桶、村组保洁员、自然村垃圾房、镇垃圾运输车等设施和人员全部配备到位,镇村垃圾集中收运率达到95%以上,"常态化"的保洁体系已基本建立。在全区1342个自然村中,有1285个自然村通过了"环境整洁村"验收,57个自然村进入江苏省"三星级康居乡村"行列。

二是村边沟渠河塘基本做到"全清理"。自开展村庄环境整治以来,全区共清理沟渠河道300多公里、清理池塘700多个,大部分沟渠河塘已经做到"底清面净",许多曾经臭不可闻的池塘如今已成为村民休闲的好去处。同时,全区2/3以上的镇建起了污水处理厂,污水处理规模达到每天5.05万吨,污水直接排入沟渠河塘的现象大为减少。

三是村旁绿化基本实现"全覆盖"。经过多年坚持不懈地植树补绿,不仅所有的自然村都达到了"绿化合格村"标准,而且绝大部分岩石裸露、少土无水的荒山荒丘也都披上了绿装。到2014年底,全区"四旁"活立木达到800多万株,农田和道路等林网近300万亩,森林覆盖率达到32%,90%以上的荒山都得到绿化。

二、主要做法

(一)根据城乡发展定位通盘谋划和部署村庄环境综合整治。不论是率先启动的"清洁城乡、美化家园"行动,还是随后推进的村庄环境综合整治,铜山都明确提出要努力形成"特色鲜明、环境优美、生态宜居"的乡村风貌,使城乡环境相得益彰、互惠一体。在规划设计上,以全区总体发展规划和镇村建设规划为基础,按照因地制宜、突出特色的原则,对规划内的每一个村庄都编制环境整治规划、排出相应整治任务。在项目安排上，以治理内容为依据，同步推进村庄改造与工矿塌陷区治理、生态修复等土地整理工程，配套实施村庄治脏治污与城市环境治理等项目。在工作落实上，把村庄环境整治作为干部考核的重要内容，年初签订目标责任奖、年底进行考核评价。

（二）以增加财政投入引导带动社会资金进入村庄环境整治。从 2011 年起，铜山区财政每年投入 5000 万元，直接用于支持村庄环境整治项目；区、镇两级财政每年各拿出 1500 万元专款用于村庄保洁；将城乡建设用地增减挂钩项目优先安排在整治任务重、资金需求量大的村庄，并把区财政可以支配的土地增值收益主要用于改善相应地区的村庄基础设施。同时，按照"渠道不变、统筹安排"的原则，对财政涉农项目和资金进行组合投放、集约投放，形成财政资金的支持合力。财政投入力度的持续加大和村庄环境的持续改善，激发了农民的建设维护热情，也让社会资本看到了商机，增强了进入村庄建设发展的信心，形成了政府持续加大投入、农民自主增加投入、社会资本积极参与投入的局面。像单集镇在村庄环境整治过程中资金出现缺口，农民主动垫资投劳，知名人士积极募捐，使整治工作得以顺利进行。在进入"三星级康居乡村"行列的村庄中，绝大部分都是结合特色产业发展、以社会资本投入为主打造的。

（三）建立符合公共服务要求的村庄"常态化"保洁机制。参照城镇环境卫生管理体制和有关实施办法，铜山将村庄保洁作为基本公共服务，建立健全主要由政府来提供和保障的运行管理机制。在组织体系上，构建区、镇、村三级联动工作网络，并按村庄人口千分之四的比例配备保洁员。在设施设备上，由区里负责垃圾收运体系建设，镇（场）负责垃圾中转站和垃圾房建设，区、镇两级分别负责配备垃圾运输车和垃圾桶。在经费保障上，区、镇财政除保障垃圾收运处理设施设备正常运转外，还分别按照"一人一月一元钱"的标准拨付村庄保洁人员工资，不足部分再动员村民每人每月缴纳一元。

（四）着眼农村产业结构调整升级推进村庄环境综合整治。铜山在推进村庄环境整治的同时，还围绕设施农业、食用菌、优质林果等特色主导产业，大力培育休闲观光农业和农业创意产业，有力促进了农业转型升级和农民增收。目前，全区已形成具有一定规模的特色专业村 228 个，设施农业面积达到 56 万亩，建成休闲观光农业项目 116 个，年接待游客 130 多万人次，直接带动 30 多万农民增收致富。村庄环境整治与农村产业发展的有机结合，有力地推动了农村生产、生态和生活资源的整合，既让村庄人居环境更富特色，也为村庄建设发展提供了持久动力。

三、启示与建议

铜山的村庄环境整治之所以有这么大的进展，固然有工作开展较早、基础条件较好等客观因素，但主要还是他们在创新村庄环境整治上的努力和突破。铜山探索给我们最深刻的启发是，加快村庄环境整治必须在落实城乡统筹发展要求上下功夫，在工作部署、财力投放等方面真正体现出对村庄环境整治的重视。

第一，要围绕推进城乡协调发展、互惠一体，统筹制定城乡发展规划、配置建设项目。在省、市统一部署之前就开展村庄环境整治的铜山，能够做到"不翻烧饼""一张蓝图干到底"，主要原因就在于他们坚持把村庄环境整治和全区环境治理作为一个整体来谋划和安排，在规划制定上衔接城乡，在项目安排上兼顾城区和村庄。推进村庄环境整治，必须按照中央的要求，根据城乡发展功能定位进行一体设计、多规合一，切实解决规划上城乡脱节、项目分配上重城市轻农村的问题，让村庄环境整治推进起来有科学蓝图、突破难点有项目支持。

第二，要围绕推进城乡基础设施共建共享，加大公共财政在村庄环境整治中的投入。与市政设施建设一样，村庄环境整治也具有明显的公益性，政府应当承担主体责任。同时，吸引农民和社会资本参与村庄环境整治，也需要通过增加政府投入来引导带动。铜山的村庄环境整治能够持续开展、成果能够不断巩固，持续增加的财政投入是一个重要原因。推进村庄环境整治，缩小城乡基础设施差距，必须按照基本公共服务均等化的要求，切实在公共财政投入上体现出加强农村、支持农民的政策取向。对土地增值收益等主要来自农村的财政收入，更应优先用于村庄环境整治。

第三，要围绕推进城乡产业融合发展，将村庄环境整治与促进农民创新创业紧密结合。有产业支撑的村庄，才有可能成为可持续的美丽村庄。铜山的村庄环境整治之所以深受广大农民的拥护和支持，与村庄环境改善带动农村二三产业加快发展有很大关系。推进村庄环境整治，必须按照推动城乡要素合理配置的要求，在着力改善农村生活条件的同时，着眼推动一二三产业交叉融合和延伸农业产业链、价值链的需要，加快改善农村产业发展条件，努力为农业转型升级和农民增收致富创造良好环境。

二、加快发展现代农业
促进农民持续增收

应高度关注粮食产量重心北移问题

翟俊武　刘彦随　王介勇　李裕瑞　郭丽英

粮食是人类最基本的生活资料和物质保障，是关系国计民生和国家经济安全的重要战略物资。近年来，随着农业科技进步、制度创新和政策支撑，我国粮食产量连年增长。但丰产之中有隐忧。最近，我们研究发现，我国粮食产量重心快速北移，已打破粮食生产的地域平衡，带来的影响不可低估，需引起高度重视。

一、粮食产量重心北移有关情况

粮食产量重心，是指粮食产量在地理空间上的几何中心。我们组织有关专家，以我国粮食产量近期变化的关键转折点为时间节点，采用重心计量模型，计算 1990—2014 年间我国粮食产量的六个重心坐标，并用地理信息系统软件进行空间表达。结果表明，随着我国粮食生产的"十一连增"，粮食产量重心已快速北移，跨过黄河、抵达河北南端。这预示着近 10 年来，我国粮食生产格局发生重大变化，成为事关商品粮基地建设、保障粮食安全的一个重大事件。

从定量模型分析看，我国粮食连年增产伴随着粮食产量重心的持续北移。如图 8 所示，1990—2005 年，我国粮食产量重心在河南省黄河南岸徘徊，最北移到河南开封县。2005 年粮食产量进入连续增产阶段后，重心不断北移，年均北移 21 公里。2010 年，粮食产量重心首次跨过黄河到河南封丘东南部。2014 年继续北移，抵达河北省邯郸市魏县境内。

从增产地域看，粮食连年增产主要来自北方传统农区。自 2004 年，

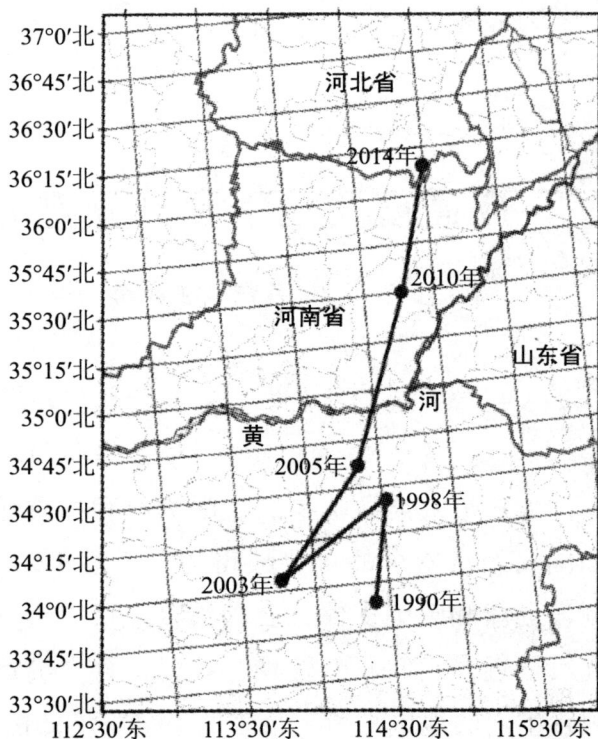

图 8 1990—2014 年我国粮食产量重心移动态势

我国粮食产量回升并实现连续增产，增产省份主要集中于黄河以北地区，长江中游地区增速平缓，东南沿海省份则出现负增长。增长速度高于全国平均水平的省份有 11 个，8 省位于黄河以北。其中，黑龙江、内蒙古、新疆 3 省（区）年均增长幅度最大，分别为 7.6%、6.2% 和 5.9%。黑龙江、河南、内蒙古、山东、吉林增产均高于 1000 万吨。黑龙江省增产达 3241.2 万吨，较 2004 年产量翻了一番。福建、浙江、广东的粮食产量为负增长。2004—2014 年粮食产量总计增加 1.33 亿吨，其中 22.7% 来自黑龙江，11% 来自河南，9.6% 来自内蒙古。整个北方地区对增产的贡献率高达 87.8%。

从增产结构看，粮食增产主要来自玉米。2004—2014年，谷物产量增加1.41亿吨，而豆类和薯类产量分别减少了637万吨和228万吨。从谷物产量内部结构来看，玉米增产8820万吨，贡献率为62.5%，成为粮食产量持续增加的主要来源，黑龙江省贡献最大，占玉米增产量的25.8%；水稻产量增加2453万吨，贡献率为17.4%，也是黑龙江省贡献最大，占稻谷增产量的44.5%；小麦产量增加2997万吨，贡献率为21.2%，河南省贡献最大，占小麦增产量的24.9%。从粮食增产结构变化看，水稻增量主要来自黑龙江、吉林等北方地区。

从耕地变化看，粮食产量重心北移受耕地面积"南减、北增"双重影响。据2013年第二次土地调查成果，相对于2008年土地利用变更数据，北方地区的黑龙江、吉林、内蒙古分别多出耕地面积6400万亩、2240万亩、2940万亩，合计增加了1.16亿亩之多；与此同期，仅东南沿海5省就减少了水田1798万亩，相当于减掉了福建省全省的水田面积；按吨粮田计，相当于年降低粮食产能360亿斤。

二、粮食产量重心快速北移带来的影响

一是导致过度消耗地下水资源，加剧了北方地区的干旱。为发展粮食生产，北方各地兴修水利工程，拦截地表和河川径流，高强度开发地下水。虽然促进了北方旱区农业发展和粮食增产，但同时付出了过量消耗水资源的巨大代价。南方地区具有良好的水热条件，每生产1公斤粮食需消耗0.9立方米的虚拟水，北方则需要消耗1.1立方米的虚拟水。近20年间，北方农业水资源过量耗用已使三江平原湿地大范围缩小，西北绿洲地区地下水快速沉降，黄淮海平原多处形成地下水漏斗区。

二是以过度开发北方边际土地为代价，加大了生态风险。北方粮食增产主要以开垦边际土地和增加农业投入为前提。1996—2012 年我国耕地面积增加 7679 万亩，其中内蒙古、辽宁、吉林、黑龙江、新疆等北方 5 省（区）累计增加耕地面积 1.27 亿亩，上海、江苏、浙江、广东等南方 4 省（市）净减少优质耕地 2111 万亩。北方地区生态环境脆弱，荒地或草地开垦极易导致土地退化。据统计，西北干旱区近 1/4 的荒地开垦后被撂荒。粮食产量重心的持续北移，强烈改变了原有生态系统结构，增大了北方地区的生态风险。

三是导致我国粮食生产系统的整体脆弱性。我国粮食主产区北移至北方干旱脆弱地区，维持粮食产量持续增长的自然风险加大。北方玉米产量的快速增长是粮食总产量持续增长的主要因素。当前玉米主要用于工业和饲料用粮，而保障口粮安全仍具较大风险。北方地区农田初级生产力较低。据测算，每 1 亩南方耕地的生产能力相当于北方耕地的 1.89 亩，南方城郊区优质耕地相当于北方的 2.17 亩。

四是客观上使我国粮食可获得性成本大幅增加。随着粮食产量重心北移，原有的"南粮北运"被"北粮南运"替代。北方地区气候干旱、冬季寒冷，粮食生产规模扩大需建设更多的农业基础设施，以满足灌溉、种植、储存等环节的基本需求。南水北调工程总调水量的 16% 用于农业用水，其中东线总调水量的 36% 用于农业。我国自古就有"千里不运粮"的说法，当今社会虽然交通发达，但高昂的粮食储存、运输成本不容忽视。据估算，1 吨玉米从东北经过大连口岸运至福建厦门的最低运输成本为 250 元，流通费用占销售总成本的 30%。我国人口、产业不断向东南沿海集聚，而粮食生产却向北方集聚，产销空间错位，大大增加了粮食生产地和消费地的运输成本，以及粮食可获得性成本。

五是加剧了区域农村经济发展的不平衡。粮食生产向北方地区和中部欠发达省份集中，给这些地区的农业和农村经济带来了巨大压力。特别是在粮食主产区，粮食生产是农民收入的主要来源，由于粮食生产的风险高、收益低，农民依靠种粮的收入增长缓慢。南方地区新型城镇化快速发展，多数市县的粮食不再自给，农村集体经济与农民收入增长明显快于北方，这加剧了区域农村经济发展的不平衡。

三、稳定提升粮食综合生产能力的几点建议

第一，高度重视粮食产量重心北移带来的生态问题，研究建立粮食生产生态环境效应评估与预警体系。在北方严重缺水地区，严格控制高强度高耗水的粮食种植，对于产量较低、设施短缺的耕地逐步实施退耕还草工程。在光温土条件较好地区，大力发展节水农业，保证北方优质粮食产量的增长。根据水资源承载能力，科学划定粮食适宜产区，合理确定粮食生产的适宜结构、适度规模。

第二，切实加大对优质耕地保护力度，像保护大熊猫一样保护日益稀缺的优质耕地资源。尤其对长江三角洲、珠江三角洲、华北平原等传统的优质水稻、小麦主产地，采取最严格的耕地保护措施。加大对污染、压损、撂荒耕地的综合治理，逐步恢复退化耕地生产力。同时，提高南方耕地利用率。

第三，优化调整耕地占补平衡制度，限制边际土地开垦。完善耕地占补平衡制度，限制开发边际土地补充耕地。积极探索新的补充耕地来源，如空心村闲置土地、工矿废弃地等。我国空心村土地整治潜力达 1.14 亿亩。未来耕地"占补平衡"应转变以土

地开发为主的方式，重视传统农区村庄空废宅基地、工矿废弃地等存量土地的复垦还田。

第四，适应粮食产量持续北移态势，优化农产品加工业布局。加快推进粮食主产省、生产大县农产品和粮食加工业集聚集群发展，在水稻、小麦、玉米优势产区和产业带，依托农产品资源优势，引导农产品加工产业梯度转移，提高就地加工转化能力和精深加工水平。调整优化粮食加工产业布局，降低粮食企业的生产和运输成本。

第五，进一步加大对粮食主产区的政策倾斜，切实提高粮农收入水平。实施差别化粮食补贴和支持政策，切实解决粮食主产省、产粮大县的"谷贱伤农"之忧。调整当前按耕地面积的粮食补贴政策，将资金真正补给种粮农民、产粮大户。增加对水稻、小麦等基本口粮的补贴标准。

建立综合开发园区　推动现代农业发展

张昌彩　李康弘

葫芦峪农业综合开发园区位于太行山区向华北平原过渡地带的河北省平山县。2007 年以来，葫芦峪农业科技开发有限公司瞄准现代农业发展方向，借助供销社优质平台，通过"规模化开发、合作式经营、园区式建设、产业式扶贫"，探索出了一条"供销社＋公司＋合作社＋农户"的现代农业园区发展之路。截止目前，葫芦峪园区累计投入资金近 4.5 亿元，流转荒山土地 5 万多亩，完成高标准造地 3 万亩，先后被评为全国有机产品生产基地，河北省农业开发重点龙头企业、农业综合开发示范区、农业产业扶贫龙头企业。这一农业综合开发的成功做法，被称之为"葫芦峪"模式，得到河北省委省政府和国家有关部委的肯定，也引起了中央领导同志的重视。

一、"政府＋供销社＋公司＋合作社＋农户"的资源整合模式，为园区发展搭建服务平台

发展现代农业，需要较大前期投入和适度规模经营，多方参与的股份合作制经济组织有效解决了现代农业发展中基础设施建设难、购买服务融资难、科技创新研发难等问题，为现代农业发展提供了必要条件。在葫芦峪园区创建初期，政府、银行、供销社就全面介入、全程参与，将政府的政策资源、银行的资金资源、供销社的市场资源、合作社的组织资源、农户的土地资源有效整合，把单个的农民合作社和分散的农民组织起来，在公司和农户之间搭建合作平台，实现了政府扶持与市场机制有效结合。一是对接农户，解决土地流转问题。公司通过"转、股、租、换"四种方式整合土地资源，实现土地高效流转，解决了园区建设的土地制约。转，就是流转。对现有集体经营的山场和有意转让土地的农户，根据土地实际情况，划分一、二、三类，一次性给予经济补偿。股，就是入股。对分配到户或大户承包经营的土地，农户以地入股、按股分红。租，就是租赁。对区域内的一些沟岔好地，采取租用办法获得土地使用权，根据地块不同，给付农户不等的租金。换，就是置换。对仍愿自己耕种，既不入股又不出让的农户，将其在项目区内的土地置换到交通便利、靠近村庄的地方，这样既有利于统一开发经营，又有利于农户耕作管理。目前，园区取得了 6 个乡镇 27 个村 5 万亩荒山荒坡和部分耕地的经营使用权。二是对接园区，解决产业发展问题。为推进深层次合作，省供销社投入资金 3000 万元，葫芦峪园区以土地等资产入股，联合成立了河北新合作葫芦峪生态农业发展有限公司，共同推进土地治理，发展农产品加工、储藏、销售以及旅游服务等产业，开展职业技能培训，为园区的合作社、家庭农场、种养大户提供产前、产中、产后全方位服务。三是对接市场，解决产品销售问题。供销社利用自身的农产品加工、流通平台，发挥点多面广的网络优势，采取电子商务、农超对接、产销对接等方式，瞄准中粮油、新发地、京客隆等大型农产品龙头企业，对园区生产的核桃、蔬菜、柴鸡蛋等农副产品统一组织、统一包装，成立了河北省核桃专业合作社联合社，注册了"葫芦峪""百仙坨"商标，统一对外销售，提升产品档次和附加值，为园区和农户带来了经济效益。供销社与园区全面合作，引入合作社理念，实现了优势互补，资源共享。

二、"高标准造地＋产业化经营"的荒山开发模式，为园区发展提供内生动力

葫芦峪园区的开创者刘海涛始终坚持"种地者造地、造地者经营"的理念，要求园区把高标准造地作为发展的基础，把产业化经营作为发展的核心，将造地与经营有效结合，推动山区综合开发。在造地方面，园区充分利用国家鼓励山区开发的政策，大规模、高标准造地，通过土地指标置换，争取土地占补平衡资金，除支付造地成本外，将一定比例的占补平衡收益，用于园区后续开发和产业发展。在具体开发上，25度以上的荒山重点是涵养水源、修复生态，根据实际栽植经济、生态树种；25度以下的荒坡，运用现代工程机械，建设高标准农田，同步配套水、电、路，为发展特色、高效、优势产业提供土地保障。在经营方面，立足于"造一块、种一块、用一块"，将所有开发土地统一规划，根据地理条件和产业定位，科学划分为设施园艺区、种养农业区、水产养殖区、物流配送区、旅游餐饮区、农产品精深加工区，建设各具特色的核桃、苹果、寿桃、玫瑰、中药材、杂粮及散养柴鸡、黑猪、肉羊等特色种养基地。目前，薄皮核桃、优质苹果、中华寿桃、薰衣草、设施蔬菜、散养鸡等特色园区已初具规模；两三年后，可实现年产值 3.8 亿元、利润 2.7 亿元，带动区域内农民年均增收 2 万多元。

三、"大园区＋小业主"的经营管理模式，让农民通过园区发展得到最大实惠

葫芦峪园区之所以能够持续健康发展，根本就是建立了"大园区、小业主"的经营管理模式，将农民利益与园区利益拧成一根绳，使园区和业主、公司和农户互为依托，共担风险，共同受益，进而调动了农民群众的种植、管理积极性。"大园区"就是依托公司对荒山荒坡实行统一种植、统一管理、统一收购、统一品牌、统一销售"五统一"，解决一家一户分散生产与千变万化大市场的对接问题；"小业主"则是在"五统一"的基础上，以50亩为单元，由农民公开承包、分片包干，通过个性化、多样化种植提高效益。在"大园区、小业主"的经营管理模式下，农民可获得四个方面收入：一是土地流转收入，根据不同的土地流转方式，每亩至少收入600元；二是打工工资收入，人均每天至少100元；三是经营管理收入，园区为小业主每年每单位付2万—3万元管理费，收获的核桃等农产品，按合同约定的基数上交公司，高于基数部分归小业主所有；四是树下间作收入，林间树下兼作的药材、小杂粮以及养殖的散养鸡等收入全部归小业主。通过这四种收入，实现了"离地不失地、农民变股民，离土不离乡，农民变工人"。目前，园区已培育小业主近百个，吸收固定劳动力630人，人均纯收入达到6800元，远远高于当地4600元的人均水平，初步达到了"国家得绿、企业得利、农民受益"的多赢目标。

四、"政策＋服务"的激励推动模式，为园区持续发展提供保障

各级领导的重视和政策资金的扶持是园区发展的强劲动力。葫芦峪园区的发展，得到了国家省市县在资金、技术、信息、市

场等方方面面的支持。一是政策给力。除落实国家省市支农惠农政策外，县政府又制定出台了《加快发展现代农业增强农村发展活力的意见》《加快核桃产业发展的意见》《创建全国有机农业示范基地管理办法》等一系列政策措施，从整地种苗、技术管理、品牌创建、市场销售等方面为园区发展提供全方位支持。县财政每年出资2000万元设立农业园区发展专项基金，对连片种植在50亩以上的，每亩享受20—50元的补助，获得国家级和省级名牌产品或著名商标的，享受5万—10万元的奖励，土地流转面积100亩以上的，享受5万元的奖励。二是项目助力。在政策性项目安排上，葫芦峪园区享受了特殊的支持，农业、林业、扶贫、移民等各类涉农项目集中投放，支农资金捆绑使用。政府还搭建了政银企合作平台，创新融资机制，探索实施林权抵押贷款、林权转让融资、市场招商引资等方式，多方面引入社会资本。截止目前，葫芦峪园区共争取各类政策扶持资金3900万元，争取信用联社贷款3800多万元，撬动社会资金3.6亿元。三是服务添力。县委县政府成立支持葫芦园区发展领导小组，由县主要领导直接分包，相关单位具体联系，一包到底，全面负责。同时，政府牵线搭桥，园区与中国林科院、河北农大、河北师大、河北农林科学院等科研院所，建立长期合作关系，建立产学研科技示范基地，全程提供农业技术支持，引进农作物间作、种养结合、滴水灌溉等先进技术，提高山区综合开发的科技含量。

五、有关建议

目前，葫芦峪的农业综合开发已从河北平山县扩展到阜平县、曲阳县、唐县等地区。实践证明，这一发展模式符合太行山区实际，形成"以资源整合为纽带、以高标准造地为基础、以建设现代农业园区为目标、以农民受益为根本、以科技创新为支撑"的发展思路，在推动山区开发、农民增收和农业现代化等方面具有重要意义，是一种可复制、可推广、可借鉴的山区综合开发模式。为进一步推动我国现代农业发展，发挥好"葫芦峪"模式的示范和"裂变"效应，提出建议如下：第一，将以"葫芦峪"模式推动的太行山、燕山地区综合开发列入京津冀协同发展战略布局，加快环首都地区扶贫攻坚，打造环首都的绿色产业带、农民致富带和生态安全带。第二，加大扶持力度，从国家层面研究出台制度性文件，整合占补平衡等所有涉农资源、项目、资金，注重向类似葫芦峪园区的重大农业开发项目倾斜，打破部门分割、条块限制，最大限度发挥政策聚集效应和资金规模效应。第三，在土地开发整理方面制定更加严格标准，提高门槛，真正让"种地者来造地、造地者来经营"，坚决杜绝个别地方借造地为名套取资金现象，避免出现"先造地、后荒废、再造地"恶性循环，确保国家占补平衡政策发挥更大作用。

南水北调中线水源地水质保护问题和建议

陈爱清　翟俊武　方松海　全　刚　王丹誉

2014 年 12 月 12 日，南水北调中线一期工程正式通水。从此，京津冀豫 4 省市沿线约 6000 万居民，终于可以喝上汉江水。该线路全长 1432 公里，间接惠及近 1 亿人。千里调水，水质如何？是否可以保证一江清水永续北送？这是百姓关心、各界关注的大问题。南水北调中线全程渠道不与任何河湖交叉，水质保障的关键在水源地。近期，我们赴渠首所在地河南淅川县进行调研，并在京召开了发改委、财政部、南水北调办等部门参加的座谈会。现将有关情况报告如下。

淅川是 592 个国家级重点扶贫开发县之一，是丹江口水库的核心区和主要淹没区。丹江口水库 48.2% 的水域位于淅川境内，达 506 平方公里。为确保中线工程水质，淅川和库区周边及上游地区各市县按照国家要求采取了很多限制措施，对污染企业强制实行关停转产，加强点源面源污染治理和监督检查力度。环保监测结果表明，目前丹江口水库库体、陶岔取水口、总干渠 7 个断面水质均优于 II 类，基本满足了调水水质要求。库区水质保护的软环境初步形成，一些配套环保设施正在加紧建设并逐步投入运行。从调研情况和持续保护的角度看，目前还存在以下突出问题：

一、环保设施配套能力不足，已建污水和垃圾处理厂（场）难以有效发挥作用

在库区周边实现污水和垃圾有效处理，是保护水质的基本举措。污水和垃圾处理在我国县级以下普遍是薄弱环节，贫困县这个问题尤为突出。要让库区贫困县环保设施符合保水要求，最大的问题就是资金严重不足。一是建设资金配套缺口大。当地配合调水工程，建成 27 个污水处理厂和垃圾处理场，覆盖各乡镇。这些设施建设需地方配套 30% 以上，建设资金缺口近 2.2 亿元。二是运行费用高，难以维持。每处理 1 吨污水的运行费用是 7 元，每年合计需要 7000 多万元，相当于县级财政年预算收入的 10% 以上，地方财政难以负担。三是管网改造资金缺口巨大。为完善污水处理的管网设施，确保污水收集率达 85% 以上，淅川县启动了城区排污口整治、河道清淤及污水管网铺设等工程，通过借款等方式筹资 2000 多万元，完成 7 条河流近 1 万米的清淤疏浚，但这还不到工程总量的十分之一，还有 2 亿多元的资金缺口。

二、部分群众因保水生活陷入困境，社会稳定和库区安全存在隐忧

为工程顺利实施并确保水质，当地居民做出了重大牺牲。全县涉及移民搬迁约 20 万人，172 米水位线上还留置 13.8 万人。不少良田被淹、基础设施被毁，剩下的耕地人均 1 亩左右，且多为山坡、石浪窝等贫瘠土地，存在地质隐患。水位抬高后，库周原有交通、供水等被隔断，学校、诊所、供销等网点被裁并，留

置群众生产生活条件进一步恶化。库区 1.2 万多渔民上岸，4 万多个网箱被拆除，渔民原来生活殷实收入颇高，现在不少人生计没有了着落。另外，还有上百家畜禽养殖企业关停，300 多家工矿企业关停并转，近万名工人下岗失业，其中一半下岗工人是农业人口，无法享受城镇失业保险。由于地方政府财力有限，难以足额落实相应的补偿，更难以在短时间内给群众创造新的就业机会。这种局面如果不能尽快改变，对库区社会稳定和水质安全是不利的。当地干部反映，因补偿不到位而上访的事件时有发生。

三、主要淹没区所获补偿与付出不相称

淅川县的淹没面积占水库面积的近一半，但享受到的优惠政策与核心区其他 8 个县（区、市）没有本质区别。2012 年丹江口库区生态补偿总额 38 亿元，淅川县获得 2.3 亿元，仅占 6%。有关部门 2012 年编制实施的《丹江口库区及上游地区经济社会发展规划》提出，"研究将核心区的部分县补充纳入国家重点生态功能区范围"，"适当减少核心区范围内集中连片特殊困难地区公益性建设项目市级配套资金"。但时过 3 年，处于核心淹没区的淅川县依然没有纳入国家重点生态功能区范围，也没有适当减少公益性建设项目配套资金。

四、水质保护与经济发展缺乏有机结合机制

以网箱养鱼为例，为保护库区水质，渔民上岸，网箱拆除，面积辽阔的水面不能养鱼、捕鱼，以渔业为主的许多渔民损失巨大，难以为生。从其他地区的经验看，保护水质与渔业发展可以有机结合。如千岛湖所在的浙江省淳安县，通过发展保护、净化水质的鱼种，科学养殖、合理捕捞，实现了渔业发展与水资源保

护共赢。在人口密集地区，如果环境保护与经济发展不能形成有机结合的机制，靠行政命令则难以持久。同样，在种植业、畜牧业的发展上，也存在类似问题。

通过调研、走访，以及听取有关部门和专家意见，我们感到，为保一泓清水永续北送，既要立足当前，尽快化解突出矛盾，解决群众因保水造成的实际困难，又要着眼长远，建立利益补偿长效机制，把生态保护与经济社会发展有机结合起来，让群众和地方政府在涵养水源、保护水质的过程中得到实实在在的好处。为此，提出如下建议：

第一，对库区周边环保基础设施建设与运行维护建立明确的保障机制。库区周边进行的污水和垃圾处理属于公益项目，尤其对于国家级贫困县，把这类环保设施建到乡镇一级甚至覆盖库区周边村庄，确实超出了当地财政承受能力，但不做又不行。建议把因环境治理产生的费用计算到南水北调水费成本中，相关设施的建设运营可从水费中获得相应补偿；并明确补偿的责任主体，将库区周边若干公里范围内乡镇污水和垃圾处理厂（场）的运营管理及经费保障纳入中线水源公司或汉江集团的职责范围。同时，对库区周边的农村河塘综合整治、农村垃圾专项整治、农村污水处理以及入库河道治理等投入也要进行支持。在水费尚未收取、公司责任尚未明确时，由中央财政和对口支援的省、市财政负担相关费用。

第二，加快解决因保水陷入困境群众的基本生活问题。对水位线上留置人口、关停企业下岗职工、被取缔网箱养鱼的渔民等困难群众，适合纳入最低生活保障的要尽快纳入，应保尽保；企业下岗职工未重新就业的，不论城乡户口，全部纳入失业保险保障范围；扶贫开发项目要及时将因水库建设致贫、返贫的群众纳入帮扶对象。要着力改善库区周边居民基本生活条件，重点建好水位线上留置人口的出行、用水等各类生产生活基础设施，加快改善重点交通线路的通行状况，改变"守着水库喝水难"的局面。加快补上当地农村社会事业的短板和漏洞，妥善解决库区周边村庄没有卫生室、孩子上学、老人养老等问题。

第三，明确将库区周边地区纳入国家重点生态功能区范围。在新一轮规划中，明确将库区周边的淅川、郧县、丹江口等划为国家重点生态功能区，对其中的贫困县公益性建设项目全部取消县级配套，由上级财政全额支付。各类生态建设资金优先投向库区周边等核心水源区。优化石漠化治理资金分配方式，将区域内石漠化治理全部纳入国家石漠化治理范围。加快推进库区周边生态隔离带建设，加大对库区退耕还林的支持力度。进一步完善国家重点生态功能区中央财政转移支付办法和投资优先序，切实把资金投到最亟需的地方和最亟需的领域。

第四，全力促进库区周边产业转型发展。既要保一库清水，又要群众脱贫致富，两大任务交织，转变发展方式是根本出路。一是顺势促进生态农业发展。水源地保护对当地农业发展是压力，也是契机。可以充分利用南水北调中线工程水源地保护的优势，顺势而为，把有机农业做起来，把有机农产品品牌和地理标识打出来。结合耕地质量保护和提升行动，在水源地核心区全面实施有机肥、生物农药推广等补贴项目，引导农民发展有机农业。对保水型渔业的发展给予适当补贴支持，引导原有依靠库区养殖、捕捞为生的渔民，发展有助于净化水质的保水型渔业。对畜禽养殖设施实行标准化改造提供技术、资金支持，对规模养殖实行环境影响评价，推动生态循环畜牧业发展。把水源地核心区列为国家秸秆、畜禽粪便资源化利用和农田残膜回收示范区。依托特色、生态农产品生产，把高附加值的农副产品加工业、农副产品物流、电子商务发展起来。二是鼓励发展生态型工业，对原有工业有效转型实行奖补。新上项目采用先进工艺技术路线、现有企业推进节能环保技改、城镇建设污水垃圾处理等，都蕴藏着巨大市场。鼓励当地着力打造环保产业，重点引导因南水北调工程而停产、转产的企业向环保类产业转型。实施再就业工程，把原有企业因停产转产而下岗的职工重新就业问题解决好。三是把发展旅游业与扶贫攻坚融合起来。作为南水北调中线水源地、渠首所在地、豫鄂陕三省交汇地，核心区有足够的资源和卖点可以开发旅游项目，国家有关部门应给予一定支持。抓好旅游扶贫，加大对乡村旅游休闲基础设施建设投入。在旅游业发展机制设计上，让当地群众成为旅游业发展的参与主体，更多地让群众受益。

乳制品进口增加是不是
自贸协定"惹的祸"？
——奶业发展问题调研之一

贺达水　李攀辉

　　加入世界贸易组织以来，我国奶业和国际市场的关联度日益提高，最直接的表现就是乳制品进口快速增加。2000—2008年，乳制品进口量从 21.9 万吨增至 39.3 万吨，年均增长 7.6%；而 2008—2014 年，进口量更是从 39.3 万吨增至 193.4 万吨，年均增长 30.4%。2014 年，我国进口乳制品折合生鲜乳约 1200 万吨，相当于我国牛奶产量的 1/3，占国际贸易量的 1/5。由于 2008 年中国—新西兰自由贸易协定正式实施，在时点上正好与乳制品进口开始"爆发式"增长相吻合，加上新西兰世界第一乳制品生产大国的地位和这些年我国乳制品进口增量主要来自新西兰的现实，有人提出，自贸协定是造成乳制品大量进口的"罪魁祸首"，近期刚刚签署的中国—澳大利亚自贸协定将使国内奶业"雪上加霜"。

　　综合各方面的意见，我们认为，自贸协定固然会对乳制品进口产生一定的促进作用，但"降税效应"在制度设计上是渐进可控的。在中新、中澳自贸协定谈判中，我国已经对乳制品给予了充分关切，尽可能给国内奶业发展争取时间、留足空间，并最终确定了两项特别安排。一是延长降税期限。如中新自贸协定对 20 种乳制品分别设置了 5 年、10 年、12 年三档过渡期，其中 9 种关税"五年降到零"、7 种"十年降到零"、4 种"十二年降到零"。与此类似，中澳自贸协定涉及 21 种乳制品，其中 3 种关税"五年降到零"、13 种"十年降到零"、5 种"十二年降到零"。二是特殊保障机制。为防止进口过快增长对国内产业形成冲击，中新、中澳自贸协定均对奶粉设定了特殊保障机制。在 15 年特殊保障期内，一旦对华出口量达到年度触发水平，即恢复到 10% 的 WTO 最惠国关税。以中澳自贸协定为例，规定第 1 年的触发水平为 17500 吨，第 15 年的触发水平为 34649 吨，年均增长约 5%，而且奶粉特殊保障期结束后，若双方审议确定进口对中国相关产业造成"严重损害"，则还可继续延长。

中新自贸协定实施以来的实践表明，"延长降税期限"和"特殊保障机制"对减少"降税效应"是有效的。一方面，目前进口量最大的奶粉，其过渡期为最长的 12 年，按初始关税税率 10% 计算，平均每年降税不到 1 个百分点，折合到零售价两三百元一罐的奶粉，每年关税成本减少仅一两块钱。另一方面，进口奶粉特保机制的触发时间越来越提前。如 2015 年新西兰进口奶粉申报数量仅用 5 天就超过当年 13.4 万吨的特保机制触发标准，这意味着享受自贸区优惠关税的进口奶粉占进口总量的比例越来越低，绝大多数奶粉进口属于执行最惠国关税的正常贸易。因此，将乳制品进口增加完全归咎于自贸协定的观点是不全面的。

从目前的情况分析，预计中澳自贸协定对乳制品贸易的影响在总体上是有限的。主要是考虑到，除自贸协定设置的缓冲机制外，还有以下几个方面原因：第一，我国从澳大利亚进口乳制品基数较小。澳大利亚是我国第四大乳制品进口来源国，2014年自澳进口量约8万吨，仅占我国进口总量的4%，与新西兰79%的份额相比差距很大。即便短期内自澳进口有所增长，也不会改变乳制品进口总体格局。第二，澳大利亚牛奶增产潜力相对有限。2014年澳大利亚奶牛存栏169万头、牛奶产量约924万吨、40%用于出口，比新西兰450万头奶牛、2100万吨牛奶、95%用于出口的规模要小得多。且澳大利亚70%国土属于干旱半干旱地带，受资源禀赋和环保限制，很难大规模扩大牧场面积、增加牛奶产能。第三，澳大利亚乳制品出口基本"以守为主"。目前，乳制品国际市场竞争激烈，澳大利亚出口仅占全球贸易量的7%，低于新西兰的37%、欧盟的31%、美国的11%。据了解，澳产业界的关切是在与新西兰、欧盟、美国等主要出口国的竞争中守住既有市场份额，并不寻求短期迅速提升对我国乳制品出口。

但与此同时，对中澳自贸协定实施后我国乳制品贸易结构可能出现的新变化，要予以高度重视，不可掉以轻心。澳大利亚奶牛养殖成本只有我国的1/2，比较优势十分明显，从澳适度扩大乳制品进口不可避免。但与进口总量增加相比，更值得关注的是贸易结构的变化。与新西兰主要向我国出口奶粉相比，澳大利亚由于向我国出口液态奶运输距离相对较短，在保质期上具有一定优势，近年来增长很快。2014年，澳大利亚出口我国液态奶已达4.25万吨，同比增长95.8%，约占我国液态奶进口总量的13%。今后，很有可能形成澳大利亚液态奶和新西兰奶粉对我国奶业"前后夹击"的局面，需密切跟踪、加强研判、及早应对。

如何看待乳制品进口大幅增加？

——奶业发展问题调研之二

贺达水　李攀辉

综合分析近些年我国原料奶生产、乳制品加工、国内消费、国际贸易等情况，2008 年以来出现的乳制品进口大幅增加，并不完全是贸易政策调整的影响，而是国内外奶业发展环境条件大幅变化所致。具体而言，乳制品进口增加的根源，主要是国内消费需求增长、内外市场价差扩大和消费者对国货质量信心不足三大因素。

一是国内供需存在缺口。目前，我国年人均消费奶量仅约 30 公斤，不到全球人均 107 公斤的 1/3，和发达国家人均超过 200 公斤相比更是差距甚远。随着经济社会发展和城乡居民收入水平提高，膳食结构改善和消费结构升级趋势明显，"饮奶一族"队伍不断壮大，特别是每年 1500 万左右新生婴儿成为奶粉消费的"生力军"，我国已成为全球最具潜力的乳制品消费市场。然而，与 2000—2007 年我国牛奶产量由 827 万吨增加至 3525 万吨、年均增速高达 23% 相比，2008—2014 年仅由 3556 万吨增加至 3725 万吨、年均增速不到 1%。近六年来，牛奶生产基本上是徘徊不前，呈小幅波动态势。国内生产满足不了日益增长的消费需求，就必然要靠国际市场补充，这是乳制品进口最主要的内在因素。

二是内外价差不断扩大。由于草场、土地等资源生态承载能力有限，种牛、冻精、饲养设备对进口依赖度高，加上近年来饲料成本、人工费用、运输价格、环保支出节节攀升，乳制品国内国际市场价格已呈严重倒挂态势。以奶粉为例，2008年国内每吨奶粉原料价为22340元，把加工费和营业税含进去后的成本价为30818元，同期国外奶粉进口税后价为40282元，此时国内奶粉还保有一定价格竞争力；但到2013年，国内奶粉原料价上涨到28913元，成本价上涨到38508元，而同期国外奶粉进口税后价为28520元，大大低于国内成本价。企业出于追逐利润最大化的动机，自然而然地会寻求价格低、竞争力强、比较优势明显的国外乳制品，这是乳制品进口最关键的驱动因素。

三是消费者对国产乳制品信心不足。2008年的奶粉"三聚氰胺事件"，严重打击了国人对我国奶业的信心，造成国产奶粉一度大量滞销积压，其负面影响至今也没有彻底消除，给国外乳制品大举进口、占领国内市场提供了可乘之机。近年来，海外购买奶粉或海外代购持续火爆，甚至国内一些乳制品加工企业刻意以"采用进口奶粉复原"作为卖点，其背后实质是消费者对国产乳制品"用脚"投了"不信任票"。而国外乳制品因其良好的生产环境、严格的质量监管、强大的品牌营销等，在国内消费者中很有市场。

客观看，增加乳制品进口有利有弊。我国奶业资源环境约束紧张，增加进口有利于统筹利用国外农业资源、平衡国内乳制品供需、减缓生态环境压力，同时也有利于吸收借鉴国际上的先进技术、成熟工艺和管理理念，倒逼国内产业转型升级，提高我国奶业的国际竞争力。但也应看到，我国奶业正处在调整转型、爬坡升级、培育竞争力的关键时期，产业抗风险能力仍然较为脆弱，特别是从 2013 年"奶荒"到 2014 年"过剩"，市场形势迅速逆转，乳制品大量进口对于奶业发展的负面影响开始显现，必须引起高度重视。

第一，乳制品大量进口和消费增速放缓叠加，导致奶价持续走低，散户和小规模牛场退出加快。据农业部监测，截至 2015 年 6 月底，主产省生鲜乳平均价格已连续 20 周低于每公斤 3.7 元的平均成本线。规模牛场奶价为每公斤 4 元，仍有盈利空间；而散养户和养殖小区奶价只有 3 元，个别地区甚至跌至 2 元以下，收不回饲料成本。2015 年上半年，全国累计非正常淘汰奶牛 16.5 万头，约占总饲养量的 1.2%，速度明显加快。散养户和小规模牛场退出，虽然是市场竞争优胜劣汰的必然结果，也是奶业转型升级的大势所趋，但如果退出速度过快，不利于稳定国内牛奶生产，也不利于农民增收。

第二，低价奶粉大量进口复原，乳制品加工企业不愿收购国产原料奶，加剧养殖环节和加工环节矛盾。近年来，我国奶粉进口增长最快，从 2008 年的 14.3 万吨增加到 2014 年的 105 万吨，年均增长 39.4%。然而 2014 年在国产原料奶产量同比增长 3% 的情况下，全国乳制品总产量却同比下降 1.2%。主要是乳制品加工企业"进奶还原"比"收奶加工"划算，不续签收购合同的现象增多，生鲜乳出路不畅，出现"卖奶难"。2015 年上半年，全国累计限收拒收生鲜乳 17.7 万吨，占同期产量的 0.9%。

第三，进口液态奶竞争优势提升，与国产液态奶正面交锋，形成进口乳制品替代国产乳制品的趋势。过去，进口液态奶国际运输成本高、国内零售渠道少，仅有少量高端产品进入国内市场。随着国内外乳制品价差扩大，进口常温液态奶的价格优势逐步提升。2014 年，我国进口液态奶 32.9 万吨，同比增长 70% 以上。未来随着国内销售渠道从传统商超转向电商平台，进口液态奶的销售成本将大大降低，竞争力明显增强，对国产液态奶的冲击不可小视。

第四，进口剧增削弱我国在国际市场上的议价权，损害行业整体利益。新西兰作为全球最大的乳制品出口国，其奶粉拍卖价格已成为全球基准价。相比之下，国内乳制品企业议价能力弱，只能被动接受价格"随新起舞"。乳制品企业反映，2014 年新西兰方面曾发布干旱预警，刻意营造减产提价的市场预期，部分国内企业随后大幅增加进口，形成较大库存压力，后来证实是增产降价，国内企业当了高位接盘的"冤大头"。

未来一段时期，由于国内需求仍将持续增长、恢复国货消费信心尚需时日，而且随着欧盟取消牛奶生产配额限制，新西兰、美国、澳大利亚等主产国增产预期明显，加之新兴经济体乳制品消费增速放缓、俄罗斯继续禁止进口欧美牛奶，预计全球乳制品供大于求、价格下行的态势仍将持续，我国乳制品进口增加的势头恐怕短期内难以逆转。必须尽快采取有效措施，缓解进口冲击带来的负面影响。

把"奶杯子"牢牢端在自己手里

——奶业发展问题调研之三

贺达水　李攀辉

我国奶业作为拥有 1400 多万头存栏奶牛、3600 多万吨牛奶年产量、200 多万奶农的庞大产业，前向关联玉米、饲草等种植业和饲料加工业，后向关联乳品加工业和数亿消费者，地位举足轻重。特别是对部分特殊群体如婴幼儿、中老年人来说，乳制品在某种程度上是生活必需品。对于我们这样一个人口大国而言，有效利用国际乳制品市场和资源是必经之路，但决不能把"奶杯子"端在别人手上，何况世界上任何一个牛奶主产国都无法满足我国如此巨大的乳制品需求。在奶业市场已经高度开放的情况下，面对日益激烈的国际竞争和低价进口乳制品的冲击，必须抓紧练好内功，力争尽快完成奶业调整转型，提高在国际市场上的竞争力，牢牢把握奶业发展的主动权。为此，提出如下建议：

一、科学确定自给目标，大力实施"新鲜"战略

目前实施的奶业发展规划是在乳制品供应短缺时制定的，现在国内国际各方面条件都发生了很大的变化，有必要结合

"十三五"规划编制，重新对我国奶业发展作出科学规划。最重要而且紧迫的是，要在统筹保障粮食安全与稳定乳制品供应、综合国内牛奶生产潜力与可能、兼顾乳制品生产加工流通各环节的基础上，研究确定我国乳制品不同品种的自给率目标和底线，以给各方面一个明确的预期。同时，要抓紧研究实施乳制品"新鲜"战略。目前我国常温奶约占市场份额的70%，但在这个领域，我国无论是成本还是价格都难以与发达国家竞争。借鉴台湾地区的经验，比较可行的是大力发展低温鲜奶，如此方能扬长避短。为此，要加快健全乳制品冷链体系，严格乳制品质量监管，并充分发挥行业协会等的作用，加强对消费者的宣传教育，逐步实现牛奶消费由以常温奶为主转向以低温奶为主，为我国奶业发展创造空间。

二、理顺玉米牛奶价格，发展优质饲草种植

饲料成本一般占到牧场成本的70%—80%。我国奶牛养殖成本居高不下，与玉米、饲草等价格高企密切相关。作为上下游产品，玉米和牛奶价格本应是联动的，但由于国家对玉米实行临时收储政策、对牛奶却完全由市场决定价格，结果人为割裂了玉米和牛奶价格之间的关联。今后，应把农牧业作为一个整体，统筹设计支持政策。从当前来看：一方面，要抓紧研究实行玉米目标价格制度，放开玉米市场价格，或者将牛奶目标价格保险纳入政策性农业保险范围，为奶牛养殖者购买饲料粮提供定向补贴，以理顺牛奶与玉米价格关系。另一方面，应进一步加强政策引导，着力支持扩大粮改饲规模和范围，加快发展苜蓿等优质饲草生产。这样不仅有利于提高奶牛单产、降低养殖成本，也能够提高原料奶的质量，还有利于改善农业生态环境、促进农业可持续发

展，不能简单地与粮食安全对立起来。

三、推进奶牛规模养殖，密切利益联结机制

奶业发展要摆脱困境，关键在于加快转型升级步伐，切实改变规模小、成本高、链条松散等状况。一方面，要大力推进奶牛养殖规模经营。尽管我国存栏 100 头以上的奶牛规模养殖比重目前达到 45%，但与主产国差距仍然较大，规模不经济问题突出，如澳大利亚单个牧场平均规模是我国的 30 倍。应进一步支持发展奶牛标准化规模养殖场，加大良种繁育、全混合日粮、疫病防治等关键技术推广力度。另一方面，要密切乳企与奶农利益联结机制。奶业在农业各产业中是最适合一体化全产业链经营的，但我国奶牛养殖和乳制品加工严重脱节，乳制品企业只管加工、掌控生鲜乳收购权和定价权，奶农只管养牛、在产业链中处于弱势地位。建议将部分对乳制品企业的财政支持资金，折股量化给奶农，强化养殖和加工环节的资本纽带关系，加快奶业纵向一体化建设，促使乳制品企业与奶农结成紧密的利益共同体。

四、构建产业预警机制，加强调控政策储备

与国际上其他奶业大国相比，我国乳制品进口关税只有 10%—20%，而世界乳制品平均关税为 100%，一些奶业生产大国最高关税超过 200%，我国乳制品进口基本没有"防火墙"。借鉴生猪市场调控经验，有必要建立包括乳制品价格、生产、加工、消费等主要指标在内的综合预警体系，并设定不同触发条件下的调控预案。综合国际经验和我国实际，可采取的市场调控政策选项包括：实行奶粉临时收储、扩大学生饮用奶规模、对乳制品加工企业减免税收、增加奶牛养殖财政补贴，以及严格边境管理和

检验检疫，等等。当过度进口对国内奶业形成严重损害时，还可研究对进口奶粉限制用途、明确不能用于还原奶生产。建议对此尽快开展研究，做好"工具箱"的政策储备。

五、支持乳企走出国门，鼓励内外一体布局

中新、中澳等自贸协定签订并实施，给乳制品企业走出去创造了难得的机遇。在鼓励乳制品企业切实加强国内奶源基地建设的同时，应积极支持其充分利用国际市场和资源，完善全球产业链布局，实现进口来源的多元化，提高在国际市场上的话语权，并引进国外的优良品种、先进技术和管理经验，推动国内奶业转型升级。建议出台相关政策，帮助乳制品企业解决"走出去"过程中在金融、税收、人员出入境等方面面临的实际困难。

加快发展油茶产业大有可为

——关于我国油茶产业的发展情况和建议

张定龙

2015 年全国人大会议期间，习近平总书记参加江西代表团审议政府工作报告，对代表提出加快发展油茶产业的建议当即作出重要指示，要求有关部门重视油茶产业发展，研究支持发展的政策措施。我是在江西选举的全国人大代表，现场聆听了习总书记的重要指示，会后深入江西就油茶产业发展的现状、面临的主要问题、发展前景、支持发展的政策措施等作实地调研，听取省市县有关部门和农业银行、种植加工企业、农户的意见，对另外两个油茶主产区湖南、广西发展情况也作了些了解。现将有关情况和建议报告如下：

一、发展油茶产业具有特别重要的意义

油茶是世界四大木本油料植物（橄榄、椰子、油棕、油茶）之一，是我国南方亚热带地区特有树种。油茶树对自然气候条件要求很高，我国有 14 个省（区）部分地区适宜油茶栽植。目前湖南、江西、广西三大油茶主产区种植面积占全国 2/3 以上，2014年茶油产量 39.2 吨，占全国总产量的 76%。

（一）发展油茶产业，是弥补我国食用植物油供给不足的战略性选择。油茶主要种植在丘陵荒地和山坡地，栽植油茶不与粮争地，开发潜力很大。现在大力推广种植高产油茶，种苗、生产技术等条件已经具备，农户、企业种植积极性也很高，扩大生产对增加食用植物油供给、改善城乡居民食用油结构具有重要意义。

（二）油茶树全身都是宝，综合开发利用价值高，发展前景广阔。茶油除了食用，还可作为生产洗涤用品、润滑油、防锈油等化工原料；油茶果壳可用来制碱、烤胶、生产活性炭；油茶籽榨油后的残渣、"茶饼"可提取茶皂素，广泛应用于化工、医药、美容、农药、肥料等工业；油茶树、茶花等也都有很高的利用价值。油茶产品应用科学技术精加工转化，可以形成从茶油精练到副产品、剩余产品深加工的产业链，获得高附加值、高经济效益，产业发展前景非常广阔。

（三）发展油茶产业，对提高贫困山区农民收入、建设生态环境具有重要作用。油茶经济效益高，树龄7—8年平均每亩收入约3000元，10年进入高产期，亩收入达到5000元左右，盛果树龄在50年以上。适宜油茶栽植地区，大部分是农村贫困人口多、扶贫攻艰难度大的山区，发展油茶产业能有效、稳定、持续提高贫困山区农民收入，对推进扶贫开发和实现全面建成小康社会，具有特别重要的现实和长远意义。油茶树四季常青，树叶宽厚，能有效绿化坡地荒山、保持水土、涵养水源、美化环境。

二、加快发展油茶产业已具有良好基础

目前，产区发展油茶产业的积极性很高，在转变经营方式、资金投入、科技支撑、产业链延伸等方面都取得新进展并初见成效，加快发展已具备良好的基础条件。

（一）对发展油茶产业重要意义的认识不断提升。目前，国家主管部门和产区各级政府及主管部门、工商企业、农户对发展油茶产业的积极性很高，形成大规模种植油茶和兴办综合开发利用加工、流通企业的良好态势。国家林业局制定了《全国油茶产业发展规划》；江西、湖南、广西等主产区政府，把发展油茶产业作为发展山区经济、推进贫困地区脱贫的重要抓手，出台了相关规划和指导意见，不断加大政策支持力度。一些科研机构积极开展油茶综合开发利用研究，工商企业和实力较强的投资人开始进入油茶产业，油茶产品种植、加工、销售的企业化经营、项目化管理进程加快。

（二）油茶产业科技支撑力大幅提升。一是良种选育取得新突破。已研发出 50 多个高产油茶新品种，部分优良品种已推广种植，平均亩产茶油 50 公斤以上，比老油茶树提高 6 倍多；老品种、老茶树改良取得新突破，投入较少、见效期缩短、产量大幅度提高，优良品种嫁接技术已被茶农接受并采用。二是生产管理技术不断提高。不少地区制定了油茶质量管理、良种推广应用、生产管理等技术性文件，并开展科技下乡活动，优良品种、先进栽种和管理技术得到有效推广。三是经营方式转变和综合开发利用逐步推进。油茶种植面积较大的企业，开始实行茶树种植、加工提炼、制成品销售一体化经营；有的加工企业专门收购农户茶籽或小作坊压榨的茶油，加工提炼成精制品上市；茶油、茶饼、残渣和果壳等开发利用已有新进展。

（三）多渠道筹集资金支持油茶产业发展。近年来，油茶产区政府及部门，一方面筹集财政资金和各种补助资金支持发展油茶产业，另一方面积极、有效吸引社会资金投入，油茶产业逐渐成为新的投资热门。如江西省，最近 7 年依托现代农业项目累计安排资金 4.18 亿元用于高标准油茶基地建设；2010 年起，省财政每年安排

5000万元油茶产业发展专项基金；省林业厅利用退耕还林、植树造林、良种繁育、丰产栽培技术等多种补助资金支持油茶种植和管理；产区县市政府也采取多种办法给予资金支持。金融信贷方面，中国农业银行、农村信用联社已成为油茶信贷资金投入的主体。如中国农业银行，2015年5月专门出台支持油茶发展的信贷政策，开发了"金穗油茶贷"；江西分行截至10月末油茶产业授信金额已达15亿元，贷款余额14.1亿元，支持茶农9200多户。

（四）油茶生产经营开始向规模化、企业化转变。长期以来，一家一户小规模、分散种植是油茶的主要经营模式。近些年随着企业、种植大户、经营项目投资进入，规模化种植、管理和深度加工、集中销售的经营模式已经展露头角，呈现出规模化种植、一体化经营快速发展的趋势。如江西省通过推行农户承包荒地荒坡经营权流转，农民既获得逐年递增的土地租金，又可以在参加土地平整、栽植茶树和管理中取得劳动报酬，出现不少种植规模在万亩以上的经营企业或综合开发项目。

（五）油茶产业链条延伸趋势明显。油茶产业已基本形成比较完整的种植、加工、运输、销售链条。据统计，全国现有油茶种植面积6000多万亩，2014年产油茶籽182万吨、茶油51.8万吨；油茶加工企业659家，设计加工能力425万吨。随着工商企业资本进入油茶种植环节，油茶的产加销链条联系紧密，油茶综合开发利用水平逐渐提升，推动了油茶产业链向高、深、尖延伸。如江西春源、青龙等企业，开发了化妆、洗涤、保健、药用等茶油产品，发展前景看好。

三、加快发展油茶产业面临的主要问题及建议

（一）进一步修订完善油茶产业发展规划。目前，产区各级政

府及部门制定的发展规划中，作为"产业"发展的规划内容不够全面系统和可持续性，缺少加工、综合开发利用内容，大多数未涉及油茶种植、加工业适度规模经营和种植区道路、水利、供电等基础设施建设。

建议对现有规划作进一步修订完善，遵循高标准、超前性、重环保、可持续的原则。一是坚持从产业发展实际需要出发，补充加工业、综合开发利用内容，形成比较系统、完整的产业规划。二是坚持从土地资源、气候环境、基础设施条件的实际情况出发，避免盲目扩大种植面积，重视种植区道路、水利、供电等基础设施建设。三是坚持适度规模经营，降低风险，提高规模经济效益。

（二）加大资金投入支持力度。资金投入是加快发展油茶产业面临的主要问题。据测算，高产油茶种植第一年每亩需要投入2000元，盛果前的7年时间，每亩每年需投入1000元左右，经营者难以承受。

建议解决投入资金不足和来源问题，一是采取各种专项资金与金融信贷联动方式。将财政补贴资金和农业综合开发、植树造林、扶贫开发等资金，从直接的资金补助转向信贷资金贴息，吸引更多金融机构信贷资金长期、稳定投入。二是在油茶主产区实行"退耕还林"补助政策。种植油茶树具有绿化荒地荒坡荒山、建设生态环境的作用，实行类似"退耕还林"的国家财政补助政策，是经济效益、社会效益、生态效益一举多得的好事。补偿期可考虑8年，新造油茶林当年每亩补助600元，后7年每年每亩给予100元补助。

（三）推广先进的茶籽压榨技术。压榨是油茶价值体现和产生经济效益的决定性环节，压榨技术是关键。在农村茶树种植区，应用传统方法压榨茶油的小作坊、小工厂普遍存在，工艺落后、出油率不高、品质差、经济效益低，更不能实现油茶综合开发利用，也不利于食品安全。而一些技术、工艺、设备先进并具有一定规模的茶油加工企业开工不足，大量加工能力闲置。

建议支持具有先进技术、工艺、设备的茶油加工企业，尤其是支持综合开发利用能力强、潜力大的企业发展，同时控制新上加工项目。培育、发展茶籽收购企业和购销人，组织茶树种植合作社集中销售茶籽，逐步淘汰小作坊、小加工厂，提高茶油质量、效益和油茶产业附加值。

（四）加强茶果采摘、剥壳专用设备研发攻关。产区反映，手工采摘茶果、剥壳的劳动力成本高，劳动强度大，茶籽晾晒也是"靠天吃饭"。预计未来5—7年，油茶果产量将会成倍增长，研究开发采摘、剥壳、烘干专用机械设备已是当务之急。

建议从国家科技攻关层面重视并立项，鼓励企业、社会科研机构联合实施油茶专用机械设备研发攻关。

（五）积极宣传引导油茶产品消费。我国广大消费者对油茶产品的了解不多甚至不知道我国有茶油，存在较强的初级产品消费和消费者区域性（产区），高端食品生产、餐饮业基本上没有应用。国家尚未出台茶油技术标准，对茶油、油茶产品的市场监管缺失，茶油质量良莠不齐，消费者难以辨别。预计未来5年左右，我国茶油及油茶产品将大批量上市，做好宣传引导非常重要。

建议组织相关部门、科研机构、媒体、加工流通企业等，对油茶产品进行广泛、深度宣传；抓紧制定国家茶油技术标准，规范茶油加工、油茶产品生产和市场销售监管。

下调玉米临储价格各方反应积极
种粮农民支持力度仍需加大

方 华

2015 年下半年，发改委等部门联合发出通知，确定 2015 年国家玉米临时收储价格为 1 元 / 斤，比 2014 年最多下调了 0.13 元 / 斤，下调幅度超过 10%。这是玉米临储政策实施以来首次下调临储价格。由于前期已释放出下调价格的信号，此次玉米临储价格下调市场各方反映比较平稳，普遍认为这是玉米临储政策改革的一大进步，是农产品价格改革的主动作为，也是产业调整的必然选择，不仅有利于减轻库存和财政两大压力，也有利于激活整个玉米产业链。但价格调低后的三大风险也不容忽视，亟待研究出台后续配套支持政策。

市场各方普遍认为，此次下调玉米临储价是农产品价格市场化改革的一大进步。具有兜底效应的临储政策实施以来，极大地保护和调动了农民种粮积极性，是粮食产量"十一连增"最大的政策保障。但玉米临储价格连续 7 年上调，特别是近年来国际粮食价格连续走低的背景下，临储价格仍然只增不减，导致国内外玉米价差连续扩大，造成玉米"高产量、高库存、高进口"的"三高"并存，整个产业链半死不活。让玉米价格回归市场是改革完善临储政策的共识。有专家认为，此次玉米临储价格下调为1元/斤，是综合考虑国内外市场供求和价格情况、统筹兼顾各方面利益的正确选择，这一价格已经贴近市场，有利于发挥市场在资源配置中的决定性作用和更好发挥政府作用。临储价格是国内玉米价格的风向标，临储价格下调会引导市场价格下降，这无疑会给以玉米为主要原料的饲料行业和玉米深加工业让出较大的盈利空间，有利于增强主产区玉米加工转化和地方经济发展活力。下调临储价格也向农民传达了一个信号，即政策支持价格也会根据市场行情能上能下，有利于培育他们根据市场需求调整种植品种、改善种植结构的意识。前些年价格好、效益高，玉米越区种植屡禁不止，现在价格下来了，有利于推进"粮改豆"等农业结构调整。

市场有关人士表示，下调玉米临储价格，有利于减轻库存压力和财政负担。前期较高的临储价格对市场形成托底效应，下游加工企业虽有原料采购需求，但难以在市场上低价采购充足原料粮，玉米收购市场只剩下临储收购一个渠道，农民生产的玉米尽数通过临储入库，导致政策性库存暴增、库容高度紧张。现在临储价格下调带动市场价格下降，部分粮食加工企业开始以市场价采购原料粮，有利于减轻国家政策性收储压力和充分利用社会仓储库容。减少临储收购量就意味着减少中央财政负担，少收一斤玉米，中央财政就可相应减少一斤玉米的收购费用和保管费用补贴。

不过也有人担心，国家调低玉米临储价格会在短期内对种粮农民造成实实在在的利益冲击。对此，要加大对种粮农民的支持力度，切实防范三大风险。

（一）执行好秋粮收购政策，切实防范卖粮难风险。临储价格已定、市场粮价已走低，农民当季收益低于预期已成定局，做好

2015 年秋粮收购工作更加重要。2015 年玉米临储收购启动时间比往年提前、收储主体更加丰富，这是有利的一面。好政策还需要执行好，才能收到好效果。有关部门要督促各收购主体做好准备工作，确保资金、设备尽快到位，按时启动秋粮收购工作。同时，要积极引导各类粮食企业入市收购，切实加强粮食收购市场监管，严防压级压价和"打白条"等现象发生，让农民粮食卖得出、卖得好、卖得顺。地方政府也要及早做好质量不达标粮食的收购处置工作预案，确保农民"不憋粮"、少坏粮。

（二）加大对规模经营主体的支持力度，切实防范规模经营风险。粮价下行，受冲击最大的是规模经营主体。受前些年粮价上涨的刺激，一些种粮大户、家庭农场等新型经营主体流转土地租金较高，加上农资成本和雇工费用，玉米亩均收益仅有 300 元左右，粮价下跌可能导致他们处于亏损边缘。这些规模经营主体资金链往往比较紧张，通常是卖完粮食才清还农资赊账、支付地租，一旦出现资金链断裂可能会引起连锁不良反应。针对这种情况，有必要加大对他们的金融支持。用于支持粮食适度规模经营的农业补贴资金，要加大对那些规模适度、经营良好而暂时遇到困难的新型经营主体的支持力度。各地建立的农业信贷担保机构要加大对暂时遇到困难的规模经营主体的支持，为他们提供必要融资担保服务。地方政府有关部门要做好与银行等金融机构沟通协调工作，适当延长信誉良好的规模经营主体还款期限，降低逾期还款影响信用等，帮助落实下一季生产贷款。

（三）加大对粮食生产支持力度，切实防范种粮积极性下降风险。确保粮食综合生产能力不下降，关键在稳定农民的生产积极性。此次下调玉米临储收购价格，中央财政可能将节约数百亿元支出，这部分资金应当用于增加对农业生产的支持保护。一是用于增加对农民的补贴，扶持农民特别是适度规模经营主体发展生产。二是用于引导农民根据市场需求调整种植结构，支持农牧结合、种地养地结合，加强东北黑土地保护，努力形成可持续的农业产业体系。三是加大对农业基础设施和科技推广投入，提高农业保险保障水平，完善农业社会化服务，降低农业生产成本和风险。

关于加强基层农技推广
人才队伍建设的建议

王　涛　朱光明　方　华

　　基层农技推广体系承担着向广大农民提供农技服务、促进农业科技成果转化应用的基本职责，同时还肩负着宣传落实党的惠农政策、监管农产品质量安全、提高亿万农民科学素养等重要使命，是实施科教兴农战略的重要载体和建设现代农业的重要支撑。根据对河北、山东、河南3省多个县市的调查，随着新一轮农村改革，特别是基层农技推广体系改革和建设的深入推进，基层农技推广机构日益健全、条件明显改善，农技推广体系得到明显加强。但是，基层农技推广人才队伍建设仍然存在一些亟待解决的问题。

　　一是人员结构老化，人才断档明显。各地基层农技推广人员队伍的年龄结构普遍呈倒金字塔形。例如，河北省承德市共有基层农技推广人员860人，其中45岁以上占41%，而35岁以下则不足10%。该市围场县草原工作站有专业人员16人，其中8人已"年过半百"，人才断档显而易见。山东、河南两省也基本如此，有的县竟然连一名30岁以下的在编农技推广人员都没有。造成这一状况的主要原因是，各地人事管理体制改革滞后，人员招录权高度集中于编制、人社部门，基层农技推广虽有空编但却难以及时补充新人。在调查的各县市中，连续 5 年未公开招录新人的为数不少，有的县竟已连续 9 年未招录新人。新人补充渠道不畅，成为制约这支队伍健康发展的瓶颈。

二是人员整体素质不高，业务能力亟待提升。调查结果显示，在基层农技推广队伍中，副高级以上职称人员占比不足 5%，初级职称和无技术职称人员占比则高达 51%；本科以上学历的占比仅为 15%，中专及以下学历者超过 40%；退伍军人等非农专业人员占比为 25%。三分之一以上人员尚未掌握农产品质量初步检验检测技术，半数以上人员对近年来发生的重大病虫害疫情不能正确应对处置。导致基层农技推广人员素质能力不足的主要原因，一是进入农技推广队伍的门槛过低，缺乏对其职业资格的基本要求；二是基层农技推广继续教育体系不健全，广大基层农技推广人员缺少及时学习新知识、新技术的机会。

三是业务经费保障水平和工资待遇较低。北方各省基层农技推广机构的公用经费水平，普遍为人均 3000—4000 元，个别县仅有 2300 余元。这一水平远不能满足其全面开展科技服务和履行农产品质量监管职责的需要，在边远地区甚至连维持交通工具和信息化设施的正常运转都很难。同时，基层农技推广人员工资收入水平普遍不高，不仅低于基层公务员，也低于中小学教师和乡镇卫生院医护人员。工作条件艰苦，工资收入偏低，已成为吸引农业院校优秀毕业生加盟基层农技推广的主要障碍。

四是缺乏必要的激励机制。由于各地普遍将基层农技推广机构定性为"纯公益"，多数地方政府不支持基层农技推广人员业余兼职，不允许农技推广机构与市场主体开展有偿合作，不鼓励农技推广人才跨区域开展科技服务活动。个别地方纪检监察部门将基层农技推广机构的有偿技术服务视之为"违规活动"而予以查处。公益服务缺经费保障，有偿服务受限，导致部分基层农技推广人员无所事事。调查显示，部分县市近3年内3/4人员未曾给涉农企业和生产大户提供过技术指导。

随着适度规模经营的深入推进，农民特别是新型经营主体对农业科技的需求日益旺盛。加强基层农技推广人才队伍建设，对于完善农村科技服务体系、激活科技等各类农业生产要素，加快推进农业现代化具有重要意义。为此，我们建议：

（一）尽快制定全国性基层农技推广人才队伍建设中长期规划。一支规模稳定、素质较高的基层农技推广队伍，是推动农业科技进步、持续营造"农业增产、农民增收、农村繁荣"良好局面的基础支撑。有必要制定专项人才规划，对这支人才队伍的健康发展做出系统安排。规划应坚持以人为本、以用为本、能力为本的原则，在科学预测的基础上，合理确定今后10—15年基层农技推广人才的总量规模和层次结构，提出人才队伍建设的重点任务、具体步骤、改革对策和保障措施。规划应与国家科技人才发展的总体战略相一致，以实现科技人才资源的综合开发和高效利用。

（二）实施基层农技推广人员能力提升工程，全面强化农技推广队伍的整体素质。建立全国统一的农技推广人员能力标准，明确不同专业、不同层级人才的职业道德、科研创新、技术服务、组织管理、异常应对等方面的能力要求，作为人才聘用、考评和培训的基本依据。构建多渠道、多层级、多形式、分专业的基层农技人员教育培训体系，在今后3年内对所有基层农技推广人员进行一次系统的知识更新培训。副高级以上职称的业务骨干培训，可由高等农业院校和科研机构承担；一般人员的培训由地方农业、科技、科协等部门组织培训，并对培训质量进行检测评估。加快实施"万名农技推广骨干培养计划"。建立"全国农技推广人才继续教育培训信息平台"，汇聚精品课程、精品教材等优质培训资源，开设网络课堂，鼓励农技推广人员自主选学，探索建立农技推广人才继续教育长效机制。

（三）建立农业技术推广职业资格制度，完善缺编人员补充机制。基层农技推广人员素质和业务能力，直接关系到国家粮食安全、食品安全、环境安全和生产安全水平，对促进农民增收、维护农村稳定也具有重要影响。因此，首先要严把基层农技人员入口关，实施职业资格准入，确保人才队伍的基本能力素质。今后农技推广队伍的新进人员，原则上都应接受农业相关专业的系统培训并通过职业资格考试。应尽快制定农业推广职业标准，开展农技推广职业资格考试试点。其次，尽快完善缺编人员补充机制，明确要求基层农技推广队伍的空编率不超过2%。新进人员的选拔应有农业一线管理人员参加，招录条件应强调业务素质和实践能力，严格限制非农专业人员进入。

（四）加大投入，切实提高基层农技推广队伍的经费保障和收入水平。基层农技推广人员长年驻守基层，工作条件简陋，生活环境艰苦，承担责任重大。应进一步加大财政投入，根据基层农技推广机构承担的具体服务职能，科学合理地确定其公用经费标准，尤其应充分考虑其开展工作所需的交通工具、检验检测用品、信息化设施和劳动防护等方面的实际需要。合理确定基层农技推广人员的津补贴标准，使其与基层公务员、乡村中小学教师和医护人员相当。只有这样，才能保持这支队伍长期稳定，吸引更多优秀人才加入。

（五）解放思想，破除传统体制束缚，创新农技推广人员利益分配机制。基层农技推广人员既是农村科技服务的实践者，也是"大众创业、万众创新"的生力军。应鼓励而不是限制他们的创业创新激情和活力，允许农技推广人员在做好本职工作的前提下，为农业企业和生产大户提供有偿技术服务，支持农技推广人员合理流动、跨区域开展技术服务，让他们合理合法富起来。允许基层农技推广机构与农业企业和农村经济组织合作开发新产品、新技术，并以适当方式参与分配。对长期坚守基层一线并做出突出贡献的农技推广人员，国家应授予其荣誉称号并给予奖励。

我国海水养殖业发展存在的主要问题

方松海　卢　昆

提升海水养殖业发展水平，建好"蓝色粮仓"，对于改善我国城乡居民膳食结构、促进沿海地区渔民增收致富、优化生态环境、推动海洋产业发展、维护国家海洋权益等，都具有重大现实意义。我国拥有广阔海域，海岸线长达 1.84 万公里，有近 220 万公顷的滩涂，约 1200 万公顷 15 米等深线以上的浅海。海洋生物资源丰富，发展海水养殖条件得天独厚。2014 年我国海水养殖产量 1813 万吨，占全国水产养殖总量（含海水和淡水）38.2%，占世界水产养殖总量近 1/4。但从长远、健康发展看，海水养殖业还存在一些突出问题和矛盾亟待解决。

第一，近海养殖空间日益萎缩。随着经济社会发展，各地建设用地不断扩张，很多近海水域、滩涂不断被蚕食和占用，浅海滩涂的可养殖水面不断减少。过去 50 年中，海岸湿地消失了 51%。2000 年至今已有近 60 万公顷滩涂被占，十几年间消失了 1/5 以上。渤海黄海是我国海水养殖的主要海域。该海域 2013 年海水养殖面积占全国约 70%，产量占 45%。但仅渤海湾地区，这些年已有超过 70% 的沿海岸线被围垦。近海养殖空间日益萎缩，一些海水养殖面临生存威胁。同时，渔民的养殖权益得不到有效保护，因养殖水域被占又得不到合理补偿的事件明显增多。

第二，养殖海域水质恶化。根据农业部和环保部数据，2014年我国重点监测的海水养殖区中，72%的面积无机氮超标、33.7%活性磷酸盐超标、38.7%石油类超标、17.8%化学需氧量超标。其中，石油类超标面积比例比2013年增加近30个百分点，化学需氧量超标面积比例增加15个百分点以上。陆源排放是污染的重要来源。据海洋部门监测，陆源入海排污口达标率仅为52%。河流排海污染物总量居高不下，监测河口和海湾生态系统多处于亚健康或不健康状态。围海造地运动、沿海岸线布局的重化工业以及城市生活废水的大量排放是造成近海污染的重要原因。越来越多的突发性污染事故，加剧近海污染，直接威胁近海养殖。像渤海漏油事件、福建漳州PX爆炸事件等，都对周边的海水养殖造成了较为严重的伤害。同时，一些水域发展养殖超负荷，配套环保设施建设不足、大量养殖废水未经处理直排到公共水域等，加剧了水域污染。

第三，海水养殖动植物病害多发。渔业部门反映，这十多年来，水产养殖动植物病害不断，近几年还有蔓延趋势。目前监测的水产养殖病害有120多种，几乎涉及鱼类、甲壳类、贝类、鳖类等所有养殖品种和所有养殖水域。每年病害造成的海水养殖损失60多亿元。像浮筏养殖的虾夷扇贝，辽宁省大连长海县2009年养殖的死亡率高达70%以上。像南美白对虾，"早期死亡综合症"（简称EMS）、白斑病毒等病害频发，2014年4月广东省中山某地年度新投虾苗发病率高达50%以上。发生病害后，不合理和不规范用药进一步导致养殖产品药物残留，影响海产品质量安全和出口贸易。我国当前海水养殖病害多发，原因是多方面的，除了水质污染，还有两点不容忽视。一个是养殖基础设施老化失修，像海水池塘养殖，60%的池塘已老化，池底淤积、渠道破损、设备失灵，造成有效水体减小、自净能力减弱，病害容易滋生。另一个是水产防疫出现管理真空。畜牧兽医部门负责动物疫病防治，难以顾及水产，而渔业部门没有负责水产防疫的法定职责，权责不明。

第四，海水养殖风险保障严重不足。我国海域辽阔，风暴潮、海浪、海冰、赤潮等海洋自然灾害频发，经常给海水养殖造成不同程度的损失。2014年因台风、洪涝等灾害，83.3万公顷水产养殖受灾，产量损失131万吨，经济损失211亿元。海水养殖风险大，但海水养殖保险供给严重不足。虽然早在1982年，中国人民保险公司就创办了包括海水养殖保险在内的农业保险项目，开创我国商业性渔业保险先河，但由于赔付率太高，保险公司亏损严重，1996年改制后即停办了该项业务。此后，商业性的海水养殖保险基本处于停滞状态。互助保险从2007年开始开展水产养殖互保试点，但目前仅限于浙江、河北、山东等省地的个别市镇，覆盖面窄、承保面小。

第五，配套体系发展滞后。相对完善的配套产业和服务体系是海水养殖业健康发展的保障。但现阶段我国海水养殖相关产业链发展水平偏低，配套的社会化服务存在明显短板，难以有效满足海水养殖业进一步发展的需要。在品种培育方面，自主育种能力偏低，部分品种的核心种源大量依赖进口，育种基础性工作薄弱，良种扩繁缺乏必要的配种、亲本养殖、苗种培育等配套的标准化技术，沿用的多是传统的"野种家养"生产方式。在水产饲料方面，营养研究落后，饲料种类较少，不同品种、不同生长阶段的系列饲料研发和生产不足，很多新引进、新开发的养殖鱼虾缺乏专用饲料。在水产防疫用药方面，缺乏药理学等基础研究，药物评估平台建设滞后。另外，农业社会化服务体系薄弱的问题在海水养殖上同样突出，水产技术服务体系不健全，有些地方还有进一步削弱的趋势，经费难以有效保障。

促进我国海水养殖业健康发展的几点建议

方松海　卢　昆

我国海水养殖总量已经不小，当前重点不在于数量的扩张，而在于通过调整、优化和提升，促进行业健康、可持续发展。要着力保护好养殖水域及其水质，着力形成有利于健康养殖的模式、条件和监管机制，着力提升病害防治、风险保障、科技支撑等社会化服务能力和水平。

第一，建立基本养殖水域保护制度，保障养殖空间。确保基本的养殖海域和沿海滩涂，是保障海水养殖业发展的根本前提。强化规划约束。2012 年批准的《全国海洋功能区划（2011—2020）》和最近印发的《全国海洋主体功能区规划》，是海域管理的基本依据。要抓紧推进沿海省市县新一轮的海域功能区划编制工作，把全国的功能区划落实到点。沿海地区的土地利用总体规划、城乡规划、港口规划涉及海域使用的，应与海洋功能区划相衔接。完善海域功能管制制度，落实建设项目用海预审制度，严禁不按海洋功能区划审批项目用海。划定海水养殖用海保护线。相对于工业、城镇开发等，海水养殖等渔业活动相对弱势。要扭转近海建设无序、严重挤占养殖海域和滩涂的局面，需从严设限。建议参照基本农田保护办法，划定海水养殖用海保护范围，线内区域不得随意改变其海域用途，严格保护水生生物资源和养殖水域。限制养殖水域的征用，限制对海洋水生生物资源影响较大用海工程的规划和审批。征占养殖水域，要研究制定合理的补偿办法，保护养殖者利益。

第二，强化海洋环境保护，控制外源性污染。控源头。根据海水养殖海域周围污染状况和海域环境容量，落实好主要污染物排海总量控制制度，严控高污染产业在沿海布局，禁止污染物排放转嫁进入海洋。强监管。严格执行海洋功能区中关于海水养殖和水产种质资源保护的环境质量标准，细化海洋环境保护要求和具体管理措施。加强对养殖海域环境的跟踪监测，加大污染惩罚力度。严追责。落实《党政领导干部生态损害责任追究办法》，将海洋环境明确纳入适用范围。加快建立实施海洋环境事故的生态损害评估和赔偿制度。促修复。对于已形成的污染，要加快推进修复工程，逐步恢复受损海洋生态系统的功能和结构。

第三，推进养殖方式变革，促进健康养殖。一方面要引导改进养殖模式和条件。对于最常见的海水池塘养殖，关键要鼓励推广循环水养殖模式，改善循环水设施等最基本的环保条件，让水活起来，减少病害滋生。对于深海养殖，要提高水体资源综合利用水平，支持鱼、虾、蟹、贝、藻类混养和梯级养殖；着力提高深水网箱抗风浪水平，稳步推进深水网箱养殖，逐步提高养殖海域的深耕程度。另一方面要加强科学、精细管理。一些养殖大国在这方面已有比较成熟的做法。像挪威，他们通过养殖许可证制度，对养殖场规模、产量、饵料用量、水产养殖使用抗生素及处理死鱼等都作了严格规定，对养殖超限者征收额外费用，用经济手段引导合理生产。要深化海水养殖容量的研究和应用，增强对健康养殖的引导、服务和监管能力。把养殖权证的发放与养殖监管结合起来，把养殖者权利与责任结合起来，科学控制放养密度、量化投饵数量、改进投饵方式、规范海水养殖防疫用药标准等，提升海水养殖的质量安全水平，减少养殖海域的内源性污染。

第四，明确水产病害防治责任，增强防疫能力。要做好相关法律法规的衔接，健全水生动物防疫管理制度。目前与病害防治有关的是《动物防疫法》，但该法所称动物，指家畜家禽和人工饲养、合法捕获的其他动物，没有明确是否包括水产品。畜牧兽医部门的职能不包括水产病害防治，渔业部门的水产病虫害防治没有明确的法律授权。但在用药方面，《兽药管理条例》补充规定，水产养殖中的兽药使用、兽药残留检测和监督管理以及水产养殖过程中违法用药的行政处罚，由县级以上人民政府渔业主管部门及其所属的渔政监督管理机构负责。要完善相关法律法规，对由谁来承担水生动物防疫职责进行明确的授权。探索建立渔业兽医制度和渔用兽药处方制度，完善重大水生动物疫病监控，规范养殖用药。逐步健全沿海地区水生动物防疫体系，尽快提高预防监测处置能力。

第五，促进海水养殖保险发展，增强风险保障能力。对于水产养殖的风险，社会上有个说法，"三年养鱼奔小康，一朝遭灾赔精光"。海水养殖风险更突出，渔民投保意愿更强烈。但海水养殖保险业务推进还是步履维艰。之所以开展不起来，有两个重要原因，一个是海水养殖生产经营风险大，另一个是损失核查难度大。风险大意味着保费高，核查难度大意味着道德风险高。对此，一方面要落实中央要求，把包括海水养殖在内的水产养殖保险纳入农业保险保费补贴范围，沿海地区地方财政要加大对海水养殖保险保费补贴力度。另一方面要鼓励沿海地区根据实际探索行之有效的海水养殖保险模式。特别像渔业互助保险，在降低保险费用、化解道德风险等方面有天然优势，要及时总结试点经验，加快发展步伐，扩大覆盖面。

第六，加强海水养殖科研与推广，增强技术支撑能力。基础科研对于提高海水健康养殖水平、增强病害防治能力等，意义重大。典型如挪威，因为成功研发三文鱼病害疫苗，使得 1986 年到 1996 年 10 年间，海水养殖业抗生素使用量从 48.5 吨骤降到 1 吨，而三文鱼产量却由 4.6 万吨上升到 29.2 万吨。要加大政府对海水养殖科技研发的财政投入，加强以企业为主体、以市场为导向、产学研相结合的海水养殖物资技术创新体系建设，重点提高海水养殖品种、饵料和防疫用药的研发水平。良种繁育，要加强海产原种保护和良种培育，加快建设一批标准化、规模化的良种生产基地，提高良种保种、供种能力和良种覆盖率，满足养殖生产需要。技术推广，要深化沿海地区水产技术推广体系改革，加强基层水产技术推广能力建设，鼓励渔区经济合作组织、渔业科研教育机构、企业等参与技术推广活动，逐步构建充满活力、相互竞争合作的多元化水产技术推广体系。

易地搬迁扶贫应重视盘活农村闲置住房

贺达水　　陈传波

易地搬迁扶贫是解决生存环境恶劣、生态脆弱、"一方水土养不活一方人"地区脱贫问题的重大举措。从当前扶贫实践看，各地多以整村搬迁、新建住房、集中安置的模式推进。这种模式便于操作，有利于整合各方面帮扶资金，也能保持原有村庄体系和社会网络，但也有一些不足：如贫困户支出压力大，尽管有财政补贴但建造新房仍可能耗光贫困户的微薄积蓄，有的甚至因此举债，出现"因搬致贫"；一些集中安置点难以提供耕地，也无法提供充足的农外就业岗位，贫困群众虽然"搬得出"，但"留得住"难，"逐步能致富"更难。据初步测算，"十三五"期间有易地搬迁需求的贫困人口超过1000万，规模极为庞大，相应就业需求也大，若多数采用集中安置搬迁方式，一旦规划不当、处理不妥，贫困群众无法在迁入地稳定生活和就业，不仅会造成大量财政资金浪费、影响扶贫成效，还将给社会稳定埋下隐患。

我们建议，易地搬迁扶贫不应拘泥于"拆旧建新"的思路和做法，应在尊重群众意愿的基础上，顺应人口梯次城镇化的大趋势，实行更灵活的搬迁补助政策，优先考虑盘活现有农村闲置住房，定向用于插花安置易地搬迁贫困户，将节约出来的扶贫资金用于帮助他们流转耕地、发展特色产业。这种做法，既有利于减少不必要的农房建设、降低大规模城镇化成本，也能减轻搬迁户经济压力，还能同时解决空心村"有房无人住、有地无人种"和贫困户"无房住、无地种"问题，激活空心村发展活力，提高扶贫开发成效和外溢效应。

一、盘活闲置农房、安置搬迁贫困人口可实现一举多得

农村闲置住房存量非常大，多数未得到充分利用，造成巨大浪费。根据第二次农业普查数据，99.3% 的农村家庭拥有自己住宅，约 7% 还拥有多套住房。2014 年农民工监测数据显示，举家外出农民工 3578 万人，他们在农村的住房大部分长年闲置。据估测，目前农村闲置住房超过 80 多亿平方米，占农村住房面积近30%。另据国家新型城镇化规划，到 2020 年要努力实现 1 亿左右农业转移人口和其他常住人口在城镇落户，未来至少还有数千万套农房空置。尽管不少农户有出租或流转住房的意愿，但由于供给过剩而有效需求严重不足，很难实现有效利用。如能盘活闲置农房、有效对接搬迁贫困户安置需求，可以实现"一举多得"：

对于在城镇有稳定就业的转移人口，盘活闲置农房可增加财产性收入，为他们在城镇就业创业、租房购房等提供资金支持，有利于促进人口城镇化，也有利于推进"大众创业、万众创新"。如果搬迁贫困人口能进一步为迁入地留守子女、留守老人提供居家照料服务，既可降低自身的搬迁成本，也能解除转移人口的后顾之忧，推动更多劳动力外出，实现"双赢"。

对于搬迁贫困户，租住闲置农房、继续从事农业生产，既能"安居"，也能"乐业"。据对陕西汉中易地搬迁集中安置情况调查，建筑面积约 100 平方米的新建住房成本，相当于农村四口之

家 10 年收入总和，各级财政补贴只能解决 1/7 的建房成本。如利用现有闲置房，可以显著降低贫困搬迁户的住房成本，把节约出来的资金用于租赁农地，发挥他们擅长的务农技能，有效解决就业创业问题。此外，相比从相对闭塞地区一下子跳转到现代化城镇，贫困户在条件相对好的农村地区进行"过渡"，能更快更好适应新生活，更能"稳得住"，扶贫效果会更好。

对于各级政府，充分盘活利用现有闲置资源，以租代建，节约出来的扶贫资金用于扶持贫困人口发展特色产业，或用于扩大扶贫移民搬迁政策受益面，能够提高扶贫资金利用效率。这类扶贫政策还能产生外溢效应，使参与其中的非贫困人口也受益，间接地加快人口梯次城镇化步伐。

二、建立面向搬迁贫困户的"农村廉租房"体系

可考虑由中央财政提供部分资本金，农发行、国开行等政策性金融机构提供长期低息贷款，地方政府建立"农村廉租房"平台，租入耕地资源丰富地区或近郊、小城镇周边已举家外出务工的闲置农房，进行必要的修缮，经评估达标后，以较低价格定向转租给符合条件的扶贫搬迁户。政策设计上要重视三个关键点。

一是调查确定各地区农房租赁指导价。根据近两年成交农房的不同种类、大小、装修、区位、建筑等级和年份等信息来制订地区参考租赁价格，定期更新。可分为"农房加农地"和"单独农房"两种类型，租期可设为五年、十年、二十年等多档。考虑到搬迁户多数仍以农业生产为主，政策上应鼓励"农房加农地"打包流转模式，为搬迁户便利地获得耕地、开展生产提供支持。

二是鼓励拥有闲置农房户自愿申请入库。鉴于目前已有不少县乡村完成了农地农房确权登记，建立了农村产权交易所并实现了电子化，"农村廉租房"储备库可依托现有的农村产权交易平台，在财政补贴支持下，实现保本微利的公益化运作。为鼓励更多人参与进来，可实行多项政策联动，比如，凡参与易地搬迁扶贫廉租房供给者，同等条件下可优先享受城镇住房保障。对农地农房出租方要一次性付清所有年限的租金，为其在城镇创业就业提供资金支持。

三是定向转租给符合条件的搬迁户。易地搬迁户根据自己意愿和条件，在"农村廉租房"储备库中自行选择匹配。匹配成功后，搬迁户可申请国家低息贷款，分期支付租金。搬迁户支付房屋和耕地的租金应低于指导价，体现扶贫政策对贫困户的倾斜，差额部分由财政予以补贴。对自行投靠亲友的搬迁户，仍应给予财政补贴，且补贴力度不低于其他搬迁户，体现政策鼓励和支持。

三、需要注意的几个方面

通过盘活农村闲置住房来推进易地搬迁扶贫，是一项超常规扶贫举措，涉及搬迁贫困户、迁入地集体组织和农民等的切身利益，应积极稳妥实施。

（一）因人施策，试点先行。对于有一技之长、可在农外稳定就业、有新建房需求的贫困群众，仍可依托小城镇、工业园区等新建安置点，进行集中安置；对于主要依靠务农收入、无力建房的贫困群众，可选择闲置房屋较多的村庄插花式搬迁。由于新型城镇化试点地区已暂时调整实施《土地管理法》有关规定，可考虑依托这些地区开展盘活农村闲置住房、推进扶贫移民搬迁试点，探索积累经验后再推广。

（二）保护贫困搬迁户的租约安全。分散搬迁户作为"外来户"和"贫困户",是弱势群体,因而政策应偏向保护他们。可借鉴德国《租房法》中"房主不能任意驱逐房客"的租约安全条款,以保证搬迁户能够在稳定的租期内享有合意的居住条件。如果是短期租入,为规避风险和纠纷并留有余地,在迁入地宜有多个备选户和多套"廉租房"。为避免单家独户迁入新村过于孤立,可以几家一起迁入同一村庄。

（三）迁入地政府承担对贫困搬迁户的扶贫责任。贫困户搬迁到哪里,扶贫责任就落在哪里。迁入地政府要针对贫困搬迁户家庭人口素质、文化程度、人口结构、经济基础等,精准施策,在产业发展、项目扶持、小额信贷上予以倾斜。对于产业相对发达的迁入地,要更多地采取资产收益扶贫方式解决搬迁户的脱贫问题。

三、以改革促发展
　　坚决打好国有企业提质增效攻坚战

加快我国智慧交通发展正当其时

张 泰 徐成光 舒 驰

智慧交通是现代交通运输发展的重要方向。近20年来，我国积极开展智能交通和智慧交通的探索与实践，取得了良好的经济和社会效果，有效提升了交通运输系统的信息化、智能化、集成化和网络化水平，提高了交通运输服务的效率、机动性、安全性、可达性和经济性。进一步推动智慧交通发展，将有助于加快我国交通运输现代化进程，带动相关服务业、制造业和高技术产业加快发展，促进社会管理和社会治理变革，更好地实现交通运输与经济社会和谐健康发展。

一、我国智慧交通发展现状

我国自20世纪90年代中期组织开展智能交通系统（Intelligent Transportation System，ITS）发展战略、体系框架、标准体系研究，集中进行了智能交通关键技术攻关和试点示范。ITS可以将先进的信息技术、数据通讯传输技术、电子传感技术、卫星导航与定位技术、电子控制技术、计算机处理技术等有效地集成运用于整个交通运输运行与管理体系，建立起实时、准确、高效的综合运输运行与管理系统。进入21世纪以来，智能交通技术创新和规模应用，在提升高速公路和城市交通运营管理及服务水平方面发挥了重要作用，有力支撑了我国大规模的道路基础设施网络运行、大规模的人口流动和节假日出行，以及大规模的贸易运输和货物流转。

（一）公路网运行管理和服务水平显著提升。典型代表是建成了全国统一标准、覆盖29个省市、用户超过1300万的高速公路电子不停车收费服务系统（Electronic Toll Collection，ETC），并已实现14个省市联网运行，其余省份将于2015年9月基本完成联网。我国ETC系统已成为国际上用户规模超过千万的三大ETC技术体系之一。据测算，ETC系统将提高车道通行能力4倍以上，每万次ETC交易可节约314升燃油消耗和减少56千克各类污染物排放。

国家路网运行监测体系基本形成，20多个省市建设了路网运行管理与应急处置系统，实现了对路网运行状况的及时掌握、协调调度和应急指挥。目前全国高速公路交通流量监测设施总规模近1万套，平均布设密度为25—30公里/套；视频监测设施（路段和桥梁）总规模近2.5万套，平均布设密度为8—10公里/套；气象监测设施总规模近2000套，平均布设密度为80—100公里/套；路况信息发布情报板8000屏左右。

此外，初步建立了覆盖50万公里干线公路网的人工路况信息报送业务体系，开通了京津冀湘渝地区中国高速公路交通广播，开通了全国公路出行信息服务网站，12个省份开通了手机版本出行服务网站（网页）和移动客户端，为公路使用者提供实时路况信息服务，全面提升了路网整体服务水平。

（二）大城市智能交通管理和服务水平明显提升。围绕北京奥运会、上海世博会、广州亚运会等重大活动，开展了交通组织、管理与服务的 ITS 集成应用，在加强综合交通运输管理与协调、提升城市交通服务水平等方面取得了较好的效果。从"十一五"开始，开展了大量的城市公交智能化技术开发和应用，基于定位系统的公交车辆运行监管在"十二五"期间已经普及。特别是公交一卡通在全国主要城市广泛使用，并已经在广东省、长三角等地实现了跨城市互联互通。

（三）基于移动互联网的智能交通服务开始普及。随着车载导航、手机导航和移动互联网的普及应用，以百度、高德、腾讯等公司为代表的出行信息服务已经形成规模，信息量和影响力迅速提升。例如，腾讯每天有 50 亿次位置请求服务，远超任何交通管理部门和运营部门；高德和四维图新两个车载导航公司均开始发布交通指数，其准确度高于政府发布的交通指数。特别是在"互联网＋"迅速发展的情况下，电子商务与智能交通加快结合，网络约租车等交通运输新业态不断出现，使得出行体验与消费服务成为一体，大大拓展了智慧交通服务与管理领域。

二、存在的主要问题

（一）统筹发展不足。国家已经发布信息化"十三五"规划，各地也相继启动了智慧交通建设，但由于缺乏顶层设计，各相关部门信息化规划不系统、不衔接，智慧交通发展中"散"的问题十分突出。一是组织管理散，尚未建立由一个部门为主导、各相关单位共同参与的智慧交通组织管理体系，各部门各自为政现象普遍存在。二是规划建设散，智慧交通建设缺乏统一规划安排，各部门建设的应用系统主要服务于自身业务需要，系统之间缺乏横向联系，数据散乱，形成"烟囱式"架构和信息孤岛，造成一定的资源浪费，也难以实现跨业务领域的协同合作。三是技术标准散，智慧交通总体上缺乏统一的行业标准体系，各部门建设标准不一致、不统一的现象较为严重，限制了数据资源整合、互联共享以及系统功能的有效发挥。四是政策法规散，缺乏统一推动智慧交通发展的法律法规。

（二）市场作用没有充分发挥。目前智慧交通建设中过多依赖政府投资，政府大包大揽，引导社会力量投入的措施不多、力度不够。不少政府部门及所属单位还立足于自己研发业务应用系统、服务系统、结算系统，热衷于开发技术已经成熟并且可以市场化的项目。市场主导、政企合作的信息资源开发利用机制尚未建立，海量交通信息没有及时规范有序向社会开放，社会机构无法开展深入的数据分析和挖掘，这既浪费了信息资源，降低了交通运输管理效率；也不利于各种社会机构开发提供增值服务，扩充服务项目，提升经济效益。

（三）技术研发能力较弱。智慧交通领域科技研发能力总体不足，物联网技术与信息采集的融合、交通诱导、车辆身份识别、云计算与信息的处理、网络信息安全等关键核心技术还有待突破，严重制约智慧交通发展。一是原始创新能力较弱，核心技术自给率低。例如，智能导航产业中，国外厂商生产的专业测量接收机和测向接收机高端产品占产品总量的 80%。二是我国当前的 ITS 技术注重两端（前端的数据采集和后端的管理系统开发），对中间的核心模型研发、集成分析技术投入严重不足，ITS 被部分专家学者戏称为 IT+TS。三是在新技术应用环境创造上投入不足，科研项目缺乏工业性试验，科技研发成果转化能力较弱，科研与产业"两张皮"现象较为突出。四是各类科研项目缺乏整合，交叉重复且缺乏连贯性，科研资源浪费严重。

（四）产业发展水平不高。智慧交通产业尚未形成完整的产业链，交通运输部门、信息产业部门和制造业部门各自相关业务条块分割明显，严重制约市场扩大和产业壮大。在智慧交通建设中，各地还或多或少存在地方保护主义倾向，更多鼓励和支持采用地方企业的产品或系统，限制外地企业和产品进入，这种做法降低了系统运行效率，提高了维护和再建设成本。此外，智慧交通产业与其他重要产业特别是汽车产业的融合发展不够，对新兴产业的带动作用不够明显。

三、当前加快智慧交通发展具有重要经济和社会效益

（一）发展智慧交通，对于改善交通安全、缓解拥堵、节能减排将发挥重要作用。目前我国机动车保有量占世界的 15%，却发生了 25% 的交通事故，连续十年以上居世界第一；机动车保有量连年增加，城市交通拥堵普遍存在；交通运输已成为各大城市空气污染的主要来源之一。智慧交通充分运用物联网、云计算、人工智能、自动控制、移动互联网等技术，可以高效利用现有交通设施，提升交通运输系统运行效率和管理水平，减少交通负荷和环境污染，改善交通安全条件，为公众安全便捷出行和经济可持续发展提供更好支撑。

（二）发展智慧交通，将拉动交通运输业、汽车制造业和信息服务业的发展。智慧交通涉及智慧路网、智慧车辆、智慧枢纽、智慧运输、智慧管理等，需要应用传感技术、预测技术、控制技术等新兴技术。智慧交通的发展，将有力提升交通基础设施和装备的能力，创新交通运输生产和服务模式，转变交通运输发展方式，带动交通运输业、汽车制造业及高端装备制造业、信息服务业等相关产业的快速发展。

（三）发展智慧交通，是引领科技创新、提升国家竞争力的重

要抓手。目前我国公路、水路等交通运输领域应用的核心技术和标准，主要来自西方发达国家。例如，目前我国汽车产量居全球之首，但智能汽车先进技术却完全掌握在美、欧、日手中。发展智慧交通，将为信息技术、通信技术、控制技术、大数据分析及计算技术等应用提供广阔空间，将成为科技创新、提升国家竞争力的重要抓手。

（四）发展智慧交通，是助推国家经济转型升级的重要引擎。交通运输作为基础性、先导性、服务性行业，产业链长，经济带动效果明显。美、欧、日等发达国家都将智慧交通作为战略性新兴产业，以此助推经济发展。例如，日本为应对 2008 年金融危机，政府投资建设沿高速公路的所有信息设施和设备，推动产业界按照统一标准生产新一代车载设备，取得了巨大的经济社会效益。发展智慧交通，将有助于加快提升我国交通运输产业链，带动高端装备、信息网络、集成电路、新能源、新材料等产业发展，推动互联网、云计算、大数据、物联网等与现代制造业结合，在转变经济结构、拓展区域发展新空间、培育战略新兴产业、拉动内需等多方面发挥推动作用。

四、加快智慧交通发展的建议

（一）将智慧交通发展作为一项战略任务。应当明确将智慧交通建设作为国家新的经济增长点，作为交通运输转型升级的战略重点。加快研究制定智慧交通中长期发展规划，明确发展方向、目标、重点任务和主要措施。近期建议制定"智慧公路"行动计划，作为推动智慧交通发展的优先任务。

（二）加强智慧交通发展的顶层设计。建立权责明确的智慧交通组织管理体系，确立智慧交通发展的牵头部门，明确主要相关部门的职责分工和工作界面。建立智慧交通发展部际合作机制，协同相关规划、标准，促进跨系统应用集成、跨部门信息共享，共同推动智慧交通发展。

（三）抓紧修订出台促进智慧交通发展的法规规范。修订交通工程技术管理规范，将智慧交通纳入工程建设强制性标准规范，特别是要加快修订新一代高速公路机电系统体系结构，形成逻辑功能稳定、技术适应性强的新一代框架。加快制定和出台产业标准和产业联盟标准，形成完善的智慧交通产业标准体系。加快制定交通运输数据开放、共享、使用等方面的规则，消除或减少私营机构进入智慧交通市场的障碍，促进交通运输信息服务业发展。

（四）积极引导和培育智慧交通产业发展。建立开放的智慧交通市场，放宽市场准入，探索新的智慧交通产业和服务模式，公益性项目可以采取政府监管下的特许经营等方式吸引投资；具有服务增值及可赢利性的商业服务类项目应当完全放开市场，充分发挥市场机制作用。

（五）加强智慧交通关键技术自主创新和成果转化。开展智慧车辆、智慧路网、智慧枢纽、智慧货运等关键技术研发及应用示范，加快物联网、新一代移动通信、大数据、云计算等现代信息技术在交通领域的集成应用创新，实现人、车、路、环境等的互联互通，全面提高交通运输系统的效率和安全性。推动"超高速无限局域网"和5G技术研发等已有成果转化和拓展应用，加快具有自主知识产权的产品和标准尽快实现规模应用。

（六）加大智慧公路基础设施投资力度。积极探索智慧交通投资建设和运营模式，拓宽投资渠道，完善智慧交通长效投入机制。组织实施一批智慧交通重大工程和示范项目。探索将基础设施信息采集系统的建设和维护纳入交通运输基础设施建设养护范畴。

西方发达国家智慧交通发展的做法与经验

张　泰　徐成光　舒　驰

"智慧交通"是近年来交通运输发展的新理念，是当前国际交通运输业发展的重要方向。西方发达国家率先在这方面进行了积极探索，并取得了良好效果，他们的做法和经验，对我国推动智慧交通发展，具有良好的借鉴作用。

一、国外智慧交通的概念

从工程技术的角度看，自 20 世纪 60 年代至今，发达国家和地区一直致力于智能交通系统（Intelligent Transportation System，ITS）的研发与实践，主要目的是将先进的电子技术、信息技术、传感器技术和系统工程技术集成运用于地面运输的实际需求，建立起全方位、实时准确、高效的地面运输系统。ITS 实质上是利用高新技术对传统的运输系统进行改造而形成的一种信息化、智能化、社会化的新型运输系统。目前，ITS 体系较为成熟，是交通运输科技的前沿。

"智慧交通"不是一个技术词汇，是一个社会学的概念。"智慧交通"一词源于 2008 年 IBM 提出的"智慧地球"理念，2010年 IBM 又提出"智慧城市"愿景，认为"智慧交通"是智慧城市的六大核心系统之一。目前，对于智慧交通，还没有统一的认识和定位，存在不同的理解和解释。比较主流的观点为，智慧交通是在智能交通的基础上发展起来的更高阶段的交通模式，它在较完善的交通基础设施基础上，将信息技术集成运用于传统交通运输系统，改变现有交通基础设施、运输工具、运输组织和交通管理的形态，所形成的一套将虚拟和现实相结合，提供门到门一体化综合运输服务，能够应需而变的，将任何人、任何物在任何时间采用任何方式运送到任何地点的智慧型综合交通运输系统。相比 ITS，智慧交通更强调交通运输系统在各种需求和环境下的适应性和可靠性，更强调服务的人性化和可定制性。

二、国外智慧交通的发展历程

国外 ITS 发展历程，大体可以划分为四个阶段：

（一）初期发展阶段（20 世纪 60 年代末至 80 年代初）。个别发达国家开始交通控制系统、交通诱导系统等研发。例如，1967 年，美国联邦公路局（FHWA）开始研制电子路径诱导系统（Electronic Route Guidance System，ERGS）；1973 年，日本通产省开发了汽车综合交通控制系统（Comprehensive Automobile Control System，CACS）等。

（二）研究开发阶段（20 世纪 80 年代中期至 90 年代中期）。发达国家纷纷加大对各类智能交通系统的研发力度，例如，1991 年，美国出台了《综合地面运输及效率法案》（又称"冰茶法案"，Intermodal Surface Transportation Efficiency Act），在 1991—1997 年投资 12.935 亿美元用于智能车辆道路系统（Intelligent Vehicle—Highway System，IVHS）的研究；1993 年，日本提出了通用交通管理系统（Universal Traffic Management System，

UTMS）开发计划等。

（三）系统集成和国际标准开发阶段（20 世纪 90 年代末至 20 世纪末）。1994 年，ITS 作为一个专用名词正式出现，各国围绕 ITS 开展的理论方法、技术框架、标准规范等研究更加体系化。如 1996 年，美国、日本相继出台了各自的《国家 ITS 框架体系》；1997 年，欧盟制定了《欧盟道路交通信息行动计划》等。

（四）广泛应用阶段（21 世纪初至今）。进入 21 世纪，国际上 ITS 逐渐形成规模应用和产业，特别是在信息服务、不停车收费和安全辅助驾驶等领域产生了良好的社会和经济效益。例如，日本的高速公路电子不停车收费服务（ETC）用户已超过 6400 万，动态信息服务（VICS）用户接近 5000 万；欧洲的数字交通广播系统（RDS-TMC）已在全球普及，年产值超过百亿欧元；以自适应控制为支撑的交通控制系统（UTMS）在欧美国家应用已非常普遍，大大提升了城市交通和干线公路的效率。

当前，依托信息技术的快速发展，各国仍在不断调整 ITS 开发和应用的方向和重点，自动驾驶、车辆互联、车路协同等应用开始崭露头角，ITS 正在由单个方向的智能化应用系统向更高层次的合作系统演进，进入智慧交通发展的新阶段。

三、国外智慧交通的发展趋势

（一）合作式智能交通成为新的发展方向。近年来，国际上以新一代信息技术与汽车深度融合为代表的合作式智能交通（Co-operative ITS）开始引领 ITS 发展。它的主要内容是在车—路以及车—车数据交互环境下，以智能化的车辆和智能化的管理系统协调工作作为工具，为出行者提供更加安全、可靠和便利的服务，也为新型车辆和通信产品提供应用环境。例如，美国 2009

年提出的智能驾驶（Intelli Drive）和 2014 年实施的互联车辆（Connected Vehicle）计划；日本 2004 年提出的智慧道路（Smartway）和 2009 年启动的 ITS 信息交互设施（ITSSPOTS）计划；欧盟的合作系统（Cooperative System）等。

（二）智慧交通逐渐发展为综合性产业。智慧交通的发展，不仅可以提高交通运输的安全和效率，还创造了大量新型应用和产品。例如，在以土木工程为基础的高速公路上，已经形成了车辆在任意地点和时刻均可以接入路侧网络的信息高速公路；车载导航已经提升到出行与消费全面融合的服务，如苹果推出的 CarPlay 车载系统；汽车已经全面融入信息网络中，成为信息网络中的传送单元；人驾驶汽车正在逐步向自动驾驶汽车发展等。未来智慧交通的发展，越来越依托于百姓的出行消费、信息消费和体验型消费，开始跳出发展初期以缓解交通拥堵为主要目标的局限，将成为拉动基础设施、汽车和服务协调发展，技术包容性强，市场规模巨大的综合性产业，也将成为战略新兴产业的一个重要应用领域。

（三）智慧交通引发交通管理模式的变革。智慧交通是典型的多领域融合创新与发展的产业，它不但可以带动新型汽车和通信产品的消费，更有可能创造出许多新型的服务消费。同时，还可以预见，由于越来越多的车辆处于网络覆盖下，智能化车辆的自主控制以及车辆在新型交通控制网内的受控程度也会越来越高，双向的信息交换越来越多，这将对整个交通运输的运行模式和管理模式产生重大影响，也将带动社会治理模式的深刻变革。

四、国外智慧交通发展的经验

（一）实际应用为先。目前，在国际上形成了大规模应用的有车载导航及出行服务、ETC、RDS—TMC 等，为智慧交通发展奠定了坚实的市场基础。这些系统的共同特点是：应用易于接受、实际效果明显、用户体验良好。从国际发展趋势上看，下一个阶段的突破点是提升安全性（如智能化车辆、互联车辆、车路合作等）、可靠性（如在网络环境下的出行规划、服务和应变等）以及节能减排（如基于交通信息和网络服务的智能物流和配送等）。

（二）政府在关键点上发力。从智慧交通发展的历程看，企业和社会从中发挥了主要作用，但是政府在关键点上的助推作用也是重要的。例如，在 2008 年全球金融危机的背景下，日本政府基于智能交通已取得的成果，于 2009 年向日本国会提出建议：为拉动经济和推进新产品应用，在高速公路上建设 ITS-Spot 系统，其中，路侧的系统由财政拨款建设，车载系统在已经取得的成果上由企业完成产业化并销售。2009 年 6 月，日本国会批准了这一议案和预算。到 2011 年，日本 ITS-Spot 系统已经覆盖日本 9000 公里高速公路，同时集成了安全辅助驾驶、ETC 和导航信息服务的终端开始销售。

（三）主动适应新环境。移动互联网的应用给社会和公众带来便利，也给政府的管理与服务提出了新挑战。例如，2011 年 3 月，日本发生福岛地震，震区交通和通信遭到破坏，地震发生后，日本产业界立刻将基于企业车辆定位系统的开发交通信息服务系统数据与地图进行匹配，先于政府发布了震区道路中断状况图；Google 日本也在地震 2 小时后开通危机响应网站，开展寻人、震区交通地图、避难所信息、视频等服务。日本政府在震后主动提出修改国家信息服务体系，研究如何将各方面的信息和能力纳入服务体系，目的不是去管理企业，而是设计一个新的、包容性强的服务体系。

加快发展先进制造业的几点建议

张军立　张　泰　胡　成　邢建武　李　钊

李攀辉　吴思康　王西星

近几年来，受国内外多重因素影响，我国工业下行压力不断加大，生产增速持续回落，效益状况持续下滑。2015 年前三季度，规模以上工业增加值同比增长 6.2%、投资增长 8%、利润下降 1.7%，下行幅度之大已多年未见。然而，在全国工业整体下行的态势下，深圳工业却一枝独秀。前三季度，深圳规模以上工业增加值同比增长 7.8%、投资增长 18.2%、利润增长 6.2%，分别比全国平均水平高出 1.6、10.2 和 7.9 个百分点。究其原因，主要是深圳早在国际金融危机爆发之初，就着力推动制造业转型，大力发展先进制造业，走上了质量型增长、内涵式发展之路。深圳的做法极富启发意义，为此我们进行了专题调研，现将有关情况及建议报告如下。

一、基本情况

改革开放以来，深圳制造业经历了多轮调整转型，从"三来一补"起家，到建立起以劳动密集型制造业为主导的产业结构，再到 20 世纪 90 年代大力发展高新技术产业，深圳制造业实现了持续快速发展，但总体仍处于价值链低端。2008 年国际金融危机爆发后，外向特征突出的深圳制造业从 2006—2007 年 16% 的平均增速，断崖式下跌至 2009 年的 8.6%。面对突如其来的严重冲击，深圳痛定思痛，着力改变既有产业格局，坚持"质量型制造"和"创造型制造"方向，大力发展先进制造业，明显加快了制造业迈向中高端的步伐。2014 年，深圳先进制造业实现增加值 4750 亿元，占规模以上工业比重达到 73.1%，已成为拉动工业增长的主要力量。

一是电子信息制造业奠定先进制造发展基础。2014 年，深圳规模以上电子信息制造业实现工业增加值 3800 亿元，约占全国的 1/7，占全市工业的 58.5%，对全市工业增长贡献率达 92.9%，支柱产业地位稳固。全市共有 14 家全国电子信息百强企业，上市企业超过 200 家，PCT（Patent Cooperation Treaty，专利合作条约）国际专利申请量 2014 年达到 1.16 万件。与此同时，依托电子信息技术优势，深圳在仪器仪表、焊接装备、光学装备、物流装备等装备制造领域，拥有一批国内领先的优势企业和产品。

二是战略新兴产业逐步成长为中流砥柱。2009 年，深圳前瞻布局了生物、互联网、新能源、新材料、新一代信息技术和节能环保等六大战略性新兴产业。经过近些年大力培育，战略性新兴产业规模迅速壮大，整体实力显著增强，已成为打造产业发展"深圳质量"的重要力量。2014 年，全市六大战略性新兴产业增加值达 5645 亿元，同比增长 14.1%，高出规模以上工业增速 5.7 个百分点。

三是未来产业有望成为新的增长点。近年来，为培育形成新的经济增长点，深圳重点推动航空航天、海洋经济、生命健康、军工以及机器人、可穿戴设备和智能装备五大未来产业发展。目前，上述产业已形成了较好发展基础，智能装备产业初步形成具有独特优势的产业集群，机器人的动力系统、控制系统、人机界面等技术达到世界先进水平，航空电子元器件、机载模组、无人机、机场地面设施制造等领域逐渐建立完整产业链。

四是优势传统产业实现华丽转身。以服装、钟表、家具、珠宝等为代表的深圳优势传统产业，通过强化与品牌、设计等元素的结合，逐步实现了从"加工代工"向"智造创造"的跨越，并加快向时尚创意产业转型。目前，深圳拥有超过 1200 个自有服装品牌，占据国内一线品牌龙头地位；钟表产量占全球 40% 以上，深圳品牌占国产品牌的 65%；家具总产值和外销额分别占全国的 15% 和 20%；珠宝占全国市场份额超过 70%。

二、主要做法

这几年，围绕发展先进制造业，深圳着力加强顶层设计，锐意改革创新，完善政策体系，形成了一套行之有效的做法。我们总结，主要有以下几个方面：

（一）着力打造先进制造业体系。在规划引导上，深圳瞄准技术和产业发展前沿，围绕培育制造业发展梯队，先后制定七大战略性新兴产业和五大未来产业等的发展规划，逐步形成了以电子信息制造业、战略性新兴产业、未来产业和优势传统产业为主体的先进制造业"四路纵队"。在规划落地上，按照总体规划、专项规划、行动方案"三合一"的实施路径，从财税、金融、人才、土地、知识产权保护等方面，打造覆盖产业发展全过程的政策链，全方位支持先进制造业发展。尤其值得关注的是，作为全球重要的电子信息产业基地，深圳布局先进制造业如机器人、新材料、生命健康等，很大程度上都是围绕着发挥和巩固核心优势，在与信息技术紧密关联的细分领域发力。

（二）围绕产业链布局创新链。一是围绕新兴产业发展需求，重点布局相关科技基础设施。已经建成国家超级计算深圳中心、大亚湾中微子实验室和国家基因库，目前还在规划建设未来网络实验室、超材料工业技术、高通量基因测序及组学技术等一批重大科技基础设施。二是加强创新载体建设。五年多来，深圳新增各级重点实验室、工程实验室、工程中心、技术中心累计超过1100家，是2009年底的4倍。特别是近两年深圳突出产业化导向，通过竞争性评选，大力发展新型研发机构，将人才、科技与产业紧密融合，显著增强了重大技术突破的源头创新能力。目前，深圳已拥有华大基因、光启研究院等45家集基础研究、应用研究和产业化为一体的新型研发机构。三是着力完善配套环境，设立深圳国际创客周，形成柴火空间、创客中心、创客市集等国际化"众创空间"，有力推动了大众创业、万众创新蓬勃发展。

（三）积极引进创新科研团队。人才不足是深圳这座年轻城市与生俱来的短板。为突破这一瓶颈制约，深圳建立了高效的人才引进机制，积极引进高层次创新团队。2011年，深圳实施引进海外高层次人才"孔雀计划"，每年投入3亿—5亿元用于人才配套服务和创新创业专项资助。2012年，又进一步完善"孔雀计划"，建立了创新创业服务扶持平台，对引进的高层次人才团队，给予最高8000万元的专项资助。截至目前，深圳已累计引进海外创新科研团队81个，其中61个是"孔雀"团队，33个是省级创新科研团队。这些团队聚焦产业发展需求，以攻克共性关键技术为目标，已成为推动重大科技创新、发展先进制造业的重要力量。

（四）强化传统产业转型升级。一是加强技术改造。针对重点领域，每年支持超过100个技术改造项目，有力推动了黄金珠宝、服装和钟表等行业向都市产业升级，机械模具业向数字装备产业转型。二是大力发展工业设计。设立工业设计业发展专项资金，每年安排 1 亿元支持原创性设计开发，引导设计与品牌融合、设计与产业嫁接。三是搭建公共服务平台。面向重点行业打造了一批高质量的产业技术创新和服务平台，5 年累计建立 102 个平台，较 2009 年增长了 6 倍。四是加大政府购买服务力度。推动成立工业设计产业创新联盟、工业设计行业协会、设计联合会等一批专业机构，并通过政府购买服务形式，为企业转型发展提供有力支撑。

（五）大力推动两化深度融合。近年来，深圳围绕推进两化深度融合，先后出台智慧深圳规划纲要，信息化与工业化融合专项行动计划，以及互联网、物联网、下一代信息技术及机器人、可穿戴设备和智能装备等产业发展规划，设立两化融合创新中心，打造电子商务公共服务平台，推进城市基础设施智慧化改造和传统产业信息化改造提升，有力推动了大批企业将信息技术应用到生产经营各关键环节和重点领域。目前，深圳已有一批企业开始布局数字工厂。比如，雷柏从鼠标键盘生产企业，发展到研发应用机器人实现"无人车间"，再到进一步转型为其他公司研发、生产机器人，现已成为智能制造综合解决方案提供商。

（六）努力营造良好发展环境。一是遵循国际惯例，在全国率先建立了较为完善的市场体系，为产业发展营造公平竞争的市场环境，吸引国内外优秀人才来深圳创新、创业。二是创新分配机制，在全国率先鼓励技术入股、员工持股等制度创新，大大激发了企业创新活力。截至目前，深圳共有 A 股上市公司近 200 家。三是简政放权，在全国率先启动商事制度改革，最大限度实现商事主体"宽进"要求。目前，深圳商事主体增加到 174.3 万户，成为全国每千人拥有商事主体最多的城市。

三、若干启示及政策建议

发展先进制造业是一个复杂的系统工程，既包括突破新技术、催生新产业，也包括运用新技术改造传统产业、形成的新产业形态。特别是随着技术创新跨学科融合、生产制造智能化转型、产业组织生态化发展趋势不断增强，重大前沿技术攻关、关键共性技术研发、新兴技术市场培育等环节，风险大、成本高、外部性强的特征愈发明显。在与发达国家仍然存在较大差距的背景下，我国制造业要实现追赶并形成局部先发优势，单靠市场力量很难在短期完成。必须在充分发挥市场机制作用的基础上，更好发挥政府在发展战略、政策标准、技术攻关、公共服务等方面的作用，形成推动先进制造业发展的强大合力。结合深圳经验和我国制造业实际，我们建议从以下四方面着手推动先进制造业发展。

（一）进一步加强战略布局，加快构建新型制造体系。发展先进制造业，必须处理好当前和长远、存量和增量的关系，加快落实《中国制造 2025》，统筹技术攻关和产业发展，着力打造结构合理、层次分明的产业发展梯队。

一是在产业前景和技术目标相对明确的领域，如《中国制造 2025》确定的十大领域，要面向产业发展的重大技术瓶颈，统筹应用研究、技术开发、标准制定、市场培育等环节，实施一批国家重大工程，突破一批关键核心技术，发展一批战略性产业和领军企业。其中，政府应重点做好激励引导和组织协调，必要的中央财政投入应聚焦共性技术和基础设施。从深圳经验看，地方可对具有潜力的重大技术初创项目给予扶持，但在方式上应采用公开透明的竞争性评选办法。

二是在关系人类未来发展、拓展发展空间的前沿领域，如空天海洋、信息网络、生命科学、核技术等，要抓紧研究确定总体方向，组织实施若干基础研究和应用研究推进计划，强化早期知识和技术积累，为新兴产业培育提供坚实支撑。其中，产业发展方向、目标、关键技术等应由科学家、行业专家和企业家共同确定，政府以加大研发支持为主。

三是在传统产业领域深入推进改造升级。传统产业是先进制造业发展的基础。要把改造提升传统产业与发展新兴产业更好结合起来，启动新一轮重大技术改造工程，引导企业大力加强技术改造。重点要创新支持方式，比如深圳打包各类资金建立股权投资基金、重庆设立融资租赁公司支持企业更新设备等做法，就取得了很好效果，值得加以推广。

（二）大力发展新型研发机构，打造制造业创新网络。近年来深圳涌现出的新型研发机构，既有来自民间的华大、光启，也有生于体制内的中科院深圳先进技术研究院等。这些机构成立时间虽然不长，但它们以全新的体制机制和运行模式，有效解决了科技与经济"两张皮"问题。比如，深圳清华大学研究院已累计孵化高新技术企业600多家，其中15家已上市；在孵企业360多家，年销售额超过300亿元。

我们建议，要积极推广这一做法，从科技和经济两方面发力，推动一批科研机构走入市场，鼓励一批优势企业投身研发，加快形成一批兼具技术研发、公共服务、人才培养和企业孵化功能的新型研发机构，实现科技与产业紧密结合、人才与创新紧密结合、创新与创业紧密结合。

一是以产业化为重要导向深入推进科研院所改革。首先要明确部分科研院所开展"产业导向"科研活动的功能定位，既探索带有"知识进展"、具有产业化前景的科技前沿，更着眼于促进前沿科技产业前景的明朗化，形成产业化进程中的共性技术、专利技术，直至产品开发。在此基础上，深入推进内部管理体制改革，围绕选任用人、项目管理、财务核算、绩效评价、成果转化等建立市场化管理机制。

二是以科研团队为抓手支持设立民间研发机构。创新驱动本质上是人才驱动。深圳源于民间的新型研发机构，很大一部分是以"孔雀计划"团队或广东引进的海外创新团队为核心发展起来的。这种以科研团队为抓手引进全球人才、以人才集聚为载体促进科技创新、以技术突破为先导引领产业发展的做法，就是抓住了人才高效引进使用的关键。要在各地特别是制造业发达地区积极推广这一经验，通过聚焦各类政策资源，打造创新事业平台，大力支持民间研发机构发展。

三是支持建设一批骨干企业总部研究院。从全球创新体系看，微软、GE、西门子、英特尔等大型企业的总部研究院，在技术创新中发挥着举足轻重的作用，是国家创新体系的重要组成。近年来，我国大型企业如海尔、上海电气、南车等，也已开始建设中央研究院，深圳华为更是其中典型代表。要顺应这一趋势，深入推进科技成果使用、处置和收益制度等改革，加快在大型企业建设一批高水平研发机构。

四是积极鼓励各类研发机构通过开放平台、共享资源等方式，加快发展众包、用户参与设计、云设计等新型研发组织模式和创业创新模式，带动内部员工、外部创客和上下游小微企业共同发展，推动大众创业、万众创新。

同时还要看到，我国大院大所改制后，重大共性技术、前沿技术的研发主体缺位问题十分突出，解决这一问题仅靠地方或个别企业、科研机构难以实现。在这方面，美国的"国家制造业创新网络"计划，为我们提供了有益借鉴。该计划的初衷，正是美国认识到其虽是全球基础研究、科学发明的引领者，但在发明创造转化为"美国制造"上却失去了优势，原因就是基础研究和商业化之间存在"鸿沟"。从创新过程的研发投入看，美国政府的投入通常集中在第1、2阶段，即基础研究和概念验证；产业界主要集中在第5、6阶段，即制造能力和规模生产；而在第3、4阶段，即实验室试制和原型制造，投入则相对匮乏。因此，计划的主要使命是：建立一批产业界、科技界共同参与的制造业创新中心（计划建设45个），聚焦重大产业科技的竞争前技术研究，架起科研成果与应用发明之间的桥梁，从而强化中间环节的创新效益外溢，降低新技术研发应用的成本和风险。目前，美国已建立增材制造、新一代电力电子、数字制造和设计、轻型现代金属、先进复合材料等9个制造业创新中心。

为推进重大关键共性技术研发和产业化，《中国制造2025》已明确提出，实施"制造业创新中心建设工程"，到2025年建成40家制造业创新中心。我们建议，要把这一工程作为制造强国建设的首要任务，加快建立我国制造业创新网络。重点要把握好四个方面：一是功能定位。创新中心应定位为服务万众创新的重大共性和前沿技术平台，不以盈利为最终目的；主要任务包括，开展竞争前技术研究、产业链技术集成及产业化示范、支持中小企业研发、劳动者技能培训等。二是遴选机制。建设创新中心要着眼服务全局，确保其辐射带动功能最大化。可考虑在不同领域之间建立竞争性差额遴选机制，综合把握产业发展需求、相关企业参与度、人才资金保障、设施共享与持续利用等因素，成熟一个、设立一个，最大程度汇集产学研用创新资源。三是治理机制。要深入研究国内外研发机构治理模式，建立一套兼顾战略使命和运作效率的决策机制、投入机制、运行机制、项目机制、成果分配与共享机制，确保创新中心高效率、可持续发展。其中，政府主要负责基础设施建设投入、科研项目资助和重大事项协调，中心的运营决策由官产学研用构成的董事会负责。四是层次布局。要充分调动各地积极性，支持地方结合产业集聚和科技资源水平，在非战略领域建设一批区域创新中心，以技术的群发突破支撑先进制造业发展。随着技术发展动态变化，确需调整的可上升为国家创新中心。

（三）加快突破薄弱环节，提升先进制造业整体水平。一是夯实工业基础能力。关键基础材料、核心基础零部件、先进基础工艺和产业技术基础等能力薄弱，是制约制造业转型的最大短板之一。由于我国工业起步晚，提升基础能力又需要大量投入、较长周期，单靠市场自身很难在短期突破，政府必须有所作为。我们建议，要把提升工业基础能力作为制造强国建设第一个 10 年必须完成的重要任务，深入实施工业强基工程，加大财政资金投入，加快补齐基础能力短板。同时，为适应未来发展需要，要着力推动"四基"研发与信息技术深度融合，加快布局"集成计算材料工程"等前沿技术攻关，避免出现新的瓶颈。

二是大力发展智能制造。在新一轮产业变革中，信息技术与制造技术融合创新特征突出，制造模式变革的影响不亚于重大技术突破。与德国工业 4.0 相比，我国总体处于工业 2.0—3.0 之间，技术、网络、标准等都面临不少挑战。我们建议，要把推进智能制造作为一项长期战略任务，持之以恒深入推进。当前，要以智能制造工程为抓手，从用入手、以用促研，加快建设一批智能工厂和云平台，发展一批基于互联网的新型制造模式，以此推动突破一批智能技术、装备及核心软硬件，探索建设工业互联网、建立智能制造标准体系。

还必须看到，我国推进智能制造，不仅硬件弱，软环境也先天不足，企业散、协会弱、产学研用结合不深等问题突出。我们既缺少西门子、GE 这样能主导新技术、新模式发展的大企业，也没有德国信息通讯与新媒体协会、弗劳恩霍夫研究所这样的，能够发挥牵头作用的强有力行业协会和高水平研究机构。我们建议，应针对这些短板，以资本和技术为纽带，建立起技术攻关、标准研制、资源整合、市场培育的协作推进机制，促进产业链协同发展。在这方面，国家集成电路产业投资基金的做法值得借鉴。经过一年来的运作，基金管理公司华芯投资不仅完成项目投资 26 个，有力推进了行业的战略布局和资源整合，还在打造以资本为纽带的虚拟 IDM（Integrated Device Manufacturing，集成器件制造）模式上取得积极进展，协调推动了不少行业重大事项。从某种程度说，基金管理公司正扮演着行业组织协调者的重要角色，并且其发言权和影响力还在不断增强。

（四）深化体制机制改革，拓宽新兴领域发展空间。随着我国传统市场趋于饱和、产业发展步入技术赶超阶段，进一步开辟新的市场空间，不仅可为制造业优化升级提供坚实基础，也有助于我们更好把握技术赶超的机会窗口。

一方面，要着力构建优先对内开放的市场体系。利用本土需求带动关键领域技术突破和产业化，是国际通行做法，也是提升我国制造业在全球分工地位的重要举措。要更加重视发挥大国市场优势，加强标准建设，完善市场准入，破除地方和行业壁垒，加快形成全国统一大市场。同时，也要充分发挥重大工程的带动作用，完善首台套、首批次政策等措施手段，推动产用紧密结合，促进企业扎根本土，加快技术和人力资本积累，为更高水平参与国际分工奠定基础。

另一方面，要大力完善新兴领域基础设施和配套政策。新兴产业发展，必然产生各种新的"硬件"和"软件"需求。各级政府和有关部门应下大力气推动制度创新，努力跟上技术创新、业务创新和商业模式创新步伐，更加重视提供新型基础设施、共性技术以及统一标准、知识产权、信息安全等有形无形公共产品，为先进制造业发展创造良好环境。

抓住有利时机　加快提档升级

——光伏产业发展调研报告

唐　元

光伏产业（包括光伏发电和光伏原器件制造），自 2013 年国务院颁布《关于促进光伏产业健康发展的若干意见》以来，规模持续快速扩大，盈利状况继续向好，但也面临政策不到位、提档升级困难等问题。建议进一步加大政策支持力度，抓住当前有利时机，加快光伏产业提档升级。

一、目标明确，措施得力，效果显现

2013 年 7 月以来，国务院先后颁布了《促进光伏产业健康发展的若干意见》和《能源发展行动计划（2014—2020）》，提出到 2015 年和 2020 年光伏发电装机总量分别达到 3500 万千瓦和 1 亿千瓦左右的奋斗目标，按照这样的目标，未来 5 年我国光伏发电装机容量将以年均 18% 左右的速度增长。

围绕光伏发展目标，国家有关部门制定和实施了一系列重大措施。在光伏发电方面：一是国家和各省市区制定了"十三五"光伏发展规划，增强了规划的科学性、协调性和可操作性。二是

国家实行了"备案＋规模管理"的宏观调控方式，光伏发电项目由国家核准转为地方备案，简化了审批程序，增强宏观调控的科学性。三是建立了科学合理的补贴制度，明确了资源区光伏电站标杆电价为 0.9、0.95、1 元／千瓦时，规定了分布式光伏发电按照全电量 0.42 元／千瓦时的标准补贴，成为激励光伏发电最有力的支持政策。四是出台光伏发电增值税优惠政策，明确对太阳能发电实行增值税 50% 即征即退的优惠政策。五是发改委、能源局出台文件改善电力运行促进集中式光伏发电并网消纳，电网企业出台文件，加大对分布式光伏发电并网服务支持力度。六是能源局确定 30 个分布式光伏发电示范区，对项目融资模式和转供电等开展试点。此外，国务院扶贫办开展了光伏扶贫项目，为贫困户安装分布式光伏发电系统，利用贫困地区荒山荒坡或设施农业建设光伏电站，既解决了缺电，还增加了收入。同时，各地在土地使用、电价补贴和项目投资补贴等方面也制定支持政策，促进光伏产业加快发展。

在光伏制造业方面：一是加快企业兼并重组。通过优势企业兼并小企业、资本运作盘活存量资产、上下游产业链延伸并购、全球范围内并购等方式，提高光伏产业集中度和技术装备水平，增强国际竞争力，抑制光伏产能低水平盲目扩张。二是完善技术标准推动技术创新和提高产业竞争力。工信部对现有和新建多晶硅、硅棒、硅片、电池片、电池组件、逆变器生产企业的产能规模、产品技术指标、还原和综合能耗、水耗等多个方面提出了定量化要求，着力推进光伏制造技术创新和装备水平提升。

2015 年上半年，在国家各项政策激励下，光伏产业继续保持迅猛发展态势。一是光伏发电市场规模继续扩大。截至 2015 年 6 月底，全国光伏发电累计并网装机容量达到 3578 万千瓦，上半年新增容量 773 万千瓦，同比增长超过 150%，预计全年可新增 1500 万千瓦以上，年底累计可达 4305 万千瓦，可大大超额完成计划指标。二是光伏制造业发展持续向好。1—6 月份光伏组件产量接近 2000 万千瓦，同比增长 20% 以上，多晶硅产量达 7.4 万吨，同比增长 15%。骨干光伏企业开工率达到 100%，盈利状况良好，扩产新增产能也在逐渐释放。光伏主要产品出口量有所增加，但受价格下降影响，出口总额同比略有降低。

二、光伏产业发展面临的问题不容忽视

光伏产业虽然发展态势良好，但也存在一些问题，潜伏着许多隐忧，值得高度关注。

（一）大型光伏发电并网消纳问题日益严峻。2014 年全国弃光电量 24.5 亿千瓦时，弃光率约 10%，2015 年上半年甘肃等地光伏弃光限电状况进一步恶化。导致弃光限电的原因，除了当前经济发展低迷、用电需求总体不足等宏观因素外，主要是因为大型光伏电站大多分布在西部及华北北部，当地消纳能力有限，跨区输电通道建设不足，特别是新疆、甘肃等地"风火光"打捆特高压跨区输电通道项目建设迟缓，导致光伏发电输送难。考虑到西部大量光伏电站近期还将集中建成，弃光限电规模必将进一步扩大，需引起高度重视。

（二）光伏发电质量堪忧。质量，包括光伏产品质量、发电项目建设和运行质量等，是光伏产业持续健康发展的根本。据 2014 年国家能源主管部门开展的质量检查，2011 年底前抢装的部分光伏电站工程及其光伏电池存在突出的质量问题。究其原因，主要是前些年光伏产业缺乏标准，光伏产业发展几乎无规可循，直接导致 2011 年前建设项目质量差的问题。近年来，尽管光伏产品、光伏发电的技术标准以及光伏并网调度的管理规程相继颁布实施，对提升光伏发电质量起到了决定性作用，但目前存在执行不力的问题，如任其下去将对我国光伏产业长期发展带来致命性伤害。

（三）财政补贴资金不够、发放滞后。我国对光伏发电的补贴资金主要来源于可再生能源电价附加费，目前按照 1.5 分 / 千瓦时征收，对光伏发电补贴的标准是光伏发电上网标杆电价与当地火电上网标杆电价之间的差额部分，目前全国平均为每千瓦时 0.42 元。目前的问题：一是补贴资金不足、缺口迅速增加，二是补贴资金发放严重滞后。经统计，到 2014 年底，光伏发电补贴资金缺口为 49 亿元，预计到 2015 年底将达到 80 亿元。由此导致光伏发电企业财务负担加重，导致光伏设备生产企业资金短缺，影响企业发展光伏产业的积极性，损害了政府形象和公信力。原因主要有三点：一是光伏发电增长速度远超计划。受光伏产业刺激政策和审批权下放的双重影响，甘肃、新疆、青海等资源富集地区光伏发电迅速扩张，远超过规模控制计划，给补贴造成很大压力。二是可再生能源电价附加费征收标准低。可再生能源电价附加费目前按照 1.5 分 / 千瓦时征收，与欧美国家相比处于较低水平，难以适应风电、光伏发电等可再生能源大发展的需求。三是可再生能源电价附加费征收困难。近年来经济发展低迷，用电量增长缓慢，应征可再生能源电价附加费增长缓慢，外加企业困难，实际征收量低于应征量。

（四）光伏制造业技术进步迟缓。与光伏发电产业迅猛发展态势相比，我国光伏制造业技术进步相对缓慢，严重制约光伏产业提档升级。究其原因：一是光伏电站门槛低，企业技术进步和产业升级动力不足，低水平重复建设现象突出。二是受产品价格竞争压力较大以及融资成本高等因素影响，光伏生产企业对新产品研发、新技术投入普遍不足。三是新技术和新产品初期成本高，市场竞争力差，推广应用较为困难，导致生产规模小、技术较为落后的产品占据了较大市场。四是地方保护突出，当地落后光伏产能占据了宝贵的电站资源市场，致使"劣币逐良币"。

（五）融资难、融资贵、门槛高。受个别光伏制造企业出现财务问题及破产重组等影响，金融机构对光伏产业发展信心不足，一些银行对光伏产业仍采取限贷措施，特别是对光伏制造企业和小微光伏发电企业不放贷，或者只收贷不放新贷，导致光伏产业融资难、融资成本高，对我国光伏产业发展产生较大影响。同时，由于分布式光伏发电业主散、抵押难、单个贷款需求量少，目前银行融资门槛高，在贷款金额、贷款条件上限制太严，制约其发展。

三、几点建议

加快光伏产业发展，实现到 2020 年 1 亿千瓦装机容量的奋斗目标，是一项十分紧迫的战略任务，对于优化能源结构、应对减排压力、培植新兴产业、增强经济活力均具有十分重要的意义。应当抓住当前经济发展低迷的有利时机，针对存在的问题，创新体制机制，营造市场环境，落实政策措施，促进光伏制造业技术进步，推动光伏产业提档升级，加快光伏发电规模化发展。具体建议如下：

（一）确保光伏发电补贴足额发放。建议利用煤炭价格下降的时机和腾出来的价格空间，尽快将可再生能源电价附加征收标准由每千瓦时 1.5 分提高到 2.5 分，以满足 2020 年可再生能源发展的补贴需求。当前，应当尽快将所欠的资金补上。同时，建议依据光伏发电成本下降趋势，建立单位补贴额度逐年降低机制，引导企业加快技术进步步伐，建立年度规模管理与补贴下降的联动管理机制，对主动降低国家补贴的地方及企业奖励适当比例的规模指标，促进光伏发电上网价格尽快达到常规电力的水平，提高光伏发电竞争力。

（二）加快光伏制造业技术进步步伐。建议采取强力措施，以大型光伏电站基地和分布式光伏发电示范项目为载体，引导企业采购达到"领跑者"先进技术指标的产品，扩大高效光伏电池组件、薄膜电池组件和聚光光伏组件等先进光伏核心产品市场规模，促进光伏发电应用规模扩大与产品升级同步发展，尽快提升光伏产业技术水平，降低系统成本。加强光伏应用标准体系建设，完善光伏发电性能质量、并网技术标准和电网调度管理规程，强化光伏全产业链全过程质量控制，尽快提升光伏产业质量水平。

（三）多措并举解决光伏发电弃光限电问题。建议从运行、电价、规划、监管等方面，采取有力措施，应对弃光限电问题。一是优化电网调度和运行方式，在编制年度发电计划和安排机组组合时，优先安排水电、风电、光伏发电等清洁能源机组发电，努力做到新能源多发、满发。二是实施灵活的电价机制，加大调峰补偿力度，增加常规能源为新能源调峰的积极性，加快推进增量配电和售电业务市场化改革，扩大跨省区可再生能源电力交易。三是加强规划管理，促进光伏发电与配套电网同步规划、同步设计、同步建设，尤其要加快规划建设西部电源基地外送特高压电网通道，增加外送电中光伏电量比例。四是完善电网企业绩效考核指标体系，将发展可再生能源作为重要指标，调动电网企业积极性。

（四）加大对分布式光伏发电的支持力度。分布式光伏发电对于培育光伏市场、降低运行成本等具有重要的作用，但受其单个规模小、业主散、管理困难等因素，目前推广存在一些困难，亟需加大扶持力度。建议：一是加强协调管理，进一步简化项目备案、并网、补贴发放程序，鼓励各地对新建厂房、公共建筑、高速公路和加油站闲置空间等提出建设分布式光伏的要求，保障分布式光伏资源来源。二是创新商业模式，鼓励采取合同能源管理等模式，吸引社会资本参与分布式光伏系统和微电网的投资和开发。三是开展新能源微电网光伏示范项目建设。建议结合电力体制改革，开展联网型新能源微电网或独立型新能源微电网示范项目建设，将新能源微电网作为技术融合的载体，带动分布式能源、智能控制、储能等相关产业的发展。

（五）创新投融资机制。一是银行等金融机构对光伏制造业应有保有压，淘汰一批技术落后产能，通过银行贷款、上市融资、税收优惠、市场扶持等方式支持一批具有国际领先技术、市场前景好的优质企业尽快做大做强。同时针对分布式光伏发电项目的特点，银行在贷款金额、贷款条件上，适当降低要求。二是建议国家开发银行发挥国家政策性金融机构的作用，配合新能源示范城市、绿色能源县、分布式光伏发电应用示范区等，开展创新金融服务试点。三是推动分布式光伏资产证券化，建立完善项目风险评估机制，为电站产权交易等新型分布式光伏项目融资机制的建立创造条件。

尽快破除二手车流通政策障碍
为扩消费、稳增长提供有力支撑

汪连海

2015 年前 8 个月，我国汽车产销量双双负增长，汽油销售额下降 6.9%，受到各界广泛关注。汽车及汽油销售占我国社会消费品零售总额的 1/5，是我国传统消费的"顶梁柱"。汽车消费低迷不仅拉低居民消费、加剧汽车行业产能过剩，还拖累与其密切相关的钢铁等行业发展。近期，我们与汽车工业协会、汽车流通协会、相关企业进行了座谈，并赴北京、南京、安庆等城市进行实地调研。业界认为：导致汽车消费不振，既有居民收入增幅放缓、汽车限牌等因素，也与我国二手车流通不畅密切相关；应主动顺应汽车消费由新车主导向二手车主导发展趋势，大力搞活二手车流通，以旧带新，以贸促工，为扩消费、稳增长注入强劲动力。

一、搞活二手车流通对扩消费、稳增长具有重要支撑作用

受喜新厌旧的消费文化等因素影响，我国对二手车流通重要性认识不足。国际经验表明：二手车流通实际上是一篇比新车销售还大的文章，是一个国家汽车工业走向高级、汽车文明走向成

熟的重要标志。

——从国际比较看，二手车流通规模更大。处在工业化中后期阶段的国家，二手车流通在汽车交易中均居主导地位。美、英、德的二手车与新车流通量比例都在 3∶1 左右，日、意、俄在 1.5∶1 左右，我国只有 0.4∶1。2014 年，美国二手车交易量约为 4500 万辆，交易额约 6500 亿美元，是新车销售额的 1.3 倍。

——从带动效应看，二手车流通拉动力更强。二手车流通的繁荣发展是汽车行业稳定发展的前提和基础，不仅带动新车消费，还能带动汽配、维修、保险、中介、电子商务等一批吸纳就业能力强的服务业发展。发达国家 80% 以上新车销售是靠二手车置换产生的，我国北京、上海等一线城市置换比例也超过 60%。

——从发展潜力看，我国二手车流通潜力巨大。过去 10 年，我国二手车交易发展迅猛，以年均两位数的速度增长。2014 年，我国二手车流通规模达到 920 万辆，增长 8.7%，销售额约 5000 亿元，但交易量、交易额只有美国的 1/5、1/8。业内人士测算，只要政策得当，到 2020 年，我国二手车规模可达到 4000 万辆，金额超过 2 万亿元，对消费增长的贡献超过新车。

二、制约我国二手车流通的政策障碍亟待破解

（一）"限迁"政策严重阻碍了二手车流通。2005 年以来，我国一线城市率先行动，开始实施汽车"国四"排放标准，要求本地销售新车、外地迁入车辆上牌必须满足"国四"，北京还对本地"国四"以下二手车销往辖区外提供一定补贴。这一做法刚实施时，对提高一线城市汽车排放标准、促进二手车流通起到了积极作用。2010 年后，其他省市出于环保和税收等因素考虑，也相

继提高汽车排放标准，并限制外地二手车迁入。截止 2014 年底，我国 95% 以上的地级市（州）实施了"限迁"政策，导致二手车跨市流通越来越难，负面影响集中显现：（1）打击二手车交易。2015 年上半年我国二手车销售量增幅跌至 5.8%、交易额增幅跌至 0.6%，均创近十年最低。其中汽车大省广东交易量、交易额分别大跌 13.3% 和 30%。（2）抑制新车消费。"限迁"导致二手车价格下跌，不少车主放弃置换，选择继续使用，反过来影响新车消费（特别是北京等限号的大城市）。2015 年北京二手车交易量下降 0.1%，新车销售下降 13%。（3）加剧环保压力。"限迁"并未减少二手车，而是阻碍了二手车从环境压力较大的一、二线城市流通到环境压力较小的县乡和农村。

（二）二手车交易税收设计不合理。根据我国现行规定，二手车必须凭《二手车交易统一发票》才能交易过户。目前只有三类企业可以开具发票，按照税负高低依次为：一是拍卖公司。按照成交额加上佣金的 4% 缴纳增值税；二是经销公司。根据《财政部、税务总局关于旧货和旧机动车增值税政策的通知》，经营企业按销售价格 2% 缴纳增值税；三是交易市场。为买卖双方提供中介服务，因个人销售的二手车没有增值，交易市场替个人开具免税发票，收取几十到几百元不等的开票费用。一辆成交价 6 万元的二手车，三种方式缴税额依次为 2500 元、1200 元、0 元。这种税收设置导致了以下后果：（1）交易主体散、小、弱。只有公车或者法院判决拍卖的车辆选择第一种渠道；经销公司模式名存实亡，成为代售、寄售的场所；"市场 + 贩子"为主的二手车经纪公司成为流通主体（约占二手车交易量的 80%）。（2）税收流失。从理论上看，我国 2014 年二手车应收缴的税收超过 100 亿元，但实际上只收到了 3 亿元左右。

（三）二手车流通"数据孤岛"现象严重。由于部门管理信息分割，我国二手车交易及维修相关信息无法共享，导致买家难以掌握二手车真实情况，出现了信息经济学所说的"柠檬市场（次品市场）"。二手车流通企业反映，我国公安交管部门二手车的信息最全面、最权威，但交管部门以涉及治安甚至安全为由，不愿意公开数据；由于业务竞争关系，不同保险公司之间也不愿共享数据。数据分割导致我国二手车诚信体系建设滞后，既增加了交易风险，也抑制了二手车流通的良性循环。

（四）行业管理制度建设滞后。目前，涉及二手车流通的管理部门有商务、公安、环保、工商、税务等部门。商务部作为二手车的管理牵头部门，2005 年会同公安部、工商总局、税务总局颁布了《二手车流通管理办法》。受当时二手车规模小等因素制约，该管理办法主要是向社会发布二手车流通的定义及交易规则，对当前二手车流通中存在的突出问题均未涉及。地方商务主管部门认为，商务部门没有执法权，加上管理办法只是原则表述，根本统筹不起来，一旦出了事，市长又要问责，苦不堪言。二手车流通企业认为，我国二手车流通管理政出多门，互不通气，导致行业发展缺乏稳定预期，企业无所适从。

三、促进二手车流通健康发展的政策建议

（一）调整限迁政策。（1）根据我国现有汽车保有量现状（目前"国三"及以下尾气排放标准的汽车占40%），制定符合实际、动态调整的"限迁"政策，不搞一刀切。（2）借鉴德、英等发达国家经验，将"限迁"改为"限行"，比如对国三及以下排放标准的汽车加贴特殊标志，禁止驶入主城区。（3）加强"限迁"政策与报废拆解政策的衔接。适度加大财政补贴力度，加快"国

三"以下车辆的报废拆解进度。一些企业反映，我国汽车报废拆解行业垄断现象严重（按照商务部和有关行业协会规定，目前一个地级市只允许设立一家拆解企业），导致一辆二手车回收价格只有445元/吨，不及同类废品价格的一半，车主报废旧车积极性下降。同时，借鉴发达国家经验，通过尾气检测、提高保险费率等市场化措施促使车主加速汽车更新。

（二）研究制定新的二手车交易税。具体可考虑以下几种思路：（1）汽车流通行业协会认为，应将目前二手车全额征税方式，改为差额征税方式，即（销售价－收购价）×17%，降低二手车流通企业税负，引导企业做大做强。（2）根据二手车排气量的不同，征收一定的从量税。如，2.0及以下每辆征收交易税500元。（3）调整收税方式，研究缴税地点从销售地改为上牌地，这有利于破除地方保护主义。

（三）建立全国二手车历史信息管理系统。从国际经验看，打破买卖双方的信息不对称，实现监管数据与交易数据的链接和共享，不仅是促进二手车流通健康发展的基础，也是在大数据时代加强二手车管理、维护公共安全的必然要求。美国等发达国家通过政府支持、市场运作的经营模式，已建立起完善的汽车信息数据库，如美国二手车历史信息提供商Carmax，收集了超过60亿条历史记录，通过输入车辆识别码，可查到该车的所有历史记录，包括有无交通事故、里程数以及经手情况，用户通过付费获取相关信息。建议：打通公安、金融、维修等数据孤岛，推进大数据的共享，加快我国二手车历史信息库建设。

（四）营造法治化的行业管理环境。二手车流通不同于一般商品流通，离不开强有力的法律法规作保障。即使在美国这种联邦制国家，也十分重视二手车管理的统一法规建设，除了环境署、运输部等部门规章，还有联邦层面颁布的《二手车交易管理法规》，以体现管理的权威性和市场的统一性。国内一些城市，如南京市在二手车流通管理方面做了大胆探索，以市政府名义下发了《二手车流通管理实施办法》，业界反应很好，但不少问题非地方政府所能解决。建议由商务部牵头，系统研究梳理制约我国二手车流通存在的政策障碍，如限迁、税收、临时产权、电商交易规则等，在此基础上加快修订《二手车流通管理办法》，可考虑以国务院令的形式颁布。

表 2 2014 年主要国家新车与二手车年交易量情况

国　　家	新车（万辆）	二手车（万辆）	新车：二手车
中　国	2198	920	1：0.4
美　国	1500	4500	1：3
日　本	450	700	1：1.5
英　国	250	800	1：3.2
德　国	200	650	1：3.3
法　国	240	530	1：2.2
俄罗斯	300	420	1：1.4

表 3 近年来我国新车和二手车流通发展情况

年份	新车销量（万辆）	同比增长（%）	二手车交易量（万辆）	同比增长（%）
2010	1806	32.4	385	15.4
2011	1850.5	2.5	433	12.5

续表

年份	新车销量 （万辆）	同比增长（%）	二手车交易量 （万辆）	同比增长（%）
2012	1930.6	4.3	794	—
2013	2198.4	13.9	846	8.6
2014	2349.2	6.9	920	8.7
2015 年 1—8 月	1501.7	-0.1	615	5.7

数据来源：汽车工业协会、汽车流通协会。二手车交易数据 2012 年之前为重点企业数据，之后为全口径数据。

我国道路交通安全问题突出

——道路交通安全研究报告（上）

唐　元

我国已成为汽车大国，同时也是道路交通事故高发国家。2014 年，全国机动车总保有量达 2.5 亿辆左右，机动车驾驶人近 3 亿人，同期道路交通事故起数大致为 20 万起，死亡人数 5.85 万人，平均每天死亡 160 人以上，占全国安全生产事故死亡人数近 90%，年受伤人数更是高达 50 万人以上，给人民群众生命安全带来了极大危害。道路交通安全涉及人、车、路、环境等方方面面，导致我国事故多发频发的原因也是多方面的，归结起来主要有八大问题。

一、重视不够

中央对安全生产工作高度重视，提出保障人民群众生命财产安全是不可逾越的"红线"。但从实际情况看，各级各部门对安全工作的重视程度更多地取决于社会关注程度，煤矿安全、火灾等群死群伤事故社会关注度高，则倍受各级各部门重视，道路交通安全事故尽管总量很大，但很分散，社会关注度不高，各级各部门重视程度下降，能压就压、能不报就不报，事故处理往往也失之于松，许多影响交通安全的问题得不到有效解决。

二、部门分工不尽合理

我国《道路交通安全法》规定，国务院公安部门负责全国道路交通安全管理工作，县级以上地方各级人民政府公安机关交通管理部门负责本行政区域内的道路交通安全管理工作，交通、建设管理部门依据各自职责，负责有关的道路交通工作。依此规定，各级政府道路交通安全的主管部门是公安部门。从实际运行情况看，目前的部门分工存在两大不容忽视的问题：一是公安部门难担重负。公安部门作为道路交通安全主管部门，目前除了负责交通安全执法、维护交通秩序和应急救援工作外，还负责道路标识管理、驾驶证考核、车牌号发放、车辆年检、非营运机动车及其驾驶员监管等道路运输行业管理职责。随着汽车时代的到来，我国驾驶员队伍迅速膨胀、机动车数量爆发式增长、安全事故量大幅增加，公安部门交通安全监管工作量也随之迅猛增长。公安部门作为维护国家公共安全的职能部门，道路运输安全监管只是其众多职能的一部分，专职人员有限，目前只能疲于处置交通事故，越来越难以应付繁重的道路交通安全主管职责。二是交通运输部门对道路交通安全重视不够。交通运输部是交通运输行业主管部门，承担的道路规划、设计、建设、维护和驾驶员培训、车辆维修、客货运车辆监管和客货营运企业监管等职能，与道路交通安全密切相关，但由于不是道路交通安全主管部门，往往在工作部署、资源配置、资金投入等方面对道路交通安全有所忽视，比如在道路尤其是农村公路建设中往往忽视了同步建设安保设施等，导致路修得越多、安全隐患越多。同时，由于交通安全执法职能在公安交管部门，交通部门所属的公路路政、运政等执法队伍尽管机构健全、人员较多，但只能承担维护路产路权和客运场站监管等职能，不能从事道路交通安全执法工作，形成了目前公安部门交警力不从心、交通部门执法队伍有劲使不上的局面。

三、企业主体责任没落实

企业是安全工作的责任主体。目前客货运输、场站企业以及驾驶员培训机构等道路运输相关企业安全意识淡漠，主体责任落实不到位，许多企业经营者不是"安全第一""生命至上"，而是"效益第一""金钱至上"，导致道路交通安全工作"政热企冷"的状况。究其原因：一是对企业安全责任追究失之于松。发生交通安全事故，目前对企业经营者几乎不追究连带刑事责任。交通事故伤亡人员的赔偿一般由保险公司负责，企业经营者既不负刑事责任也很少负经济责任，对交通安全工作"说起来重要，做起来次要，干起来不要"，企业主体责任几乎成了一句空话。二是企业安全管理粗放。道路运输行业安全管理较为粗放，表现在规章制度不系统、不规范，执行不严格、流于形式，一些私人车辆挂靠运输企业，企业只收管理费，放松日常监管，成了管理盲区。三是企业安全投入不足。国家对道路运输相关企业安全投入没有硬性规定，企业对安全工作能不投就不投，导致道路运输企业安全信息化水平较低，安全设施设备配备不全、老化严重，客货车安全状况较差等。

四、司乘人员安全意识差

"人"是交通安全的基本要素。目前存在的问题：一是驾驶员安全意识差。许多驾驶员尤其是私家车驾驶员超速行驶、疲劳驾驶、看手机驾驶成为常态，一些客车司机遇到险情不是以保全乘客生命为首要，往往应急处置失当酿成大祸。二是乘客安全意识淡漠。很多乘客对交通规则置若罔闻、自我保护意识差，系安全带这样的基本要求都做不到，一些简单事故往往造成不必要的重大伤亡；对微型面包车、摩托车非法载客，乘客明知危险也要搭乘，往往导致群死群伤。三是对非营运车辆驾驶员监管不严。机动车分为营运车和非营运车，营运车驾驶员主要由交通运输管理部门通过客货运输企业进行管理，较为规范。非营运机动车驾驶员数量庞大、分布广泛，主要由公安交警负责管理，存在监管不严的问题，在广大农村地区基本处于失控状态。

五、机动车安全监管不力

一是客车日常安全检测流于形式。客车安全例检是确保客车状况良好和安全运行的重要制度，但目前并没有得到严格执行，有相当多客运站没有检测装置，有检测装置的也大多走过场，许多客车带病行驶，隐患极大。二是"三超"车辆横行。受利益驱动外加监管不力，客货车"多拉快跑"成为常态，超限、超载、超速"三超"问题屡禁不止，拼装车、报废车大量上路，成为"马路"杀手，是极大的安全隐患。三是非营运车辆非法运营突出。目前对私家车、微型面包车、三轮车和摩托车等非营运车辆，主要通过牌照发放和车况年检等方式管理，日常监管缺失，非营运车辆非法载货载人现象很普遍，成为道路交通安全的重灾区。据估计，每年非营运机动车辆道路交通事故死亡人数占总数的80%以上。四是机动车维修行业散乱。机动车维修是确保车辆安全的一道屏障，但目前我国维修行业小散乱问题十分突出，不具备资质条件的作坊式维修店非常普遍，给机动车安全带来极大的隐患。

六、农村公路安保设施欠缺

"十一五"以来国家实施的"村村通"工程，极大地改善了广大农村地区的生产生活条件，但受资金不足、重视不够等因素的影响，农村公路安保设施严重欠缺。突出表现在：许多农村公路临崖临水等高危路段没有建设必要的防护栏、防护墩、防护墙等安全防护设施，急弯、陡坡、桥隧、村庄、学校、交叉路口等路段缺少交通安全标志、警示标志和限速标志等等。据不完全统计，目前全国仅山区、丘陵地带临崖临水道路和大流量干线没有安装护栏的特别危险路段有 7.5 万处，合计 6.5 万公里。这已经成为农村公路交通安全事故多发的重要原因，目前道路交通事故中，发生在农村公路的占 50% 以上。尽管中央将农村公路安保工程视为"生命工程"，开展了系列调研，启动了相关工作，但因为资金落实不到位等原因，还没有全面推进。

七、高速公路监测预警信息系统建设滞后

高速公路具有全封闭、高速度、大流量等特性，极易发生汽车追尾事故和群死群伤，目前全国高速公路汽车追尾事故约占事故总数的 25% 以上，其中不乏重特大事故。高速公路监测预警系统可以早发现、早预警、有效预防和减少车辆追尾等事故发生。我国高速公路虽然已经实现了光纤网全覆盖，普遍建立了信息监控系统，并配置了一定数量的信息发布装置，但存在标准不规范、装置配置不足、管理不集中、信息发布不及时等问题，没有发挥及时监测、预警和规避事故的作用。

八、事故救援体系亟待完善

一是应急处置机制不尽合理。目前道路交通事故应急处置实行属地为主、部门分工协作机制，如在高速公路事故处置中，公安交警负责事故现场处置，交通路政负责维持道路秩序，消防部队负责应急救援，医疗机构负责医疗救助。第一时间赶赴现场的交警和路政人员没有救助伤员职能，消防和医疗人员接交警通知后难以在事故发生后的黄金救援时间内赶到现场，许多伤员往往在等待救助过程中死亡。

二是缺乏应急救援直升飞机体系。我国地域辽阔，道路分布广，特别需要发挥直升机快速有效救援功能，但我国目前没有直升机救援体系，事故发生时救援装备、人员无法及时送达和实施救援，往往造成不必要的人员伤亡。

三是医护救援补偿机制不健全。医疗机构抢救交通事故受伤人员的费用得不到有效补偿，造成救助伤员越多亏得越多，严重影响医疗救助机构积极性，甚至使伤员得不到有效救治。

提升我国道路交通安全水平的建议

——道路交通安全研究报告（下）

唐 元

遏止道路交通安全事故多发频发势头，最大限度地减少人员伤亡，为群众出行营造平安交通环境，是广大人民群众的迫切愿望，更是一项十分紧迫的任务。建议针对道路交通安全存在的问题，采取切实有效措施，提高认识，完善法规，制定政策，加大投入，争取交通安全工作尽快上新台阶。

一、强化"红线"意识

建议国家有关部门和地方各级党委、政府进一步强化"红线"意识，将道路交通安全作为重要工作来抓，纳入重要日程，列为政绩考核范围，完善工作机制，形成党政同责、分工协作、齐抓共管的工作格局，层层落实工作目标，强化责任追究制度，把交通安全工作真正重视起来，把各项措施真正落到实处。

二、强化交通运输部门安全管理职能

一是明确交通运输管理部门为道路交通安全主管部门之一。建议按照管行业必须管安全的要求，修改《道路交通安全法》，明确国务院交通运输部门和公安部门共同负责全国道路交通安全管理工作，县级以上地方各级人民政府交通运输管理部门和公安机关交通管理部门负责本行政区域内的道路交通安全管理工作。

二是合理划分道路交通安全管理事权。建议将道路标识、驾照考试、车牌发放和车辆年检等道路交通运输行业管理职能由公安部门划转交通运输部门，将微型面包车、私人轿车、摩托车等非营运车辆及其驾驶员日常监管职能划转到交通运输部门。今后，公安机关交通管理部门重点从事交通安全事故处置、应急救援和城市交通秩序维护等工作。

三是建立道路交通安全协调机制。建议各级政府建立强有力的道路交通安全协调机制，及时解决道路交通安全相关问题。

三、强化企业道路交通安全主体责任

一是实行严厉的安全事故责任追究制度。对道路交通安全事故相关责任人严肃追究相关责任。

二是扎实推进道路运输企业安全标准化达标工作。安全标准化达标工作是推进道路运输企业安全管理水平的基础性措施，应当大力推进，尽快完成全行业企业达标工作。

三是督促企业加大安全投入。提取企业营业收入的一定比例作为安全经费，计入企业成本，用于安全专项支出，提升企业安全装备水平和技术水平。

四、增强司乘人员安全意识

一是严把机动车驾驶员安全准入关。将交通安全知识和安全应急处置技能纳入驾校培训考试范围，通过严格审查、统一考

试，培训安全意识强、应急处置技能合格的驾驶员。

二是强化机动车驾驶员管理。加强公安和交通部门合作力度，形成公安、路政、运政、车管联合执法机制，严格驾驶员证照管理，严禁无证驾驶，强化客运车辆驾驶员乘客生命至上的安全意识，严禁非法营运载客载货。

三是切实加强公民道路交通安全教育。将道路交通安全知识纳入学校教材，做到交通安全从娃娃抓起。通过多种渠道，加强道路交通安全知识培训教育，组织群众学习交通安全管理法规和安全操作规程。在广播电视和公共场所，广泛宣传道路交通安全知识和规章制度。

五、加强交通安全监管执法

一是加强客运站日常检测。所有客运站必须按照要求设立检测站，严格落实日常检测制度。

二是加强对非法营运车辆检查执法力度。切实加大对"三超"车辆执法力度，尤其是加强对农村地区非法运营车辆查处力度，严禁"三超"和非法营运行为。

三是加强对非法改装车打击力度。建议由工信部门牵头，有关部门参加，开展专项行动，严厉打击非法改装车辆的违法行为，对从事非法改装车业务的企业依法吊销营业执照。

四是加强维修行业整顿。将确保汽车安全性能作为汽车维修行业基本要求，促进维修行业转型升级，淘汰不具备条件的维修企业，通过维修把好机动车安全关。

五是加强对农村公路交通安全监督管理。建立健全县、乡（镇）、村（组）、车主四级交通安全责任制，推广湖北恩施州设村交管员的"网格化"管理模式，加强农村地区车辆人员安全管理。

六、完善农村公路安保设施

把农村公路安保设施缺失作为国家级重大安全隐患来抓，按照"长短结合、标本兼治、先急后缓、先干后支"的思路，尽快推进农村公路安保工程这一"生命工程"建设。一是2015年启动全国农村公路高危路段安保设施建设大会战。建议针对7.5万处、6.5万公里安保设施缺失高危路段展开大会战，将其视为重大民生工程，加大财政资金投入，尽快完成6.5万公里安保设施建设任务，做到对7.5万处重大安全隐患逐个消号。二是新建农村公路按照"三同时"原则建设安保设施。在新建公路中，一定要将安保设施与道路工程同步设计、同步施工、同步验收，未按照"三同时"建设安保工程，一旦出现交通安全事故，要追究有关建设单位和交通主管部门的责任。三是多渠道筹集建设资金。建议中央财政列出专门资金对农村公路安保工程建设予以支持。同时，考虑到需要建设安保工程的地区多为贫困地区，地方财力非常有限，建议中央允许这些地方发行债券，专项用于农村公路安保工程建设。四是尽快制定和实施农村公路建设行业标准。建议由交通运输部牵头，研究制定具有安全保障能力的农村公路安保工程建设行业标准并尽快实施。

七、加快高速公路监测预警信息系统建设

建议加快建设装备一流、指挥统一、反应迅捷、运行高效的高速公路监测预警系统，尽快提升高速公路安全保障水平。一是明确建设标准和规范。建议交通运输部牵头，借鉴国际经验，制定高速公路监测预警系统建设标准和规范。二是加快推进高速公路监测预警系统建设。建议交通运输部牵头，加快建设和完善高

速公路监测和预警系统，对已建高速公路要按照建设标准尽快加以改造。对在建或拟建高速公路项目，要修改或完善设计标准，做到监测预警系统与工程项目同步建设、同步验收、同步投运。三是完善高速公路联合指挥调度体系。建立和完善公安、交通运输、气象等部门参与的高速公路监测预警指挥体系，形成信息接报、监测预警、风险评估、辅助决策、信息发布、异地会商等方面合作共建共享机制。

八、完善道路交通应急救助体系

建议尽快建立体制健全、指挥高效、反应快捷、救援有力、队伍坚强的道路交通安全应急救援体系和工作机制。一是建立强有力的交通安全应急救援队伍。建议整合交通警察、交通武警、消防武警、交通路政等道路交通安全应急救援队伍，形成统一指挥、反应迅捷、运行高效的应急救援体制，增强交通事故应急救援能力，建立和完善交通运输安全应急救援机制。二是建立强有力的安全生产应急医疗急救体系。在已设立的急救医疗机构基础上，逐步建立道路交通灾难应急救援基地。完善应急救援费用补偿机制，各级财政拨出专款，充分保障交通事故应急救助费用。三是建立道路交通应急救援快速通行机制。建立交通事故医疗紧急救援指挥调度系统，实行高效快捷的应急调度，交通运输收费站对应急车辆实行免费通行政策，形成快速、高效的应急救援绿色通道。四是建立快速反应的直升机救援体系。按照合理规划、科学布点的原则，在全国范围建设一批直升机应急救援场站，合理配置小型和大型直升机，由交通应急救援部队管理和使用，发挥直升机灵活、起降快、不受客观条件限制等优势，承担抢救受伤人员、运送救援物资、起吊大型救援设备等应急救援工作任务。

推动直购电政策尽快落地
缓解电解铝行业困境

鹿生伟　王昕朋

我国是铝工业大国。2014 年，电解铝产能 3584 万吨，产量 2820 万吨，分别占世界产能、产量的 51.6% 和 52.5%。但目前铝行业面临困境，2014 年全国铝冶炼行业（含氧化铝）亏损 80 亿元，比 2013 年增亏 52 亿元，一些企业资金十分紧张，存在资金链断裂的危险。推动直购电政策尽快落地，缓解电解铝行业困境，对于稳增长、促改革、惠民生具有重要意义。

一、神火集团河南区域铝电板块基本情况

2000 年以来，神火集团致力于高载能、绿色铝产业发展，目前有电解铝产能 170 万吨，全国排名第七，电解铝槽型均为大型预焙电解槽。在河南区域 90 万吨产能中，有 60 万吨符合《铝行业规范条件》，14 万吨为国家发改委等四部委审批，其中技术比较先进的 350KA 大型预焙槽 21 万吨、400KA 电解槽 25 万吨，配套有 600MW 自备发电机组 1 台。

多年来，神火集团与沈阳铝镁设计院等一些科研院所合作开

展节能技术攻关，降低电解槽的运行电压，优化匹配电解槽运行参数，实现了低电压低能耗生产目标，并申请专利 10 多项。2015 年 3 月，河南省工信厅派专家现场检查认定，神火永城、商丘铝厂铝液交流电耗分别为 13379 度 / 吨和 13142 度 / 吨，分别比国家现有电解铝企业能耗限额限定值 13700 度 / 吨低 321 度 / 吨和 558 度 / 吨。

二、面临的困境

铝是高载能产品。电解铝生产成本中，氧化铝和电力是两大构成因素。过去 10 年，我国 11 次上调电价，电解铝用电成本从占铝冶炼总成本的 25% 上升到 40% 以上，最高时占到总成本的 50%，加之受国际国内经济增长放缓、产能过剩、铝价长期低迷、生产规模的不经济等因素影响，电解铝行业陷入困境，中铝公司、中电投公司及其他国有企业都经营困难。运行状况较好的主要是民营企业，如山东魏桥铝业、山东信发集团等，主要是企业拥有自备电厂，不需要电网供电。河南区域电价较高，综合电价达 0.64 元 / 度，使得电价成了电解铝竞争力的决定性因素，全省产能由原来的 475 万吨急剧下降到 300 万吨左右，神火铝业也不能幸免。

"活"得难。从 2011 年 9 月起，神火集团开始逐步缩减电解铝生产规模。2012 年至 2015 年一季度，在河南区域仍然维持生产的只有 40 万吨左右，共生产铝产品 170.97 万吨；自备机组供电 116.11 亿度，外购电 126 亿度，其中 2015 年一季度外购电 1.12 亿度；实现营业收入（含电力）285.6 亿元，亏损 29.48 亿元。基本是多生产多亏损，少生产少亏损。目前，神火集团河南区域铝电板块资产总额 125.14 亿元，负债 138.1 亿元，负债率 110.36%。

"死"不起。电解铝是中间产品，电解铝企业关停，不仅本身的大量职工需要安置，而且影响上游氧化铝及炭素、氟化盐企业，更影响下游的铝加工企业。河南是全国铝加工第一大省，电解铝企业直接向周边加工企业供应铝液，实行短流程加工，这是国家提倡和推行节能减排的政策措施。电解铝关停，上下游企业就无法生存，物流业及其他服务业也将受到严重影响，对当地经济社会发展影响较大，涉及职工安置等一系列问题。据测算，每关停万吨电解铝相应影响上下游产值2.6亿元。为维护社会稳定和电解铝企业所在地经济发展，一些企业被迫亏损运营，但举步维艰、生存堪忧。

停产资源受损严重。电解铝是资本密集型产业，投入高。河南等中部区域的电解铝生产设备基本是近几年投资新建的，设备装备水平和运行指标并不落后。因电解铝系列设备和构筑物绝大部分是现场制作安装完成，产能转移就意味着现有产能的损失，资产的处置方式基本以废旧钢材、铝材为主，停产必将造成企业和国家资源的巨大浪费。同时，如果电解铝等用能高的企业停产，又会反过来影响发电企业的生产，造成成本上升、效率降低，"西电东送"也可能无法落地，带来国家资源新的损失浪费。

三、铝工业发展前景

据预测，未来15年乃至更长时期，铝工业的发展仍有一定的空间。

经济的发展是铝工业发展的坚实基础。据测算，过去10年，我国GDP增长率平均为9.8%，同期电解铝消费的平均复合增长率为17.1%，电解铝消费比GDP增长率高出0.75倍。未来一个时期，我国经济增长率按 7% 计算，电解铝消费增长率应在 12% 以上。有关专家预计，到 2020 年我国铝业消费量可达 4490 万吨，比 2014 年增加 1685 万吨，增长 60.1%。

新型城镇化建设是铝工业发展的强大引擎。我国铝消费结构中，建筑、交通占 60% 以上，而这两大行业恰恰是城镇化带动的最大行业。2014 年底我国的城镇化率为 54.77%，处于城镇化快速发展阶段，进入城镇化发展后期阶段（70% 以上），至少还要 15 年。随着城镇化和"一带一路"建设的推进，必将强劲拉动铝消费持续增长。

新型铝材料的开发应用前景广阔。铝具有重量轻、耐腐蚀、韧性高、易加工等特点，回收再生耗电不到原来生产的 5%，可反复使用几十次，是仅次于钢铁的第二大金属材料，也是节能减排首选金属材料，应用广泛。目前铝产品的使用以及新型铝合金的开发应用已呈爆炸性增长，比如运输行业的高铁、客货汽车车身板、集装箱、建筑行业模板、幕墙板、框架结构、电子行业的通讯工具、电脑主板，以及航空航天、军工等，可以说，铝产品应用潜力巨大、市场前景广阔。

五、推动电力直购政策落地是破解电解铝行业困境的关键，也是多方共赢的选择

目前运行状况较好的山东魏桥等电解铝企业，主要是拥有自备电厂，甚至还拥有局域网，不交上网费，大幅度降低了用电成本。但如果都搞自备电、局域网，势必造成输电能力闲置，从而造成国家投资的巨大损失。

2009 年，国务院印发有色金属产业调整和振兴规划提出"抓紧推进直购电试点"，这是解决电解铝企业困境的重要举措，特别在当前经济面临下行压力的情况下，落实直购电政策，既可解铝行业困难，又增加电力需要，缓解电力企业困难，是电解铝企业、发电厂、电网公司以及政府多方共赢的最佳选择，一举多得。但政策落地还存在诸多障碍。

2013 年，《国务院关于化解产能严重过剩矛盾的指导意见》再次提出"支持电解铝企业与电力企业签订直购电长期合同"等措施，但至今作用还不明显。比如神火铝业，在河南区域内有 84 万吨电解铝产能，而且煤—电—铝—材的产业链条比较完整，上游还有与电解铝配套的 80 万吨氧化铝项目，经济技术指标和环境指标等符合国家直购电要求，一些发电企业也愿意增加容量向其供电，但受到直购电总量、计划电量等条件制约而未取得实质性进展。2014 年河南全省直购电总量为 90 亿度，僧多粥少。河南省直购电试点方案规定，直购电的 60% 要冲减发电企业的计划电量，造成发电企业提高机组效率有限，降低成本效果不明显，从而无法降低直购电价格。神火铝业如果实现直购电，启动全部闲置产能，将增加近 70 亿度的电量负荷，可将河南省装机容量 6195.52 万千瓦的机组平均利用时间从 2014 年底的 4348 小时提高到 4461 小时，降低发电成本 0.224 分 / 度；电网公司可增加效益近 6 亿元；政府可增加税收 1.4 亿元；神火集团产能的恢复可带来 300 亿元的产值、减少 4000 人失业。不少有色金属研究方面的专家呼吁"尽快全面落实直购电政策"。神火集团迫切希望加快电力体制改革，从国家层面取消直购电总量限制，直购电量不冲减计划电量，确定合理的过网费用，以便使优质资源为经济社会发展发挥效用。

我们认为，直购电政策符合市场化改革取向，是多方共赢的重要措施。但因涉及不同行业、不同部门，需要打破传统思维模式，甚至需要冲破利益樊篱，在推进过程中，需要政府进一步加强执行力。因而，建议请国家发改委牵头，国家能源局、工信部、国家电网公司参加，研究制定实施方案，推动直购电政策落地。

对我国核电"走出去"的几点建议

范 必

核电是安全可靠、技术成熟、供应能力强的清洁能源。进入新世纪，世界上很多国家开展了新一轮核电建设，主要核电强国都在进行国际市场开发和技术出口战略布局。我国是世界上少数几个具有完整核工业体系的国家之一，近年来国内核电装机和在建规模迅速扩大，核电"走出去"取得初步成果。但是，我国毕竟是核电行业的后来者，能否在国际竞争中取胜，关键还要看"内功"是否过硬。建议当前着力解决好以下几个突出问题。

一、降低核电"走出去"融资成本

核电"走出去"的目的地国在选择建设合作伙伴时，一般对融资成本，特别是核电出口国能否提供灵活、优惠的融资条件十分看重，甚至会影响到核电项目的最终决策。

我国核电企业国内融资成本偏高。韩国 2009 年中标约旦核电项目，所提供贷款利率为 2%。俄罗斯为竞标阿根廷核电项目，向阿方提出的融资方案中，愿意提供 56 亿美元贷款，利率为 1%。目前，美、日、韩等核电强国对核电项目 15 年长期出口信贷美元利率为 3.18%。我国对核电长期出口信贷美元利率没有明确规定，一般情况下企业能够获得的长期出口信贷美元利率在 5%—6%，与国际同行相比处于较大劣势。

贷款来源渠道较单一。核电企业"走出去"主要依靠中国进出口银行"两优"贷款和商业贷款。政府优惠贷款额度较低，而核电项目投资规模巨大，贷款规模难以满足核电"走出去"的需求。此外，一些目标国家不在"两优"贷款目录内，难以申请使用"两优"贷款。出口信用保险费率偏高，进一步提高了整体融资成本。

股权融资难度较大。国家设立的股权性投资机构单个项目投资规模有限，对短期回报要求较高，而核电项目建设周期长，前期没有回报，难以满足股权投资机构的收益要求。

为满足核电"走出去"大额、长期、低息融资的需要，需要着力解决融资难、融资贵问题。一是内保外贷、借船出海。即由国内母公司向国内银行担保，国内银行为该公司在境外的子公司出具保函，该银行的境外分支机构为子公司提供融资业务。目前，国家外汇管理部门对各商业银行的内保外贷业务进行额度控制。建议在加强风险防范的前提下，外汇管理部门增加一定额度专门用于支持核电项目"走出去"。二是加大出口信贷支持力度。对核电出口信贷利率给予优惠，提供与美、俄、日、韩等主要核电出口国相比有竞争力的出口信贷。三是允许核电企业境外公开发债。四是用活外汇储备。用好主权投资平台，增加外汇储备注资认购核电企业定向债券。向政策性银行、出口信用保险公司注资，定向用于核电项目"走出去"业务。对用于"走出去"的外汇储备资金，在政策性银行、出口信用保险公司和国家主权投资平台中运营的资金，实行单独核算、封闭运行、定额定效。五是加大财政支持力度。设立核电"走出去"专项国家财政补贴,用于贷款贴息、保费补助、资本金投入补助、支持"首台套"装备"走出去"等事项。六是提供税收优惠。对核电技术和装备"走出去"执行免税或出口退税政策,修订与有关目标国家之间的税收协定,避免双重征税。

二、开拓核安全监管国际合作

目前全世界有 72 个国家已经或正在计划发展核电,其中"一带一路"沿线国家有 41 个。预计到 2020 年,全球将新建约 130 台核电机组,到 2030 年达到约 300 台。很多有意向发展核电的国家,特别是一些发展中国家,不论在核安全监管能力还是体系建设方面还都是空白。我国拥有与国际接轨的核安全监管法规体系和监管模式,在核设备监管、现场监督、辐射环境监测等方面,已经接近核电发达国家水平。通过监管合作,帮助目标国家培养本国的核安全监管能力,建立核安全体系,对于未来在这些国家获取项目、输出核电技术有重要意义。建议核安全监管部门与核电主管部门、外交部门协调,确定一批重点合作对象国,将核电监管合作纳入双边外交工作的议题。

三、加强核安全监管能力建设

相对迅猛发展的核电形势,我国核安全监管也存在薄弱环节,主要是监管立法滞后,监管人力和经费不足、核安全研究能力有限、核安全国际交往和国际合作经费短缺等。尤其是国家核安全局不是实体机构,会影响我国核安全监管的独立性和公信力。

我国监管能力建设应当同国内核电发展速度与核电"走出去"的要求相适应。建议加快《核安全法》立法进程,加大核安全监管能力建设的投入，恢复设立具有权威性的独立监管机构，提高核安全监管人员待遇。加快核安全研发平台建设，建立健全核安全设备检验体系，完善对重点核设施全生命周期监管。

四、提高核电标准国际认可度

核电涉及敏感技术，各国的核电发展政策不同，监管和认证体系也不一样，不同标准规范之间的互认性较差。日本福岛核事故后，国际社会对核电的安全性要求更高，在事件叠加、严重事故预防和缓解措施等方面提出了比以往更严格的要求。国际上现有的核安全法规、标准和规范在不断进行修订和完善。

我国核电安全标准存在着国际标准、国内标准、第三国标准规范混用的情况，尚未形成完整的配套体系。核安全技术法规主要依据国际原子能机构推荐的核安全标准制订。核工业标准和规范主要采用美国 ASME 规范或法国 RCC 系列规范。国内核工业标准正在按照上述美法两国规范制订中。这些标准在支撑国内核电项目时，通过参建各方及国家监管部门的协调沟通，可以满足工程建设需要。一旦用于支撑出口项目，面对外方对"中国标准"与国外标准差异的质疑，很难给出准确、有力的答复。

由于我国核电标准国际认可度不高，建议国家能源局、国家核安全局、国家标准委等有关部门与核电企业在标准制定上加强协调，全面开展我国核工业标准与美、法两国核工业标准规范的对比工作，以便在"走出去"过程中采用我国核工业标准，同时参考美法权威的第三国标准。

五、加快核电堆型设计标准化

目前，我国尚未对同一机型制定统一的设计标准与设计规范。核设施营运单位或工程公司在设备采购时执行的标准不完全相同，给制造企业的标准化、批量化生产带来一定困难，对安全管理也是一项重大挑战。比如，中核、中广核订购同样的机组部件，不同企业、不同机型的设计尺寸不同，企业每生产一件就必须重新设计、重新试验。现有的几大核电装备制造企业，必须分别满足不同业主、不同机型的差异性需求，制约了批量化和系列化发展。

建议核电主管部门组织力量，加快标准编制。一是尽早实现"华龙一号"堆型设计、施工设计、设备制造的标准化，防止出现两大公司两条"龙"。二是在充分吸收依托项目建设经验的基础上，逐步固化 AP1000 设计，形成标准化设计方案，并在相关核电企业之间共享，为批量化发展创造条件，防止出现三大公司三个 AP1000。

六、推进国内核电建设稳步发展

2003 年召开的全国核电建设工作会议提出，核电要统一组织领导、统一技术路线，引进国外先进技术，加快自主化建设。经过"十一五"和"十二五"期间规模化发展，我国核电产业的研发设计、建安施工、装备制造、运营管理等方面能力显著提升。AP1000 项目在国内已经批量开工。2015 年 10 月，经国家核安全局评审，多年困扰 AP1000 的主泵技术问题已经解决，为新上AP1000 项目扫清了障碍。我国自主研发的"华龙一号"签订了两个出口合同，5 个合作框架协议。CAP1400 得到南非、土耳其等国家的高度认可，谈判取得实质性进展。核电"走出去"已经有了良好的开端。

中国要在国际核电市场占有一席之地，必须在本国的应用开发上达到较高水平，并保持相对稳定的建设节奏。一是推进已批准的"华龙一号"项目建设，进一步夯实自主技术基础，为"走出去"创造条件。二是坚持AP1000技术路线，加快后续项目审批。据初步统计，"十三五"具备开工条件的AP1000厂址有10个，共32台，总装机容量达4000万千瓦。这些机组可以考虑按每年5—8台的速度开工。在"十三五"期间再批准一批AP1000项目开展前期工作，为"十四五"核电建设作好准备。三是尽快核准具有自主知识产权的CAP1400示范项目，并在"十三五"期间批量建设，同时成为"走出去"的主力机型之一。四是有序推动湖北咸宁、湖南桃花江、江西彭泽等内陆核电项目，"十三五"期间可考虑内陆核电项目零的突破。

关于网约专车发展的分析和建议

唐 元

网约专车（包括"商务专车""快车""顺风车"等），自出现以来，群众大为欢迎，也对传统出租车体制形成了冲击，受到出租车群体的抵制，一些城市行业管理部门限制其发展。规范网约专车发展、加快出租车行业改革，是当前亟待解决的问题。为此，提出几点分析和建议。

一、网约专车是互联网技术在城市交通领域的成功应用，提升了城市交通效率，改善了服务质量，优化了客运结构，缓解了群众出行难问题，应当积极支持、鼓励发展

网约专车是立足互联网，搭建专车出行信息服务平台，利用汽车租赁业及社会闲置车辆资源，为群众提供快捷、舒适、方便的个性化城市交通服务，是互联网与交通融合发展的新型出租车服务模式，得到了群众的欢迎和认可，具有广阔的市场前景，鼓励和支持网约专车发展意义重大。一是有利于缓解城市"打的难"、出行难问题。各地反映，网约专车有效增加了城市出租车供给，缓解了出租车供求矛盾，让广大群众能够便捷舒适出行，减少了自驾和打"黑车"出行需求，在解决群众出行难问题的同时，还起到了遏制私家车过快增长、挤占"黑车"生存空间、优化城市客运秩序的作用。二是有利于盘活城市存量汽车资源。网约专车是基于城市租赁汽车、私家车基础上的一种服务创新。发展网约专车，能有效盘活汽车存量，节约社会资源，增加就业机会，特别是顺风车的出现，让单人驾乘为多人乘车，在增加群众出行便利的同时，也不失为节能减排的有效措施。三是有利于出租车行业转型升级。网约专车严格高效的管控机制和优良的服务，在出租行业产生"鲶鱼"效应，促进传统出租车行业提升服务质量，更好地服务群众。

网约专车是一个新生事物，发展中存在许多障碍和问题，主要是定位不明确、技术标准缺失、管理法规跟不上、行业自律待加强等，规范网约专车发展是当前十分紧迫的工作。实际上，从国外来看，电话预约和网约专车是中高档的出租车，越是发达城市专车所占出租车市场比例越高。据了解，纽约市电话预约和网约专车约占出租车市场的 60% 以上。因此，建议以缓解群众出行难、满足群众出行需求为出发点和立足点，以提高群众对城市交通满意度为目标，进一步明晰网约专车规范的思路，明确网约专车为出租车，完善法规，制定标准，出台政策，规范地方政府行为，促进网约专车规范有序发展。

二、网约专车与出租车之争的根本原因是出租车行业问题突出、改革滞后，加快出租车行业改革是解决网约专车问题的关键

长期以来，我国对出租车行业实行的是特许经营管理，即政府对出租车数量、价格、服务质量和从业人员等进行管制。政府对出租车牌照采取控制性发放，一些地方通过招标确定业主，政府收取牌照费。持有牌照的业主将出租车租给司机开，业主收取份子钱，也有极少数个体出租车自营开车。同时，不少出租车业主在市场上非法转卖牌照，由于出租车牌照发放远低于市场需求，成了稀缺投资品，北京、天津等地一块牌照炒到 60 万元以上。

从多年运行情况看，目前出租车管理体制带来的问题十分突出，出现了乘客、司机、业主、政府四方都不满意局面：就乘客而言，由于出租车少，打的难、司机挑活、服务态度差等成为常态，抱怨大；就出租车司机而言，"份子钱"高、收入低、工作条件差让司机们苦不堪言，甚至被称为现代"骆驼祥子"；就政府而言，居民出行难、"黑车"屡禁不止、出租车行业屡发事端，严重影响政府形象；就出租车业主而言，部分以高价购买牌照的业主，由于投资大，日常份子钱收入不足银行利息，特别是网约专车打破了出租车垄断经营，出租车牌照价大幅下跌，导致损失惨重，是对网约专车发展最不满的群体，也是出租车群体不断闹事的根源。可见，出租车行业存在的问题已经到了非解决不可的时候了，建议抓住有利时机，加快推进出租车行业改革，尽快形成有利于出租车行业健康发展的管理体制和运行机制。

三、出租车行业管理体制改革的核心是取消特许经营

我国出租车行业实行特许经营，主要是考虑城市道路资源的稀缺性、乘客消费的不可选择性、交易的一次性和服务的非后效性等特点，容易造成出租车领域"市场失灵"，需要政府这只"有形的手"对出租车数量、价格、服务质量和从业人员等进行管制。从实际情况看，出租车特许经营对于保护乘客权益、维护市场秩序、规范出租车司机行为发挥了一定作用，但其负作用是更明显的，突出表现在出租车已从交通工具异化为各种利益和矛盾交织点：一是部分地方政府通过发放牌照，收取牌照费和运行

费，导致出租车行业成为高运行成本和高准入门槛的垄断行业；二是投资者不断炒作，导致出租车牌照成为天价稀缺商品；三是乘客、司机、业主、政府四方都不满意，导致出租车行业成为矛盾多发群体。总之，出租车特许经营是导致出租车行业问题的根本性原因，取消特许经营已是大势所趋。尤其是现代信息技术的发展，出租车行业实行特许经营的理由已不成立，也为取消出租车特许经营创造了客观条件：比如网络技术消除了司机、乘客和政府监管部门的信息不对称，智能手机的普及降低了交易成本，乘客的后评价完善了司机服务监督机制，电子地图的出现降低了司机的从业难度等等。为此，建议将取消特许经营作为出租车行业改革的核心内容，发挥市场调节在出租车行业发展中的决定性作用，对出租车行业管理要从过去政府高度管制机制，转向更多地依靠市场供求关系决定出租车数量、价格和从业人员的机制，在各种市场主体充分竞争中不断提升出租车服务水平，满足群众的出行需求。

四、取消出租车特许经营改革要审慎操作、有序推进

取消出租车特许经营制度改革，核心是消化出租车牌照特许经营的历史遗留问题，因其涉及不同群体的利益诉求，如若操作不当，极易激化矛盾导致群体性事件发生。建议按照"稳步推进、合理补偿"的思路，积极稳妥操作，维护社会稳定，探索出租车牌照特许经营退出机制。一是政府给予适当补偿。建议按照"谁受益、谁补偿"的原则，明确政府责任主体，给予牌照拥有者合理补偿，但要避免"漫天要价"，各地要量入为出，制定消化出租车牌照计划，稳妥有序实施。二是推广各地成熟经验。多年来，各地在解决出租车行业问题过程中积累了很多好经验，建

议总结推广。比如：湖北襄阳市鼓励优强出租车企业兼并收购零散出租车企业，实行公车公营，司机按企业职工对待，依托信息化手段精细化管理，提高企业经营效益，政府对企业支付出租车牌照成本核实记帐，通过今后税费减免逐步消化。

五、出租车是解决群众出行问题的重要途径，属于民生性行业，应当予以政策扶持

出租车与公交车、地铁等一样，均是城市居民出行的工具。与公交车相比，出租车以其"点对点、门对门"的服务特征，为群众提供方便、准时、舒适、快捷的服务，更受群众欢迎。随着群众生活水平的提高，出租车已从传统意义的高消费出行日渐变为群众普通出行的选择，尤其是北京等对私家车实行限号通行的地方，群众打的出行已很普遍。伴随着网约专车的出现，出租车行业将呈现出竞争激烈、管理规范的新格局，能够为群众提供更加便捷、舒适、经济的出行服务，出租车在解决群众出行中的作用也更为重要。鉴于此，建议将出租车与公共交通一样，列为民生性行业，政府予以产业鼓励、财政补贴、税收优惠、金融帮助等政策支持。当前，尤其不宜取消对出租车的燃油补贴政策。

关于加快我国电网重大工程建设的建议

向　东　郭道锋　王　巍

当前，我国经济下行压力增加，需要进一步扩大公共产品和公共服务供给，发挥好传统引擎对经济支撑作用。围绕社会急需、迟早要干的事，我们对电网建设情况进行了研究。初步认为，在深入推进电力体制改革的同时，把电网作为重点领域，加大投资建设力度，有利于稳增长、调结构、惠民生、治污染，意义重大。

一、我国电网发展现状及不足

长期以来，我国能源资源与生产力逆向分布，80%以上的煤炭、水能、风能和太阳能资源分布在西部和北部地区，70%以上的电力消费集中在东中部地区。能源资源以煤为主、能源运输以输煤为主，既造成煤电运紧张频频出现，也使东中部地区环境不堪重负，大气、水质和土壤污染严重。为更好保障能源安全、优化能源结构和布局，应加快建设坑口电站，变输煤为输电，同时大力开发利用清洁能源并输送到负荷中心区域，其中都少不了电网建设这一关键环节。

目前，华北—华中、华东、东北、西北、南方五个主要同步电网基本实现了全国联网，电力流向总体呈现"西电东送"、"北电南供"的发展格局，但与实际需要相比，电网投资建设依然不足。

电网发展滞后于电源发展。由于"重发轻供"、就地平衡等思想长期占据主导，新中国成立后至改革开放前，全国电力工业投资 418 亿元，其中电源投资 355 亿元、电网投资 63 亿元，电网投资比重仅占 15%；改革开放至今，全国电力工业投资 8.3 万亿元，其中电源投资 4.7 万亿元，电网投资 3.6 万亿元，投资比重仍只有 43%，远低于日本 55%、美国 60%、法国 70% 的电网投资水平。

"高速电网"发展滞后于高速公路和高速铁路。电网和公路、铁路同属重要基础设施，对国民经济和社会发展至关重要。经过前些年大规模建设，我国高速公路和高速铁路总里程迅速增长，网络架构都已基本成型。1988 年至今，我国高速公路建设累计投资超过 4 万亿元，2013 年底总里程达到 10.4 万公里，超过美国居世界第一；2004 年至今，我国高速铁路累计投资约 2 万亿元，建成约 1.3 万公里，总里程占全球的 50% 以上。而电网方面，"高速电网"（特高压）发展目前还处于起步阶段，全国性的骨干网架尚未形成，截至 2014 年底，仅建成"三交四直"7 个特高压工程，共投资 1238 亿元。（特高压是指电压等级为交流 1000 千伏及以上和直流 ±800 千伏及以上的输电技术，具有输送容量大、距离远、效率高和损耗低等优越性，1000 千伏交流特高压输电线路的输电功率达到 500 万千瓦、经济输电距离 1500 公里，分别是 500 千伏交流的 4—5 倍和 3 倍；±800 千伏直流输电功率可达到 800 万千瓦、经济输电距离 2300 公里；±1100 千伏直流输电功率超过 1000 万千瓦、经济输电距离达 4500 公里。）

二、电网建设空间和潜力巨大

随着新型工业化、城镇化的加快推进，初步预计，2020 年全国发电装机、全社会用电量将分别达到 21 亿千瓦和 7.5 万亿千瓦时，分别是 2014 年的 1.5 倍和 1.4 倍。（2014 年分别为 13.6 亿千瓦和 5.5 万亿千瓦时）

从人均水平看，未来电力需求还将持续增长，电网建设潜力巨大。目前我国人均用电量 4000 千瓦时左右，与发达国家相比有很大差距，仅相当于美国 1965 年、日本 1975 年、韩国 1995 年的水平（2013 年美国、日本、韩国人均用电量分别为 12871、7955、10382 千瓦时）。2014 年我国人均发电装机约 1 千瓦，仅相当于美国、日本、韩国、德国的 29%、43%、53% 和 45%。

从负荷中心需要看，东中部地区人口多、经济总量大，即使考虑结构调整和产业转移等因素，仍将是我国主要的负荷中心。受煤炭运输条件和受端地区大气环境容量等因素制约，东中部地区不仅不能再新建燃煤电厂，现有的也应减少发电，因此迫切需要加快电网建设，增大区外输电能力。根据预测，到 2020 年东中部地区需要新增区外来电 2.7 亿千瓦、电量 1.4 万亿千瓦时。（目前，向东中部送电能力为 8000 万千瓦、电量 4400 亿千瓦时，相当于 2020 年需要再扩容 3 倍）。

从清洁能源消纳看，我国西南水电资源约占全国一半以上，尚未开发量占全国 70% 以上。开发川藏水电，每年可增加电力供应超过 8000 亿千瓦时，接近 10 个三峡电站发电量，折合原煤 3.6 亿吨左右。我国风能和太阳能资源十分丰富，可开发资源分别达到 25 亿、50 亿千瓦，其中 80% 和 90% 以上集中在西部北部地区。加快跨区输电通道建设，将形成全国电力消纳的大市场，有利于推动西南水电和西部北部新能源大规模开发外送，将大幅优化全国能源布局，提高能源利用效率，防治大气污染，促进清洁发展和节能减排目标的实现。

从输电条件看，随着煤炭开发重心加速西移北移，以及清洁能源加快开发利用，资源开发地距离负荷中心越来越远，输电距离越来越长，输电规模越来越大。2014年，我国跨区输电规模1.1亿千瓦，占全国负荷的14%。预计2020年，跨区输电规模将达到3.8亿千瓦，占全国负荷的27%，进一步提高电网优化配置资源的能力至关重要。

从城市配电网和农网情况看，目前配电网"卡脖子"、农村"低电压"、县域电网与主网联系薄弱等问题突出，特别是老少边穷地区电网发展滞后，四川、蒙东、青海、甘肃、新疆、西藏等省（区）还有大量农牧民使用光伏解决用电问题，供电可靠性比较脆弱。随着新型城镇化、农业现代化的推进和美丽乡村建设，用电负荷不断增长，为了全面提升电网供电保障能力和服务水平，在加快跨区域电网建设的同时，也必须大力推动城市配电网和农网升级改造。

三、国内电网建设领域存在的主要争议

多年来，在电网建设领域一直存在不少争议，焦点集中于发展特高压电网和破除电网垄断两个方面，而这两个问题又相互交织。

在特高压电网建设领域，国家已批准了包括"四交四直"特高压在内的12条输电通道工程，2017年底将全部建成。有关部门和一些专家虽明确支持特高压作为远距离大容量输电的重要方式，但认为已批准项目能够满足需求，不必再新上项目。而电网

企业根据测算，坚持认为仅靠这 12 条输电通道无法满足未来发展需求，将导致严重缺电和雾霾加剧，对电网安全也会造成威胁，希望继续加大投资建设力度，再安排一批特高压交、直流工程。其中，双方在大规模应用特高压交流的安全性、必要性和经济性，尤其是建设"三华"同步电网问题上意见分歧严重。

在破除电网垄断领域，有关部门和一些专家认为，目前电网企业自然垄断和行政垄断并存，政府在调控和监管等方面难度很大，尤其担心特高压电网的发展会固化现有电网管理体制，使电网企业垄断地位进一步强化，影响电力体制改革推进。而电网企业则认为一直自觉接受政府监管和社会监督，企业本身仅具有一定自然垄断属性，既没有行政权力，也不存在"行政垄断"问题，在定价、投资等领域始终受制于行业主管部门。之所以要构建"强交强直"网架结构，主要是满足大规模输电需要，与强化垄断没有必然联系。

总体上看，双方观点都不无道理，担忧也并非空穴来风。但随着经济社会飞速发展和新技术不断涌现，行业成见应适时修正，特别是在特高压等领域的示范工程顺利投运后，技术层面的评估需要更加客观。我们认为，在电网建设和管理上要有超前思维和全局眼光。电是优质、清洁、高效的二次能源。1 吨标煤当量的电力与 3.2 吨标煤当量的石油或 17.3 吨标煤当量的煤炭，创造的经济价值相同。我国单位 GDP 能耗相当于美国的 2.3 倍、日本的 3.8 倍，也高于巴西和墨西哥等发展中国家。加快特高压为代表的远距离大容量电网建设，有利于促进我国能源消费的"电能替代"，进一步改善能源结构，也是节能降耗减排的有效途径。同时，电网企业等大型能源集团的发展关系国家能源安全和经济命脉，不仅是我国能源战略的重要实施主体，也是参与全球能源竞争的主力军，在推进相关企业变革发展上尤其要积极稳妥、立足国情、顺应形势。

四、保障电网安全运行的经验借鉴和启示

20 世纪 60 年代以来，国际上多次发生大停电事故，且随着经济发展和用电量增加，事故总体呈上升趋势，产生较大影响的 140 次事故中，2000 年至今发生的就达百次，原因主要有三个方面：

一是电网结构问题。从事故排名靠前的国家和地区看，通常都未能有效构建一个清晰合理的电网结构，存在网络分层分区低效、网架薄弱环节偏多、事故容易扩大等缺陷。如发生大停电最多的美国，长期以来电网由各州主导发展，缺乏统一规划，电压等级混乱，形成了长距离、弱电磁环网的不合理结构。发生多次大停电的巴西，电网也缺乏合理的分区结构，受端主网架不强，头重脚轻问题突出。2012 年印度发生"7·30"和"7·31"大停电，导致北部电网、东部电网相继崩溃，停电范围覆盖 28 个邦中的 20 个邦，约 6.7 亿人受到影响，主要也是因为 5 个大区电网之间的联系十分薄弱，发生事故后，相互难以形成有力支持。

二是管理体制问题。管理体制分散、调度运行机制不畅是多起大停电背后的深层次原因。在欧洲、北美和印度等国，不同地区和企业之间协调管理与数据共享不能满足实际需求，统筹调度和运行难度很大。美国在 2003 年"8·14"大停电复盘中，指出如果实现全网统一调度，就能有效避免事态扩大。欧洲电网 2006 年"11·4"大停电中也反映出各成员国以及各电力企业之间约束不足、调度不畅等问题，因此欧盟在事故调查报告中建议推动建立跨国界的大范围电力系统运行机构。印度发生的"7·30"和"7·31"大停电，更是与其不同层级调度管理不畅通、执行力不

足有着直接关系。

三是电网技术问题。从对多次大停电事故的复盘推演结果来看，系统保护等技术措施不当或处置不力是事故扩大的直接原因。如果当时能采取更加先进可靠和安全稳定的技术措施，这些事故是完全可以避免的。

表4 2000年以来全球发生大停电次数统计表

次数	所在地国家
1 次	德国、丹麦、瑞典、波兰、葡萄牙、比利时、希腊、荷兰、奥地利、哥伦比亚、克罗地亚、阿尔及利亚、哥斯达黎加、斯里兰卡、新加坡、韩国、巴基斯坦、塞浦路斯、阿塞拜疆、伊朗、古巴、坦桑尼亚
2 次	西班牙、冰岛、菲律宾、马来西亚、智利
3 次	意大利、日本、印度尼西亚
4 次	俄罗斯、法国、新西兰
5 次	印度、巴西
6 次	英国
7 次	加拿大
8 次	澳大利亚
9 次	美国（这里指影响用户数超过100万户的停电事故，而影响用户数超过10万户的停电事故则有26次）

数据来源：国家电网公司。

与上述国家相比，我国在不断加强电网建设的同时，坚持电网统一规划、统一调度，自20世纪70年代以来，从上百个孤立城市电网，逐步发展成为省级电网、区域电网，乃至全国联网，电网供电能力和安全水平不断提高，稳定破坏事故大幅下降，

1970—1980 年年均 19 次；1981—1996 年年均 5.2 次；1997 年以来没有发生电网稳定破坏事故。实践表明，电网是否安全，主要取决于网架结构、运行管理、控制技术三个方面。电网越大，稳定性越强，抗冲击能力也越强；由于网络属性，电网通过内部相互支援，也能够显著提高安全性和可靠性。很多国家，或由于联邦体制，或由于私有化，电网建设滞后，运营管理和调度不善，因此造成大停电事故频发。

五、加快我国电网建设的几点建议

一是把电网建设作为拉动经济增长的重要抓手。当前我国经济面临较大下行压力，2015 年一季度投资同比增长 13.5%，增速比 2014 年同期回落 4.1 个百分点。稳增长离不开促投资的关键作用，需要再实施一批有利于补短板、调结构的新的重大项目。与中西部铁路、水利工程、城市基础设施、棚户区等类似，电网建设投资规模大、产业链条长、带动作用强，建议将其也作为投资重点予以支持。如国家电网公司提出的"五交八直"特高压工程，不仅能有效增加税收、提供就业，而且有助于消化钢铁、原铝、水泥等过剩产能，并推动智能感知、新材料、通信等相关产业和新技术发展。同时，部分欠发达省份也可乘势延长能源产业链，变资源优势为经济优势，促进东中西部区域协调发展。据测算，相关工程投资超过 4000 亿元，加上配套电网和带动产业，总投资超过 3 万亿元，2015—2018 年年均可拉动 GDP 增长 0.8 个百分点以上。同时，此类项目主要由企业投资建设，对中央预算内投资影响有限。

二是统筹好电力体制改革和电网工程建设。电力体制改革的关键是"管住中间、放开两头"，更好发挥市场配置资源的决定性作用。行业主管部门和电网企业应抛开既有成见，加强衔接配合，妥善解决战略和技术层面的问题，统筹推进改革和建设，使其相互促进而非相互掣肘。在充分论证基础上，加快完善骨干网架，形成合理的电网结构，既有效避免各级各类电网重复建设，也有利于强化监管和电网统筹规划和运营，保障电力安全高效运行，同时为电力体制改革顺利推进提供良好基础条件。

三是积极吸引社会资本进入。要在确保公众利益，保障能源安全的前提下，推广 PPP 等投融资模式创新，有效减轻当期投资压力，积极引入社会力量，推动形成多元投资、良性共治格局，进一步提高电网的投资建设和运营效率。同时，在分布式电源并网、电动汽车充换电设施和抽水蓄能电站等领域，也应当创造条件逐步向社会资本开放，形成合理回报，使电力领域成为新的投资洼地。

四是加快发展城市配电网和农村电网。没有配电网有力支持，高压电网的作用难以发挥。要坚持统一规划、统一标准，推行模块化设计和标准化建设，适应分布式电源和智能电网发展形势，加快城市配电网建设，保障电力供应安全，服务城市低碳发展。推进新型城镇化和农业现代化，充分满足广大农民电力需求，发展农村电网至关重要。要保障农网规划有效执行，加大农网投入力度，对农网运营给予政策倾斜，同时加快理顺农电管理体制，全面提升农网安全管控水平和服务质量。

五是推动中国电网"走出去"。无论是技术装备，还是管理服务，中国电网都具备"走出去"的实力和潜力。一方面要建设好、运营好国内相关项目，发挥对外示范助推作用；另一方面要进一步加大政策支持力度，将电网"走出去"融入《中国制造2025》、推动中国装备走出去和国际产能合作等一系列重大战略中，发挥综合优势，打造另一张国家名片。同时，还要鼓励相关企业在特高压、智能电网等领域积极拓展海外市场，抢占发展的战略制高点，提升中国在全球能源领域的影响力和话语权。

我国油气体制改革思路与建议

范 必

油气体制改革是党中央、国务院确定的重大改革任务。我国油气领域市场化改革滞后，在全球油气变局中处于被动局面。不但油气企业自身效益下降，而且影响了我国经济的全球竞争力。本报告在分析油气领域突出问题、剖析体制成因的基础上，提出了"一条主线、三个维度、多个环节"的改革思路。即改革以产业链为主线，从政府、市场、企业三个维度出发，对油气产业上下游各主要环节，包括矿权出让、勘探开发、管网运输、流通、炼化等进行全产业链市场化改革，从而建立起公平竞争、开放有序、市场对资源配置起决定性作用的现代油气市场体系。

一、全球油气格局与中国面临的问题

20 世纪 50 年代以来，油气逐步取代煤炭成为世界一次能源中的主体能源，发达国家大都完成了从煤炭时代到油气时代的转变。进入新世纪，世界能源版图发生深刻变化。随着北美页岩气革命的成功，加上勘探开发技术的进步，全球油气储量大幅增加，出现了多点供应、供大于求、价格持续走低的局面。在可预见的未来，油气在世界能源消费结构中仍将占据主要地位。

新中国石油化工产业得到长足发展，为社会主义现代化建设提供了有力保障。但是放眼世界，我国油气产业从规模到水平、到效益与发达国家相比仍有很大差距。主要表现在，油气生产和使用成本偏高，一定程度上削弱了中国经济在国际上的竞争力；油气占一次能源消费的比重偏低，尚未完成从煤炭时代向油气时代的跨越；国内资源勘探开发投入不足，国产油气保障程度逐年下降；国有大型油气企业大而不优、大而不活，近年来经营效益大幅滑落，人均产出远低于国外同类企业；油气收益分配内部化，国有资本收益低，油气资源国家所有者权益体现不多，油气财富没有彰显全民共享。油气行业的现状不利于我国经济的稳定增长和产业结构的优化升级。

二、制约油气行业健康发展的体制原因

中国油气产业经几次改革选择了上下游一体化的国家公司经营模式，对迅速提高油气企业规模发挥了积极作用。但少数企业的上下游一体化经营也扭曲了市场价格和供求关系，成为油气供求矛盾加剧和价格居高不下的主要原因。油气是传统计划经济时期管制最严格的领域之一，既使中石油、中石化、中海油（下简称"三大油气企业"）已在美、港等地上市成为国际公司，但至今为止仍没有完成向市场经济体制的转型。油气体制既有计划经济特征，也有市场经济特征，是典型的双重体制。油气产业链是多重体制亚型复合体构成的不完全市场产业链。

矿权：少数企业无偿获得油气区块，大量矿区占而不采。目前国际上普遍采用招标方式出让油气矿权，对矿业权人规定了严格的权利义务。我国长期实行"申请在先"的矿权出让方式，三大油气企业无偿取得了国内大部分油气区块的探矿权。油气矿权持有成本低，企业对大量矿区既不投入也不开采，制约了国内油气供给能力的提高，未能充分体现国家对资源的所有者权益和企业有偿使用矿权的原则。实行油气勘探开发专营权制度和对外合作专营权制度，除少数国有油气企业外，不允许其它各类市场主体进入勘探开发领域，限制了油气领域的对外开放，制约了上游市场的发展。

管网：建设运营不向第三方开放，缺少有效监管。20 世纪 80 年代以来，大部分发达国家对网络型行业进行了网运分开、放松管制的改革。我国油气管网设施的建设和运营仍集中于少数大型央企，实行纵向一体化的经营。不同公司的管网之间互不联通，有的地方交叉重复、空置浪费，有的地方建设不足、运行饱和。企业利用市场支配地位，不向第三方开放，不让社会资本进入，消费者缺少选择权。国家对管网运输的价格、建设、运营缺少有效监管。城市供气管网一般也是由一家公司经营，与国家油气管网存在同样的问题。随着油气上、下游市场主体逐步走向多元化，相关市场主体对于油气管网改革的需求日益凸显。

流通：个别国企专营，形成市场壁垒。原油是目前世界上交易规模最大的自由贸易商品，但在我国仍是由少数企业特许经营。在进口环节，我国对原油仍实行国营贸易管理，同时允许一定数量的非国营贸易。中石油、中石化、中海油、珠海振戎公司和中化集团，这 5 家国营企业原油进口总量占整个原油进口的 90% 以上。原油国营贸易配额只能用于中石油和中石化的炼厂加工。没有国企的炼化生产计划文件，民企进口的原油不能通关、铁路不能安排相应运力。这种制度安排客观上限制了其他市场主体的进入。天然气进口方面，国家尽管没有明确的禁止性法规，但限于进口基础设施的排他性，民营企业很难实现从国外进口天然气，一般是通过三大油气企业代为进口。

在批发零售环节，国家赋予了中石化和中石油在成品油批发和零售环节专营权。全国各炼油厂生产的成品油全部交由两大集团的批发企业经营，各炼油厂一律不得自销成品油；新建加油站统一由两大集团全资或控股建设。尽管近年来有所放松，延长油气进入零售行业，中石油、中石化、中海油（以下简称"三大油气企业"）开始与民企合作，但仍在批发零售环节占绝大部分份额，其他市场主体难以自由进入。

企业："大而全小而全"，现代企业制度不健全。三大油气企业开展的业务覆盖了上下游全产业链，从生产经营到后勤服务、三产多经，包袱沉重，一应俱全。企业吃国家的大锅饭、职工吃企业的"大锅饭"、企业办社会问题仍很严重。国家有关部门对油气企业管人、管事、管资产，企业经营自主权出现下降趋势。油气企业以满足国家考核作为主要经营目标，将提高国有资产投资回报处于次要地位。虽然三大油气企业进入世界500强，但大量业务来自关联交易，内部交叉补贴严重，经营管理成本高昂，赢利很大程度上依赖国家给予的价格保护和补贴。

价格：国家定价为主，价格调整滞后国际市场波动。尽管我国已经明确了原油和成品油与国际接轨的定价原则，但定价机制仍不健全。国内原油价格被动跟踪国际油价，不能准确反映国内市场中真实的供求关系和成本变化，无法发挥价格杠杆调节供求关系的作用。成品油定价机制存在滞后性，国内油气消费者没有分享到国际油气价格走低带来的"红利"。国有油气企业不能参与国际期货市场交易，既不利于我国参与国际石油定价，也无法对冲油价波动的风险。

财税：税费功能界限不够清晰，各方经济利益亟待平衡。在现有税费政策下，油气企业除一般企业均需缴纳的企业所得税、增值税、消费税和营业税外，还须缴纳矿业权（探矿权、采矿权）使用费、矿业权价款（实际未征收）、资源税、矿产资源补偿费（矿区使用费）和石油特别收益金。这些税费基本上延续了计划经济下按生产环节收取的形式，经济内涵与边界比较模糊，没有反映出国家与企业的权利义务关系。在分配中，中央和地方利益不够平衡，没有兼顾到相关利益主体的诉求。

政府：政企不分、政监不分、监管薄弱。油气储量评估、行业标准制定等政府职能仍由企业承担。本应由政府进行的行业监管职能缺位，企业以自我监管为主。政府的油气管理职能分散在多个部门，管理方式基本上是以批代管，缺少事中事后监管。政府部门中没有对油气进行监管的专门机构，对网络运营环节监管缺位。相当数量的法律法规抑制了市场竞争，已经成为油气改革的障碍。

三、油气体制改革目标思路和基本原则

当前，已经出台的一些改革措施，尚未解决油气领域存在突出问题，迫切需要通过顶层设计进行全产业链市场化改革。即未来的改革应当是"链式改革"，而不是"点式改革"。

改革的目标：推进油气从不完全市场产业链向市场化产业链的根本性转变，建立公平竞争、开放有序、市场对油气资源配置起决定性作用的现代油气市场体系，不断提高油气保障能力，加快能源代际更替步伐。

为了实现这一目标，改革的总体思路是：围绕"一条主线、三个维度、多个环节"进行"链式改革"。即改革以油气产业链为主线，从企业、市场、政府三个维度出发，对油气产业链的各

主要环节，包括矿权出让、勘探开发、管网运输、流通、炼化等进行全方位市场化改革。在企业层面，要实现政企分开、主辅分离、网运分开；在市场层面，油气上中下游市场全面放开准入；在政府层面，要简政放权、政监分离、强化监管。同时，统筹推进行业改革与企业改革，加快油气法规废、改、立进程。

推进油气体制改革应当坚持三个基本原则：

一是坚持解放思想，树立新的能源安全观。中国长期重煤轻油，制约了能源结构调整。将石油作为战略资源，只允许个别企业进行上下游一体化经营，抑制了竞争，扭曲了价格。在全球化条件下，一个国家完全靠本国的能源资源满足发展需要，既不可能也无必要。中国应当树立在开放条件下保障能源安全的观念，充分利用两个市场、两种资源，积极参与全球能源治理，推动建立国际能源集体安全体系，加快能源的代际更替的步伐。

二是坚持市场取向，构建单一市场体制。从党的十一届三中全会提出"计划经济为主、市场调节为辅"，到党的十四大确立社会主义市场经济体制的改革方向，再到党的十八届三中全会明确"市场在资源配置中起决定性作用"，中国走了一条市场化改革的道路。油气在改革开放头20年经历了放权让利、政企分开，与全国改革保持了同步。但1998年以后，油气领域加强了行业集中，弱化了竞争，市场化改革陷于停滞。未来油气体制改革要坚持市场化方向，建立单一的市场体制，而不是计划与市场并存的双重体制。

三是坚持激励相容，形成各参与方共赢的格局。在市场化改革中，每一个参与者首先关心自身在改革中的收益。油气体制改革涉及到多方面的既得利益，在研究制定市场化改革方案时，应当坚持激励相容的原则，对各利益主体的收益预期进行充分评估，尽可能兼顾相关利益方，使改革后各参与方的收益预期大于改革前。

四、油气体制改革政策建议

第一，以矿权改革为核心放开上游市场。通过矿权改革建立油气上游市场，引入更多市场主体，从而提高国内油气资源的勘探开发和供应能力。

一是放开矿权市场。参照国际一般做法，从"申请在先"方式，改为"竞争性出让"方式，国家通过公开招标有偿出让矿权。

二是松绑勘查资质。将探矿权出让与勘查资质分开，勘查资格证不再作为申请矿权的必要条件。取消上游油气勘探开发的限制准入条款，允许各类市场主体参与油气勘探开采。

三是提高持有成本。提高最低勘查投入标准，不能达到投入标准的企业要退出矿权。允许企业在满足法定条件下转让矿业权或股份，活跃矿权市场。

四是合同约定权利。矿业权竞争性出让已完全改变了现行法律规定的权利义务，在进行监督管理时无法可依。今后国家在出让油气矿业权时，可以采用油气租约形式，制订出一套油气矿业权出让行政合同，与受让方约定权利义务。内容包括，出让的油气矿权的范围和性质、矿权期限、勘探和开发义务、最低义务工作量、环保安全责任义务、争议解决条款等必备条款。对于涉及国家与矿业权人经济关系的，如使用费、价款、权益金等，可以签订经济合同。

五是全面对外开放。取消三大油气企业对外合作专营权，获得矿业权的企业可自主决定对外合作相关事宜。

第二，构建独立多元的油气管网运输体系。改革的总体思路是"网运分开、放开竞争性业务"，给油气生产者和消费者更多的选择权。

一是网运分开、独立运行。将原来属于三大油气企业的天然气管道独立出来，通过混合所有制改革或资产出售方式，成立多家管网公司，而不是成立单一的国家管网公司运营。管网公司只参与石油、天然气输送、不参与油气生产、销售，并按照"财务独立—业务独立—产权独立"的步骤，推行"厂网分离""网销分离""储运分离"，渐次推动管网独立。为便于对网络监管和给网络运输定价，应当剥离管网公司辅业。

二是公平准入、多元投资。新的管网公司按非歧视原则向第三方提供运输服务。允许三大油气企业以外的经营主体从事油源、气源业务，包括国外进口和国内煤制气、页岩气、天然气均可进入管网运输。允许各类投资主体以独立法人资格参与管网和LNG接收站、储油库、储气库等相关设施的投资经营，逐步在全国形成多个管网公司并存、互联互通的格局。

三是合理回报、有效监管。政府制定管网的输配价格、合理回报水平，对管输企业向第三方公平开放、价格、合理回报进行监管。

第三，建立竞争性油气流通市场。这是油气回归商品属性的关键。一是取消原油进口资质条件。放开原油进口权，取消国营贸易企业对原油进口的特许经营，任何企业均可从事原油进口和国内贸易。配合进口权开放，取消排产计划，国内炼化企业均可公平的进行原油交易。

二是取消成品油批发零售环节特许经营权。撤销国务院1999年和2001年出台的《关于清理整顿小炼油厂和规范原油成品油流通秩序的意见》《关于进一步清理整顿和规范成品油市场秩序的意见》《关于民营成品油企业经营的有关问题的通知》，不再授予个别企业在成品油批发零售环节的特许经营权。

三是放开下游零售市场。放开加油站业务的市场准入。允许中石油和中石化对其全资或控股拥有的加油站企业进行混合所有制改造或剥离，逐步实现加油站行业多元主体经营。

四是发展石油期货市场。放开石油期货交易参与主体的限制，允许国有油气企业参与交易，允许各类企业能够实现实物交割。同时，增加上海石油期货交易所的交易品种，扩大交易规模。

第四，深化油气企业改革。进行"主辅分离、做强主业，产权明晰、完善配套"的改革，进一步完善现代企业制度，国家对油气企业从管人管事管资产转变为管资本为主。一是资本运营。将三大油气企业改组为国有资本投资公司，由国务院授权经营，并继续保持对原上市公司的控股地位。二是做强主业。将三大油气企业非上市部分的核心业务（即主业）并入上市公司，增强上市公司实力。三是剥离辅业。将三大油气企业的"三产"、"多经"、油田服务等辅业剥离，三大油气企业上市部分人员压缩至目前的 10%—20%。剥离后的辅业主要有两个出路：（1）组成若干独立经营的企业，由三大油气企业控股或参股经营；（2）将资产整体出售，或者下放地方政府管理。

三大油气企业中规模较小油田、闲置的低品位资源和部分炼油化工、油品销售的子公司、分公司可以划转给省级地方政府，使其成为由地方政府授权经营的独立法人。医疗和教育单位按国家规定实行属地化管理。企业离退休人员实行社会化管理。

在改革中大量剥离、下放的企业，要进行股份制改造，建立规范的现代企业制度、公司治理结构，具备条件的可单独上市。考虑到改革中安置分流人员上要付出一定的代价，建议将出售资产获得的资金专项用于人员安置和解决历史遗留问题。

第五，逐步放开油气价格。油气企业放开准入、放开进出口和流通领域资质限制、管网独立后，国家不再对油气的批发零售定价，交由市场竞争调节。但是政府要继续保留对管道运输价格的定价权，并严格监管。

第六，构建多方利益平衡的财税关系。油气资源税费制度改革的思路是：理清利益关系，落实有偿取权，稳定所有者权益，促进资源开发，兼顾各方利益，构建新型资源税费体系。

一是改革油气税收体制。按照竞争性进入、高风险持有、收益合理共享的原则，体现国家资源所有者的权益。油气资源税费体系包括4种：（1）矿业权使用费（rental），体现矿租内涵，按土地面积定额收取。取代原有的探矿权使用费、采矿权使用费和矿区使用费，简化税赋，增加持有成本，促进资源的有效开发。（2）探矿权采矿权价款（bonus），是资源开发超额利润的预付款，即现金红利，采取竞争或者评估谈判产生价款。（3）权益金（royalty），是资源所有者权益分成，在开发者毛利润中定率收取，也可以在矿业权竞争性出让时对权益金率报价产生。长远看来，权益金应取代原有的资源税、资源补偿费和特别收益金。在目前低油价环境、国内油价成本过高情况下，可适当保留资源税（tax）进行过渡。

二是理顺中央与地方的财权分配关系。按照实际管辖权限和经济功能，对矿业权使用费、资源税、价款、权益金可与地方进行适当形式的分成。

三是提高国有资本经营预算。增加国有资本收益上缴公共财政比例。

四是建立石油基金，保障公益事业。权益金收入的管理方式可借鉴挪威模式，建立作为主权财富基金的石油基金，用于保护环境及其他公共事业。

第七，改革政府管理体制。建立"政监相对独立、分段分级监管、部门分工明确、监管权责清晰"的现代管理体制。

一是规划统一，分级实施。国家发改委和国家能源局是油气（能源）行业的政府主管部门，可赋予其更全面完整的管理权限。地方发改委、地方能源局的职责主要是落实国家油气发展的战略规划和政策措施。

二是构建"分段分级监管"油气监管体系。国家能源局、国土资源部、商务部、国家质量监督检验检疫总局、环境保护部、国家安监总局分别承担不同的监管职能。特别是要加强对油气管道环节公平开放和输配价格、油气矿权公平出让等方面的监管。

三是减政放权、放管结合。各主管部门不再干预微观主体的经营活动，并尽快拿出权力清单、责任清单和负面清单。大幅度减少对油气项目的审批。对确需审批的项目，改串联审批为并联审批。取消对油气运营的调配权。取消国家发改委对下游炼化项目的审批。

第八，加快油气法规的废改立。为保证改革的顺利进行，首先要停止执行若干与市场化改革相悖的法规条款，在此基础上，再逐步制定新法。能源法规不再搞部门立法。考虑到我国成文法具有滞后性的特点，对尚未充分实践的或拿不准的措施不急于立法，可以先制定暂行条例，随着改革成熟再以法律形式固定。

五、油气体制改革实施步骤

油气体制改革不应是对原有体制的修修补补，而是要在市场化的方向上迈出重大步伐。对改革的具体组织实施有以下建议：

第一，制定覆盖全产业链的一揽子方案。建议党中央、国务院组织专门班子统筹制定油气全产业链市场化改革方案，各行业主管部门、油田所在地方政府、各企业配合。但不是由各部门和相关企业自行提出改革方案。

第二，分三步走推进改革。第一步，在矿权改革、管网改革、国企改革、财税改革四个关键点上率先突破。第二步，放开进出口和流通准入，放开价格管制。第三步，全面完善政府监管。

这里需要说明的，一是关于改革的关键点。油气改革中放开进出口、流通和价格相对比较容易，但在没有形成矿权市场、管网不独立的情况下，放开进出口、流通和价格后仍然不能形成竞争性市场，改革的成效不明显。所以改革首先要在形成竞争性市场的关键点上有大的突破，即进行矿权、管网和国企改革。二是关于财税改革。由于油气改革涉及调整利益分配关系，财税改革必须在改革之初优先推进，使各参与方明确自己在改革中的收益，这将有利于调动各方面参与改革的积极性。三是关于政府监管。以往改革的经验教训说明，在市场发育不足的情况下，监管部门不易实施有效的监管。在油气改革之初，政府部门应将主要精力放在突破旧的体制。随着全产业链竞争性市场格局逐步形成，政府职能再转向全面完善监管。

第三，抓紧完善配套措施。由于改革会涉及大量的人员分流和社会稳定问题，建议用财税改革后的权益金收入、三大油气企业改革中出让资产收入、部分企业上缴的国有资本金预算共同建立石油基金，主要用于职工安置和解决历史遗留问题。

六、油气体制改革成效预期

改革涉及的既有利益主体包括：中央、地方、三大油气企业、企业职工、地方炼油企业等。其中三大油气企业的情况比较复杂，既有主业，也有各种三产、多经、油田、油服等。此外涉及的利益主体还包括，各类期望进入油气领域的国有企业和多种所有制经济的企业。按照上述改革方案，各利益主体在改革中的收益均会有所增加。

在矿权改革中，提高了油气企业对矿区持有的成本，势必造成三大油气企业退出一部分矿区，有利于为国家竞争性出让矿区提供资源基础。对国家来说，将"登记在先"出让方式改为竞争性出让方式，既可以通过招标出让三大油气企业退出的矿区，也可以出让页岩气、煤层气等非常规油气矿区，吸引各类投资主体参与油气勘查开发。同时，有利于三大油气企业集中精力发展主业，提高资本运行效率。这将极大地增强国内油气供给能力。

三大油气企业改革后，人员大幅度减少，会使主业更强、效益更优，给国家创造更多的利润和税收。主辅分离后的辅业将形成新的油田服务市场，走专业化发展的道路，极大降低三大油气企业主业经营成本。剥离后的辅业形成的新企业经过股份制改造，可以利用近期股市形势向好、注册制改革的机遇上市融资，扩大投资和经营规模。三大油气企业出售和调整下放的油田资产，将增强地方经济实力、增加地方税源，从而调动地方参与生产开发、消化分流人员和历史遗留问题的积极性。

管网独立后，国家将核定管输的合理回报，同时对各类投资主体开放，这对资本市场有较强的吸引力。改革后将促进管网建设获得较快的发展。

放开油气进出口、流通和价格后，将降低原油进口成本，吸引更多社会资金进入流通领域。地方炼油企业将获得更多优质油源，不必炼制低质的重油和渣油，有利于生产更多低成本的优质产品，减少炼油造成的环境污染。

财税体制改革将使中央、地方更多分享油气改革给企业带来的收益。政府部门在改革中将大幅度简政放权，主要保留对网络运输环节、环境质量的监管。

做好企业员工调整工作，不论是保留在三大油气企业上市公司中的职工，还是剥离的各种辅业职工，都将新进入市场竞争，但总体上会保持现有的福利或者更好。在这方面，多年国企改革已经积累了丰富的经验。对调整和下放到地方的资产和人员，考虑到近些年地方的基本公共服务水平已经普遍高于油田，调整和下放会受到相关油企职工的欢迎。同时，改革后权益金收入、国企出让资产收入、国有资本预算共同建立的石油基金，可以拿出一部分用于职工安置。

总的看，通过改革可以增强资源保障能力，降低油气使用成本，从整体上提高中国制造业产品的国际竞争力。油气体制改革虽然难度很大，但完全能够实现各参与方共赢，打造成经济增长的新亮点。

四、切实保障改善民生 加强社会建设

加快构建康复服务体系的建议

——康复问题系列研究之一

乔尚奎　孙慧峰　李　坤

根据世界卫生组织（WHO）的定义，康复是指综合运用医学、教育、职业、社会、辅助技术等措施，对功能障碍人士进行治疗、训练和辅助，帮助他们恢复或者补偿功能，增强生活自理和社会参与能力。目前国际上对"康复"的认识，普遍是指涵盖医疗康复、教育康复、职业康复、社会康复等在内的"大康复"概念。康复服务的对象主要是残疾人群体，同时也包括一些慢性病患者和生活不能自理的老年人。

近年来我国康复事业发展较快，但总体上还相对滞后，专业化、社会化程度不高，无法满足人民群众日益增长的康复服务需求。特别是一些体制机制问题尚未得到解决，制约了我国康复服务体系建设。为此，我们与卫生计生委、民政部、人社部、中国残联等部门同志和相关专家进行了座谈，并开展了一些调研，现将主要情况报告如下。

一、康复具有促进公众健康和助推经济发展的多重效应

预防、治疗、康复是一个有机整体。预防是"治未病"，具有

"一分投入，十分产出"之效。医学治疗是"治已病"，疾病已发生再干预，成本是最高的。而康复是治疗的延伸，是"治病后"，即在医疗基础上，进一步通过各种措施恢复人们的工作能力、生活能力和融入社会的能力，从而提高其生活质量。康复同样具有投入产出的放大效应，大力发展康复事业不仅能有效改善公众健康、增进康复群体及其家庭的福祉，而且对经济社会发展也具有积极的促进作用。

第一，康复能降低残疾的影响，提高残疾人生活质量。据专家测算，我国每年因出生缺陷、意外伤害、慢性病、职业病等因素新增的残疾人有 200 万—250 万，很多情况下，如果采取及时的早期治疗和康复介入，能够减少残疾发生，或有效减轻残疾程度。比如我国每年发生脑卒中患者 700 多万，通过康复医疗 90% 可以避免瘫痪在床。再比如 0—6 岁的听力障碍儿童，通过手术植入人工耳蜗或适配助听器，再经过一段时间的专业听力言语训练，大多数能恢复听说功能，与其他孩子一样进入普通中小学学习。现在许多专门的聋哑学校已招不到学生。

第二，康复能提高工作能力，增加社会劳动力供给。通过职业康复让劳动者重返工作岗位，对个人和社会都具有积极意义。特别是，近年来我国劳动适龄人口开始下降，老龄化程度不断加深，劳动力资源显得更加宝贵。比如被视为"丧失劳动能力"的盲人，经过系统的职业康复训练后就业率可达 90%。此外，我国每年认定的工伤人员有 100 万左右，其中一半以上经过康复可以重返工作岗位。

第三，康复能降低经济社会成本，节约公共卫生资源。据专家测算，花 1 元钱用于康复，其产生的经济社会效益是投入的十倍、甚至百倍。根据原卫生部一项研究报告，我国每年新增先天性心脏病和唐氏综合征患儿约 15 万例，这部分群体全生命周期的总经济负担超过 250 亿元，很多家庭会因此而致贫。如果这些患儿能够得到及时有效的康复治疗和训练，其生命周期的经济负担将显著降低，大大减轻家庭和社会压力。

第四，康复蕴含着新的经济增长点，能有效扩大内需。目前我国康复产业的潜在市场需求巨大。我国有 8500 万残疾人，2.12 亿老年人口，其中失能老人 3500 万，80 岁以上高龄老人 2400 万，这些群体对康复服务、康复辅具有巨大的需求。据测算，仅轮椅、拐杖、普及型假肢、矫形器等基本辅具，国内的总需求量就高达 6 亿件，市场规模超过 1 万亿元。随着康复医疗技术的大量应用，到 2020 年其潜在市场规模将达到 2.5 万亿元，可创造 100 多万个就业岗位。同时，很多康复辅具技术含量很高，比如人工耳蜗、仿生假肢、可以"爬楼越障"的自动轮椅等，属于高科技产业，发展的前景也十分广阔。

二、康复是当前民生领域亟待补上的一块"短板"

目前看，我国康复事业发展的突出问题是：机构少、人才缺、服务供给能力差。据统计，目前全国综合医院中设有康复医学科的不足 1/4。30% 左右的省市级医院和 60% 的县级医院不具备早期康复服务能力。我国每 10 万人口仅拥有 9.8 名专业康复人员，不足发达国家平均水平的 1/10。据调查，我国残疾人中约 60% 有康复服务需求，但真正得到康复服务的只有 18%，大量康复需求得不到有效满足。制约康复事业发展的主要原因：

一是认识不到位，没有树立"大康复"的理念。许多人将康复等同于医疗康复，现行的一些法律法规和政策文件也将康复解释为医疗康复，这使得康复更多依附于医疗服务，影响了其综合发展。国外一般都把康复和医疗结合起来，相互配合，相互转介，但我国仍然是偏重于治疗而忽视康复。比如精神卫生防治方面，一些经过急性期治疗、病情稳定的精神病人出院后，由于缺乏社区康复的衔接，时隔不久又旧病复发重新进入医院治疗，如此反复，出现"旋转门"现象，既浪费大量医疗资源，也给患者、家庭和社会造成严重伤害。

二是投入不足，康复费用缺少制度性保障。发达国家大多将康复的费用纳入医疗保险报销，或者建立专门的护理保险制度来为康复提供资金支持，但我国仅把运动疗法等 9 项医疗康复项目纳入基本医疗保险，绝大多数康复服务还需自费。对低收入群体等特殊困难人群，虽有一些财政或彩票公益金支持的康复服务项目，但投入总量不足，满足不了需求，而且由于部门分割和资金渠道不同，也存在重复浪费、实施效率不高等问题。

三是部门间缺少协调配合，形不成合力。从政府角度看，卫生、民政、教育、人社、残联等部门都拥有一整套康复的机构、人员和资金投入，这种"各自为阵"的管理模式导致部门之间缺少衔接配合，制约了"大康复"的发展。此外在辅助器具管理等方面，还存在部门之间职能交叉、多头管理的问题。

四是评职称难，不利于吸引专业人才从事康复工作。康复领域包括多门类的专业技术人员，但却没有专门的职称序列，而是统一归入技师序列参加职称考试和评定，不利于康复专业人员的职业发展和专业化水平提高。还有一些康复工作，比如对孤独症儿童、精神和智力障碍者等群体的康复，综合性强，与传统的医疗、卫生和工程技术等岗位有较大差异，从业人员难以通过委托评审获得职称。

三、政策建议

加快发展现代康复服务事业是利国利民的一件大事，也是弥补民生"短板"的重要内容，必须理清思路、完善政策、深入推进。为此，我们提出如下建议：

第一，进一步健全部门间分工协作的康复工作机制。要树立"大康复"的理念，突破部门局限，从全局高度来谋划和发展康复事业。首先要理顺康复领域的部门分工，建议按照专业归口、一件事情由一个部门主管的原则，明确各相关部门在康复领域的职责。在合理分工的基础上，探索建立部门间协作制度，加强政策协调，形成工作合力。

第二，加快构建多层次、多元化的康复服务体系。一是健全"机构为骨干，社区为基础，家庭为依托"的康复服务体系。大力发展专业康复机构，将康复机构建设优先纳入城乡公益性建设规划。支持康复医院建设，鼓励综合医院设立康复科。鼓励机构进入社区、进入家庭提供上门的康复服务。鼓励家庭成员之间互相提供康复服务，政府要为他们提供便利条件和必要支持。二是积极引导社会力量投资兴办康复机构，在准入、执业、基本医疗保险、职称评定等方面与公办康复机构一视同仁。为支持鼓励发展非营利性康复机构，要研究制定和落实用地、税收优惠、收费减免、运营补贴等方面扶持政策。

第三，政府要切实履行好兜底责任。政府应为残疾人等弱势群体提供均等化的基本康复服务。一是保障人人享有基本康复。目前我国纳入基本公共服务的康复项目只有0—6岁残疾儿童抢救性康复这一项，建议在"十三五"期间将基本康复纳入基本公共服务范围，合理确定基本康复项目、标准等内容。二是加大政府购买服务力度。研究制定政府购买康复服务有关政策，通过购买服务培育一批专业康复机构和社会组织，为重度残疾人、失能老人等特殊困难群体提供康复护理、居家照料等服务。三是建立针对特殊困难群体的补贴和救助制度。尽快出台重度残疾人护理补贴和贫困残疾人生活补贴制度，逐步提高补贴标准。借鉴推广北京、上海等地"无障碍进家庭"、"辅具适配幸福工程"经验，为贫困残疾人及家庭提供无障碍改造和辅具适配专项补贴。为0—6岁残疾儿童提供免费手术、辅助器具配置和康复训练等服务。推动重性精神病人实现免费服药，加快完善对特困残疾人的医疗及康复救助政策。

第四，建立完善康复费用的制度性保障。一是要将与治疗密切相关的康复服务纳入基本医疗保险报销范围。在目前已将运动疗法、偏瘫肢体康复训练等9项医疗康复项目纳入医保的基础上，下一步应逐步增加纳入报销范围的康复服务项目，并提高实际报销水平。二是探索建立护理保险制度。建议有关部门借鉴德国、日本等国家的经验，研究制定在我国推出护理保险的可行方案。三是鼓励商业保险创新，设立康复服务保险项目。

第五，加强康复专业队伍建设。一是建立高等教育、职业教育互为补充、协调发展的康复学科教育体系，鼓励和支持各院校设置康复专业或开设相关课程，加大对康复急需人才的培养力度。二是建立康复行业培训体系，推进康复领域专业人员持续接受专业教育，不断提高服务水平。三是完善康复专业技术人员职称评定和职业能力水平评价体系，畅通晋升通道，扩展职业空间，吸引更多人才从事康复事业。同时要建立动态的职业资格管理机制，适时新增康复领域专业人员的职业资格类别，以更好地适应康复事业发展需要。

我国医疗康复发展情况及建议

——康复问题系列研究之二

孙慧峰　李坤

医疗康复是康复事业的重要组成部分，事关人民群众健康和生命安全。医疗康复与急性病、慢性病的医疗诊治紧密衔接，早期进行康复治疗可以避免残疾发生或减轻残疾程度，稳定期进行系统的医疗康复可以改善患者生活质量，减轻家庭和社会负担，发展医疗康复具有十分重要的意义。

一、我国医疗康复亟待加快发展

近年来，我国大力推进医疗康复服务体系建设，鼓励医疗康复机构发展，加大人才培养力度，提高服务规范化水平，取得了积极进展。据统计，目前全国共有 3200 多家综合医院设置了康复医学科，各类康复医院 376 所，康复床位 5 万余张，康复治疗（医）师、中（西）理疗师、护士 4.8 万名。

但与发达国家相比、与人民群众巨大的康复服务需求相比，我国医疗康复无论是机构床位数，还是专业技术人员数量，都有较大差距。据测算，我国 8500 多万残疾人中 90% 有康复需求，而得到服务的仅 1000 多万人；2.7 亿慢性病患者中，1.3 亿人有迫切的医疗康复服务需求；老年病患者中约 50% 需要医疗康复服务。而我国每万人拥有的康复床位数仅为 0.38 张，康复治疗（医）师占医师总数的比例只有 0.9%，康复医学科及康复医院的数量仅能满足约 1/4 的需求，各方面的缺口都很大，迫切需要加快发展。

二、医疗康复发展面临的主要难题

当前制约医疗康复发展的问题主要有四个方面：

第一，医疗康复费用缺少有力的制度性保障。目前我国的医保体系主要是针对诊疗和药品费用予以补偿，没有把医疗康复服务纳入保障范围。据专家介绍，一些报销规定很不合理，同样的骨折病人，如采取手术植入钢板加铆钉进行内固定就可以纳入医疗报销，但如采用外固定支架则归为康复辅具配置，不予报销。而实际上，采用外固定支架技术创伤小、住院时间短、花费少，治疗效果更好。2010 年，有关部门出台文件，将运动疗法、偏瘫肢体康复训练等 9 项医疗康复项目纳入基本医疗保险支付范围，但落实情况并不理想，有 1/3 的省份因医保资金不足等原因未执行该政策。已落实的地方保障水平也比较低，执行标准不一。比如，对于某些高致残率的神经系统疾病如脑卒中，青岛允许报销的康复时长是 15 天，而浙江则可报销 90 天。各地一般都对康复治疗的次数进行限制，超出部分不予报销，例如运动疗法每天不得超过 2 次，像有氧训练、轮椅训练等运动疗法，每天 2 次是远远不够的，达不到有效康复目的。

第二，医疗康复定价不合理。据介绍，医疗康复更多依赖于临床操作，较少使用药物及高值耗材、仪器设备等，收费项目少，定价标准低，医务人员劳动价值难以体现。康复服务项目中，运动疗法收费为 10 元 / 次（20 分钟），蜡疗 4 元 / 次，手法治疗 30—40 元 / 次（20 分钟）；而腹部 B 超费用在 300 元 / 次左右，手术使用超声刀 800—1200 元 / 次，治疗肾结石的激光光纤每次 8000 元以上。由于提供康复服务能够获得的收入不高，大多数医院不愿意建立康复医学科，医务人员也没有积极性从事康复医学专业。同时，因为收费低，而且大部分医疗康复项目未纳入医保，社会力量举办医疗康复机构的动力也明显不足。

第三，缺乏有效的分级转诊转介体系。国外医疗康复服务体系一般采取从综合医院到专业康复机构再到家庭的转诊转介模式，分工明确，各干各的事。急性期康复主要由综合医院康复科或者康复专科医院负责，病情进入稳定期则转到专业护理机构服务，恢复期则在家接受入户服务。我国目前尚未形成类似体系或机制，以综合医院康复医学科、康复专科医院、社区卫生服务中心为骨干的三级医疗康复服务网络还不完善，各级医疗康复机构间的双向转诊机制尚未形成。

第四，医疗康复专业技术人员没有专门的职称序列。职称级别直接与工资待遇挂钩，对专业技术人员的职业归属感、荣誉感和工作积极性影响很大。医疗康复需要多门类的专业技术人员，包括康复治疗（医）师、中（西）医理疗师、假肢矫形师及其他康复辅具专业适配人员等，但这些人员都没有专门的职称晋升序列，而是统一归入"技师"序列。大部分康复治疗师晋升高级职称时，只能参加营养师或检验、放射技师的资质考试和评定，这对医疗康复专业人员的职业发展和队伍稳定都十分不利。

三、政策建议

医疗康复是整个康复事业发展的重要一环，也是社会康复、职业康复等的重要支撑，具有不可替代的作用。必须将医疗康复摆上重要位置，切实推动其快速发展。为此我们提出如下建议：

一是增强医疗康复服务能力。鼓励地方根据自身需求和区域医疗规划，合理统筹资源，推动部分综合医院转型为康复专科医院，推进二、三级医院康复医学科建设。鼓励社会力量投资兴办医疗康复机构，大力发展康复医院、护理院、残疾人托养机构等各类康复服务机构。加强康复治疗（医）师、康复专科护士和护工、医务义工培训工作和人才队伍建设。

二是加快构建急慢分治、双向转诊的医疗康复服务体系。大力推进分级诊疗服务体系建设，推动三级综合医院康复医学科精细化、基层康复机构规范化发展。构建各类医疗康复机构间有机结合、各有侧重、分工协作的机制，保障大医院转得出，基层社区接得住，促进形成"急慢分治、分级诊疗、分阶段康复"的医疗康复服务新格局。

三是提升医疗康复服务规范化水平。组织制定修订医疗康复相关技术规范和操作指南，并加大宣传贯彻力度。进一步建立健全医疗康复早期介入管理制度，提高康复治疗效果。加强医疗康复质控工作，组织制订医疗康复服务质量管理与控制有关技术规范，推动医疗康复服务同质化。

四是不断提高医疗康复保障水平。针对此前出台的将9项医疗康复项目纳入医保报销范围的政策，建议有关部门组织开展一次专项督查，督促各地尽快落实到位。同时，加强调查研究，争取扩大纳入医保范围的医疗康复项目数量，将一批群众需求迫切，康复治疗效果明显，对于提高群众健康水平，节约医疗资源有积极意义的项目纳入基本医保。随着经济社会发展，不断提高基本医保对医疗康复项目的实际报销比例。

五是完善医疗康复服务项目定价政策。建议有关部门结合医药卫生体制改革，理顺医事服务和药品价格关系，合理确定医疗康复收费项目和指导价格，提高群众康复治疗可及性，调动医疗机构、医务人员从事医疗康复服务的积极性。

六是研究解决专业医疗康复人员职称问题。建议有关部门进一步细化医疗卫生专业技术人员职称序列，增加康复治疗师作为单独的职称序列，以利于医疗康复专业人员职业发展，提高专业化水平。

我国工伤康复面临的主要问题及建议

——康复问题系列研究之三

李　坤　孙慧峰

工伤康复是指运用现代康复技术和手段，减轻工伤人员伤病痛苦，最大限度地恢复其身体功能和劳动能力，促使其重返工作岗位。随着新型工业化和城镇化进程的不断加快，工伤风险呈上升态势，工伤群体对康复服务的需求日益增加，必须加快构建适应我国国情的工伤康复服务模式。

一、我国工伤康复尚处于起步阶段

1920 年，美国率先通过立法为工伤人员提供相关康复救助，当时主要偏重于事后补偿。二战后，随着现代康复医学的兴起和各国社会保障制度的不断完善，欧美日等发达国家逐步建立起了各具特色的现代工伤康复服务模式，不仅为工伤人员提供康复救助和社会保障，还强调通过系统的工伤康复服务，为他们重新就业创造条件。

我国工伤康复起步较晚，在 2003 年颁布的《工伤保险条例》中，才首次允许将符合条件的康复治疗费用从工伤保险基金中支付。2010年《社会保险法》和《工伤保险条例》的修订实施，明确了"工伤康复"的概念，并确立了预防、补偿和康复"三位一体"的工伤保险制度体系，规定工伤康复费用可由工伤保险基金先行支付。2007年，我国开始积极推进工伤康复试点工作，有关部门相继制定了工伤康复诊疗、工伤康复服务项目、职业康复操作等方面的试行规范。截至2014年底，全国已有20多个省（区、市）陆续开展了工伤康复试点工作，共有160余家工伤康复协议机构，累计为20多万工伤职工提供康复服务。从整体上看，我国工伤康复体系建设尚处于初创开拓期，制度模式、工作机制、配套政策和服务标准等还在试点探索中。这一阶段的明显特征是"重补偿、轻康复"，我国工伤保险基金年总支出的55%用于对工伤人员的直接补偿，其余主要用于报销医疗费，仅有很少一部分真正用于康复。

二、制约工伤康复发展的几个"堵点"

我国是一个工伤事故和职业病高发的国家，每年因工伤事故死亡约13万人，因工伤致残人数合计超过100万，截至2013年底累计报告职业病达83万例，这些群体对工伤康复服务有着巨大的需求。但与此同时，我国工伤康复体系的服务能力还有很大差距，尚有一些障碍亟需突破，主要有以下几个方面：

第一，缺乏预防工伤的有效机制。工伤预防在一定程度上是工伤康复的"守门人"。预防做得不好，将给康复造成巨大压力。国际劳工组织公布的数据显示，发达国家每年工伤死亡人数为发展中国家的一半左右，美国、德国、日本每年工伤事故死亡人数仅为6000人、3000人和1000人左右，职业病的发生率也远低于我国。这与发达国家高度重视工伤预防关系密切。比如美国、日本近 20 年来多次修订职业安全相关法律法规，形成了规定严密、标准严格、执法高效的工伤预防机制。德国法律规定，各类工伤保险经办机构可以"使用一切适当的方法"防止工伤事故和职业病的发生，不仅工伤预防措施完善，还建立了一套从物理、化学、生物、生理等多方面查明职业危害原因的数据分析流程。比如对一把钢锯的噪声可能产生的职业危害都做了测算，以最大程度地实施职业安全防护。而我国的职业安全工作由安监、卫生、人社、质监等多部门负责，各自为政，缺乏有效的监管协作机制。同时，法律上也未明确工伤保险基金可用于工伤预防的渠道和比例，难以从源头上遏制高危职业病和工伤事故的发生。这一问题已成为我国工伤康复领域的显著"短板"。

第二，对工伤康复的优先性认识不足。"康复优于补偿"是发达国家开展工伤康复的通行原则。这一精神在德国贯彻的尤为彻底，他们认为工伤事故发生后，最重要的不是对工伤者进行经济上的补偿，而是尽最大努力，对工伤者进行最好的康复。其中包括在工伤急性期提供最好的医疗条件，在职业康复阶段综合运用辅具适配、语言训练、体能测试、职业指导、职业培训等手段促进工伤者恢复劳动能力，以便重新实现就业。据统计，从 1960 年到 2004 年，德国用于工伤康复的费用占工伤保险总支出的比例从 18% 提升到 28%，而永久性工伤残障给付却减少了近 40%，大大减轻了政府财政及工伤保险的负担。我国《工伤保险条例》修订后，大幅提高了一次性伤残和工亡的补助金标准，到 2014 年已达到 2.5 万元和 48 万元，分别提高了 70%（伤残）和 300%（死亡），而法定的工伤康复医疗报销标准却没有大的调整，职业康复费用更难报销。在这样的机制下，加上很多职工特别是农民工对工伤康复的认识不足，担心康复后得到的补偿降低，因而拒绝接受工伤康复治疗。据人社部门统计，我国的工伤补偿标准高于大多数发展中国家，仅略低于发达国家，但工伤康复特别是职业康复的水平远远落后于发达国家，长远看这将阻碍我国工伤康复事业的良性发展，也易使工伤保险基金背上越来越沉重的支出"包袱"。

第三，工伤康复机构服务能力有限。主要表现为以下几个方面：一是我国总体上符合要求的康复医疗机构少，康复人才短缺，康复服务能力不适应工伤康复需求。二是治疗水平高的康复医疗机构更少，服务积极性不高。如中国康复研究中心、积水潭医院、宣武医院等，不仅康复床位少，而且由于工伤康复的报销控制严、支付能力不强，普遍不愿意接收工伤患者。三是职业康复服务能力严重不足，由于开展职业康复所需的人力、物力投入大、经济效益低，而且没有纳入工伤保险报销范围，导致医疗机构不愿意办，社会力量也很难介入。四是地域分布不均，工伤康复机构多集中在东中部地区，导致有的地方有需求但没机构，有的地方有机构但需求不足，形成了工伤人员"康复难"、机构"吃不饱"、工伤保险"有钱花不出去"并存的"怪象"。

第四，工伤保险基金结余不均衡。截至 2014 年底，全国工伤保险基金的年收入已接近 700 亿元、年支出 560 亿元，分别相当于 2003 年《工伤保险条例》实施前的 18.5 倍和 20.7 倍，基金累计结存达 1129 亿元，看似已具备加速发展工伤康复的实力。但实际上工伤保险基金结余很不均衡，50% 以上集中在少数几个东部发达省份，西部欠发达地区则结余很少，有的地方甚至处于入不敷出的状态。此外，工伤保险基金仅在 10 个省（含 4 个直辖市）实现了省级统筹，远没有达到"全国一盘棋"，因而相当一部分地方仍缺乏大规模推开工伤康复工作的财力支撑。

三、政策建议

大力发展工伤康复，不仅可以有力带动医疗康复、教育康复、职业康复，而且能够促进康复服务业、辅具业及相关行业产业联动发展，具有"牵一发而动全身"之效。为此我们建议：

一是严格实行"先康复、后评残补偿"。要不断完善相关法律法规和配套政策，明确规定工伤人员必须先参加系统全面的康复后，才能进行评残和补偿，彻底改变过去"评残补偿在先、康复在后"的旧模式，防止工伤者为了获得更多的补偿金而错过最佳康复时机。

二是强化工伤康复体系的职业康复功能。现代工伤康复的终极目标是恢复工作。"十三五"及今后一个时期，应整合资源，加大投入，依托现有医疗康复机构、职业教育培训机构、残疾人康复机构等，扩大工伤康复协议机构合作范围，积极发展职业康复专业机构，逐步建立起以职业康复国家级示范中心、区域性示范中心、地区性服务中心为骨干，以各类社会康复机构为辅助的多层次工伤康复及职业康复服务体系。充分利用社会力量及社区康复资源，增强基层和社区的职业康复服务能力，逐步构建以工作强化训练、技能再培训、社会心理辅导及工作安置协调为特色的社会化职业康复服务模式。

三是提升工伤保险基金统筹层次。加快推进工伤保险基金全国统筹，通过资金合理调剂等方式，引导和促进康复资源在东中西部地区均衡分布、协调发展。逐步扩大工伤保险基金用于工伤康复服务及辅助器具适配的支付范围和报销比例，提高资金使用效率。完善相关法律法规，允许工伤保险基金用于职业康复和工伤预防方面的支出，并随着经济社会发展不断加大支出比例。

四是促进工伤康复社会化发展。鼓励各类符合条件的康复机构提供工伤康复服务，政府应通过购买或协议管理等方式予以支持。建立和完善工伤保险基金支付与康复效果挂钩的机制，引导康复机构有效缩短急性期工伤康复的住院时间，重点考核工伤者的职业能力恢复程度和重新上岗率。严格落实相关法规，加大工伤保险基金、残疾人就业保障金等对各类工伤康复机构开展职业康复工作的扶持力度。

国外康复工作值得借鉴的几点经验

——康复问题系列研究之四

李　坤　孙慧峰

　　康复作为一个国家公共服务体系的重要组成部分，越来越受到世界各国的高度重视。欧美日等发达国家经过多年实践，构建起了各具特色的康复服务体系，在制度建设、服务提升、资源整合等方面积累了不少经验。目前我国康复工作尚处于起步阶段，借鉴吸收国外经验，有助于我们加快发展、少走弯路。经研究分析，有以下几条经验值得参考。

　　第一，以立法为先导发展康复。发达国家高度重视通过立法来保障老年人、残疾人、伤病者的康复权益，确保他们能够获得优质康复服务。美国是康复领域立法最早、法律体系比较完善的国家之一，其中《辅助技术康复法》规定各类残疾人、少数民族、贫困者、老年人都有平等享有和使用康复辅助技术的权利。德国的《残疾人保障法》则规定应向残疾人提供医疗康复、职业康复和社会康复等全面的公共服务，尽可能通过提供机会均等的社会化综合服务，帮助康复对象早日重返工作岗位，以减轻残疾人群体对社会福利的依赖程度。日本与康复保障相关的法律多达

217 部，其中《介护保险法》是基础和核心，规定政府要依托介护保险为全体国民提供康复医疗、长期护理、康复辅具等保障。

第二，注重医疗康复和其他康复服务的"无缝衔接"。从国际发展趋势看，现代康复强调将医疗康复与社会化康复服务体系"融为一体"。美国、加拿大、澳大利亚等国依托其较高的医疗卫生水平，发展了医院治疗为主体的康复服务模式，通过采取急慢分治、功能评定等方式，形成了从急性病医院康复、到恢复期专业机构护理、再到长期家庭照护的贯通对接。在此模式下，患者平均住院时间仅为 33 天，且 80% 以上都能得到有效康复，仅有少数需要接受长期家庭照护或专业机构护理，极大地提高了公共医疗资源的使用效率。欧洲大多数国家将医疗康复纳入公共卫生服务体系，并由政府部门牵头建立综合性服务网络，从国家层面一直延伸到基层社区。瑞典等北欧国家则将卫生、劳动、社保等部门以及各类承担康复服务的组织联合起来，建立协作委员会，统一调配资源、制定预算，根据各类康复人群的需求，形成了区域内医疗康复、工伤康复、残疾人康复等相互支持的服务机制，有效整合了各类康复资源，初步实现了以社会化"大康复"保障"人人享有康复"的目标。

第三，积极发展社区康复。与机构康复相比，社区康复主要依靠家庭、社区资源以及残障人士等需求者的自身努力，能有效降低康复成本，受到各国青睐。印度、阿根廷、蒙古和越南等发展中国家，就十分重视开展社区康复，普遍在基层乡镇卫生服务机构、社区服务中心建立康复站，组建由医生、护士、社工、心理咨询师、专业护理人员，甚至残障者本人及其家人共同组成的社区康复团队，就近就便开展形式多样、针对性强的各类康复服务。欧美日等发达国家面对日益高昂的机构康复医疗开支（如美国急性康复期的日住院费用就达 1000 美元 / 天），一方面采取严控措施，对达不到康复评定标准和超期住院的费用不予支付，另一方面通过加大投入、给予优惠和服务配套等方式，鼓励医疗机构将患者及时转介社区进行后期康复。

第四，建立了制度性支付保障机制。在美国，对于急性期康复、过渡期康复以及长期护理，医疗保险可以负担全部或大部分费用。即使进入长期康复护理阶段，个人支付的部分也仅占全部费用的 19%。对于低收入人群，则由医疗救助负担全部费用。德国通过其完善的社会保障体系，以医疗保险、养老保险、工伤事故保险、护理保险以及多种救济救助方式，保障每个公民的康复服务需求。在日本，康复治疗和训练的费用，以及 95% 的残疾人辅助器具费用由政府承担。此外，日本还通过建立介护保险制度，将大部分急性医疗康复、亚急性康复及居家护理等费用纳入介护保险支付范围。总体看，健全的支付保障制度有利于提高康复需求群体的购买力，从而形成供给充分、质优价廉的康复服务供给机制。

第五，重视科技研发和专业人才培养。一是辅助技术研发投入高。日本每年投入 7000 亿日元用于福利和康复领域的研究。美国则通过设立国家专项基金，支持大批高校、研究机构及 2000 多家中小企业共同参与康复科研攻关及成果转化。二是康复机构的配置科学。在美国，1000 张床位的大型综合医院，会配套一所 300—400 张床位的康复医院；德国配套的医疗康复机构床位数更多，同时还建设了大量的职业康复机构和社会康复机构，并力求康复资源合理布局、供求平衡。三是人才培养机制完善。欧美日等发达国家非常注重发挥交叉学科作用，大力培养综合康复所需要的各类专业人才。康复专业、课程、学制设置合理，重视实践，并制定了严格的康复职业资格认证制度。在英美等国从事康复治疗、辅具适配等都属于高薪行业，在日本从事养老护理服务更是令人尊敬的职业，上岗前考核十分严格。

第六，推动康复服务及辅具产业化发展。美国的康复辅具制造业的市场规模达到1300亿美元，年均增速超过其国内生产总值增速。德国的康复辅具品种多达3.2万种，日本则更多，有4万多种。德国、英国、澳大利亚、奥地利等国的高端辅具产品，通过不断加快前沿技术突破和新产品开发，在全球占据了不小的市场份额，比如我国每年5亿元左右的人工耳蜗政府采购项目，基本都被以上国家的几大知名品牌竞得。近年来，日本政府除了每年拨出近7000亿日元投入康复及辅具领域研发，自2010年又拨出近百亿日元专款推动"康复机器人进家庭"项目，着力加强技术标准研发，未来市场前景十分可观。

综上所述，我国应积极借鉴这些经验，大力推动康复工作全面发展。建议：一是加强康复立法，尽快出台残疾预防及残疾人康复条例，研究推进康复领域综合立法。二是加快发展康复医疗，将发展康复医学、临床医疗康复与推动社会化康复紧密衔接。三是积极推广社区康复，引导卫生、教育、人社、民政、残联等部门的康复服务资源在社区有效整合、形成合力。四是推动基本康复服务及辅具适配纳入医疗保险范围。五是加强国家级、区域性康复服务技术资源中心和骨干康复机构建设。六是大力推进集科技研发、产品生产、技术提升、服务优化为一体的康复事业联动发展模式，加快康复服务业、辅具业产业化步伐。

部分省区市分级诊疗制度建设调查

王汉章

分级诊疗制度是深化医改又一项新的制度设计，对解决看病难看病贵问题至关重要。最近，我们与有关部门就分级诊疗制度建设情况先后赴福建、浙江、上海和宁夏等省区市进行调研。期间，与政府部门、医院院长进行了座谈，还专门听取了部分医务人员、乡村医生以及城市和农村居民的意见。总的印象是，各地推动这项工作的积极性很高，医疗机构、医务人员以及城乡居民热切期盼，不少地方率先试点，取得了积极成效。客观地看，实行分级诊疗尚处于起步阶段，地方探索中还存在一些问题，有的甚至与建立分级诊疗的理念和方向还存在不小的差距，亟需因势利导、乘势而上，做好顶层设计，为全面建立分级诊疗制度打好基础。

一、主要做法和成效

从四个省区市的实践看，主要有以下三种方式：

方式一，上海市和浙江省以全科医生或家庭医生为纽带，对居民健康服务进行签约，实行基层首诊、分级诊疗服务。两个省份专门下发了开展分级诊疗试点方案，并出台了推进责任医生签约服务文件。核心内容包括两个方面：签约服务和转诊服务。签约服务主要有三点：一是签约方式。每位居民自愿选择社区卫生服务中心或乡镇卫生院的责任医生，签订1年期限服务协议，期满后可选择续约或终止契约关系。二是签约服务包。主要包括基本医疗服务、基本公共卫生服务和个性化健康管理服务。上海市把服务包细化成141项，使签约居民看得明白，也有利于加强对签约医生的考核。三是签约服务费。对签约服务对象按年收取人头服务费。服务费由医保基金、签约服务对象或财政共同分担。上海市签约服务费标准为120元/（年·人），主要由医保基金支付。杭州市签约服务费标准也为120元/（年·人），市区两级财政负担90%，个人承担10%。据介绍，今后财政将逐步退出，过渡到由医保承接。转诊服务包括门诊转诊和住院转诊。门诊转诊主要由首诊全科医生或责任医生初诊后，对难以确诊的患者转到上一级医院的专科门诊。住院转诊就是把住院患者上转到上一级医院诊疗或下转到基层医疗卫生机构进行康复治疗。

方式二，福建省厦门市以高血压和糖尿病为突破口，通过大医院专科医师与社区卫生服务中心全科医生结对子，形成"上下共管"分级诊疗服务。主要做法是以患者需求为导向，组成"三师团队"，即由三级医院专科医师、社区卫生服务中心全科医生和健康管理师组成团队，为签约患者提供全程服务。其中，大医院的专科医师负责制定诊疗方案，下转患者，定期到社区巡诊和指导；全科医生以签约形式将符合条件的患者纳入服务网络，根据专科医师诊疗方案进行日常治疗和管理，上转患者；健康管理师负责日常随访和健康教育，安排双向转诊事宜。

方式三，宁夏盐池县以医保支付制度改革为抓手，引导城乡居民分级诊疗。宁夏盐池县与美国哈佛大学2010年启动了"创新支付制度，提高卫生效益"研究课题，目的是通过医保支付制度改革，探索建立适合基层医疗卫生机构发展的新模式。突出特点有两个方面：一是明确了县乡村三级医疗服务机构的看病病种。村卫生室承担 50 种疾病诊治，乡镇卫生院承担 100 种以上，县级医院负责 299 种疾病。二是医疗费用包干。医保部门把县域内居民门诊费用打包给乡村两级医疗卫生机构，住院费用打包给县级医院，规定县级医院如将打包内的病种转到县外诊治，所需医疗费用要从县级医院总包干费用中按比例报销，这样做的目的是引导县级医院把患者治疗留在县内，减少县外看病转出率。

各地还出台了一系列配套措施，为建立分级诊疗制度提供有力支撑。主要有四个方面：

一是推行基层首诊惠民便民措施，让城乡居民到基层签约就医获得实惠。各试点地区为鼓励居民到基层就诊，都对到基层看病的患者送出了"礼包"。上海列出的优惠清单有 8 项。比如，基层首诊患者转诊到大医院可优先挂号、优先检查、优先住院，极大地缩短了患者到大医院就诊排队等候的时间；还减免门诊检查费，享受全程健康管理服务、优先获得家庭病床服务等。杭州市提前两周把市级医院 15%—20% 的专家号源分配给社区医生。

二是通过经济杠杆调控，引导患者基层首诊。主要实施了两种措施：一种是差别化的医保支付政策，拉开不同级别医疗机构看病的报销比例，越向基层报销比例越高。宁夏盐池县门诊费用村卫生室报销比例为 70%，乡镇卫生院为 55%，县医院为 30%；住院费用报销比例乡镇卫生院为 80%，县级医院为 70%，县外医保定点三级医院为 35%、非定点为 20%。浙江省杭州市在分级设置报销比例的基础上，还对签约居民首选社区诊疗的，给予更加优惠政策，门诊起付标准由 500 元下调到 300 元，经基层转诊到上级医院诊治的，医保报销比例与社区相同，使在社区首诊的患者比没有在社区首诊患者少花 30% 的医疗费用。再就是实施梯度式的服务价差。上海市分批调整了 229 项医疗服务收费标准，拉开二、三级公立医疗机构间的价格梯度，发挥价格的经济杠杆作用，引导常见病、多发病向社区下沉。

三是深化分配机制改革，有效调动基层医生和大医院专家下沉基层的积极性。调动医务人员积极性，对做好分级诊疗工作非常关键。四个省份在这方面都下了很大的功夫。上海市签约全科医生年收入可达到 20 多万元，没有签约者只有 14 万元。浙江省规定对签约的服务费主要用于提高签约医生的劳动报酬。杭州市把签约人头费用的 70% 用于提高全科医生团队的收入，签约医生的年收入比不签约的要高出 3 万—5 万元。让大医院医生下沉到基层，也是做好基层首诊的重要条件。厦门市为激励大医院专家到基层坐诊，财政专门拿钱进行补助，坐诊一天补助 550 元。上海静安区基层医疗卫生机构为吸引患者到此就诊，与大医院签订协议，对来坐诊的专家每次给予 300 元的报酬。

四是上下联动强基层，提升首诊服务能力。这是建立基层首诊、分级诊疗的基础。各地在加强基层医疗卫生机构服务标准化建设和人才队伍培养的基础上，还运用"三借力"的办法提升服务上水平。其一，借力大医院的专家。四个省份都通过行政手段或激励机制要求大医院下派医生帮扶基层医疗卫生机构。浙江省推进"双下沉、两提升"，实施百千万人才下基层工程。目前，城市优质医疗资源下沉已覆盖全省 60 个县（市、区）。其二，借力大医院的优质诊治技术。通过信息化手段，把基层医疗卫生机构的检验检查与大医院进行对接，形成"基层检查、上级诊断"的模式。比如，上海市社区卫生服务中心把患者心电图上传至大医院，5 分钟就能得到大医院的明确诊断，超声检查 30 分钟就可以知道结果，让基层群众在家门口就享受到大医院的优质服务。其三，借力大医院的设备检查。杭州市在 7 个县（市）由县级医院与基层医疗卫生机构建立临床检验、影像、病理、心电和消毒供应等"五大中心"，实现了优质资源的共享。

综合看，以上三种改革方式各有特色。厦门市突出的亮点是建立了大医院医生下基层的新机制，为基层服务能力弱的机构如何与大医院医生共同组团和社区居民做好签约服务探索出了新路子。但我们了解到厦门市改革的初衷主要是做好高血压和糖尿病的防治，财政投入力度也很大，而且厦门市基层社区卫生机构都隶属于大医院，与全国其他地区有很大的不同。改革的结果显示，厦门基层医疗机构门诊服务得到了大幅提升，但大医院的门诊量并没有减少，仍还在不断增加，没有实现改革的预期目标。因此仅靠单个病种撬动分级诊疗制度建设，难度很大。宁夏盐池县主要实行医保支付制度改革推动分级诊疗，手段较为单一，又是以科研为主，效果就打了折扣。比如，实行医保费用包干目的是让乡村两级医疗机构把好门诊、县级医院管好住院，各守一块，但结果是县级医院仍然看了大量的门诊病人，占整个县域门诊服务总量的 50% 以上，高于全国 43% 的水平，县外转诊率也居高不下，接近 20%，也高于全国 15% 的水平。上海和浙江进行了周密的制度设计，从签约服务做起，突出机制建设，虽然时间较短，但效果开始显现。截至 2014 年底，上海市 245 家社区卫生服务中心均已实行家庭医生制度，签约常住居民为 936 万人，占服务人口的 42%，签约居民年内使用家庭医生诊疗服务的占 68.1%。浙江杭州市签约居民总数达到 54 万，社区首诊率达到 61%。因此，我们认为，上海和浙江的做法是综合的、全面的，基本符合建立分级诊疗制度的大方向。

二、推进分级诊疗制度建设的几点思考

新一轮医改启动实施以来，我国建成了世界上覆盖人口规模最大的全民基本医保网。各级医疗卫生服务机构大都经过了改造重建，面貌焕然一新，医疗服务网络也是世界上规模最大的。客观地说，医改取得了巨大成效，对满足人民群众多元化的医疗卫生服务需求发挥了重要作用。但要看到，随着改革的不断深化，医疗卫生资源配置不合理、人民群众就医无序流动问题更加突出，形成了新的看病难看病贵现象。通过调研，我们感觉到，要最终解决好这个难题，实现人人享有基本医疗卫生服务的目标，推动分级诊疗制度建设势在必行，这是新医改进入新阶段的客观需求。

（一）推动分级诊疗制度建设的条件具备时机成熟。分级诊疗制度主要包括两个方面：一是分级诊疗的服务体系，二是分级诊疗的运行机制。分级诊疗的服务体系已经基本建成。分级诊疗机制方面，随着三医联动改革的持续推进，医保付费、价格调整、收入分配等关键环节改革都取得了新的进展，为分级诊疗制度建设打下了基础。各地推动这项改革的积极性很高，不少地区已经积累了丰富的经验。据了解，全国已有16个省份印发了分级诊疗文件，173个地级市、688个县已经开展了试点，2015、2016两年上海、浙江等地就会实现全覆盖。此外，社会各方也形成了广泛共识。调研期间，我们也感觉到政府部门、医务人员，特别是基层社区居民都支持和拥护这项改革。可以说，建立分级诊疗制度的形势是好的，只要趁势而为，就一定能够打开新局面。

（二）推动分级诊疗制度建设需要对供需双方进行有效的管理。从世界各国医疗卫生事业发展看，深化医改既要推动对供方的改革，提升医疗服务的效率和水平，也要强化个人的责任，引

导患者合理有序就医。每个公民看病（除急诊外）首先要到签约的家庭医生处就诊，否则医保就不予报销或大幅减少报销的比例，有的国家甚至规定大医院可以直接拒绝收治。这些年，我们在医疗保障、医疗服务改革方面下了很大的力气，但在强化需方责任，尤其是引导患者合理就医方面还是块短板。特别是有些改革措施表面上方便了患者就医，却也扰乱了就医秩序。深化医改到了新的阶段，有必要对患者的医疗行为进行引导和约束，逐步形成规范合理有序的就医秩序。

（三）推动分级诊疗制度建设要充分发挥好各级医疗卫生机构服务广大人民群众的积极性。我国建成了分级医疗服务体系，在农村有县乡村三级医疗服务网，在城市有社区卫生服务机构和二、三级的医院，这是世界上独一无二的宝贵财富，是解决人民群众看病就医问题的最大本钱。但由于没有建立有效的分工协作机制，各级医疗机构的作用尚未得到充分发挥，没有形成保障人民群众健康的整体合力。到 2014 年底，全国基层医疗机构有 91 万个，大中医院有 2.6 万所，基层医疗机构个数是医院的 37 倍，但却只承担了总诊疗量的 57%。从国际上看，医疗服务的主战场在基层，诊治服务 80% 以上应在基层解决。基层医疗卫生机构的主要职能是防未病、治小病、转大病，大医院重点是做好住院服务。做好分级诊疗工作，促进普通门诊向基层下沉，既可以激发基层医疗机构的活力，调动广大基层医务人员的积极性，也可以分流大医院的患者，使其腾出更多的精力看大病、解难症，切实做到优势互补，共同守护好广大人民群众的健康福祉。

（四）推动分级诊疗制度建设是强基层的重要举措。新一轮医改是从保基本做起，从强基层起步的。过去强基层，靠的是财政投入，靠的行政命令，要求大医院出钱出力出人到基层帮扶。实践证明，这种方式强基层，只是面子光鲜，里子还是很虚，不可持续，也很难赢得老百姓的长久信任。实行分级诊疗，强基层就有了抓手，也有了压力和动力。从各地实践看，自从开展分级诊疗制度改革试点后，各方面都开始围着基层转。卫生行政部门的同志说：引导老百姓到基层看病，就要对他们健康负责，每天脑子里考虑要解决的问题都是基层的。我们感觉，这种局面长此下去，基层何愁不强。

（五）推动分级诊疗制度是构建和谐医患关系的治本之策。目前，一些地方经常出现冲击医院、扰乱医疗秩序，甚至打人伤人的事件。为什么会出现这种紧张情况，有的归结到患者身上，也有的认为医德医风滑坡是重要原因。我们感觉到，医患紧张既不能埋怨医生，也不能怪罪患者，从根子上说是由于就医秩序混乱导致的，是我们的制度设计出了问题。厦门市人民医院，2014年门诊总量达到540万人，如果扣除节假日，每天就诊的患者有2万多人，再加上陪护的亲属，狭小的空间就有近4万人在来回穿梭，医院本来应该是安静温馨的地方，却成了人头攒动的"大市场"。患者看病心情焦急，医生劳累心情烦躁，这种战时状态，就为医疗纠纷埋下了"火种"，稍有不慎就会被点燃。而在基层社区，我们看到却是另一番景象，全科医生与社区居民关系亲如一家人，座谈的居民谈起社区医生都交口称赞，不少还建议要给他们增加收入，这种医患关系怎会发生纠纷？推动分级诊疗制度，把患者引导到基层就诊，缓解大医院的门诊压力，为医生与患者加强沟通创造条件，这是构建和谐医患关系的长久之策。

三、推进分级诊疗制度建设的建议

建立分级诊疗制度是事关医疗卫生事业长远发展的一项根本

性变革，将对医疗卫生领域利益格局进行全方位的重构，不可避免会碰到诸多痛点和难点，但要看到这项改革事关医改全局，躲不开、绕不过。实践表明，只要制度设计合理，各方共同努力，我们一定能够建立起中国特色的分级诊疗制度。为此，提出以下建议：

第一，牢牢把握"三个坚持"。一是坚持首诊签约。这是分级诊疗的重要标志。没有基层首诊，分级诊疗就流于形式。要做细做实签约服务包，制定签约费用标准，建立医保、个人以及财政多方共担的签约服务费用保障机制。鉴于我国城乡、区域医疗资源差距较大，要因地制宜，实施分类签约。在全科医生资源比较丰富的地区，重点推动全科医生与居民进行签约服务，对其他地区特别是农村地区，基层医生服务水平比较低，可以把大医院医生引导到基层，组建签约医生团队，赢得老百姓的信任。二是坚持居民自愿。考虑到城乡居民已经养成了"择优不择廉"的就医习惯，若采取硬性规定，可能激起患者的抵触情绪，给分级诊疗带来负面的影响。改革的起步阶段，不要急于求成，盲目追求签约率，要本着"积极稳妥、坚持自愿、稳步扩面"的原则，逐步扩大签约覆盖率，提高基层就诊比例。三是坚持政策引导。要以病人为中心，以服务为导向，特别是要充分发挥好医保支付和价格调控的撬动作用，使居民感受到基层首诊能够获得看病就医的优越感，让居民看到改革确实是有利于更好地维护好、保障好他们的健康，从而逐步认可、参与和支持分级诊疗改革。

第二，加大分配制度改革，调动医务人员积极性。建立分级诊疗制度，患者是中心，医方是关键，如果不把医务人员特别是基层医务人员的积极性调动起来，分级诊疗制度就会空转。目前，基层综合改革不时有反映医务人员推诿病人的现象，根本症结是现行的分配机制出了问题。推动分级诊疗制度建设，一定要突破分配机制改革这个"拦路虎"。建议按照"稳住存量、改革增量"的原则，对签约医生的收入进行调整，保持基本工资不变，绩效工资主要从签约经费中获得，通过这种方式促进医务人员由过去的"要我干"变成"我要干"。

第三，统筹做好配套改革，为分级诊疗提供有力支撑。调研中，地方的同志还提出以下建议推动分级诊疗工作：一要完善基本药物制度。这是基层居民和医生反映最为突出的问题，要抓紧研究，摸清基层群众用药需求，保障分级诊疗制度的顺利实施。二要加快全科医生培养培训。这是利长远的大事，强基层的关键。2010年国家已经专门下发了有关文件，但进展缓慢。建议有关部门组织专门力量把这项工作尽快抓起来。三要建立新的绩效考核机制。分级诊疗制度实施后，无论是基层还是大医院，服务导向、理念和内容都要发生变化，这就需要改革现有的考核机制，更好地调动医务人员的积极性。四要加快推动医疗服务价格改革，弥补大医院门诊服务分流后减少的收入，保障其正常运转。五要加强信息化建设，使基层医疗卫生机构与大医院、医保部门以及签约服务患者信息互联互通，共同做好居民的健康管理服务。

推动分级诊疗制度建设，意味着我国新一轮医改这艘大船驶入新的阶段，需要进一步统一思想认识，动员各方面力量集中全力加以攻关。建议有关部门组织专门力量，加强对推动这项制度改革的协调。同时，由国务院医改领导小组召开全国试点启动大会，对分级诊疗制度建设的各项任务进行全面部署。

关于推进分级诊疗制度建设的建议

王汉章

分级诊疗制度是深化医改的重要内容，不仅是落实"保基本、强基层、建机制"的必然要求，也是提高医疗卫生服务体系运行效率、增强医疗保障资金可持续性的有效途径，对于解决看病难看病贵问题具有重要的意义。

一、分级诊疗制度的国内实践

分级诊疗的概念最早是由世界卫生组织提出的。我国分级诊疗制度的实践是从改革开放后，特别是新一轮医改启动后开始出现的。不少人认为，新中国成立以后，我国已经实施了分级诊疗制度，改革开放后这种制度又被"革"没了。从实际看，计划经济条件下，人是"单位人"，每个单位特别是企业都自己办学校、办医院等各类社会福利保障，为职工及其家属提供公共服务。此外，当时户籍制度管理严格，交通也极不方便，人们各种社会活动（不仅仅是看病）都局限在极小空间。这个时期群众看病就医活动是计划经济体制下社会整个形态的集中反映，实际上是一种"分割"的医疗服务，只不过起到了分级的效果。严格意义上讲，这不是一种分级诊疗，更谈不上是一种制度。当前，随着医改的深入推进，不少地方对分级诊疗制度建设进行了有益尝试，主要做法有：

一是以全科医生或家庭医生为基础推动分级诊疗。这种模式主要是借鉴欧美国家的做法。上海最为典型。2011年上海正式启动家庭医生制度试点，核心措施是与服务对象进行签约，逐步建立一对一的服务关系。现在上海95%的社区已经推开，户籍居民签约率超过了56%，常住居民签约率也达到了42%。可以说，上海离建立基层首诊、分级诊疗制度目标指日可待。

二是医保杠杆撬动分级诊疗。主要是不同级别的医疗机构实行不同报销比例，越向基层报销比例越大。这种做法在全国较为普遍，但效果比较好的是宁夏盐池县和海盐县。主要措施：一是精准定位县乡村功能。经过摸底测算，明确村卫生室是50种小病、乡镇卫生院是100种以上常见病、多发病和常见病，剩下的归县级医院，非常明确，也易于考核。二是设置阶梯式报销比例。门诊报销在村是70%，乡镇卫生院是60%，县级医院是35%，还规定正常转诊，住院报销比例相对高一点，非正常转诊报销比例相对低一点。三是医保费用包干预付。乡村两级进行门诊包干，按人头预付，做得好的，结余的钱自己留用，极大地调动了医务人员积极性。目前这两个县的乡村两级门诊量已经占到了83.6%，基本实现了基层首诊。

三是医联体为平台推进分级诊疗。镇江最有代表性。镇江把全市医疗服务资源分为两个医疗集团。其中一个集团以人民医院为龙头，下辖四个医院，11家社区卫生服务中心。集团在社区建立糖尿病、高血压、肾病、中医、老年护理、康复中心，把集团内大医院慢性病患者的门诊及住院都剥离到社区，并要求医院科室主任和护士长定期到社区卫生中心查房，让患者安心在社区看病，同时，统一规划临检中心、影像中心、病理中心以及挂号中心为社区服务，提升社区服务能力。目前，社区门诊比例由 45%提高到了 55%。

四是慢性病健康管理为切入点实现分级诊疗。厦门在分级诊疗试点中推出"慢病先行、三师共管"的经验。从高血压、糖尿病等最常见、最易诊断、最好管理的疾病抓起。主要措施有两条：其一，组建由大医院的专科医师、基层全科医师和护士"三师一体"的服务团队，为慢性病患者提供全程一体服务；其二，建立慢性病管理服务平台，把大医院、基层机构和患者联系在一起，形成医院社区一体、专科全科一体、预防康复一体、患者自我管理和机构服务一体的慢病管理服务模式。

五是强制干预分级诊疗。其做法类似于计划经济管理模式，进行层层审批，限制病人就医流向。比如青海省转诊审批程序是：一级医院上转需要单位负责人签字盖章，二级及以上，需要主治医生签字，医院医保办审批盖章。

二、国际上分级诊疗制度的主要做法

从世界范围看，不论是国民健康服务体制的国家，还是医疗保险体制的国家，都把分级诊疗作为一项根本性的卫生制度加以推动。主要做法包括四个方面：

一是立法强制。比如英国制定了《国民卫生法》，德国出台了《健康保险法》，都明确规定公民看病就医必须在基层首诊。

二是医保推动。实行全民医保制度的国家，保险公司往往会与参保者签订合同，要求参保者看病就医除急性病外，必须首先看全科医生或家庭医生，否则医保将不予报销。

三是价格引导。比如新加坡的患者不经过基层首诊到大医院看病，需要额外支付 60 新元门诊费，而且住院费用中自付比例要显著高于基层首诊者。这样做使高收入者有选择的机会。

四是压缩大医院功能。世界上绝大多数国家，门诊和住院服务是分离的，大医院只提供住院和急诊服务，对普通门诊和慢性病治疗都由基层全科医生或基层医疗卫生机构负担。

三、推动分级诊疗制度建设的几点建议

综合比较分析国内外分级诊疗的做法，结合我国医疗卫生发展的实际，建立分级诊疗制度要紧紧围绕以下五个方面进行推动。

第一，建立分级诊疗的服务体系。这是分级诊疗制度的骨架。国外分级诊疗服务首诊主要依靠全科医生和个体诊所。我国的优势是建立了比较完善的服务网络。在农村，已经形成了县、乡、村三级医疗服务网。在城市，有三级医院、二级医院以及基层社区医疗卫生服务机构。当前，最亟需的是要把各级服务体系的功能要精准定位，特别是大医院不能越俎代庖、包治百病。

第二，提升基层服务能力，让基层承担得了首诊的任务。这是我国建立分级诊疗制度最大的一块短板。解决这个问题，重点要发挥团队优势，把大医院的专科医生和基层医生进行结对帮扶，组建医疗团队。各地分级诊疗做法大都建立了医师团队，这样做有多方面好处，既可以弥补基层的弱势，赢得群众信任，把患者引导到基层，也可以通过团队建设有针对性地在短期内提升基层服务能力，比如厦门组建的高血压和糖尿病医师团队，基层医生很快成为这方面的专家，还能够为老百姓提供全程式、一体化的服务。当然，提升基层医务人员水平，必须立足长远，加快全科医生培养培训进度。这是利长远的大事，今后要加大这方面

的财政投入。

第三，优化服务功能，主要是解决好大医院与基层医疗卫生机构的功能定位问题。具体来说就是要把大医院的部分功能疏解到基层医疗卫生机构。分级诊疗制度效果好不好，就要看大医院的服务功能是否真正疏解到基层。有的地方虽然实行了基层首诊，但到了大医院检查治疗还要从头来，结果是基层看了，到了大医院还要看，导致重复看病，反而增加了群众的负担，也浪费了医疗资源。现在有些大医院为了追逐利益，职能上出现了越位和错位，挤压了基层的发展空间。分级诊疗是推动科学定位各级公立医院功能的有效途径。比如，厦门把高血压、糖尿病的日常管理从大医院疏解到社区卫生服务中心，镇江将大部分慢病诊疗和康复护理转到了基层。分级诊疗制度的长远目标就是要将大医院的普通门诊和康复护理等治疗功能都要下沉到基层。

第四，完善分级诊疗机制。这是保障分级诊疗制度有效规范运转的关键环节。从各地实践看，不管是采取哪种模式，都是紧紧围绕医保这个"牛鼻子"进行制度设计。要建立以下 6 种机制。一是建立有效的激励机制。要从供需双方同时着力。要在实施阶梯式报销比例的基础上，通过按人头付费，对医疗机构和基层医务人员实行付费包干，搞好服务后，医保资金节约多，其收入就可以得到提高，有效鼓励医务人员和医疗机构通过服务留住患者。这也是国际同行做法。二是签约机制。就是要逐步使全科医生或家庭医生团队与患者签订基层首诊协议，建立牢固的服务关系。并实行签约人越多，其收入也就越高的机制。三是付费机制。目前，医保支付方式改革与建立分级诊疗制度还有不少差距，必须加快推进这项工作，为推进分级诊疗制度打好基础。四是上下联动机制。就是要处理好大医院与基层医疗卫生服务机构的关系，特别是大医院要主动与基层医疗卫生服务机构对接，比如建立绿色通道，优先转诊，优先住院，在开始阶段，把大医院的专家号划出一定比例给基层和全科医生，让患者能在基层首诊中得到好处。五是质量控制机制。主要是加强质量考核和评估，提升基层首诊的服务质量。六是监管机制。

第五，强化支撑。一是加快理顺公立医院价格体系。长期以来，由于公立医院手术、住院价格偏低，导致其依靠门诊卖药维持运转，这也是公立医院最大的利益所在。比如，北京的三甲医院每年门诊量大都超过400万人次，纯利润都在5个亿以上，如果把这块蛋糕切掉了，就必须把住院、手术的价格提起来，才能保障大医院运转，也才能使大医院有动力支持分级诊疗制度建设。二是推进信息化，使基层医疗卫生机构与大医院、医保部门以及签约服务患者信息互联互通。三是完善基本药物制度，扩大基层用药范围，满足群众基层首诊用药需求。

加强延安革命遗址
整体性保护建设的调查与思考

忽培元　艾庆伟

延安，是几代中国人向往的革命圣地，是中国共产党人永远的精神家园。延安宝塔山及众多的革命遗址，早已经成为人们向往的中国革命的精神标识。2015 年 2 月，习近平总书记视察延安工作时明确指出："要保护好文物，让人民通过文物承载的历史信息，记得起历史沧桑，看得见岁月留痕，留得住文化根脉；要注重发挥好红色文化资源和红色教育基地的作用，让广大党员、干部、群众，特别是青少年了解党的历史，传承党的优良作风，坚定跟党走；发展红色旅游要把准方向，核心是进行红色教育、传承红色基因，让干部群众来到这里能接受红色精神洗礼。"习总书记针对延安文物保护与红色旅游开发的重要论述，为全国进一步加强文物保护、革命纪念地建设与革命遗址的保护管理以及发展寓教于乐的红色旅游指明了方向。同时，也把延安革命遗址的保护管理提到了一个新的高度。

一、延安革命遗址保护成绩不小、问题突出，整改工作迫在眉睫

穿行在延安城的大街小巷，你其实就行走在一个革命遗址群

落之中，更像是步入了一座巨大的红色博物馆。宝塔山、延河水、凤凰山、清凉山，到处是党中央、毛泽东同志和中央机关单位延安时期留下的革命遗址与红色记忆。可以毫不夸张地说，在延安几乎所有的沟沟岔岔，大街小巷都能找到当年延安时期的革命遗址。枣园的窑洞，杨家岭"七大"礼堂，王家坪八路军总部，花石砭西北局机关，桥儿沟鲁艺校址，南关陕甘宁边区政府机关，兰家坪丰足火柴厂，砖窑湾八路军被服厂，安塞张思德牺牲地，还有中国共产党办的第一所军政大学（抗大），第一所传授自然科学的专业院校（陕北公学），第一所青年干部学校（泽东青年干部学校），第一所综合性大学（延安大学），清凉山上的新华通讯社，凤凰山麓的党中央毛主席故居，小砭沟中共中央党校，延安新市场，南关边区政府礼堂，延安文化沟（大砭沟），陕甘宁边区保安处，新华书店，中山图书馆，洛杉矶幼儿园，国际和平医院，延安光华农场，延安民众剧团，解放日报社，新华陶瓷厂，还有那老城遗址的东西北三座城门等等，其中任何一个名字，喊出来都能让人眼前一亮，令人肃然起敬，产生历史的联想，引出一段动人故事。

在桥儿沟那座 1934 年由西方传教士投资建的天主教堂里，曾经召开过著名的中共六届六中全会。这里同时也是鲁艺旧址，堪称是中国革命文艺的摇篮。当年由此走出了周扬、何其芳、周立波、孙犁、贺敬之、古元、石鲁、王朝文、冼星海、郑律成等一大批灿若群星的新中国社会主义文艺的奠基者和领军人物。他们创作的文艺经典，影响和教育了几代中国人。如今，鲁艺旧址已经全面恢复了原貌，这是延安连续几届市委、政府接连不懈努力的结果。近年来为了更好保护发挥这一重要革命遗址的作用，省、市又决定在就近的桥儿沟规划建设中国革命文艺家博物院，采取遗址与博物馆巧妙结合的方式，形象生动地展示艰苦卓绝的峥嵘岁月，展现革命文艺家的丰富生活和他们的创作历程及辉煌业绩，着力打造呈现红色历史的精品景区、革命文艺的神圣殿堂和文化产业的精彩聚集地，为延安精神的传承和红色旅游发展增添新的魅力及活力。

延安历届市委、市政府坚持"保护为主、抢救第一、合理利用、加强管理"的方针，编制了《延安革命旧址群总体保护规划》，对全市 445 处革命遗址全部进行有效保护，其中 92 处重点革命遗址进行全面保护。完成延安革命纪念馆新建工程，维修保护了中央军委二局三局、陕甘宁边区交际处、中国医科大学等20 多处遗址。开展了周边环境综合整治，树立保护标志碑 200 多块。实施了枣园、杨家岭、王家坪等"十大"革命遗址保护提升工程。目前，已完成投资 26.9 亿元。其中宝塔山、凤凰山、清凉山、杨家岭等旧址外围清理拆迁完成，环境整治和品质提升初见成效。位于延安城南花石砭的中共中央西北局遗址及西北局纪念馆建成并正式对外开放，已接待参观者 8 万多人次。许多老革命后代看了旧址和纪念馆激动地说："几年前，看到旧址四周荒草丛生，窑洞被占，心里很难受。眼前旧貌恢复、展馆开放，令人欣喜。仿佛又看到了父辈当年血与火的战斗岁月。感谢老区人民对中国革命的一片深情。"

二、延安革命遗址保护与建设应当确立"群落整体性保护"和"立体多维度建设"的新理念

延安作为中国革命的红色首都，显然也是举世公认的革命遗址数量最多、规格最高、分布广泛、时间跨度又长，蕴含的历史信息与文化内容也最为丰富的中国革命圣地。毛泽东同志和中共中央在延安 13 年，总结、培育并锻炼了永放光芒的延安精神；孕育、丰富并实践了战无不胜的中国化的马克思主义，即伟大的毛泽东思想；不辱历史使命，运筹、部署并指挥了波澜壮阔的抗日战争、拉开了解放战争的序幕，创造了震惊世界的历史奇迹与胜利辉煌。可以毫不夸张地讲，没有共产党人延安岁月的奋斗业绩，就没有新中国的诞生和强大。用毛泽东同志的话讲，陕甘宁边区及其中心延安是"新中国的雏形"，是"我们一切工作的实验地"。从振兴中华的伟大进程意义上讲，延安也同黄帝陵一样，是最需要整体性保护建设和多维立体开发展示的一个当之无愧的中华民族世世代代都会高山仰止的朝圣之地。

延安现已勘定的 445 处重要革命旧址，遍布 1 区 11 县。可以说首都目前的每一个部委、全国的每一项事业都可以在延安找到对应的渊源和历史遗迹。延安市区内的 168 处革命遗址，很大一部分是党中央和中央领导人的重要故居。其中延安革命遗址、瓦窑堡革命旧址、洛川会议旧址等 5 处被确定为全国重点文物保护单位。延安革命纪念馆、枣园革命旧址、杨家岭革命旧址等 7 处被确定为全国爱国主义教育示范基地。全市目前建成有革命纪念馆 9 个，馆藏革命文物 52807 件。

但是更要看到，由于延安城三山对峙两河穿城而过，城市空间本来就非常狭窄，随着城市化进程的加快，革命遗址的保护管理利用与改善当地群众生产生活条件的矛盾日益显现。特别是随着经济的发展和城市人口的不断膨胀，延安城区的高楼越来越多，不少革命遗址保护红线内的土地被占用，有不少著名的景点（包括宝塔山在内）被新的建筑遮挡，有许多旧址在现代化的建筑群中被淹没。加之延安革命遗址大部分是土窑洞或 20 世纪初期的土木建筑，岁月的流逝造成建筑物风化、剥蚀、塌毁、破损等损坏现象较为严重，大都急需抢救维修。当年培养了共和国 5 位元帅、8 位大将和几百名将军、数千名抗日军政骨干的抗大遗址，如今几乎消失。当年那雄伟的门楼、宽阔的校园，如今只留下一个小小的复制门洞和规模很小的"抗大纪念馆"展室。这处重要的革命遗址，实际上早已湮没在充满商业气息的楼群与闹市之中。熙熙攘攘的闹市声，冲淡了庄严的历史感。类似情况，在延安较为普遍地存在。当年的新华书店旧址，如今只在延安日报社门前立有一块石碑。当年的延安市政府只在圣业大厦下立有一块石碑，游人几乎难以找到。著名的全国党代表大会旧址，在银海酒店旁只立一块黑板。这种现象，同革命圣地的崇高地位和美好声誉极不相称。许多老延安、党史研究工作者为此深感忧虑，广大游客也多有不满。

革命圣地延安，其影响与意义，属于全国，甚至属于世界。上述这些不容回避的问题，把延安革命遗址的整体性保护与立体多维度开发建设的使命严峻地摆在了我们面前。从某种意义上讲，这是一场红色保卫战，如同当年胡宗南进犯，党中央毛主席直接指挥西北野战军保卫延安一样，需要上下协调、全面统筹，高屋建瓴地拿出新的对策和方案加以实施。

三、延安革命遗址群保护建设中的问题不容忽视

调查中我们了解到，延安革命遗址保护与建设中存在的问题已严重影响着延安的发展和其作为全国人民向往的革命圣地的声誉与作用发挥，急需国家有关部门重视研究解决。

目前突出的问题，一是地方经济发展与革命遗址保护建设矛盾多，冲突不断。据调查，全市现有的 445 处革命旧址，维修开放的不到 40 处。大量遗址需要进一步勘定和研究论证，进而维修

保护并向社会开放。其中急需进行重点保护的初步统计有 92 处，概算总投资需 105 亿元（旧址本体维修 21.68 亿元、基础建设及环境整治 62.68 亿元、陈列展示及管护 20.91 亿元），加之延安革命旧址大都处在山区和城市建设核心区，周边多被机关单位和居民住宅包围，加强旧址本体维修保护及所连山体的安全治理、拆迁安置任务十分艰巨。二是场馆展示管理运行资金严重短缺。自从全国实行博物馆免费开放以来，中央财政为延安革命传统教育提供了一定支撑，但由于游客数量每年不断递增、景区不断拓展及部分设施陈旧老化的维护需求增大，每年日常运行和维护费用已增至 1 亿多元，累计资金缺口高达数亿元，严重影响革命纪念地景区的保护和建设。三是保护与建设工程项目资金严重短缺。正在实施中的中国革命文艺家博物院、陕甘宁边区革命英烈纪念馆、国际友人在延安纪念馆以及延安北京知青文化展览馆等项目，总计保护与建设项目所需资金约 14.61 亿元，仅靠延安市地方财力显然难以承受。四是展出内容往往会出现以地方个别领导或主办者的好恶而随意取舍或变更的严重现象。艰苦卓绝的西北革命斗争在中国革命中不可替代的特殊历史作用众所周知。2000年年初，经许多西北老同志郑重提议，中央同意并委托中办、中宣部审批通过展出方案，并请德高望重的西北老革命习仲勋、马文瑞分别题写展名的《西北革命斗争简史陈列》终于布展完成并向公众开放。令人费解的是，这个陈列馆竟然在以后不久的纪念馆改建过程中莫名其妙地悄然消失，连二老生前抱病亲笔题写的牌匾如今也不知去向。再如，新建成的延安纪念馆新馆重新布展时，竟然将一位德高望重老革命的照片换成了令计划的父亲，引起参观者强烈不满。五是地方发展利益与遗址保护需求矛盾日趋突出。长期以来，延安市区及各县地方发展利益冲击革命遗址保护与建设的事件屡有发生。由于看问题的立场和角度及切身利益不同，事实证明仅靠地方政府很难公平公正地协调解决好这些矛盾。

四、几点政策建议

一是建议国家有关方面把延安革命遗址群落的保护与建设纳入国家总体盘子，统一规划，统筹安排、统一管理。通过加强顶层设计和宏观把控，以便从根本上解决长期因领导体制不顺、地方观念局限和短期行为干扰所造成的难以消除的问题和隐患。

二是建议成立相对独立的专门的管理协调机构，集中相关职能部门的领导、各有关方面专家及学者形成强有力的领导与智慧合力。改革不适应形势发展的旧的规章制度，研究创新体制、机制，创新同新形势新要求相适应的新理念及新的运行方式，加强和推动保护及管理的专业化、科学化、法制化的良性运转进程。

三是建立延安革命遗址群保护与建设专项基金，在适当增加国家财政投资的基础上，依照市场规律，吸纳社会资金解决投资问题。四是实行条条为主，条块配合的领导决策体制，形成能够有效防止和及时排除种种干扰因素的权威的科学的运行机制。

融法于戏　施教以乐

忽培元

建设法治国家，是振兴中华重要的奋斗目标之一。全体公民特别是各级党政干部和广大青少年懂法、守法，是建设法治国家的基本要求。从 1986 年开始，我国实行五年一届的普法教育活动，这无疑是迈向法治国家的重要战略措施。眼下，30 年过去了，普法教育取得的成绩有目共睹。但同国家法治化发展形势要求还有很大差距。许多地方法治宣传还流于形式，"秋风过耳去、雨过地皮湿"的现象普遍存在。没有接受普法教育的空白人群还不少。普法宣传教育的内容也往往是理论同实际脱节，枯燥呆板，空泛乏味，不能入脑入心，很难收到预期效果。公民法治观念淡薄、许多领导干部不懂法、青少年无知犯法的问题依然普遍存在。这些现象从一定程度上看，严重影响了我国法治化的进程。2013 年 11 月以来，海南省司法厅会同有关方面从本省实际出发，根据不同人群的状况和问题，选择未成年人的普法教育为突破口，创新观念，精心设计法治教育的内容和形式，提纲挈领地开展了"为了明天——海南省法治文艺进校园"大型而持久的巡演活动。他们采取组织专家与文艺工作者深入实际，体验和了解生活，有选择、有针对性地创作出一批普法案例为原型的话剧剧本加以排演。演出中，在艺术感染的同时，辅之以主持人即兴宣讲、法治工作者同观众现场互动、法律专家当场释疑解惑等方式，晓之以理、动之以情，把青少年成长必不可少的学校教育、家庭教育和社会教育有机结合起来，营造出现身说法和综合普法的浓厚气场环境。每一次演出，无论是城市还是乡村，无论是露天广场还是室内剧场，都达到了令人惊奇的效果。真可谓每一场演出，都能感人至深，催人泪下，发人深省，引起轰动。笔者在五指山市观看了一场校园露天演出，受到强烈震撼和深刻启示。我国法治宣传教育工作如果都这样来做，那就从根本上解决了空对空的问题，真正把教育做实做活了。海南的经验，着实值得在全国推广。

一、深入调研探索，精心组织策划，针对问题，确定教育的重点人群、基本内容和行之有效的形式

海南省现有中学（含中职学校）591 所，在校中学（中职）学生约 66 万人，约占全省总人口 7%。一直以来，青少年思想道德、法治教育都是社会关注的热点难点问题。经过六个五年的普法教育，青少年违法犯罪案件总体有所下降，但是由青少年吸毒、寻衅滋事等原因引发的治安案件还是不断发生，且犯罪主体呈现出低龄化和团伙共同犯罪的特点，严重影响社会稳定和长远发展。究其原因：一是受应试教育风气的影响，青少年法治教育得不到足够的重视，而且教育途径单一，方法呆板生硬。二是校园周边环境被严重"污染"，违规网吧、电子游戏厅和各种带有淫秽、暴力等不健康内容的刊物、音像制品及网络游戏充斥，在很大程度上削减甚至抵消了正面教育效果。三是每年 2 万多名辍学生和未续读高（职）中的学生流向社会，在校期间没有得到良好法治基础教育，法治观念淡薄，又缺乏自我管理能力，成为不容忽视的一大社会隐患。为此，海南省司法厅及普法办深入调查研究，精心组织安排，针对上述情况，在全省开展了"为了明天——海南省法治文艺进校园"巡演活动。

二、认真组织编排，严把艺术水准，组织一支专兼结合、常备不懈的普法宣传演出队伍

从 2013 年开始，海南省司法厅组织调研组多次到海口市未成年人法制教育中心深度调研，在反复研究 1400 多名边缘少年的档案资料后，由中心负责人主笔，编创出《家访》《力度教育》《毒魔》《阿丽的生日》《我想有个家》《迷失》《梦幻网吧》《阿海和他的哥们儿》等 8 部情景剧。为了能通过逼真的表演，用艺术魅力传递法治内涵，让青少年学生在深思中感悟，在感悟中逐渐强化法律意识、确立法治观念、形成守法自觉，演出团队在研究了大量真实案例和视频资料的基础上，深入到海口市未成年法制教育中心与多名边缘少年面对面交流。一个个青少年违法犯罪的典型案例深深地震撼了演员们，体会到用舞台艺术传递法治教育是一件很有意义的事情，是一种责任和不可推卸的职业使命。他们组建了由专业话剧团体和法律工作人员相结合的演出和宣讲队伍，常年坚持在普法宣传第一线。文艺工作者、法律专家、演出团队的演员只领取极少的生活补助，凭着对未成年人的关爱和对青少年法治教育工作的崇敬，以一种使命与担当，为全省青少年学生奉献出自己的真情与精彩。

三、学生、教师、家长、主持人与法律专家同时观看，现场点评互动，共同完成一堂生动感人的法治教育大课

通过8部情景剧将典型案例搬上舞台，用真情实感、幽默诙谐的表演，展示当前未成年人教育中存在的突出问题和诸多困惑，既让人触目惊心，又感人至深、发人深省。如15岁的小龙（化名），一个聪明可爱的孩子，由于受到黑社会题材影视的影响，因盲目讲"哥们义气"帮同学与他人厮打，拿刀伤人后，被派出所送进了海口市未成年人法制教育中心。小品剧《阿海的哥们》再现了小龙当年的故事，舞台上当参与斗殴的阿海被拷上手铐的刹那，让孩子们深感震撼。该剧引导教育青少年学生如何避免盲目冲动，懂得"哥们义气和两肋插刀"不仅害人害己，而且毁掉了无数幸福的家庭。巡演活动区别以往的做法是，在每场演出过程都特别安排了互动环节，学生、家长与老师围绕"早恋""暴力教育""生活恶习"等话题与普法专家进行现场互动交流。通过专家学者的答疑解惑，加深学生对法治知识的理解，激发学生学法的兴趣，培育、强化他们的守法观念和维权意识，让广大师生、家长和社会各届人士在愉悦与深思中接受法治教育和法治文化的启迪熏陶。

四、坚持常年全省巡演，师生家长喜闻乐见，法治文艺进校园形成一大品牌

海南省法治文艺进校园巡演活动开展两年多，至今已走遍了全省除三沙市以外的25个市县区、洋浦开发区和18所省属中等学校。至2015年10月底，共演出200余场，40多万名中学（中职）学生观看了演出，占全省在校中学生总数的61%。法治文艺

倍受广大师生和家长的欢迎。真实的故事，专业的演绎，理性与感性的碰撞，道德与法治的交融，用艺术魅力传递法治内涵，带给观众感动和启发。情景剧中"面对别人的教唆，如何正确应对""讲哥们义气，为朋友两肋插刀是好是坏""孩子叛逆，应怎样教育引导"等富有挑战性的敏感话题，引起观众的强烈共鸣甚至热烈争论。在现场互动时，学生关心的就是他们迷惑的，询问的就是他们缺失的；家长关心的就是对孩子的教育，询问的就是与孩子如何沟通的问题。琼山中学校长陈琪观看演出后深有感触，说自己当了30年老师，做了近20年校长，从未见过如此形式新颖、气氛踊跃、印象深刻的法治教育活动。陵水中学的王伟同学在观看演出后动情地说："我们没有一个人提前离席，演出带给我们深刻的警示意义，让我们明白知礼守法，一百减一等于零！"活动在省内外引起强烈反响，受到省委省政府充分肯定和有力支持。国家司法部部长吴爱英亲自批示肯定，《人民日报》、中央电视台等数十家媒体专题报道，形成普法宣传的一大品牌。

五、海南省创新法治宣传教育的基本经验和启示

主要有以下几点：一是普法教育必须采取人们喜闻乐见的形式，不能只是呆板说教，枯燥灌输。无论对象是谁，内容如何，都必须努力做到形象、具体、生动、典型化，才能入脑入心，通过艺术魅力传递法治内涵，让人们在深思中感悟。把法治知识通过艺术表现形式传达出来，让人们在愉悦观赏中接受法治文化熏陶，达到寓教于乐的目的。二是普法教育的内容必须密切联系教育对象的思想实际，讲究针对性和实效性，切忌空泛、笼统、一厢情愿。特别是要现身说法，通过真实案例演义，让各方当事人零距离沟通、交流，使每个人既是宣传者；又是受教育者，通过

教学相长，角色互换，真正使法治宣传教育变被动灌输为主动和互动接受。三是普法教育不仅仅是法律工作者的义务和责任。必须根据宣传教育内容的需要，着力打造一支专兼结合、上下联动、多方互动的高素质宽领域的人才队伍。四是普法教育必须立足当下、放眼未来，确立常抓不懈、持续推进的思想，切忌急功近利，形式主义。同时，注重运用现代化的教育手段和互联网的传播优势，形成传统与现代相呼应的立体交叉宣传体系。五是普法教育的内容必须高屋建瓴，要自觉以社会主义核心价值观为统领，使之成为整个思想政治教育的有机组成部分。

长株潭城市群绿色发展的经验和启示

范 必 李 忠 卢 伟 滕 飞

长株潭城市群是我国典型的内陆地区老工业基地，2007 年获批为全国资源节约型和环境友好型社会（以下简称"两型社会"）建设综合配套改革试验区。在调研中了解到，八年来湖南省在长株潭积极探索绿色发展路径，缓解了这一地区经济发展与资源环境的矛盾，缩小了与东部发达地区的差距。长株潭城市群已成为中部崛起的一个突出增长极。

一、长株潭城市群推动绿色发展的主要做法

长沙、株洲、湘潭沿湘江呈品字型分布，是湖南的经济中心。在开展两型社会试验前，国有企业、重化工业比重高，环境污染严重，经济效益和人民生活水平长期徘徊不前。近年来，长株潭面貌发生了巨大变化。在遏制环境恶化的前提下，2014 年地区生产总值近 1.2 万亿人民币，是 2007 年的 3.3 倍。人均地区生产总值达到 1.3 万美元，超过了世界银行高收入国家 1.2 万美元的标准。实现这一转变，主要是采取了以下措施：

在搬迁改造中升级，老区变新区。长株潭钢铁、有色、化工

等重化工业规模较大，重金属污染十分严重。2007 年湘江流域排放的工业废水达到 5.67 亿吨，其中汞、镉、铅、砷分别占全国排放量的 54.5%、37%、6.0% 和 14.1%。开展两型社会建设以来，对长沙坪塘、湘潭竹埠港、株洲清水塘等一批沿江老工业区进行了异地搬迁改造。新工业区不是原厂的简单平移，而是进行了升级改造，污染集中处理，极大降低了排放。企业腾退出来的土地纳入城市建设规划，改造为商贸区、居住区和城市绿化带，城市土地价值提高，人居环境得到明显改善。

产业绿色化，高碳变低碳。湖南制定实施了《长株潭城市群清洁生产水平提升计划》，改造提升钢铁有色、建材石化、烟花陶瓷等原材料工业，推广新能源发电、"城市矿山"再利用、脱硫脱硝等十大清洁低碳技术，引入一批高投入、高科技、低排放项目，形成了航空动力、轨道交通装备等产业集群，孕育出三一重工、中联重科、中国中车等著名品牌，以及一批在国内细分市场占据较大份额的节能环保龙头企业，如华时捷、凯天环保等。目前，长株潭已成为全国重要的工程机械、新能源等先进装备制造业基地以及电子信息产业、文化创意产业、建筑节能与绿色建筑产业基地，较为成功地实现了产业的绿色转型。

强化空间管制，"绿心"变"金心"。长株潭城市群大胆启用"生态绿心"概念，在三市交汇地区划出 522.87 平方公里的区域作为生态屏障，实施空间管制。出台《绿心总体规划》和《绿心保护条例》，将绿心地区划分为禁止开发区、限制开发区、控制建设区三个层次，建立国土、规划、林业、环保等部门绿心项目选址联合审查机制，实行最严格的建设项目准入制度。将绿心保护条例明确的责任逐项分解到三市政府和 12 个省直部门，并纳入绩效评估考核范围。随着"绿心"生态环境的改善，这一区域成为高科技、文化旅游、现代服务等高附加值产业集聚地，城市品质得到极大提升。

环境治理市场化，发展阻力变动力。在很多地方仍把环境保护看作发展阻力的情况下，长株潭较早引入市场机制进行环境治理，走出了发展与保护双赢的路子。一是开展合同环境服务。在畜禽养殖污染治理、城镇污水处理等领域，将治理和运营业务外包给第三方专业机构。二是政府购买服务、市场化运作。长沙市实施了全国规模最大的餐厨垃圾无害化处理项目，统一收集、集中运输、日产日清，市财政按 125 元 / 吨的标准给予收运补贴。三是开设环境污染责任险，保险公司利用保费杠杆调节企业环保投入。2008 年 7 月，首批 18 家企业投保。同年 9 月，株洲市昊华化工有限公司发生氯化氢气体泄漏，污染了附近村民土地，经保险公司评估，及时向 120 户村民进行了赔偿。这是我国首个环境污染责任险赔付案例，既化解了社会矛盾，企业也没有造成太大损失。

政策向人才倾斜，制造变创造。大力推进知识资本化、成果股份化。长株潭率先在全国实行两个 "70%" 政策，即知识产权入股比例可占企业 70%，科技人员奖金可占成果转让收入 70%。这一机制激励作用明显，仅中南大学的科研人员就领办或创办科技型企业 70 家，年产值超 100 亿元。面对高、精、尖人才严重不足的情况，试验区专设了长株潭 "两型社会" 引智专项资金，重点支持节能环保、电子信息、生物技术与新医药、新材料、装备制造等五个领域的引智项目。2014 年，长株潭取得 900 多项清洁低碳技术成果，工厂化住宅、重金属冶炼废水处理、新型智能电表、养殖废水生态治理等 35 项技术达到国内领先水平。过去的老工业基地已成为国家自主创新示范区。

二、经验和启示

目前，我国许多城市群与 2007 年时长株潭城市群的发展阶段、存在问题十分相似，从长株潭城市群建设两型社会、推进绿色转型的做法中，能够总结出一些值得借鉴的经验和启示。

第一，坚持绿色发展理念。从各地实践看，在某一个局部、某一个时点上体现绿色发展并不难，难就难在如何将绿色发展理念覆盖全局贯穿始终。湖南省在解决这个问题上，首先是以绿色化的城市群区域规划为总纲，配套制定 14 个专项规划、18 个片区规划、87 个市域规划以及 10 个专项改革方案，并在全国率先形成了两型社会建设标准体系，通过这些措施基本上将绿色发展理念覆盖到经济社会发展的各个方面。因此，各地落实"十三五"绿色发展理念，关键要从顶层设计做起，政府运用好规划、标准等各种政策工具，在全区域、全产业链、全产品生命周期体现绿色发展。

第二，打破城市间行政壁垒。我国很多城市群都在谋划一体化发展，但传统的以行政区划为单元的发展模式带来巨大制约。湖南省为解决这一问题，建立了以省委书记和省长牵头的长株潭发展协调机构，统筹协调重大政策，如涵盖三个城市部分地区的"绿心"实行共同保护；统一建设城际铁路，实现长株潭同城化；对湘江流域实行共同治理；医疗、教育、社保等公共服务三市共享。随着"通信同号、金融同城、交通同网、能源同体、环境同治"的实施，长株潭一体化发展步伐明显加快，成功跻身全国十大城市群之列。地区间行政壁垒是我国现行行政管理体制造成的，打破行政壁垒需要在体制内由更高层次的协调机制来解决。省域内的城市群协调发展，主要责任应当是省委省政府；跨省区的城市群协调发展，建议在中央层面建立协调机制。

第三，新产业发展与传统产业转型并举。传统产业以实体经济为主，重资产、高载能、高排放、劳动密集型企业较多。一些地方在结构调整中，较多地将各种优惠政策向新兴产业倾斜，容易形成新的区域经济结构雷同，带来新的产能过剩。长株潭试验区获批以来，对传统产业不是一关了之，而是在搬迁中升级改造。同时培育节能环保、先进装备制造、信息技术等新兴产业。我国经济行稳致远，既需要发展新兴产业，也需要改造传统产业，两具引擎不可失衡，需要政府在制定产业政策时搞好新旧产业间的平衡。

第四，政府能当"主角"会当"配角"。发展市场经济，政府必须把握好自己的角色。长株潭两型社会建设中，政府在规划和制度建设方面是"主角"，如编制实施区域发展规划、专项规划，创新科研成果的产权制度、分配制度等。但在微观经济活动中是"配角"，主要是改善营商环境、提高办事效率，搞好服务。随着我国市场经济体制改革的不断深入，地方政府今后担任"主角"的任务会越来越少，需要更多地担任"配角"。在城市群发展的不同阶段，政府应当适时调整自己的角色。

人口老龄化对就业的影响分析

胡 成

人口老龄化是人类社会发展的必然趋势，也是当今世界各国共同面临的严峻挑战。就业形势与人口老龄化有着密切关系。近几年来，我国人口老龄化加快，人口结构发生的新变化，对就业形势产生了重要影响，也给就业带来机遇和挑战。深入分析人口老龄化对未来劳动力市场和就业情况的影响，对完善我国就业政策具有重要的理论价值和现实意义。

一、人口老龄化对就业带来的影响

人口老龄化对就业的影响主要体现在两个层面：一是直接改变劳动力供给总量、结构，并影响劳动生产率的提高；二是通过消费结构和生产结构的调整，间接影响劳动力需求。

（一）**劳动力供给**。在人口规模不变的条件下，如果出生率低于老龄化速度，老龄化将导致劳动适龄人口在总人口中的比重下降，使劳动力供给总量减少。人口年龄结构老化、劳动力短缺的问题，目前在欧洲等发达国家比较突出。就我国情况而言，1953年第一次"婴儿潮"的出生人口，目前已进入老年阶段；1963—1965年第二次"婴儿潮"的出生人口，是下一步潜在的老年人口。随着他们退出劳动力市场，我国老龄化程度将逐步加深，劳动力市场也将逐步出现供给下降。2012年，我国15—59岁劳动人口第一次出现了绝对下降，比2014年减少345万人，预计2010年至2020年劳动年龄人口将减少2900多万人，我国人口红利趋于消失。

（二）劳动力需求。老龄化可为社会创造就业岗位，改变劳动力需求。一方面人口老龄化将提高社会的平均消费水平。老年人口的边际消费倾向显著高于劳动适龄人口，同时政府用于老年社会保障的费用也将大幅增加，这些都在客观上派生出对劳动力的需求。另一方面"银色产业"将成为劳动力需求的新领域。随着人口老龄化进程加快，对医疗保健、生活照料等服务需求的增加，老年护理、老年医疗等产业需求不断加大，这些领域大多属于劳动密集型行业，将为社会创造大量的就业机会。

（三）劳动力结构。人口老龄化同样将改变劳动力供给结构。从年龄上看，年轻劳动力的数量将越来越少，劳动力平均年龄将越来越大，许多传统行业对年龄起点的要求会逐步放宽；从就业方式上看，人口老龄化使得就业方式会越来越灵活，自主创业、择业、灵活就业将会更为普遍。

（四）劳动生产率。一般而言，由于年长劳动力的知识技能老化速度加快，知识更新速度相对迟缓，难以达到工作岗位的技能素质要求，人口老龄化会直接影响劳动生产率的提高。但部分特殊行业和职位，对工作经验的要求比较高，需要年长劳动力对年轻劳动力进行指导和帮助，对提高劳动生产率则会产生积极作用。

二、人口老龄化背景下就业问题将会更加复杂

（一）"十三五"期间就业压力依然很大。长期看，我国劳动力总量趋于减少是必然趋势，但这并不意味着就业压力降低，更不意味着不存在就业困难问题。"十二五"期间，我国 15—59 岁的劳动年龄人口数量开始逐步下降，但总的来看降幅有限，劳动年龄人口稳定在 9.26 亿左右。"十三五"期间，尽管人口老龄化趋势不断加重，但我国劳动力人口的数量也将维持在 9.12 亿左右。我国劳动力数量仍将稳定在较大规模，未来几年内的就业压力依然很大。

（二）劳动力成本随着老龄化不断提高。从长期来看，人口老龄化改变社会抚养结构，通常表现为生产性人口不断缩减，消费性人口不断增多，当经济社会发展对劳动力存在较大需求时，劳动力市场将出现供不应求的紧缺局面，必然带来劳动力工资成本的上升。同时，人口老龄化将提高人口抚养比，在不降低养老保障待遇标准的条件下，工作人口的人均养老保障负担将必然增加，全社会用于老年人养老、医疗、照料、福利与设施方面的费用大幅增加，提高了企业用工成本，宏观经济负重运行。此外，劳动年龄人口的知识结构、年龄结构不断提高，对工资、就业条件等诉求也在不断提升，这些也在一定程度上提升了劳动力成本。

（三）结构性矛盾将更加突出。我国正在加速人口老龄化的同时，经济结构也经历转型升级。一方面，老龄化带来劳动力供给、结构的变化，加快了企业及产业向技术、资本密集转型的步伐。一部分劳动力将无法胜任而被淘汰出就业岗位，这些结构调整中产生的失业人员技能水平普遍偏低，职业转换能力差，再就业难度很大。另一方面，我国劳动力总体受教育程度仍偏低。根据 2010 年全国第六次人口普查资料计算，全国 15—59 岁人口中，高中及以上受教育人口的比例为 30.8%，大学本科及以上受教育人口的比重仅为 5.1%。其中，从农村转移出来的劳动力更是以初中和高中教育占多数。由于产业需求变化、老龄化带来的劳动力供给变化不同步、不协调，造成了就业难和招工难并存的"两难"结构性矛盾。当前和今后一个时期，这种就业的结构性矛盾将日益突出。

三、政策建议

就业是永恒的课题。在经济下行、结构调整等背景下，人口老龄化进一步加剧了就业政策的难度。扩大就业，减少失业，是经济社会发展的基本目标，应当着眼于增加供给、创造需求、挖掘潜力三个关键，稳定和扩大就业。

（一）积极增加有效劳动力供给。有效劳动力供给，指的是符合市场、产业要求的劳动力。高校毕业生和新生代农民工等新生代劳动力，他们具有更高的劳动生产率和更强的适应能力，是未来有效劳动力供给的主力军。一是更加重视做好高校毕业生就业工作。坚持市场就业方向，拓宽大学生就业渠道，积极鼓励大学生创业，改善就业服务。二是加强劳动力的职业教育和培训工作。以农民工，特别是新成长的新生代农民工为重点，鼓励企业、职业院校和培训机构广泛开展各类职业培训，加大投入，提升劳动力质量，让他们成长为新一代的产业工人。三是立足长远调整人口政策。科学研判人口动态变化形势，适时评估人口生育率和总人口的变化情况，客观判断当前的人口政策对于生育率的影响，及早谋划，及时调整生育政策，延缓老龄化带来的诸多问题。

（二）千方百计创造更多就业岗位。一是继续深化就业领域改革，采取措施促进就业创业。进一步推进简政放权，加大金融、财税支持力度，以创新引领创业，以创业带动就业。消除影响平等就业的制度障碍，形成有利于劳动力要素自由流动、平等交换的市场体系。二是积极引导产业结构转型升级，创造更多的就业机会。合理调整产业布局和经济结构，一方面通过产业转型升级，创造更多适合高素质劳动者的管理型、智力型、技术型就业岗位；另一方面充分利用我国地域辽阔、地区间资源禀赋差异和发展差距较大的特点，积极推进产业区域间梯度转移，促进中西部地区劳动力就近转移就业。三是大力发展老龄产业。目前我国老龄服务事业和产业发展总体相对滞后，设施偏少、水平较低、人才短缺。老龄产业涉及家庭服务、医疗保健、日用生活、教育咨询、旅游娱乐等众多行业，是我国未来服务业最具潜力的领域之一，也是未来吸纳就业的重要领域。要积极鼓励老龄产业的发展，把它作为拉动内需、增加就业的重要措施，大力发展老龄产业，积极鼓励社会资本参与，创新完善相关政策体系。

（三）大力挖掘就业潜力。一是做好产业转移下岗工人的再就业帮扶。重视做好产能过剩、产业转型升级带来的失业人群就业问题，科学分析跟踪涉及的职工人数和就业需求，为转岗职工提供职业指导、职业介绍和职业培训，妥善做好劳动关系处理、社会保险转移和接续工作。二是重视并大力支持老年人就业。老年人更多参与就业是未来经济和社会发展的必然趋势，有利于进一步发挥人力资源潜力。一方面，要支持老年人在需要有较高的文化知识、技能和经验的领域就业，如教授、医生、社区工作者、守夜者等。另一方面，创造条件鼓励老年人创办经济实体、开办企业，这不仅不会抢年轻人的饭碗，反而会带动大批年轻人就业。因此，要进一步调整退休政策和养老金政策，延迟退休年龄，采取更加灵活的养老金领取办法；引入灵活的用工机制；采取措施确保老龄工人享有充分的继续教育和培训的机会，缓解老龄化对就业的负面影响。

应进一步挖掘和释放教育消费的潜力

范绪锋　周海涛　李　虔

当前，我国居民消费日益呈现井喷态势，正进入加快转型升级、更加多元多样的新阶段。国人素有重视教育的传统和望子成龙、望女成凤的心态，教育消费一直是家庭消费的重头戏。在国家公共教育服务体系日趋健全、居民收入水平不断提高的背景下，应进一步加强政策引导，让市场发力，满足群众日益增长的多样化个性化教育需求，在助力人力资本积累和社会创造力增强的同时，持续放大教育消费的经济效应，为稳增长、调结构大局作出积极贡献。

一、选择性教育需求持续升温，家庭教育消费潜力巨大

教育既是关乎民生福祉的公共产品，也是拉动内需、促进增长的重要引擎。作为我国四大消费热点（住房、信息、旅游、文教）之一，教育属于唯一的"卖方市场"。综合德勤、毕马威、普华永道国际会计师事务所以及中国投资咨询网的数据，我国教育培训市场规模已从 2010 年的 3000 亿元，增加到 2014 年的 9000 亿元，四年翻了两番。庞大的市场需求催生出大量的培训机构，在更多细分领域抢占市场份额。目前，约 2 万所已注册的营

利性培训机构，分布在外语培训、学科培训、考研/考级/公务员考试培训、幼儿早教、出国留学、软件培训、技能培训市场，并形成一批在国外上市的中国教育机构。2014年，我国教育上市企业营收达23.23亿美元，比2013年增长15%，净利润率平均在14%左右。

我国被全球众多教育投资集团视为最具需求强度和利润空间的新兴市场，教育培训市场规模将在近1—2年内达到万亿元，对跨界资本和人才有着很强的吸引力。一是互联网巨头持续加码加速布局教育培训行业，如百度立足于"百度知道+百度百科+百度文库"知识学习型产品，推出"百度教育"在线平台；腾讯利用广泛的QQ用户，推出"上线腾讯课堂"和"腾讯精品课"；阿里巴巴打造教育行业的"淘宝模式"，推出"淘宝同学"。二是非教育类机构大量涉足本行业培训市场。如明牌珠宝出资设立珠宝职业在线教育机构，森马服饰主攻儿童能力培养，旅游服务商携程主攻青少年游学业务，万达集团主攻0—8岁亲子乐园，而万科集团则主攻社区教育营地。教育作为基础性、刚需型民生服务行业，已经与地产、旅游、文化、印刷、传媒等多个行业实现了嫁接和延展，经济效益明显。

同时还应看到，当前个性化、创新型教育产品和服务催生的消费热点还相对分散零碎，未能大规模增加市场存量、形成稳定有效的教育消费和投资预期。统计显示，2010—2013年，我国家庭教育经费从0.41万亿元增长到0.49万亿元，复合增长率仅为4.66%。尼尔森对世界各国居民家庭储蓄与投资策略的调查发现，我国49%的家庭选择储蓄方式（或购买教育基金、银行教育理财产品等）为子女未来教育花费做准备，超出全球平均水平的34%。这说明大众消费者对于未来的教育支出能力、教育信贷通道仍缺乏信心，教育消费的良性循环还没有真正形成。

二、充分发挥市场机制作用，创新和扩大教育服务多样化供给

2014 年，我国社会力量办学总资产达 5000 多亿元。但调研发现，民间资本进入教育领域的"玻璃门""弹簧门"还不同程度存在，特别是"不得以营利为目的"的单一性规定、一些地方对民办教育的隐形歧视、现实中筹设期限的限制等，影响了社会资金投资教育的积极性。进一步释放和满足多样化教育消费需求，首先要让市场活起来，保护和调动社会力量参与和支持教育的积极性，创造更多更好的教育服务供给。

第一，提升民办学校的服务质量和效率。过去 30 年，我国教育资源紧缺，民办教育对公办教育发挥了重要补充作用；随着财政性教育经费支出持续增加，民办学校弥补公办学校数量不足的空间将逐步递减。新形势下，应鼓励民办学校成为选择性教育的主要提供方，适应城镇化步伐加快等时代要求，以鲜明的办学特色满足群众对更加优质、更加多样教育的需求。要鼓励民办学校成为市场化改革的高地，激活学校后勤社会化、委托管理、集团连锁经营等多种实现方式，通过与校外培训机构、行业企业合作，以产业战略统筹教育空间，实现工学结合、产教融合、校企合作，加快推动教育与工业、商业、文化、体育、旅游服务的融合发展，以教育服务带动社会消费。此外，还应探索"民办学校分类管理"框架下的营利性学校办学，催生一批新的市场化教育产品和服务，助力资本市场中上市教育公司的估值提升和品牌溢价，创造新的经济增长点。

第二，推动教育服务与"互联网+"深度融合。传统教育行业多年累积的壁垒和优势在"互联网+"时代皆有流失，更多新

技术、新资源、新主体的进入，加速了教育行业的重新洗牌、整合发展。互联网与教育的结合，绝不能是简单嫁接，而应当是从目标到内容、从思维到行动的无缝耦合。一是进一步普及互联网应用，大范围增加互联网教育潜在用户。截至 2014 年底，我国互联网普及率为 47.9%，超出世界平均水平，但低于欧美发达国家的 70%。互联网教育的用户增量以互联网用户的普遍增加为基础和前提，我国独有的人口优势为之提供了大量的潜在用户和利润。二是以互联网为媒介，降低教育产品生产者与消费者的链接成本，提高教育产品供给效率。互联网教育不断推陈出新，但对于用户而言，无论线上还是线下，学习效果才是检验产品质量的唯一标准。目前，在线教育产品大多只是将线下的资源照搬到线上，还未能摸索出互联网教育的独特模式；不少是通过对体系化课程的碎片化处理，让用户可以充分利用闲暇时间学习，系统性弱；多为单点突破、缺乏整体解决方案，导致完课率低、普及率低。如看似红火的互联网教育（MOOC）课程的未完成率常常高达 90% 以上，极少有一款产品可以推广到全国 10% 乃至 5% 的学校使用，产品升级尚需时间积累，用户粘性仍待增强。三是探索开发各类"互联网＋教育＋相关行业"的排列组合，培育教育市场新热点。利用互联网思维引入 O2O 模式，提供线上"淘宝"教育、"微课"教育和其他线下教育机会，建立免费"移动教育超市"，搭建广阔的教育消费平台，让消费者体验到零距离的教育消费；发展在线教育，提供"智慧的教育平台"和"移动的培训产品"，促进各领域工作内容和知识更新的跨界融合，满足知识加速更新时代的全民再教育新需求。

第三，通过"双创"增强社会兴教乐学的内生动力。以大众创业、万众创新为契机，形成市场与资本"双轮驱动"，鼓励商业资金用于教育创业投资，完善教育市场竞争，促进创业创新型教育企业快速成长；允许财政性资金、国有资金、自筹资金、外资以股票、证券、知识产权、土地使用权、遗产等法律允许的方式投入教育领域，探索混合所有制教育机构，激励教育创新，促进市场更有效配置资源。鼓励金融服务与教育消费升级、产业升级融合创新，在教育集团品牌打造中，大力推广政府和社会资本合作（PPP）模式，运用股权投资、产业基金等市场化融资手段支持教育服务业发展；鼓励发展对民众进行技能培训的免费或低收费教育项目；支持符合条件的教育服务机构上市融资和发行债券，鼓励金融机构拓宽对教育服务机构贷款的抵质押品种类和范围；同时，以融资市场化改革支撑支付能力，将教育资本、财政资本、金融资本和社会资本融合起来，培育全社会投资教育和消费教育的"自觉"。

三、强化政府服务与监管责任，引导教育消费健康发展

推动教育消费转型升级，政府作为规划者、引导者和监管者的责任不可或缺，必须把简政放权与加强监管、优化服务有机结合起来，把该管的管住管好，提升权威性和公信力。

第一，完善顶层设计，健全行业标准，全面改善教育消费环境。我国教育和培训行业总体态势良好，但一些教育培训机构良莠不齐，场地不固定、收费不合理、手续不齐全，教职人员资质"注水"造假，"培训门"事件时见报端；家长、学生和学习者的教育维权疑虑尚未根本消除。究其原因，主要是标准不明确、规则不健全，竞争秩序不规范，整个体系对消费升级的支撑作用还有待增强。顺应消费升级的大趋势，首先应加强对教育需求的合理预测和总体规划，研究出台由教育、发改、财政、税收、金

融、人保等部门共同认可的促进教育消费的政策，推动教育更好地融入产业链。其次，健全完善教育服务业质量体系，加强教育与培训行业标准化建设。积极鼓励公办民办学校、教育公司及其他行业组织参与国家标准和行业标准的制定，鼓励教育集团制定高于国家标准和行业标准的企业标准。再次，建设教育服务业标准化信息平台，健全各级各类教育产品提供方的动态信息数据库，加强国家层面的统计分析与预测，向消费者无偿公开相关信息，营造全社会齐抓共管改善教育消费环境的有利氛围，形成教育机构规范、行业自律、政府监管、社会监督的多元共治格局。

第二，强化政策引导，创新体制机制，完善联动可持续的教育服务体系。目前，财税金融政策与教育事业发展需求不完全适应，捐资免税力度不够，免税资质每年申报一次、有效期短，手续不便利；民间筹措资金与运行资金，一般不能质押和贷款，融资限制多，投保的可选择性少，空间有限。提升社会大众教育投入与消费的便利性，亟需加快破除体制机制障碍。一是增强教育投融资便捷性，引导更多民间资金投入教育。探索与我国教育事业发展需求相适应的教育财政金融政策，简化社会力量以现金和实物形式投入教育的行政手续，适当减少民间筹措资金的融资限制和投保限制。二是加快教育类事业单位分类改革。将从事服务经营活动的教育机构逐步转为企业，规范转制程序，完善过渡政策，鼓励其提供更多切合市场需求的教育服务。同时，分领域逐步减少、放宽、放开对外资的限制。三是明确相关的产权保护和保全规定。不仅明晰界定社会力量办学的性质和产权，还应针对教育投资资本退出程序和方式等内容做出详细规定。

第三，坚持放管结合，加强事中事后监管，促进市场主体活力释放。简政放权是激发市场活力，调动社会积极性的利器；但"放权"不是避重就轻，而是"放管衔接"、"宽进严出"。首先，进一步推进行政审批制度改革。简化教育行业审批流程，取消不合理前置审批事项。放开社会资金进入教育的管制，凡不使用国有资金的非学历教育项目，可一律只进行核准或备案；放宽办学层次、办学条件和筹设期限，教育机构办学层次和范围可随发展需求和基础准备情况，向上级主管部门申报动态变更；鼓励社会力量办学创新体制机制，保证制度链衔接到位，政策落实顺畅。其次，围绕市场主体的责任与义务，建立健全联合惩戒机制。综合运用经济、法律和必要的行政手段进行宏观调控和有效监管，推动教育服务业信用信息共享，将有关信用信息纳入国家信用信息公示系统，建立完善全国统一的信用信息共享交换平台，实行守信激励和失信联合惩戒，形成以诚信为核心的教育服务监管制度。加大对违规行为的查处力度，规范涉及群众利益的教育服务价格和收费秩序，依法查处垄断和不正当竞争行为，有效维护消费者权益，增强教育消费信心。

构建留守儿童关爱服务体系需要顶层制度设计和搭建服务平台"两手用力"

乔尚奎　李　坤　孙慧峰

近几年来，农村留守儿童意外事件屡屡发生，一再刺激公众神经，引起社会各方面的广泛关注。加快构建农村留守儿童关爱服务体系，解决好农村留守儿童问题，是政府"兜底线"的重要责任，必须谋良策、出实招、快见效。为此我们做了研究，到贵州毕节等地进行实地调研，搜集整理了国内外一些经验做法，提出了相关思路建议。

一、农村留守儿童问题频发，呼唤加快构建关爱服务体系

农村留守儿童群体的产生源于多年来我国城镇化进程中大范围的人口流动。目前我国城镇化率不到55%，处于城镇化中期，人口在城乡、区域间大规模流动的趋势短期内不会变，专家预测未来30—50年内，因父母外出务工而出现的大量农村儿童在家留守的现象还将长期持续。据统计，目前我国3亿儿童中有农村留守儿童6100多万人，平均每5个儿童中就有1个是留守儿童，其中还有200多万儿童处于无监护人照管的独居状态。如此庞大

的一个儿童弱势群体，如果长期得不到关爱和帮助，就会产生一系列危及儿童健康成长和家庭安定、影响社会和谐乃至国家民族发展的现实问题和重大隐患，集中体现在：

一是儿童安全保障受到严重威胁。由于缺少家庭保护和父母照管，留守儿童在成长过程中会面临更多危险。据媒体报道，2010年春节期间浙江天台多名留守儿童在附近的水库溺水死亡，时隔5天广西田陈村4个孩子烧死在无人看管的稻草屋，其中两名留守儿童的父母过春节也没有回来。2011年甘肃正宁县特大校车事故，死亡的20个孩子绝大多数是留守儿童。2015年7月湖南桃源县留守儿童在河堤戏水不慎跌入江中，他的奶奶和14岁的姐姐在施救时也落水溺亡。还有前些年发生在湖北黄梅县的伤害儿童事件，12岁小学留守女生因顶嘴被脾气暴躁的奶奶勒死，而此前这个由2位70岁老人和5个孩子组成的"留守大家庭"已发生过两起女童掉进水塘、粪池淹死的意外事件。惨痛个案的背后是沉重的现实。据统计，全国每年有5万多名儿童非正常死亡，意外伤害发生率是美国的2.5倍，其中大部分是留守儿童。2013—2014年"全国六类重点青少年群体研究"调查显示，一年中全国有49.2%的留守儿童遭遇过不同程度的意外伤害，且放假离校是高发期，其中暑期意外伤害的首要死因是溺水。除了溺水、车祸、跌落、中毒、割伤、烧（烫）伤、触电等导致的伤亡，留守儿童被殴打、虐待和性侵的几率也很高。在一些地方，留守儿童成为犯罪分子实施勒索、抢劫、拐卖等侵害的主要对象，并容易因互联网不良信息影响或社会闲散人员引诱、教唆，走上违法犯罪道路。孩子们的"悲剧"是"家庭之殇、社会之痛"。

二是会产生冲击伦理道德底线的"连锁反应"。我们实地调研的贵州毕节七星关区，2012年、2014年、2015年接连发生5

名留守儿童垃圾箱内死亡、多名留守女童被教师性侵、4名留守儿童家中服农药自杀的重大恶性事件。这些事件中，同时伴有家暴、遗弃、虐待、重婚、师德沦丧等严重冲击家庭伦理和社会道德底线的关联问题。让人更为担心的是，一些地方"一个老人带六七个小孩""大孩子照顾小孩子"的情况在持续增加，不少人把孩子扔给政府和学校就外出打工，有的甚至常年不管不问，孩子的健康和衣食起居全然不顾。

三是为社会安全埋下"隐患"。留守儿童问题的关键症结还在于"内因"。福建建宁县客坊中心小学组织全校180余名留守学生的心理测试显示，85%的孩子具有不同程度的心理问题，这在6000多万留守儿童中很具有代表性。关爱的缺失让正处于身心快速发育期的留守儿童，有强烈的被忽视甚至被遗弃的伤害感，许多孩子出现了性格孤僻、心理失衡、焦虑自闭等问题，不少孩子与祖父母等实际监护人沟通不畅，易产生反叛等故意偏差行为，甚至自暴自弃，从而沦为"问题学生""不良少年"。他们从小埋下了误解他人和仇视社会的"种子"，极易在不良诱导下走向违法犯罪。据测算，未来10年现有留守儿童的90%都会流入城市，如果不予以及时矫治和干预，相当一部分长大后会因童年经历演变为"社会边缘人"，这将给社会和谐安定留下重大隐患。

儿童是国家的未来、民族的希望。解决好农村留守儿童问题，是政府社会治理能力的重要体现。当务之急，必须由政府负起主责，发动社会各方面力量，想方设法尽快构建起一套管用好用的留守儿童关爱服务体系。

二、构建留守儿童关爱服务体系的"路径"探讨和现实问题

留守儿童乃至农村"三留守"（留守儿童、留守老人、留守

妇女）现象，是我国城镇化进程中较长时期的阶段性社会问题，解决起来不可能一蹴而就。多年来，国家通过采取法律的、教育的、福利的、社会的手段，进行过不少探索和努力，取得了一定效果，但都是零散的、碎片化的，缺乏系统设计和制度安排。最近，有关部门正在着手研究制定构建留守儿童关爱服务体系的框架意见，有关机构和专家也做了不少"路径"探讨。从宏观上看，现有提出的制度性安排，方向路子是对的，是管根本和长远的。但如何让制度安排更加贴近现实，解决急迫问题，需要进一步深入分析，"观其利""言其弊"，使好制度真正落得了地，尽快发挥作用。

（一）强化法定监护责任问题。运用法治手段保护留守儿童权益的导向完全正确，符合国际通行做法。比如新西兰等国家要求14 岁以下儿童不得独处，在美国有"父亲当众打孩子一耳光，坐牢 6 个月"的现实案例，韩国则对性侵儿童的实施化学阉割。其实我国民法通则、未成年人保护法、婚姻法等也对父母的监护责任作出了规定，并明确了剥夺监护权的 7 种情形。但由于比较原则，多年来难以执行落实，被社会舆论戏称为"僵尸法条"。要看到，国外法律的威慑力来源于良好的法治环境和全民法治意识，而在我国多数农村地区，法律观念还比较淡薄，打骂、虐待孩子的陋习仍大量存在。同时，随着男耕女织小农经济和家庭传统观念的逐步解体，采取法律手段剥夺监护权，反而给一些不负责任的父母"解了套"，尤其在当前政府加大关爱儿童力度的形势下，有的甚至干脆把孩子"甩包袱"给政府一走了之。在实地调研中，地方政府对这种执法后的"尴尬"就很有顾虑，他们认为在农村地区培养守法意识还需要一个过程。

（二）在学校开展关爱服务问题。我国义务教育普及率接近全覆盖，将学校作为关爱留守儿童的"主阵地"应当说十分有效，也是很多外出务工输出地的普遍做法。现在不少地方开展的"控辍保学"，打造学、吃、住、乐"四在"校园，送医入校，加强安保等措施，为农村留守儿童在义务教育年龄段提供了温暖安全的"避风港"。但目前看，放学后的管理还是个问题，即使是大量兴建寄宿制学校，留守儿童在"双休日"特别是寒暑假也存在监管空白，老师不可能24小时盯着学生。现在有相当部分学校普遍反映老师负担过重、待遇却跟不上，一些山区小学的校长干脆因责任风险太大提出辞职。

（三）加强福利保障问题。留守儿童中有不少仍处于生活无着的困境之中，的确需要加强福利保障。但随着农村物质生活条件的改善，外出务工父母收入不断提高，社会救助不断加强，很多农村留守儿童缺的不单纯是生活保障，更需要亲情关爱、精神支持和生活陪伴。而这正是行政化的救济救助、走访慰问等方式解决不了的。比如贵州毕节自杀的留守儿童，家里养着好几头猪，有上千斤玉米，3000多元存款，还有700多元政府救助金没有去领。从孩子的遗书及有关情况看，父母的漠视遗弃固然是推动这些孩子走向极端的"主因"，但自杀行为发生在干部们多次上门之后，也值得深思。谁该去上门，上门为留守儿童做些什么？显然仅靠干部上门送温暖发救济是不够的，还需要具备专业知识和能力的人士关爱孩子们的内心世界，这正是福利保障的局限所在。

（四）发动社会力量参与问题。积极鼓励引导社会组织、慈善团体、社会工作者等参与帮扶留守儿童，是一条整合资源、就近服务的捷径，能够为留守儿童多提供一道来自社会的"关爱屏障"。但是就我国农村地区的现状而言，留守儿童多、资金投入少、服务组织少、专业志愿者少、活动场所少的"一多四少"问题，与城市地区拥有大量的"青少年宫""儿童活动中心"等机构和服务资源形成了巨大反差，城市里很容易搞起来的各种青少年课余文化体育活动，在农村地区就很难开展，如何引导社会力量下乡入村，与家庭、学校合力形成农村留守儿童的社会化教育和监护体系，是一个亟需解决的课题。

（五）政府应急处置问题。一些地方政府提出要建立留守儿童应急处置机制，及时处理突发事件，沟通媒体、引导舆论。这是现代服务型政府应当具备的能力，但应考虑机制的常态化和可持续性，不能"矫枉过正"、总是处于"临战状态"。比如多次遭遇留守儿童突发事件的毕节市，当地政府在上级领导和舆论的压力下，一把手亲自挂帅，层层签订军令状，搞"七长"责任制（区长、教育局长、乡镇长和街道办主任、校长、村长、师长、家长）、"双线"（政府和学校）管理，把各级各方面的力量都发动起来，采取了严防死守、"人盯人"的做法。基层干部反映"连村委会都经常 24 小时连轴转，大家快崩溃了"，这样的机制显然难以持久。政府的应急处置关键是要形成从基层到县市级政府的常态化管理与预防机制，在基层要"有眼有手"，并借助信息化平台，动态掌握每名留守儿童的基本情况，突出重点、有针对性地防患于未然。

可以说，上面的几种"路径"探索，都是从制度设计来考虑的，共同特点是治病根、利长远，但都还存在着一些亟待解决的制度"漏洞"和现实问题，必须根据基层实际加以调整完善，防止在落实过程中变成好看不管用的"空中楼阁"。

三、就地取材搭建留守儿童"家门口"的关爱平台

从制度上、根子上来解决问题无疑是好的，但落地生效还要

有个过程。如果能利用农村社区现有设施和资源，把学校、家庭、村社等作为支点，通过"小改小革"、小投入换大效益，用爱心编织出一张就近就便服务的"安全网"，也不失为解决当前急需的务实之策。为此，我们总结提炼了一些部门、地方在服务留守儿童、养老助残等方面的经验和做法，为构建立足基层的留守儿童服务"平台"提供借鉴。具体提出五点建议：

第一，加快推动"儿童快乐家园"平台建设，为留守儿童打造形式多样的"少年宫"。由全国妇联、中国儿童少年基金会共同发起的"儿童快乐家园"项目，主要向社会募集公益资金，首期投入1500万元，建设150个为留守儿童提供有针对性的关爱服务平台，每一个点开办时给5万元资助，但不是给现金，而是向网商采购电脑、图书、文体用品、玩具等硬件设施，直接配送给试点地方，由当地聘请专人（如退休教师、村委会人员等）管理，为孩子们提供形式多样的文化娱乐活动。这个模式的最大好处，就是引入了社会力量的"源头活水"，逐步激活目前由妇联等人民团体建立的8万多个"儿童之家"，打造为农村留守儿童提供遍布城乡的关爱服务网络。城市儿童有"少年儿童文化宫"，农村更应加强以"儿童之家"为基础的"儿童快乐家园"建设。我们建议：除了引导各人民团体、社会组织、慈善机构等各类社会力量，"八仙过海、各显其能"，动员社会捐款捐物加快建设外，中央和地方财政也应当给予一定的支持，投入的重点应放在留守儿童集中的中西部农村地区、偏远地区。还要充分利用各部门现已举办的各类服务平台，比如教育部门的"留守儿童之家"、共青团的"留守儿童自立自强中心"、文明办的"乡村学校少年宫"、卫计委的"亲情聊天室"等，动员教师、乡村医生、大学生村官、巾帼志愿者、专业社工等各系统各方面的力量共同参与，沟通交流、相互借鉴，多做探索创新，努力为留守儿童提供有针对性的贴心服务。

第二，鼓励留守家庭结成"互助之家"，邻里守望照护留守儿童。调研中我们发现一些地方已初步形成了留守儿童家庭间的"互助模式"。比如毕节市海子湾镇插枪岩村，村民大多有血缘关系或同属一个少数民族，由于外出务工人员较多，一些相邻的家庭之间就以"口头协议"方式，由一家不外出打工的夫妻照料 2—3 家外出务工家庭的孩子。海子湾镇为支持村里工作，还专门建立了驻村"六员"（驻村工作员、安全巡逻员、卫生监督员、民生监督员、法律法规员、矛盾纠纷调解员）工作机制，为留守儿童"互助家庭"提供日常生活和安全卫生保障。我们建议：地方政府应鼓励支持这种留守儿童家庭间的互助服务，在亲情互助基础上，具备条件的也可以逐步发展成社会化的家庭寄养服务模式，以适当形式明确一些法定义务和报酬，充分调动家庭及村镇等各方面的积极性，促进形成遍布村寨的"关爱家庭"服务网络，使留守儿童在相对熟悉的家庭氛围和生活环境中成长。同时将其与学校教育和课余活动相结合，让邻里守望、家庭互助和学校支持共同发挥作用。

第三，借鉴"互助养老"模式，帮扶留守儿童自助互助。互助养老（也称"互助养老院"）是以建制村为单位、村级主办的养老新模式。它充分利用集体资金、闲置房产等，由村集体承担水、电、暖等日常运转费用，衣食医由老人和子女保障，老年人根据年龄和身体状况互相服务、共同生活。这种模式最大的好处，就是适应农村老人"离家不离村"的养老需求、符合农村物力财力实际条件，每年集体开支仅几千元，老人每月只需花几十元，村集体经济好的中午还管一顿饭。为推广这一做法，中央专项彩票公益金 2013—2015 年已累计投入 30 亿元，建设 10 万个"农村幸福院"，大力支持互助式养老，主要服务对象是 5000 多万留守老人。目前该模式已在山西、内蒙古、湖北、陕西、甘肃等 10 余省份推开，仅河北省就建立起 2 万多家，覆盖了 40% 的建制村。这种模式值得借鉴，稍加复制改造，完全可以用于为留守儿童搭建服务平台。我们建议：一是在中西部地区尽快建设起一批留守儿童"阳光互助之家"，逐步扩大覆盖面。鉴于留守儿童的总体规模和分布，与留守老人比较接近，中央应考虑在资金投入、机构建设数量和标准上同等对待。二是支持各地把村镇废弃学校、厂房、农村书屋等公共设施充分利用起来，让"阳光互助之家"尽快落地，为孩子们提供集中学习和相互照顾的场所，实行以大带小、以强助弱，增进交流、共同成长。三是根据孩子数量，每村安排 2—3 名不等的留守妇女作为监护照料人员，让她们配合学校和村里管好留守儿童的课余生活，及时发现孩子们存在的困难和问题并帮助解决，填补寒暑假、节假日、"双休日"管理服务空白。照料人员待遇以购买服务形式每人每月发给一定的补助，由中央和地方财政共同负担，这既解决了儿童照料问题，又为促进留守妇女就业打开了渠道。

第四，创新推广"四点半课堂"，丰富留守儿童课余文化体育生活。"四点半课堂"是城市社区为解决双职工下班无法及时接孩子问题，开展的一种社会服务形式。它是课堂教育的延伸，可以更多的结合孩子们的兴趣爱好和活泼好动的特点，组织丰富的文化体育等活动，深受学生和家长欢迎，也很快被推广到农村留守儿童关爱服务中，在实地调研中就看到不少，效果很好。我们建议：一是加快推广农村留守儿童"四点半课堂"，上学时应以学校为主阵地，放假期间应延伸到"儿童快乐之家""阳光互助之家"及留守儿童"互助家庭"等。二是在开展文体活动的同时，也侧重组织一些寓教于乐的安全防护和法律知识等方面的教育活动，积极发动女干部、女教师、女企业家、妇代会代表等爱心人士，定期参与"四点半课堂"，结对做留守儿童的"爱心妈妈"，从学习、生活、情感上做近距离的关爱关心和沟通引导。三是要鼓励放假期间大批有体育、音乐和文化特长的志愿服务人员下乡为留守儿童服务，寒暑假期间，在不同学校、村落间开展体育文化活动及竞赛，组织留守儿童积极参加。

第五，依托信息化平台，建立留守儿童虚拟社区管理服务机制。借助信息化手段为分散居住的农村留守儿童提供管理服务十分必要，总结一些地方的工作经验，我们建议：一是提供信息定位和应急处理服务。针对一些已出现严重的心理及精神问题，甚至有自残自杀行为的留守少年儿童，要及时进行管控干预，可以借鉴开展社区矫治的工作模式，参考为重残儿童、失能老人配备的一些"电子腕带""定位书包""一键报警手机"等设备的做法，对重点对象随时跟踪定位，及时了解需求、处理危急问题，对有特殊需求的留守残疾儿童要及时提供抢救性康复服务、精神卫生保健和托养服务。二是架起亲子沟通的"爱心桥"。依托乡镇、村卫生计生等系统的视频设备，建立 QQ 群、微博、微信等，在村寨普遍设立亲情热线电话，方便留守儿童与父母亲情沟通，对残疾儿童、特困儿童可上门安装家庭式"亲情电话"。三是建设信息化平台，提高关爱服务的针对性有效性。通过逐步完善以县（区）政府为核心的信息化管理服务平台，在建立完善当地所有留守儿童电子档案数据库的基础上，认真分析研究服务重点难点，合理分配调度县（区）、乡（镇）、村等各级的管理服务力量及社会资源，不断扩大为留守儿童提供关爱服务的覆盖面和质量水平。

以上这些做法，都是有关部门和地方已经在做的，共同特点是贴近实际，易推广、易复制，可操作性强、见效快，既可以单独做，也可以结合起来做。目前一些地方已经开展了相关工作，但都还是星星点点，比较零散，多数尚未上升到政策层面，迫切需要将上述模式进一步总结提炼，加快在留守儿童集中地区实施推广，逐步构建起惠而不费、可持续的农村留守儿童关爱服务工作机制。

总之，解决农村留守儿童问题，必须将顶层制度设计与搭建基层服务平台结合起来，发挥各自优势，既立足当前、又着眼长远，"两手"发力、打出"组合拳"，促进各项政策措施综合显效，尽快构建起一个适合中国国情和乡土文化的关爱服务体系，为留守儿童的健康成长撑起"一片蓝天"。

补齐儿童福利"制度性短板"刻不容缓

——我国儿童福利制度改革问题研究之一

范绪锋　王深远　成海军

2015 年，贵州毕节发生的 4 名留守儿童服毒自杀事件，令人痛惜，也引发了各界对加强社会救助、完善儿童福利制度的深入思考。我国的儿童福利制度自 1959 年建立，目前已经形成了以国家保障为主、社会力量为辅的儿童福利服务体系，较好地起到了保障作用和稳定社会功能。但随着城镇化、工业化推进和市场经济的完善，儿童福利需求不断增加，问题不断涌现，暴露出这一制度的诸多"短板"。

一是家庭责任优先，政府角色补缺。在责任主体上，我国现阶段的儿童福利是一种"补缺型"制度。首先强调家庭的抚养责任和基础作用，不直接介入个人和家庭。只有当个人和家庭不能保障成员的生活时，儿童福利制度才介入。国家和社会只起弥补家庭及市场缺陷的作用，扮演"最后出场"的角色。

二是覆盖人群有限，保障功能较弱。受益对象仅限于少数符合条件的特殊人群，以孤儿、残疾儿童、流浪儿童为重点，而不是社会的全体儿童。目前我国 61 万名孤儿、3 万多名受艾滋病影响的儿童、15 万名流浪儿童是主要的受益对象。保障功能包括基本生活保障和救助、矫治、扶助等恢复性功能。

三是基层服务缺乏，农村儿童保障不足。我国儿童福利制度呈现出鲜明的城乡"二元分割"特征。目前，545 家儿童福利机构、800 多家社会福利机构中的儿童部，基本上都在地（市）级以上城市，县、乡（镇）社区（村）越往基层越缺少儿童服务机构、专业技术人员和工作经费等必要的资源，基层社区人、财、物保障严重不足。占全国儿童总数 30% 的城市儿童享受了 95%以上的儿童福利资源；而占全国儿童总数 70% 以上的农村儿童却只享有儿童福利资源的 5%。

四是偏重权益维护，生活保障欠缺。在福利内容上，我国儿童福利制度和相关的法律法规偏重于儿童保护方面的规定和内容，且这些保护规定大多是原则性和宏观的规定，缺少对儿童基本生活、教育、医疗、康复、住房、心理成长、社会参与、就业等方面的实质性福利内容。

儿童福利制度是世界各国解决儿童问题的基本制度，无论是对儿童的成长、还是维护社会稳定方面都占优先位置。目前，我国社会服务业仅占第三产业的 0.9%，儿童福利服务仅占其中的7.8%。面对社会转型期众多的流动儿童、留守儿童、流浪儿童、孤儿和弃婴、残疾儿童、大病儿童、困境儿童等多样化的服务需求，政府应保障市场经济的"底线"，承担起儿童福利制度建设的主体责任，将儿童福利范围适度扩大，建立"适度普惠型"儿童福利体系。充分发挥市场和社会的作用，共同满足儿童生活、教育、医疗、康复、心理成长、就业等多方面的需求。

第一，建立困境儿童"分类救助"制度。将儿童群体分为孤儿、困境儿童、困境家庭儿童，分类给予不同的福利待遇，保障他们基本生活、医疗、康复、教育和就业等服务。一是对重病、重残困境儿童发放基本生活、残疾和康复津贴。二是将事实上无人照顾（指父母没有抚养能力、重残重病、被强制戒毒或长期服刑在押、父母一方死亡另一方无法抚养等家庭）的儿童纳入国家保障范围。这部分"亚孤儿"约有 60 万—70 万人。三是重点围绕困境儿童和困境家庭儿童进行分层、分类、排序和定位，进行政策项目设计和组织实施。

第二，建立儿童福利"家庭津贴"制度。家庭津贴是国家针对孩子家庭给予的实物或现金支持，目前已经成为西方国家普遍性儿童福利制度，全世界 88 个工业化国家已经建立了家庭或儿童津贴制度，针对妇女和儿童实施救助、劳动保护和提供福利。我国目前有比较健全的计划生育政策，但一直没有儿童福利的"家庭津贴"政策。应根据困境儿童和困境家庭儿童的不同情况，建立生活津贴、残疾津贴、康复津贴和教育津贴等，支持脆弱的家庭。

第三，建立儿童福利"服务供给"网络。儿童福利服务体系应该向基层倾斜。未来我国儿童福利供给体系应"以居家为基础，以社区为依托，以机构为支撑"。儿童保护、福利制度的执行，最终要在基层社区落实。构建"市—县—街道（乡镇）—社区（村）"四位一体的基层服务网络，搭建基层社区儿童服务平台，充实基层儿童福利服务专业队伍，为儿童提供生活照料、看护、教育、康复、娱乐、亲子互动、生活托管、心理辅导等多样化的服务。目前已在 5 省 12 县试点基层儿童服务保障工作，在村、县建立"儿童之家"，对留守儿童、困境儿童提供帮助，取得了有益经验。

第四，构建儿童福利服务"PPP 模式"。积极发动社会力量参与儿童福利服务，构建"政府—企业—社会组织—个人慈善"的PPP服务模式。目前我国社会力量参与儿童福利服务热情高涨，社会组织发挥积极、灵活的特点，弥补政府在流浪儿童、留守儿童、儿童大病医疗救助等方面的不足，提供临时救助、院舍托养、健康营养、心理辅导、学业指导等服务。目前已有70多家慈善组织开展了130个儿童大病救助项目；北京市开展了对低保家庭未成年人教育和流动儿童融入城市服务。2013年社会各界慈善捐赠和准捐赠价值约1873.09亿元，占我国GDP的0.33%。其中，仅针对贫困地区儿童免费午餐项目，就得到3203.3万元捐赠，覆盖19个省区，91190人受益。

第五，促进儿童福利服务专业化和职业化。儿童福利涉及儿童生理心理、社会环境、工作技巧等一系列知识和技能，儿童福利的根本手段是服务。要充分发挥儿童教育人员、医护人员等多专业人才在儿童福利专业队伍建设中的作用，加强医生、护理员、特教教师、康复师、营养师、育婴师、心理辅导师、社会工作者等专业人才的培养与配备，实现适应需求、结构合理、职业化、专业化的儿童福利服务工作队伍。尤其要发挥社会工作专业方法和技巧对儿童开展服务，使儿童健康成长。

大力推进儿童福利法治建设

——我国儿童福利制度改革问题研究之二

范绪锋　王深远　成海军

依法保护儿童的生存权、发展权、被保护权和参与权，是国际通行做法，也是推进儿童福利制度改革的必由之路。目前，我国有关儿童法律法规和部门规章达 80 多项，形成了以宪法为中心、相关法律、行政法规、部门规章为主线的儿童福利法律法规体系，成为中国特色社会主义法律体系的重要组成部分，对推动儿童福利事业发展与社会治理发挥了积极作用。同时，我国政府还签署和加入了《儿童权利公约》《跨国收养方面保护儿童及合作公约》等 20 多项国际公约和宣言，范围涉及联合国、国际组织和国际 NGO 公约、宣言等，覆盖儿童养育、权益保护、吸毒、童工等领域，国际上有关儿童权益保护和生存发展的一系列公约、宣言都留下了中国的声音。

虽然我国儿童福利法治建设取得了很大成就，但由于《儿童福利法》缺位，救助保护体系不完善，法律的权威性和保障优势还远未发挥出来，还存在不少困难和问题。主要表现在：

第一，规多法少，立法层次较低。目前我国涉及儿童福利的

80多部法律法规中，主体是民政部门的"暂行办法"和"实施细则"，规范性和强制性不够。儿童福利作为一项高度社会化的事业，涉及政府、社会、市场、个人多方面的责任，涉及政策制定、资金筹措、管理和社会参与等，靠部门规章难以持续，需要立法保障。

第二，内容零散，缺少统一规范。现有儿童福利法律法规和司法解释大多散见、依附于成人的法律法规中，未能形成系统、专门的儿童福利法律体系。如亲权制度是父母亲对未成年子女的保护在人身、财产等方面的权利义务关系，但我国至今一直没有亲权制度，对未成年人的保护由《民法通则》规定在监护制度之中。未设立亲权制度，使父母子女关系规定过于简单，不利于对未成年子女的保护。未设立监护制度，使监护与亲权不分。在现实生活中，当出现弃婴时，父母的责任得不到追究，把所有的负担都压给民政部门。

第三，执行不力，缺乏可操作性。一些专门针对儿童的法律，如《收养法》《预防未成年人犯罪法》等，大多是权益保障立法，没有规定具体的实施方式、方法和部门，操作性差、弹性大、执法效果差。如《未成年人保护法》第6条规定："保护未成年人是国家机关、武装力量、政党、社会团体和其他成年公民共同的责任。"但在保护问题上，这些机关和团体做什么、怎么做、做到什么程度、如何协调等却没有具体规定。当儿童权益受到侵害时，究竟应该由哪个部门来处理、处理到什么程度等，往往没有明确规定。

第四，政出多门，缺乏协调、整合和问责机制。现有儿童福利行政法规涉及众多主体和部门。少工委、民政、司法、卫生、教育、财政、劳动、发改委、建设等部门，共青团、妇联、残联等团体，主体多元，在执行中往往出现重复和缺失。法律没有明确规定相关部门、团体的责任或者追究责任的后果。要么大家都抢着去管，要么谁也不想管，最终难以落实。另外，现有儿童福利法律法规强调政府的主导作用，公民、企业、社会组织、慈善机构等的力量没有被充分调动起来。

国家是儿童的最大监护人，儿童则是国家未来的主人。要推进依法治国和依法行政，首先必须注重儿童福利的"顶层设计"，突出"儿童优先"原则，借鉴国际经验和做法，整合法律资源，为亿万儿童特别是困境儿童福利撑起法律的"保护伞"。

一要尽快制定《儿童福利法》。在国家层面对已有的儿童福利法律、法规、政策进行修订完善，制定综合性的《儿童福利法》。规定儿童生活、医疗、教育、司法保护和其他保障，明确儿童福利服务相关程序。在此基础上制定面向各类儿童的专门法，建构完善儿童福利法律体系。在内容上以儿童发展需求为基础，在体系上针对儿童成长发展的各个阶段，并附带责任主体不能履行职责时的硬性处罚措施。

二要明确政府、社会、家庭的责任。厘清国家、社会、市场、家庭在儿童福利方面的责任。充分调动社会和市场的活力与内生动力，鼓励社会力量和市场资源参与儿童福利服务。明确中央政府和地方政府的责任分工，在法规制定、政策实施、健康服务、儿童保护、福利提供等方面的事权和财权的责任划分。

三要完善和落实儿童保护的相关规定。修改《未成年人保护法》，将"儿童保护"的相关规定落实到基层。如，建立强制报告义务，避免儿童在家庭遭受长时间虐待后被媒体曝光才受到社会关注；建立对受虐儿童的替代性监护制度，解决受法定监护人虐待儿童的生存发展需求；完善司法对于儿童福利领域的问题以及案件干预制度等。亦可参照发达国家"秘密医生"制度的做法，由医生、警察、社会工作者等参与儿童保护。目前我国已在20多个地区试点，如，昆山市建立了"未成年人保护信息系统"，这个"大数据"目前覆盖700多人，分成19类，构建发现、预防、监测、报告、转借和处置机制，保障儿童在遇到困境时得到及时救助。

"婴儿安全岛"的现状、问题与政策建议

——我国儿童福利制度改革问题研究之三

范绪锋　成海军

"婴儿安全岛"是为救助和保护弃婴而设立的临时庇护场所，体现着国家救助的"底线责任"。2011 年 6 月 1 日，我国第一个婴儿安全岛在石家庄市社会福利院建立。2013 年 7 月，民政部要求各地根据实际情况开展婴儿安全岛试点工作。截至 2015 年 3 月底，全国共设 38 个安全岛，分布在 18 个省（市、区），以东部沿海和中部省份为主。其中正常开放的 37 个，暂停 1 个。分布区域为直辖市 1 个、省会城市 12 个、地级市 25 个，还有 8 个省的 10 个岛即将开设。全国安全岛共接收弃婴 3654 名，其中直辖市、省会城市接收 2942 名，占全国的 80.5%；东部沿海城市接收 2229 名，占全国的 61%。

开展试点以来，各地安全岛不断克服困难，投入了众多的人力、物力和财力，出台了一系列行之有效的救治、养育和管理制度，对及时救助弃婴生命发挥了重要作用，体现了政府对病残儿童的"兜底"保护责任，引起社会各界的高度重视，也为下一步安全岛建设积累了宝贵经验。

一、当前婴儿安全岛的问题和困难

安全岛设立后分别在 2014 年春节和"六一"前后遇到了两次"送孩子高峰"。许多家庭专程把孩子送到发达地区安全岛，短时间内天津、广州、厦门、南京、西安、济南等成为"热岛"和"洼地"，出现弃婴激增、床位爆满、资金紧缺、人力不足等困难。

一是弃婴病残程度高。安全岛接收的弃婴多为病残儿童，且重病重残比率高。石家庄市安全岛 581 名儿童中，重病重残达 90% 以上；南京安全岛接收 500 名弃婴，残疾率高达 98.3%；济南安全岛接收的儿童残疾率达 100%。一些弃婴甚至同时患 2 种以上疾病或残疾，南京一名弃婴竟患有 13 种疾病。有的送入岛内时高烧 40 度，头上带着输液针眼。有的缺乏有效救助或已经放弃治疗，入岛时已生命垂危。

二是经费支出增加。患病弃婴医治时间长、医疗花费大，一般需要几十万到上百万元不等。医治、护理、养育、设备、人员支出等费用，使试点机构背上沉重的"经济包袱"。广州福利院开岛仅一个月医疗开支就达到 60 万元，是往年同期的 6 倍；天津福利院往年医疗开支约 100 万，设岛后猛增至 300 多万元；南京福利院拖欠治疗费近 400 万元。据粗略统计，平均每个孩子每年支出约需 7 万—10 万元。

三是工作人手不够。工作量增加、护理人员紧缺，超负荷运转。目前国家规定机构人员与被照顾儿童比例为 1:1.5，但"热岛"实际比例达到 1:5，护理人员还要三班倒。护理员收入只有 2000—3000 元。机构招工难，护理专业学生宁愿到医院工作，也不肯来福利机构。

四是场地、床位不足。弃婴数量增多使一些"热岛"超出承载能力。一些机构 2—3 个孩子使用一张床，人均生活空间逐渐 "缩水"。人员密度增加，使一些机构职工被带病弃婴集体感染。2014 年 3 月，广州安全岛负荷达到极限，运行 48 天后便宣布暂停。

五是媒体舆论争议。安全岛的出现引起了包括媒体在内的社会各界的广泛热议。绝大多数人认为，安全岛发挥了民政部门扶危救困的作用，体现了国家对人权的保护与尊重。但也有人质疑安全岛的设置鼓励了遗弃行为。甚至一些弃婴家长认为国家收治病残弃婴理所当然。

六是易生法律纠纷。婴儿进入安全岛后，公安机关须发公告寻找其生父母或监护人，期限为 2 个月。一旦孩子手术或变故，机构需承担责任。一些家庭因经济能力差而遗弃孩子，认为安全岛是暂时寄养孩子，等条件好了再领回去。2014 年仅厦门市就有11 名弃婴家长领回孩子。但按照相关法律，公告满 2 个月后即由机构依法收留抚养弃婴。

二、国外弃婴管理的主要做法

西方国家福利起步早，弃婴管理做得比较完善，实施了一系列允许妇女匿名生产婴儿或者匿名放弃孩子抚养权的做法，统称为 "合法匿名遗弃婴儿"。综合来看，国外解决弃婴问题的共性特征有：

（一）普遍设立弃婴保护设施。无论是发达国家还是发展中国家，也无论宗教信仰与否，均有类似于弃婴保护舱的设施，让不愿养育婴儿的母亲自愿放弃抚养权。匈牙利、德国、比利时、瑞士、荷兰、杰克、奥地利、意大利等多个欧洲国家设置了弃婴保护舱。印度、巴基斯坦、菲律宾、日本、韩国、南非等欧洲以外的国家也陆续设立了弃婴保护舱。

（二）社会力量和慈善组织运作。世界各国设立弃婴保护舱有三种形式。一是政府倡导与民间组织并行。如美国由各州颁布法案，印度基于州长政策设立弃婴保护舱，捷克得到社会事务部门的正式确认。二是由教会组织、社会福利组织、私人协会和慈善机构等运行。如意大利、比利时、南非分别由生命运动组织、母亲之母协会、希望之门孤儿院等民间组织运作。德国则由汉堡慈善机构实施完成，同时还为未婚妈妈提供帮助。三是由医院运行。如匈牙利、瑞士、菲律宾等国均由医院设立婴儿保护舱。

（三）弃婴保护催生儿童福利制度改革。弃婴在世界各国都是一个复杂的社会问题，涉及法律、福利制度、医疗保障、道德习惯、青少年性教育等各个方面。弃婴保护舱虽然只是在弃婴行为发生后采取的一种人性化补救措施，引发争议的同时，也引起了相关领域的关注，对整个社会解决弃婴问题起到了推进作用。如匈牙利因弃婴保护舱的设立而修改法律，使保护舱成为放置弃婴的合法地点。实行匿名生产法、弃婴保护舱和"安全港法案"后，各国儿童福利专家、政府官员、立法者对儿童问题都进行了思考。一是关注处于危险情况下的妇女。二是建立防止弃婴缺乏全面策略。三是明确匿名放弃和父母权利终止的法律界定。四是呼吁审查现有儿童福利法规和制度。

世界各国对弃婴保护舱没有明确的法律规定，但现实中却能够容忍将婴儿放置在安全地点。英国是欧洲国家中唯一明确禁止任何形式遗弃的国家，因而并没有保护舱等做法。遗弃婴儿在欧盟法律中是一种犯罪，但很多国家对父母出于经济困难将新生儿抛弃在安全地点的情况却不予追究。只有美国、法国、匈牙利的保护舱具有一定法律依据。2005年匈牙利通过《新生儿权益修订法案》，允许匿名将新生儿遗弃在医院内特定的、无人监视的房间内。

三、政策建议

安全岛是一面"镜子",折射出我国儿童大病医疗保障制度的缺失和儿童福利制度的"短板"。未来既要从工作层面做好弃婴的救治、照料、康复、教育和安置;更要健全和完善一系列制度,"织牢网底",从源头上预防弃婴的产生,减少"制度性登岛";也要社会力量参与,共同形成儿童救助"套餐"和"组合拳"。

第一,总结试点经验,完善配套政策。制定统一的服务规范、装备设施和服务流程。将安全岛运行与维护费用纳入国家财政,按中央与地方3:7的比例分担费用。适当提高儿童福利机构工作人员待遇,采取政府购买服务方式加大用工费用投入,增加工作人员。增加试点机构,重点在二、三线城市设岛,分流缓减东部"热岛"压力。可以推行"先医院,后机构"模式,将安全岛设在医院旁边,发现弃婴后直接送医院,待病情稳定再交给儿童福利机构养育。该救助模式已在上海、南昌等地试行。

第二,实行免费婚检和孕检。2003年取消强制婚检后,出生缺陷率持续攀升,目前我国出生缺陷率为5%。应在新生儿出生前后进行疾病筛查、医治和干预。例如,安全岛接收的脑瘫儿童超过40%,若能在新生儿出生后42天内实施体检,早期发现,治愈率是非常高的。

第三,完善大病医疗保险和救助等制度。将大病医疗保险和救助的药品目录、起付线和封顶线、报销程序、报销比例、自费药等做出较大调整,对儿童应有更多优惠,让低收入群体能够看得起病。完善病患家庭扶持政策,对大病儿童家庭提供资金和心理支持,从源头上减少弃婴的产生。

第四,建立残疾儿童免费康复制度。政府通过购买服务免费开放残疾儿童日间照护中心，提供专业护理、康复服务和心理辅导。组织社工进入家庭和社区进行专业辅导，建立家庭信息记录和跟踪制度，构建家庭支持网络。如，甘肃省所有儿童福利机构已向社会开放，免费向脑瘫儿童家庭提供康复服务。

第五，引导全社会正确认识和积极参与。弃婴自古有之，是世界性问题。安全岛仅仅是一个保护弃婴免受伤害的临时庇护场所，能够提高危重病孩子的治愈率和存活率。一定要加强舆论引导，树立对安全岛全面客观的认识，避免试点工作受到负面影响。还要动员市场资源、社会组织和公益慈善、志愿者个人等资源参与儿童救助和服务，专业社会工作介入安全岛工作。构建医疗救助与慈善事业衔接机制，解决大病儿童家庭"最后一公里"服务问题。

五、发挥大众创业、万众创新和 "互联网 +" 集众智汇众力的乘数效应

优化我国研究生教育学科结构的政策建议

黄海军

研究生教育是国民教育的顶端和国家创新体系的生力军。新世纪特别是国家中长期教育规划纲要实施以来，我国研究生教育快速发展，成为具有全球影响的研究生教育大国。2014 年，我国研究生学位授予人数 66.6 万人，其中博士 5.7 万人，硕士 60.9 万人，比 2000 年增长近 5 倍。随着规模的不断扩大，优化结构、提高质量的任务日益突出。

一、优化学科结构是优化研究生教育结构的重要切入点

学科结构是研究生教育结构的重要组成，相比于层次结构、类型结构，我国学科结构的优化还相对滞后，与经济社会发展需求还存在差距。优化学科结构不仅是我国面临的问题，也是世界各国的共同难题，发达国家先后出台政策措施，着力优化本国的学科结构。

2015 年 6 月，日本文部科学省发出通知，要求各国立大学缩小或废除人文社会学科，目的是让国立大学将教育资源转向社会需求较高的领域。半数国立大学表示，从 2016 年度开始撤销部分文科专业。日本国立大学"去文科化"这一举措，反映了日本政府对大

学学科结构优化的重视和担忧，也体现了日本技术立国战略的延续。2007 年，美国发布《研究生教育：美国竞争力与创新支柱》报告提出，为增强国家竞争力与创新能力提供训练有素的科技队伍。在研究生教育学科发展方面，美国政府提出了国家战略性的主导方向，并采取配套措施和资金大力扶持相关领域的发展，推动了美国研究生教育学科结构不断优化。英国 2003 年颁布的《未来高等教育》白皮书提出，要集中力量投入优势、重点学科。

当前，我国研究生教育学科结构变化呈现"形有所变、实则未变"的特点。形有所变，是指各学科门类增速快慢不一、所占比例此消彼长。具体表现为：一是学科大类中"一升两降，此消彼长"。人文学科所占比例上升，而社会科学和自然科学所占比例下降。2000 年至 2014 年，我国授予研究生学位中，人文学科由 0.64 万人增长至 4.73 万人，所占比例由 9.8% 上升至 12.3%，上升了 2.5%；社会科学由 1.70 万人增长至 9.53 万人，所占比例由 25.7% 下降至 24.9%，下降了 0.8%；自然科学由 4.27 万人增长至 24.08 万人，所占比例由 64.5% 下降至 62.8%，下降了 1.7%。二是学科门类中"快多慢少，增速不均"。法学、教育学、文学等学科门类的增速远高于平均增速，而工学、医学的增速则低于平均增速。三是理学和工学"你追我赶，差距缩小"。无论是硕士学位，还是博士学位，理学所占比例始终低于工学，但理学所占比例上升，工学所占比例下降，两者比例差距缩小。

实则未变，是指学科结构的结构性变化不明显。一些学科增长较快，其主要原因是由于办学成本相对较低而容易扩张，而工学、医学等学科因为受硬件条件约束更大，跟不上整体的规模扩张。从近年来我国就业市场来看，新闻、法律等人文社会学科毕业生就业难问题，与其增长过快存在密切关系。

二、优化学科结构需把握解决的几个关系

一是文与理的关系，即人文社科与理工科的比例关系。从发展阶段来看，我国仍处于工业化中期或中后期，理工科依然应该是我国大力发展的学科专业。2014 年我国理工科所占比例为48.0%，占据半壁江山，应继续保持这一优势。据经合组织统计，科学、技术、工程与数学（STEM）专业授予的研究生学位所占比例，2011 年经合组织平均值为 23.4%，德国为 34.8%，日本为46.6%，法国为 28.0%，英国为 21.9%，美国为 13.3%。德国经济能在欧洲一枝独秀，与其重视 STEM 学科，具有合理的学科结构不无关系。美国在金融危机之后，重新认识到工业对经济发展的重要性，提出实施了再工业化战略，加大了对 STEM 的支持力度。

二是软与硬的关系，即基础学科与应用学科的比例关系。一流的基础研究是高技术转化的必要前提。我国许多应用研究和核心技术突破不了，根子还在基础研究薄弱上。一流的基础研究需要依托于一流的基础学科。理学和工学的关系，从一个侧面反映了基础学科与应用学科的关系。目前，我国博士学位和硕士学位中理学所占比例，都低于工学所占比例。反观美国近 40 年研究生教育学科结构变迁，美国授予博士学位中，计算机科学与工程所占比例不断上升，但一直低于自然科学科学与数学所占比例；硕士学位中，计算机科学与工程所占不断上升，且一直高于自然科学与数学的比例。博士教育重基础学科，硕士教育重应用学科，这是美国学科结构的一大特点。

三是新与旧的关系，即传统学科与新兴交叉学科的比例关系。20 世纪以来，知识结构不断变化，传统知识被新兴知识取代或补充。交叉学科是学科知识高度分化和融合的体现。最近 25 年，交

叉性的合作研究获得诺贝尔奖项的比例已接近 50%。新旧知识的不断演化，反映到研究生教育学科结构上，就是有些学科取得快速发展，而另一些学科逐渐被弱化。美国的学位统计划分为 7 大研究领域，除了传统的 6 个领域之外，2013 年归为"其他领域"的博士学位比例高达 66.0%，硕士学位比例为 25.7%，这反映了美国新兴学科、交叉学科的发展情况。相比而言，我国新兴学科、交叉学科发展还较为薄弱，在学科设置和统计上都存在制度障碍。

三、优化学科结构的政策建议

学科结构优化受到多种因素影响，包括知识的分化与融合、国家科技创新战略与政策、产业结构转型、劳动力市场变化等。综合这些因素，优化学科结构应着力抓好以下几个方面：

一是以服务需求为导向，完善学位点动态调整机制。教育部门应主动研判、加强引导，确定一批国家发展急需、影响未来发展的学科专业，加大政策和经费支持力度。坚持放好权、服好务，完善学位授权点动态调整机制。实行培养单位自评与抽评相结合的评估方式，适时引入国际评估。依据评估结果，对社会需求少、培养质量差、就业率低的学位点，及时进行整改或撤销。

二是建立准入退出机制，增强学科专业目录的灵活性。学科专业目录是学科结构调整的制度框架，应具有必要的灵活性，为开设新兴学科专业、交叉学科专业提供制度保障。美国学科专业目录的设置、准入和退出都有着明确的标准。目前，我国实施这一改革的时机和条件基本成熟，学位与研究生教育中心所实施的三轮学科评估均具有良好的社会反响。可考虑以此为契机，将每一轮学科评估作为学科、专业目录设置和调整的基本依据，实现学科专业的准入和退出机制，将大大有利于增强学科设置的灵活性。

三是为交叉学科"上户口"，破除开设交叉学科的制度障碍。应赋予交叉学科与传统学科同等地位，可考虑在学科专业目录中增设"交叉学科门类"，学科门类下设交叉学科一级学科，二级学科以问题或领域为导向灵活设置，开展跨学科的人才培养活动，定期接受评估，实现动态调整。

四是平衡发展各学科专业，工学学科增速应略高于平均增速。人文社科与理工科之间、基础学科和应用学科之间需保持适度的平衡。在近10多年的研究生教育规模扩张中，工学学科总规模有较大幅度增长，但所占比例有所下降。现阶段，应着力夯实工学的办学条件和基础，使工学学科增速略高于平均增速。

五是共建共享就业信息，加强高校搜集信息的主体作用。研究生就业和职业发展信息可为学科结构优化提供重要反馈。应整合教育部门、人社部门、中介机构和高校的就业信息，实现信息共建共享。在高校层面，美国研究生院理事会认为应发挥研究生院的主导作用，我国应充分发挥高校校友会、就业指导中心的功能，加强和用人单位的联系，将各学科毕业生的就业率以及就业后的职业发展状况，作为高校内部学科结构调整的重要依据。

当前制约高校提升创新能力的七个突出问题

范绪锋　黄海军

近日，围绕全面提升高校创新能力的问题，我们与教育部高教司组织力量赴山东济南、泰安等地调研，与包括部属、省属、市属高校以及民办、高职院校等 10 余所高校进行了座谈。总体印象是，当前各类高校提升创新能力的热情高、行动快、势头好，为国家战略和区域发展作出了积极贡献，同时在实践中也存在不少困难和问题。归纳起来，主要有：

一是好政策迟迟不落地。各高校普遍反映，当前国家实施创新驱动发展战略的决心与力度前所未有。但同时，政策执行"肠梗阻"现象依然存在，一些不同层级、不同部门政策没有有效统筹衔接。新政策好政策叫好却不落地，旧政策清理不及时，影响了高校创新的积极性，使政策效力打了折扣。比如，《中共中央国务院关于深化体制机制改革加快实施创新驱动发展战略的若干意见》（中发 8 号文）颁布实施已 3 个多月，明确提出"单位主管部门和财政部门对科技成果在境内的使用、处置不再审批或备案，科技成果转移转化所得收入全部留归单位，纳入单位预算，实行统一管理，处置收入不上缴国库。"而一些部属高校反映，他们仍在执行 3 年前出台的《教育部直属高等学校国有资产管理暂行办法（教财〔2012〕6号）》，"高校对外投资、出租、出借，视账面价值大小，需分别报教育部、财政部备案、审批或审核"。

二是政出多门不知听谁的。调研发现，不止是政策不落地，还存在"政策打架"现象。有高校校长说，高校的人、财、物等涉及面广、情况复杂，既有教育主管部门的领导，也受其他相关党政部门、属地党委政府的管理。政出多门、多头管理，让高校时常无所适从。比如，中发8号文提出，"符合条件的科研院所的科研人员经所在单位批准，可带着科研项目和成果、保留基本待遇到企业开展创新工作或创办企业"。而现行《关于深入推进高等学校惩治和预防腐败体系建设的意见》（教党〔2014〕38号）中则明确规定，禁止院（系）、教师违规利用学校资源兴办企业，杜绝"一手办学、一手经商"现象。不少校长说，学校里科研搞得好的教师，不少人当了院长、所长，成为处级干部，这就必须接受组织部门关于领导干部不能兼职的约束，鼓励他们去办兼职企业、搞创新就成了违规了。在用人问题上，很多高校反映，省人社部门统一命题招考，不注重考虑学校特点和用人需求，造成一些人学校不想要也得要、想要的人却进不来的现象。高级职称评聘需要得到人社部门的配额，有高校反映人社部门核定学校的教授名额还不足其现实际教授数的一半，造成职称"拥堵"，大大挫伤了教师特别是青年人才的积极性。有部属高校还反映，省里正在研究的创新政策，他们却被排除在外，享受不了。

三是办学自主权落实不理想。不少高校呼吁，简政放权还需要进一步落实落小落细，真正解决那些明放暗不放、存在"玻璃门""弹簧门"的问题。有学校反映，有些审批项目改备案，结果是"以前审批不给批，现在备案备不上"。相比而言，部属高校办学自主权相对较大，省属、市属高校则不容乐观，学校隶属层级越低，自主权就越成为"奢侈品"。有的地方甚至规定学校一年只能两次集中采购打印纸，这就意味着学校必须事先计算好一年内学校将印多少个文件、每个文件是双面打还是单面打。有部属高校提出"谁来尊重大学章程"的疑问，而省属高校道出了"省政府和省教育厅不作为，省属高校无法作为"的无奈，市属高校则表达了落实"省市共建、以省为主"而不是"省市共建、以地方为主"的期待。

四是科研管理"一刀切"。调研中很多高校反映，科研管理"重物轻人"的状况还没有根本得到改变，缺乏对科研人员的信任和对智力劳动应有的尊重。科研人员出国参加学术交流活动，出国的次数和天数规定得过死，可能存在开不完会就要回国的情况。科研经费的预算执行，有些科研项目一般需要 3 至 4 年的周期，经费使用不可能当年下拨、当年就用完。很多经费还是用在了买设备买材料上，不仅造成了重复浪费，也影响了科研人员的积极性。此外，民办高校在申报国家和省级课题时明显"被歧视"，有些领域不让申报，有的申报了却没有经费资助。

五是成果转化机制不顺畅。科技成果只有完成科学研究、实验开发、推广应用"三级跳"，才能成为社会经济增长的动力。目前，在科研成果转化过程中，高校与经济社会的融合度还不够，存在明显滞后和脱节现象。究其原因，与现有的教师评价激励机制有关，也与政产学研用合作机制不顺畅有关。科技中介机构建设滞后，缺少职业化技术转移机构的介入，以辅助科研人员前期的调研考察，评估科研项目的潜在价值、评估科技成果的成熟性和效益性、评估科技成果是否具备进入市场的条件、科技成果的市场价值等。

六是知识产权保护难度大。科研人员在其研究领域属于行家里手，但在技术交易市场中则有可能是"门外汉"。这容易导致科技成果被剽窃或市场价值被严重低估，高校和科研人员的利益受到损害。调研中某省属高校反映，学校由于8万元技术转让费引起的诉讼案件历经近10年，市中级人民法院两次判学校败诉应予赔偿，省高院驳回重审并做终审判决学校胜诉，但至今未能了结。目前最高人民法院进行了两次询问，但尚未进入最后裁决，学校正处于被动等待裁决结果阶段。

七是深化改革内生动力不足。调研发现，有些高校主动作为、开拓进取的精神不强，仍存在"等靠要"的思想。有些高校对内涵发展、特色发展认识不深，办学思想还停留在外延式发展阶段；有些高校对提升创新能力理解片面，只重科研创新忽视人才培养创新；有些高校则因为利益分配因素而创新积极性不高。尤其一些中间层次的院校，既没有重点大学那样强烈的荣誉感，也没有新办地方院校、民办高校的生存危机感，日子得过且过。思想观念认识不到位，改革创新的内在动力不足，也是制约高校创新能力提升和办学水平提高的重要因素。

高校作为科技第一生产力和人才第一资源的重要结合点，在国家创新体系中的地位和作用不可替代。面对大众创业、万众创新的热潮，全面提升高等学校创新能力，支撑引领创新驱动发展战略，是一项重大而紧迫的时代课题。高校反映的这些问题，在很大程度上体现了打通改革"最后一公里"的共性问题，需要认真研究、切实加以解决。根据调研情况，初步建议如下：

第一，尊重教育规律和高校特点，强化政策衔接和执行力。在调研中，高校校长们提出了"两个不等同"的观点，一是高校不等同于党政机关，不能把高校简单地当作下级党政机关来管理；二是科研活动不等同于行政公务活动，政府不应也不能用行政公务活动的管理办法统一要求科研工作。建议对涉及高校管理的相关政策进行集中梳理，实事求是地改进完善，并围绕贯彻落实中央新精神新政策，清理那些过时的、自相矛盾的规章制度，使中央政策能够一竿子捅到底，确保不打折、不走样、出实效。

第二，改革评价指标方法，激发高校和师生创新积极性主动性。评价是指挥棒、风向标，对于引领高校创新至为关键。应实行多元评价、分类评价，改变重理论轻应用、重数量轻质量的评价方法。建议把"实验开发、推广应用"领域的成果，纳入高校和教师的评价指标体系，并赋予同等权重。在高校职称评聘上增设研究员、高级工程师序列，对教学管理人员实行校内职员制。研究制订转型后的应用型本科高校评价标准。不少高校的同志比较认可国家自然科学基金的管理办法，建议可以总结推广，尤其推动省市级管理部门参照执行。

第三，鼓励良性竞争，营造创新文化和社会氛围。切实完善国家在知识产权及科技成果转化方面的法律法规，严格保护好知识产权，加大科研人员法律知识培训。培育职业化的技术转让服务机构，构建以市场机制为主的政产学研用合作新机制。在科研项目申请方面，要对各类高校特别是民办高校一视同仁，只唯能力不重身份。可以考虑设立一项国家奖项，对在成果转化领域做出突出贡献的教师和科研人员给予荣誉和奖励。

应在"十三五"期间大力推广创新券政策

郑真江

十八届五中全会把创新发展摆在五大发展理念之首，提出要让创新贯穿党和国家一切工作，这必将进一步推动全社会创新创业热潮。近年来，各国都在积极探索推动创新的策略和方法，创新券这种新型的创新投入政策逐步兴起，值得我们关注和借鉴。

一、当前世界各国实施创新券政策的基本情况

创新券是政府为推动创新创业，专门面向中小企业发行的"创新货币"，该政策改变了传统科研创新资助模式，从资助科研机构研究转向直接资助企业创新。基本操作流程是：先由政府向企业发放创新券，然后企业使用创新券向科研机构购买科研服务，最后科研机构凭借创新券到政府兑现。简而言之，就是"企业创新、科研服务、政府买单"。创新券发端于荷兰，1997年荷兰林堡省首次推出研发券计划。据统计，1997—2006年间欧洲只有3个创新券计划。但随着创新券作用的日益彰显，特别是2008年金融危机以来，创新券计划呈现爆炸式增长，逐步遍及欧洲各国乃至世界范围，澳大利亚、加拿大、新加坡及我国台湾等先后实施创新券政策。纵观各国的创新政策，具有以下特点：

一是小面值、大覆盖。从欧洲国家的创新券计划看，与科研项目动辄数十万、数百万欧元投入相比，创新券面值相对较小，一般从 500 欧元到 2.5 万欧元不等。在单一创新券基础上，一些国家又开发出联合券、扩展券等类型，如爱尔兰对企业关注的共性问题，采取若干单一券联合使用方法，最高价值可达 5 万欧元。丹麦扩展券则使用于研发项目的后续研发支持。从各国经验看，创新券越来越受到政府和企业的共同认可，英国技术战略委员会迄今完 12 轮创新券的发放。荷兰 2008 年以来发放了 2 万多张创新券，对企业创新活动形成巨大推动作用。

二是申请快、周期短。创新券申请便捷，欧洲各国创新券计划大部分申请表在 5 页以内、申请周期在 2—3 周，有的创新券计划甚至能够实现当天批复。创新券有效期通常为 6—12 个月，如新加坡创新券的有效期为 6 个月。值得注意的是，由于创新券的免费性，为避免乱申请、滥使用，一些国家在发放创新券的同时，要求企业配套投入。特别是，对一些面值较大的创新券，一般要求企业按照 20%—50% 的资金配比投入。

三是重考核、求实效。各国创新券政策中，都制定相对完善的评价标准和考核，比如欧洲顶尖技术集群（TTC）创新券计划要求按照市场潜力、创新性、区域合作、高技术特征、承担财务风险的能力等进行评价。德国联邦经济和技术部创新券计划，提出了可行性研究、执行计划和资金、产品或工艺创新等评价指标。为了保证科研创新服务提供者的服务质量，创新券的兑换一般由企业和服务提供者共同提交研究工作、项目支出的情况。

二、创新券在推动创新中具有重要的叠加效应

创新券顺应了创新活动大众化、平民化的发展趋势，形成了

政府、企业和科研院所三方叠加受益的格局，在实践中越来越彰显出强大的生命力。

一是增强了企业创新的主体地位。中小企业量大面广、创新需求旺盛，但自身经济实力较弱、创新资源投入匮乏。创新券体现以需求为基础、以用户为导向的创新投入方向，实际上是把"科研经费"这个重要指挥棒交给企业，让企业来决定研发什么、谁来研发，并由企业参与最终的效果评价，实现创新活动从"围着科研机构转"到"围着生产一线转"的转变，有利于调动企业从事产业或服务创新的积极性，为企业提供更大的发展空间。

二是加速了科技成果的转化应用。创新券是破解中小企业"低技术陷阱"、打通创新"经脉"的重要方法。比如，中小企业研发需要科研仪器设备但买不起，但不少高端仪器设备却躺高校和科研院所的实验室"睡大觉"。以创新券为"媒"，把企业的创新需求与科研机构的服务供给紧密结合起来，既有利于促进科研机构"眼光向下"，提高服务企业和生产一线的积极性、主动性，提高科研效率，也有利于缩短从科技研发到产业化的周期，形成产学研用的"直通道"。

三是提高了创新投入的使用效益。创新券在优化创新资源、提高创新产出中都发挥了重要作用。通过实施创新券，既是做"加法"，向企业发放"科技大红包"，鼓励企业创新创造；也是做"减法"，间接资助、按需申请、专款专用，提高了创新投入的精准度，大大减少无效创新投入和科研成果闲置。既是做"乘法"，通过政府引导投入、企业资金配比，放大创新投入，激发潜在创新消费，如上海在推行创新券中，几乎所有持券企业都追加研发投入，最高达到创新券面值的 10 倍；也是做"除法"，创新券操作简便、灵活组合，通过联合券、"打包"资助形式，解决若干企业面临的一些共性问题，提高创新券使用绩效。

三、我国应积极推广创新券政策

实施创新驱动发展，必须深化体制机制改革，不断丰富和完善创新政策工具。据统计，我国科技成果转化率为 10% 左右，远低于发达国家 40% 的水平；科技进步对经济增长的贡献为 52%，也低于发达国家一般 70% 的水平。实施创新券政策，密切产学研结合，提高创新绩效，对我国推进大众创业、万众创新尤为重要。创新券在我国起步较晚，2012 年江苏宿迁率先"试水"创新券政策，随后北京、天津、浙江、广东、河南和上海等先后实施创新券小范围试点。下一步，应尽快总结这些改革试点成果，研究从国家层面加以推广。

一是加强顶层设计，明确创新券基本定位。创新券是一种"短平快"的创新政策工具。从适用对象看，应聚焦中小企业。这些企业占据我国企业总数 99%、国内生产总值的 60%、税收的 50%，是推动创新创业中至关重要的"最后一公里"。同时由于这些企业"小而散"，也是灵活便捷的创新券的"最好用武之地"。从适用范围看，应面向生产一线的实际问题，定位在一些具体的小型创新项目，而不是国家大中型的创新计划，着重扩大创新覆盖面。特别是，在创新创业园区、高新技术区等中小企业密集区域，应率先推进创新券政策。

二是坚持上下结合，加大创新券投入力度。从各国创新券发展看，既有国家层面计划，也有地方层面计划，如澳大利亚南澳州创新券计划、加拿大新斯科舍省创新券计划等。国家计划影响力大，更具带头示范作用，但地方计划直接面向地方中小企业，更具有可操作性和针对性。我国推进创新券工作，应将国家计划与地方计划结合起来，以地方计划为主，国家计划主要起到示范引导作用。同时，中小企业的创新券计划应与我国现有的中小企业发展专项资金、新兴产业发展引导基金等相互衔接，最大程度发挥财政性资金在撬动创新中的杠杆作用。

三是完善政策制度，规范创新券运行机制。我们应抓紧研究出台推动创新券制度的指导性规范，完善创新券的基本类型，形成从设立、发放到兑现的系列制度安排，规范创新券的评审和监督，合理协调知识产权归属等问题。要加强对创新券的绩效评价和风险控制，明确企业资金配比规则，使中小企业对创新券使用有明确的目标，为中小企业创新提供强大的推动力。

四是吸引社会参与，形成推动创新券合力。创新券覆盖范围广、影响面广，实施这一政策工作量大。现在，一些国家尝试将创新券计划委托给社会组织或专业公司经营管理，如加拿大新斯科舍省的创新券由一家管理早期风险投资的基金公司负责运营。我们应发挥好社会组织、行业组织或协会等的作用，让他们更多承担起推动创新的职责，形成政府引导、社会参与、企业受益的格局。

开发区发展动力衰减风险积聚
在改革创新中打造竞争新优势刻不容缓

王检贵　汪连海　包益红

朱冰　徐娟　张扬　崔志华

开发区伴随改革开放而生，逐渐发展成为实体经济和开放型经济的"顶梁柱"。2014 年，仅国家级经济技术开发区（经开区）吸收外资就占全国的 1/2，进出口占 1/5，生产总值和财政收入分别占 1/8 和 1/10。近年来，受多重因素影响，开发区各项发展指标明显放缓。2015 年上半年，国家级经开区利用外资同比下降 12.9%，比全国增速低 21 个百分点；出口额同比下降 4%，比全国低 5 个百分点；招商引资困难增加，部分地区、部分行业外资加速撤离；许多开发区债台高筑，财政金融风险上升，业内人士评论潜在风险不亚于房地产。

为深入剖析开发区发展面临的问题，我们先在杭州召开座谈会，听取全国近 20 家开发区负责人的意见；赴天津、南京、徐州、广东揭阳等开发区实地调研；并在京听取有关部门和开发区协会的意见。我们认为：开发区已进入转型阵痛期，面临的问题不是短期现象，而是长期趋势；既与严峻复杂的外部环境密切相关，更是内部矛盾积累的结果；既存在实体经济的共性问题，也有自身的特殊问题。归纳起来有六个严峻挑战：

——开发区过多过滥，导致"僧多粥少"。由于开发区具备培育产业、扩张城市、安排干部等诸多好处，各地兴办开发区的热情一直不减。特别是 2002 年国务院严格控制大中城市行政区划调整以后，创办开发区成为地方拓展城市发展空间的突破口。虽然 2004 年进行了清理整顿，全国各类开发区数量由 6800 家减少到 1500 家。但据发改委统计，目前又反弹到 3500 多家（开发区协会的数据为 5000 家以上）。其中，国家级开发区 527 个，包括国家级新区 15 家、经开区 219 家、高新区 145 家、海关监管区 115 家、边境合作区 16 家、旅游度假区 17 家。国务院批准的开发区面积一般不超过 20 平方公里，但实际上各地纷纷通过托管、代管等形式突破限制。东部某老牌开发区最初规划面积只有 33 平方公里，现在扩张为 1 区加 10 园，总面积达 400 平方公里。数千平方公里的开发区也不少。全国开发区规划总面积超过 9 万平方公里，开发率不足 1/3，有的开发区没有几个象样的项目。

——生产成本攀升，外资转移加速。企业反映，目前孟加拉工人月薪约 120 美元，埃塞俄比亚约 60 美元，仅为中国的 1/5 和 1/10。我国制造业利用外资连续 3 年负增长，而 2014 年印度、印尼、埃塞俄比亚、肯尼亚利用外资分别增长 22%、20%、26%、96%，日本企业对东盟投资是对华投资的 3 倍，中国对美投资连续 3 年超过美国对华投资。前几年，向国外转移的主要是纺织服装、箱包、鞋、陶瓷、家具、玩具等劳动密集型产业，现在扩展到手机、LED、笔电等机电产品。三星集团 2005 年在天津开发区设立手机生产基地，2013 年产值高达 1700 亿元，2014 年部分生产线迁往越南后，天津当年产值骤降到 1000 亿元。

——管理体制退化，营商成本陡升。早期，开发区推行机构精简高效、上级充分授权、财政管理独立的管委会模式，行政成本低、效率高。近年来，开发区经济管理权限不断上收，区内一些部门改由中央和地方垂直管理，其他职能部门也不断设立派出机构，管委会综合管理职能明显弱化，行政成本和营商成本越来越高。天津开发区设立之初，只有工商、财政、规划、建设等 13 个经济部门，由市政府直接管理；现在开发区上面多了滨海新区这个"婆婆"，不能直接到市政府办事，下面设立了 27 个机构、18 家事业单位，与一级政府无异。

——土地变性困难，"腾笼换鸟"受制约。早期开发区功能单一，被称为"工业孤岛"，基本不住人，7 成左右是工业用地，3 成左右为生活和商业服务配套用地。随着开发区规模扩大和产业升级，常住人口增多，对教育、医疗、文化、商贸、娱乐等城市服务配套功能的需求与日俱增。但工业和服务业用地价格相差悬殊，有关部门担心地方打着发展工业的"幌子"搞房地产开发，对土地变性设置重重障碍。首先，土地变性需逐级完成土地利用总体规划、城乡总体规划调整，难度不亚于农业转为工业用地。其次，土地变性后，只能由政府筹资从业主手中赎回土地，重新收储、重新"招拍挂"，企业不能直接交易。走完全套流程，一般需要两年。大量制造企业准备发展科研、电商、商贸等产业，但找不到地；有的制造企业搬迁、倒闭后，不得不让厂房闲置，或者违规出租。

——优惠政策取消，引资竞争优势削弱。以税收为例，过去开发区外资企业所得税减按 15% 征收；经营期超过 10 年的，给予"两免三减半"优惠；优惠期满后，出口占产值比例达 70% 以上的，减按 10% 缴纳所得税；如果将利润再投资，所得税可退还；地方政府还给予其他税收优惠。现在这些优惠政策基本取消。2014年62号文出台后，原来地方政府承诺过的也不能兑现，企业反映强烈。虽然2015年进行了修正，但各地政策解读不一、落实尺度有异，外资企业仍不踏实。

——债务滚雪球增长，财政金融风险积聚。最初搞开发区，中央不取不予，靠地方"杀出一条血路"。1984—1994年间，开发区所有收入不上缴，全部用于自己滚动开发，实现了小步快跑。实施分税制改革以后，一方面开发区部分财税收入要上缴中央和地方，另一方面地方政府还要求开发区帮扶落后地方搞开发。开发区负担日益加重，不得不通过融资平台公司举债征地搞开发。全国综合效益位居前列的东部某大型开发区，2014年债务余额高达600亿元，是可支配收入的5倍，每年还本付息就要50亿元。长三角地区某开发区资产负债率高达600%，连利息都还不起，只能借新还旧。据开发区协会估算，大型开发区债务一般达数百亿元，中型开发区约百亿元，小型开发区几十亿元不等，200多家国家级经开区债务总规模3.7万亿元，全国开发区负债总额至少超过20万亿元。开发区融资平台基本是国有企业，以政府信用最后背书，潜在风险不容忽视。

以上情况表明，在经济发展新常态下，粗放式、数量型扩张的开发区发展之路越走越窄。如果再不加大工作力度，转变发展方式，开发区将由国民经济的"发动机"变成国民经济的"减速器"。2014年11月，国务院出台了促进开发区转型升级创新发展的指导意见，各地对文件指导思想和工作方向都高度认可，但反映文件比较原则，相关部门迄今没有配套政策，不好操作，只有上海、江苏少数地方出台了落实意见。综合各方面意见，我们建议：

第一，分类推进产城融合。国外比较成熟的开发区工业用地、服务业用地、绿地一般各占 1/3。随着我国开发区面积扩大、人口增多，产城融合是大势所趋。现在的问题是，大多数开发区既希望放宽用地等限制，发展房地产等服务业，促进开发区多功能发展；又不想回归一级政府管理体制，那样办事效率、级别、编制、薪水都会受影响。建议从实际出发，鼓励各地开发区因地制宜，探索不同的产城融合之路。（1）位于城市市区的，可与行政区适当整合机构职能，实行两块牌子、两套人马办公，行政区主要负责人兼任开发区一把手，开发区主要负责培育产业，城市管理职能交给政府。北京亦庄、广州、宁波北仑开发区都采取这种模式。（2）位于城市周边的，可将开发区和邻近乡镇合并，升级为新区或改市辖区，组建一级政府，兼顾经济、社会等职能。浦东、滨海都是这种模式。（3）远离中心城区的，可撤销开发区所在县，设立新的县级市。目前，发改委、住建部正在分别建设产城融合示范区、智慧低碳产城融合示范区，建议将开发区产城融合作为试验重点，加大政策指导和支持。

第二，创新开发区发展模式。开发区创办之初，囿于当时环境和条件，只能由政府主导，摸着石头过河。现在各方面情况发生很大变化，资金、人才、管理经验和制度建设都上了一个大台阶，许多事情市场比政府干更好。发达国家开发区都是市场化运作，我国上海漕河泾等一些开发区也闯出企业办区的成功路子。从长远之策看，应以政企分开、市场主导为方向，创新开发区发展模式。（1）对规模小、产业结构单一的开发区，可采取企业办区模式，建设、招商、运营、管理甚至园区服务都交给企业，降低行政成本。广东揭阳由行业协会牵头建设中德金属生态园，按市场化运作，规划更科学、开发更有序、招商更专业、服务更到位，也不存在级别、编制等问题，值得推广借鉴。（2）对于现行规模较大的开发区，可沿用管委会模式，但必须厘清管委会的职能，精简机构，减少层级，提高效率。政府资金逐步退出投资平台，引入民间资本参与投资，招商、运营交给专业机构。

第三，鼓励存量土地二次开发。在经济下行压力加大的情况下，土地管理不宜沿用经济过热时的调控思路，应更多着眼于节约用地，而不是过多干预土地用途。（1）对于制造企业利用自有存量土地发展相关服务业，比如从事研发设计、电子商务、广告营销，应允许继续按原用途和用地类型使用土地，不涉及土地变性。（2）对于闲置、腾退土地再利用，应大幅简化审批手续，扩大开发区土地处置自主权，可实行事后备案制管理方式，允许开发区先期调整土地用途，允许企业之间直接转让、租让土地，实现腾笼换鸟。

第四，加大财税政策扶持。财税优惠是各国招商引资的普遍手段，美国也不例外。福耀玻璃在俄亥俄州设厂，获得该州15年75%的州税返还、免征个税5年、招工培训补贴、道路修建补贴等各类优惠，总计3000余万美元，基本弥补前期建厂费用；大连万达收购美国电影院线AMC后，将总部迁至堪萨斯州，享受每年300万美元长达10年的税收减免。与其堵，不如疏。建议借鉴国际经验，开正门、堵偏门，先养鸡、后下蛋。（1）允许地方制定符合实际的优惠政策，包括地方税收返还、基础设施建设补助、招工培训补贴等，但必须阳光化，公之于众。（2）将自主创新示范区的股权激励、研发激励、个税抵免等政策推广到条件具备的国家级经开区，使开发区成为大众创业、万众创新的落脚地。许多经开区为享受创新扶持政策，不得不再申请国家级高新区的牌子。（3）研究制定所得税定向减免、定期抵扣、安置费直补等政策，鼓励外资将研发、采购、分拨、结算等高端环节迁入开发区，引进更多的地区总部、结算中心、分拨中心。重庆凭借西部地区 15% 的所得税优势，吸引惠普将结算中心由新加坡迁到重庆，每年增加税收 20 亿元。

第五，加大开发区开放力度。大家一致反映，过去开发区是对外开放的排头兵，现在国家把对外开放的重点放在自贸试验区、海关特殊监管区，开发区先行先试的优势丧失，渐渐沦为开放的"洼地"。上海（外高桥）自贸试验区本身就是保税区，几乎没有工业项目，土地供应紧张，主要试验的是服务业特别是金融业开放；天津自贸试验区设在东疆保税港区，制造业也不多，一墙之隔的天津开发区反而排除在试验区之外；广东、福建自贸试验区原设想是扩大制造业开放，实际上园区范围有限，工作重心也在服务业上。业界建议：（1）自贸试验区已有的开放举措加快复制到开发区；（2）四个自贸试验区适当扩大或调整范围，将开发区纳入其中；（3）新设自贸试验区时更多选取制造业基础好、潜力大的开发区，形成各有侧重的对外开放基地、先进制造基地。

第六，加强开发区动态管理。由于缺乏正常的退出机制，开发区实际上成了"铁帽子王"。长此以往，只会砸了开发区的金字招牌。建议从国家级经开区入手，健全准入和退出的评价考核体系，引导开发区走质量效益型发展之路。（1）对 2009 年前批准成立的 54 个国家级经开区，考虑到基本都发展成熟，可综合考察体制机制、创新能力、区域辐射等情况，推行"毕业制"。（2）对 2009 年后新升级的国家级经开区和拟升级的省级开发区，可考虑设立 1—2 年的再考察期和观察期，期满考核达标方能予以确认或转正。（3）对发展水平粗放、管理落后、土地利用低效的国家级开发区，要限期整改，问题严重的坚决摘牌。

　　第七，研究开展综合试点。开发区转型升级是篇大文章，不仅涉及部门多，还涉及法律法规调整，需要加强统筹谋划和顶层设计。鉴于目前各部门对有关政策存在分歧，可考虑在天津、广州等基础厚实、转型迫切的开发区开展综合试点，在管理体制、产城融合、土地二次开发、扩大开放等方面进行改革创新，积累经验后向全国推广。

应增强基础研究对创新创业的
支撑引领能力

郑真江

基础研究是科技创新的基石。墙高基下，虽得必失。没有高水平的基础研究突破，就谈不上高水平的创新创业。越是在大众创业、万众创新的关键时期，越要强基础、抓根本。

一、当今世界创新能力的竞争越来越向基础研究前移

基础研究是科技创新的先导，具有广泛的渗透性和影响力。随着全球范围内创新热潮的逐步兴起，越来越多的国家认识到，抓创新不抓基础研究，创新的路就走不长甚至走不通。基础研究在各国创新布局中的地位日益彰显。

从与经济社会的"距离"看，基础研究最远，应用研究较近，产业化最为直接。但随着科技发展和产学研结合的日趋密切，基础研究的转化周期越来越短，与社会生活的距离越来越近。从 17 世纪电的发现到第一台发电机间隔 200 多年，从 18 世纪摄影原理的提出到第一台照相机间隔 50 多年，从 19 世纪电磁波原理的提出到第一个电台间隔 20 多年，从 20 世纪雷达原理的提出到制出

雷达间隔 10 年。如今，以集成电路原理为核心的微电子技术，遵循"摩尔定律"增长，每 18—24 个月单位面积晶体管数量增加一倍。基础研究与应用研究、商业化过程相互交织，边界越来越模糊，现实生产中一些瓶颈问题，表面是技术难题，根源在基础研究没跟上。可以说，基础研究已逐步从"后台"转向"前沿"，成为创新链条中最为核心的一道环节，是推进大众创业、万众创新绕不开的一道坎。

为此，各国在布局创新的进程中，无不高度重视基础研究的源头创新作用，注重发挥基础研究在服务经济社会发展中的作用。即便市场化高度发达的美国，也注意到现在基础研究距离经济社会"太远"。如 2014 年 9 月布鲁金斯学会等机构联合发表报告《到地方去：增强国家实验室与所在地区的联系，使其对创新与经济增长的贡献最大化》，认为实验室的资助、研究和技术转移之间缺乏自我循环，中小企业很难与之开展合作，必须完善相应体制使国家实验室成为国家经济发展的财富。不少国家布局创新中纷纷采取基础研究和商业应用并行的做法。如 2013 年欧盟把石墨烯作为首个 10 年投入 10 亿欧元的旗舰项目，汇聚学术界和产业界的力量共同攻关。再如，2014 年 8 月日本文部省发布《日本数学创新战略》，目的是加强数学研究者与科学界、产业界的联系，推进数学与其它学科及产业交叉研究。2015 年 4 月麻省理工学院发布《未来延期：为什么基础研究投资下滑会威胁美国创新赤字》研究报告提出，对基础研究投入力度的降低可能会影响到机器人、能源、材料、医学、农业、空间、信息等领域的技术进步，从而威胁到未来发展竞争力。可以说，基础研究上不去，"创新赤字"就下不来，大众创业、万众创新就不可持续。

二、当前我国基础研究方面存在的突出问题

改革开放 30 多年来，我国基础研究工作稳步推进，整体上处在从量变到质变的跃升期。从论文的发表数量和专利申请量来看，我国是名副其实的科技大国，论文总量自 2009 年起稳居世界第 2 位，总被引次数 2013 年提升到第 4 位。但也必须看到，我国具有国际影响力的重大原创成果仍然较少，引领当代科学潮流的世界顶级科学家还不多，核心和瓶颈技术制约还不少，基础研究仍是短板。

一是基础研究投入不够。这是各界反映最大的问题。基础研究投入是一项战略性、长线性投入。2013 年，全社会基础研究经费投入达到 555 亿元，但占全社会研发投入比重还不到 5%，远低于发达国家15%—20%的平均水平。基础研究大多是公共产品，政府责无旁贷。2013 年我国中央财政科技总支出中，基础研究占比 13.3%。而美国基础研究在联邦研发支出中占比 30% 以上，奥巴马上台后承诺基础研究投入再翻一番。欧盟地平线 2020 的三大战略目标之一即是提高基础研究水平。韩国采取超常规发展基础研究战略，李明博政府的"577"战略提出，政府投入基础研究比例从 2008 年的 25.6% 提高到 2012 年的 50%。现在其他 OECD 国家也基本维持在 30%—50% 之间。

二是基础研究的人才不足。我国研发人员团队已位居世界第一，但是基础研究人员占比并不高，特别是领军型人才稀缺。2013 年基础研究全时人员当量 22.32 万人年，占全部研发人员的 6% 左右，则美国这一比例为 10% 左右。值得注意的是，一些科研院所热衷于"短平快"的应用开发，对基础研究重视不够。与应用开发的"名利双收"相比，基础研究周期长、风险

大、不可测因素多，一些基础研究人员在"科学理想"与"现实生活"之间挣扎，加剧了应用研究与基础研究"一头热、一头冷"的状况。

三是基础研究的管理体制不畅。基础研究需要自由探索和国家需求的"双力驱动"，既要"仰望天空"，也要"面朝黄土"，对基础研究的管理必须把握"松紧度"。过度追求短期效益、过度强化量化考核的"拔苗助长"，势必事与愿违。但问题是，当前科研管理往往是"一刀切"，单一依靠传统的项目管理模式。如在支持方式上，我国稳定性与竞争性支持比例一般是三七开甚至二八开，研究人员不得不耗费大量时间和精力多头申请经费、应付多头检查和评估，而国外大多采取倒三七开或倒二八开。

四是政府、科研机构和社会之间不协同。近年来，国际基础研究的一个重要趋向就是企业参与度逐步提高。越来越多的企业认识到，提升持续创新能力最终必须回归到基础研究突破上。我国华为、中兴等企业都着手建立基础研究的机构和团队。但在我国基础研究总盘子中，2013 年企业投入占比仅 1.6%。相比之下，日本企业基础研究投入占比一直保持在 30% 左右，美国是 20% 左右，而韩国甚至超过 50%。如何引导企业参与基础研究，形成政府、科研机构和社会三方共同推动基础研究的格局，还需要进一步努力。

三、几点建议

大众创业、万众创新是"立体式"的创新框架，横向上要有宽度广度，激发全社会全领域的创新活力；纵向上要有厚度高度，扎深基础研究根基，聚焦创新链前端，抢占科技制高点。只有"表里兼修"，才能真正提升国家创新竞争力。

一是坚持科技前沿与国家战略相结合，推进基础研究从量变向质变的跃升。实施创新驱动发展战略，最根本的是要增强自主创新能力。要把握"快慢节奏"，创新创业应注重效率，基础研究要注重积累，必须通过优先发展的方式，增加基础研究源头供给，提高创新创业的可持续性。要完善"链条组合"，加强国家科研计划统筹，探索从基础研究、应用研究到技术开发及产业化的"组合式"资助，增强基础研究与其他后续科研计划的衔接，避免创新链条的"断档"现象。要形成"倒逼机制"，对应用研究和工程化项目遇到的瓶颈问题、核心问题，也应适时凝练为基础研究的主攻方向，以基础性的突破带动全局性的创新。

二是坚持加大投入与优化结构相结合，实现基础研究投入从项目为主向以人为本的转变。在政府科研投入中，要"抓一头、放一头"，多做打基础、抓根本的科研投入，把应用研究、技术开发更多放给社会和市场。参照发达国家经验，应尽快将我国基础研究经费占全社会研发投入的比例从目前的不到 5% 左右，在"十三五"期间提高到 10% 甚至更高水平，实现基础研究投入翻一番。同时，要改变以项目为主导的科研投入模式，加大对机构、向人的直接投入力度。

三是坚持科研创新与体制改革相结合，营造宽松的基础研究环境。要根据基础研究和应用研究的不同特点，分类管理、精准施策。遵循科学发展的规律，建立有利于充分调动科学家自由探索积极性的管理、评价机制和经费使用制度，为他们自由探索、潜心钻研提供宽松的工作和生活环境。要防止短期行为，提高基础研究人员的薪酬待遇，让潜心钻研、甘坐冷板凳的人有荣誉、得实惠。要推进学科的布局优化以及均衡协调发展，加强基础研究国际合作研究与交流。

　　四是坚持政府主导与社会参与相结合，形成推动基础研究发展的合力。要引导企业成为基础研究的一支重要力量，通过探索设立基础研究引导基金、国家实验室对接企业研发平台、调整财税政策和评价体系等，把企业的积极性调动起来。发挥大型国有企业尤其是央企的示范引领作用。同时，鼓励社会力量通过设立基金、捐赠等形式支持基础研究。

规范杠杆资金势在必行

冯晓岚　彭文生

2014 年下半年以来，我国 A 股市场经历了少见的大起大落。这一轮股市波动的原因比较复杂，大量运用杠杆资金是其中的重要推手。我们对此做了认真研究，现将有关看法和建议报告如下。

一、杠杆资金加剧了市场异常波动

一方面，杠杆扩张加快了股指上涨。2014 年 11 月 21 日到 2015 年 6 月 12 日，上证综指从 2487 点涨到 5166 点，创业板指数从 1505 点涨到 3899 点，涨幅分别为 107.7% 和 159.1%。同期，融资余额增长 194.7%，显著高于上证综指和创业板指数涨幅。

另一方面，杠杆收缩助推了股指下跌。2015 年 6 月 12 日到 7 月 8 日，上证综指从 5166 点下降至 3507 点，创业板指从 3899 点下降至 2364 点，分别下降 32.1% 和 39.4%。同期，融资余额下降 35%，高于上证综指跌幅。

据估算，融资融券、伞形信托、银行配资、场外配资等杠杆资金加在一起，规模最高时达到 4 万亿—5 万亿元，占股市流通市值的比重达到 8%—10%。

二、杠杆资金入市的主要渠道

——融资融券。融资融券指客户交存保证金，证券公司向客户出借资金供其买入证券，或者出借证券供其卖出的经营活动。融资保证金一般在融资额度的25%—150%之间，融券保证金比例在50%—140%之间，杠杆比例为1:1左右。2014年下半年以来，融资余额快速增长，最高达到2.27万亿元。6月中旬股市下跌后，融资余额迅速下降到9月1日的1.01万亿元。与融资业务相比，融券业务发展缓慢，最高时仅102.3亿元，9月1日下降到31.8亿元。

——伞形信托。伞形信托的全称是伞形结构化信托，指银行理财资金借道信托产品，通过配资、融资等方式增加杠杆后投资于股市。一个信托通道下可设很多个交易子单元，通常一个母账户可拆分为20个左右的虚拟账户。伞形信托的客户分优先级（一般为银行理财资金）和劣后级（自然人大户、机构客户、一些集团旗下的财务公司等），按照约定比例分享收益。据测算，截至2015年6月底，信托资金投向股市的总额大约为8000亿元。

——银行配资。根据银监会现行规定，银行理财资金不得投资于境内二级市场公开交易的股票或与其相关的证券投资基金，但风险承受能力较强的高资产净值客户、私人银行客户、机构客户的理财资金不受此限制。在实践中，有些银行出于逐利目的开展配资业务，将一些资金实力弱、条件不合格的投资者"组装"成一个合格投资者，再投资于相关产品。银行配资业务在本质上类似证券公司的融资融券，利率为8%—8.4%，杠杆比例为1:1、1:2、1:3，最高可达1:4。据估算，截至2015年6月底，银行配资规模约为1.5万亿—2万亿元。

——场外配资。场外配资指未被纳入监管的配资，提供主体包括个人投资者、证券公司、配资公司、互联网平台等，有系统分仓模式（HOMS 系统、非 HOMS 系统）、人工分仓模式（人工盯盘）、互联网平台模式（P2P、中介）等。场外配资能达到较高的杠杆率，一般在 1∶4—1∶5，有的甚至达到 1∶10，总融资成本为 15%—20%。为了保证资金和利息的安全，配资公司根据不同的杠杆比例设有平仓警戒线和强制平仓线，杠杆越高，"红线"越紧，投资者的风险也越大。按 1∶5 的杠杆计算，平仓预警线在融资额的 110% 以上，强制平仓线在 105% 以上。与场内配资相比，场外配资底数很难摸清，也容易失控。

三、加强杠杆资金监管的几点建议

从国际上看，杠杆资金往往在股市运行中助涨杀跌。比如，1929 年美国股市泡沫破灭前，不少券商使用 10% 保证金交易，道琼斯指数在短短两年多翻了一番。就我国股市而言，市场化、国际化是大势所趋，使用杠杆资金会成为常态。在这样的背景下，规范杠杆使用，防范市场非理性波动，成为监管层必须考虑的问题。为此，我们建议：

一是加强监管协调，规范结构化信托产品。结构化信托产品把一定比例的资金用于股票投资，符合《信托法》有关规定。但在分业监管体制下，证券监管机构无法对其进行有效监控，信托资金使用情况也很不透明。建议银监会、证监会等金融监管部门之间建立协同监管机制，在资金端、产品端、市场接入端等方面开展数据共享和监管协调，实现一体化、全链条监管。

二是开正门堵邪道，规范场外配资和互联网配资。场外配资和互联网配资作为金融创新，有着"类贷款"的性质，不宜一刀切、全部禁止。建议将其纳入监管范围，明确监管责任。可考虑通过备案实现"阳光化"配资，推行账户实名制，在资金来源、杠杆比例、投资领域、预警线等方面建立健全监管制度，以利于降低投资者风险，防范系统性风险。对于不愿意备案和不愿意被监管的配资机构，可通过交易所进行清理，终止其配资资格。

三是控制杠杆总水平，加强逆周期调节。可考虑把融资余额占股市总流通市值的比重作为调控指标，并设定一个市场周期内的杠杆比例系数。在市场快速上涨阶段，降低杠杆比例，在市场下跌阶段，允许逐渐提升杠杆比例，防止市场非理性波动。

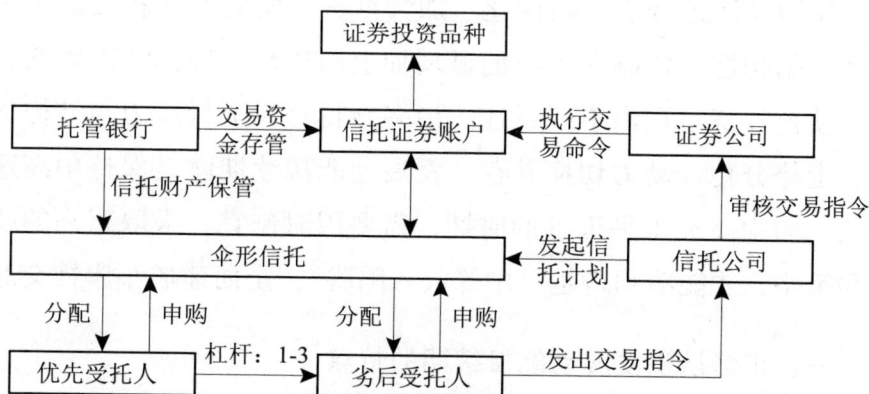

图 9 伞形信托

发展动能接续期的特点和应对策略

苑衍刚　李洪侠　吕　欣　郑　惠

我国经济正处于"新四化"加快推进、发展方式转变的关键时期，结构性、体制性矛盾的显现加上周期性、外部性因素的影响，使得经济呈现出不同以往的诸多新特点，下行压力与结构优化、走势分化、动力切换并存。发展动能接续期就是保持中高速增长、向中高端水平迈进的时期，需要因时制宜，采取正确的战略和策略，才能顺利跨越"中等收入陷阱"，全面建成小康社会。

一、正确认识发展动能接续期的特点

目前，我国发展所处阶段、主要矛盾和经济总体向好的基本面没有改变，改革创新动力仍存，同时又表现出需求不足、动力不强等新特点新矛盾，大致可概括为十个方面：

一是消费升级和结构性供给不足的矛盾。虽然我国模仿型、排浪式消费基本结束，但消费升级加快进行，个性化、多样化、精细化消费渐成气候。消费在经济中所占比重和贡献率稳步上升，已超过投资。同时抑制消费的因素还很多，国内商品和服务一时无法完全满足消费者的质量、技术、品牌、特色等要求，部分消费流向海外。因此表面上消费不旺，实际上与结构性供给不足有很大关系。汽车、住房及相关家电家具建材等消费约占全部消费的50%以上，虽然增速放缓，但节能环保、舒适个性的车房消费还有增长空间。融合式消费、发展型消费等新模式层出不穷，电子商务、网络购物、体验商店、借助APP等新型消费快速兴起，将更多行业、更多领域产品和服务消费纳入其中，极大改善了人们的消费体验，拓展了消费需求。近年来信息通讯消费增速一直在20%以上，2014年和2015年上半年网上商品和服务零售额均增长40%以上，但占比仅10%左右。新的消费点虽然增长迅猛，但仍显势单力薄，不足以拉动消费"马车"跑起来。

二是投资潜力大和有效投资不足之间的矛盾。近年来投资增速持续回落，平均每年下降2个百分点左右。但发展阶段和居民储蓄情况决定了我国有必要也有条件保持相对较高的投资水平，投资仍是稳增长的关键。过去制造业、房地产、基础设施投资分别占投资的1/3、1/4、1/5，现在前两者增速大幅下滑，可能进入多支点支撑投资的阶段。我国人均公共设施存量仅为发达国家的1/3左右。据预测，"十三五"期间道路、高铁、能源管网、电信等基础设施建设，每年至少新增投资2万亿—3万亿元，特定发展阶段衍生出高新技术、城市病治理、节能环保等新的投资需求，还将增加投资1万亿—2万亿元，潜力巨大。制造业领域升级改造、设备更新、研发创新、新兴产业等方面投资需求仍然很大，新市民落户和老市民改善的住房投资有很大空间，金融、教育、医疗、健康养老等服务业投资方兴未艾。过去许多投资"一窝蜂"、大干快上，重复建设和低效投资导致产能严重过剩，未来通过市场作用，选准投资领域，提高投资效率，仍有条件保持强劲增速。

三是新老产业青黄不接的矛盾。一些传统支柱产业由于产能过剩、市场收缩、资源环境约束等遭遇成长瓶颈，增速放缓。六大高耗能产业占工业比重 30% 以上，四年来增速下降 3—4 个百分点，拖累经济下行。在全球产业链变革条件下，我国制造业内部面临成本上升、技术创新不足，外部面对发展中国家追赶和发达国家再工业化的双重挤压，迫切需要依靠市场、技术、人才等，重塑生产配置、物流配送和生产性服务业布局，培育新的竞争力。高技术产业增速近年来超过工业增速 3—4 个百分点，利润增幅更高，但占 GDP 比重仅 6% 左右，新兴产业占比不到 10%，新旧力量此涨彼消需要一个过程。同时要看到，现代技术和创新使新旧产业更新换代明显加快，新业态成长迅猛，"互联网 +"与大数据形成的智能制造、大医疗、大旅游等，极大拓展产业链条，改变产业形态，虽然处于初创阶段，但前景不可估量。

四是外贸从"大进大出"转向"优进优出"的矛盾。我国经济已从外需拉动型转向内需拉动型。入世后我国进出口一直以两位数增长，但近年来增速降至一位数，连续三年没有达到预期目标。2014 年货物进出口、出口和进口增速分别较入世后十年（2002—2011 年）平均增速低 18.3 个、15.7 个和 21.2 个百分点，净出口对经济增长的贡献率已经由十年前的 10% 左右降至 2014 年的 1%。从趋势看，世界经济进入低速增长期，主要国家去债务化、去泡沫化还将持续数年，大宗商品需求不足，跨境投资趋缓，产品低成本优势弱化，进出口再难回到高增长时代。同时要看到，我国出口增速仍高于主要贸易伙伴，中高端制造业和高技术产品出口增长仍然较快，向全球产业链高端攀升既有条件更有压力。尤其是装备走出去和产能合作展现出广阔前景。我国对外投资已经超过引进外资，国外对我先进装备、技术、资金和工程服务的需求增加，产品走出去正向产业走出去和资本走出去转变。这个机会抓住了，完全能开辟出优质高效的外贸新格局。

　　五是劳动生产率增长放缓和工资增长加快的矛盾。过去城乡居民收入增速长期低于经济增速，劳动报酬增速低于劳动生产率增速，如"十一五"规划提出经济增长 7.5%，收入增长 5%。"十二五"规划提出"两个同步"后，2008 年情形开始逆转，2008—2013 年城乡居民收入增速平均高于经济增速 0.5 个百分点，如果说这带有补偿性的话，期间劳动生产率增速低于职工工资平均增速 0.5 个百分点，不符合"两个同步"和国民收入分配均衡原则。这一转折还体现在另一个指标全要素生产率（TFP）上，TFP 指数自改革开放以来持续增长了 2.6 倍，2008 年达到顶点，2009—2014 年则呈持续下降趋势。与此同时，劳动力总量出现"刘易斯拐点"，从 2012 年开始每年减少二三百万人，2014 年农民工数量增长 1.9%，2015 年上半年仅增长 0.1%，很快就会达到顶点，"人口红利"和农村人口转移红利都在减少。劳动者素质跟不上生产需要，就业难与用工荒并存。虽然劳动生产率增速下降与经济周期、要素结构、产能过剩等因素有关，但这一趋势不利于企业经营和社会积累扩大，必须尽快通过强化教育和创新、市场化改革和结构调整，大幅提升劳动生产率。

　　六是企业经营成本上升和效益下滑的矛盾。国际金融危机后，我国劳动力、土地、技术和财务成本不断提高，要素投入的力度和边际效应减弱，追赶红利和人口红利递减，企业利润被压缩，资源型行业利润更是大幅下降。2008—2014 年，规模以上工业企业利润年均增长 14.5%，增速较危机前十年平均水平低 19 个百分点。以资金成本来看，2011 年到 2014 年，一般贷款加权平均利率一直高于 7%，加上负的 PPI，实际贷款利率超过 10%，而同期工业企业主营业务收入利润率只有 5%—6%。以前靠低工资、低地价、低资金成本，所获利润用于再投资、扩大再生产的盈利循环模式，现在这些都上升了、稀缺了，传统模式难以为继。企业效益是决定投资和消费的关键，如果不能使企业尽快转到低投入高产出的盈利模式上，产能过剩、产品积压就始终是个负担，市场难以出清，投资和需求就无法扩大，经济就走不出低迷期。

七是财政收支增速逆转的矛盾。1994 年分税制改革到 2011 年，我国公共财政收入年均增长约 20%，显著高于同期 GDP 增速。此后，财政收入增速逐步下滑，2012 年、2013 年、2014 年分别增长 12.9%、10.2%、8.6%，与 GDP 增速趋于接近，今后很可能进入一位数增长时代。与此同时，财政支出则进入"补短板"时期，近三年分别增长 15.3%、11.2%、8.2%。由于老龄化、环境恶化等原因，社保、环保等领域刚性支出快速增长。2011—2014 年，农林水、教育、医疗、社会保障、环境保护、科技等领域财政支出年均增长 11.9%，比同期财政支出增速高 0.4 个百分点。财政由过去的盈余常态转为赤字常态，加上预算管理强化，倒逼债务率和赤字率提升。一些地方"土地财政"、非税收入等减少，社保、公共服务等支出加大，财政收支困难更加凸显，亟需建立新的地方税体系和政府性债务管理机制。

八是流动性充裕与实体经济缺钱的矛盾。国际金融危机以后我国 M2 占 GDP 的比重从 151% 提高到 200% 左右，信贷占 GDP 之比是 176%，比 2008 年上升了 60 多个百分点，这两个比重在世界上都是高水平。目前银行各类存款 110 多万亿元，企业存款 38 万亿元左右，居民储蓄 50 多万亿元，储蓄率近 50%，为世界最高，财政存量资金 4 万亿元左右，但这些钱并没有用好，收益率很低。好比"池子里的水"已经很多了，但都是一汪一汪分开的，没有流动起来。尽管 2015 年以来多次降准降息释放流动性，但实体经济融资难问题没有解决，这与金融领域"不差钱"形成了对比。主要问题在于融资渠道不畅，衍生出众多中间环节，抬高了资金成本和企业杠杆率，也加剧了金融机构不良资产"双升"风险，还使货币政策不敢轻易"放水"，否则天量货币一旦放出来就难以控制。同时，我国以银行为主的间接金融比重过大，成本高、效率低，顺周期性强，不利于发挥调控作用。必须尽快完善多层次资本市场，修好"干渠和支渠"，让水迅速流到需要的地方。

九是区域发展再次分化的矛盾。我国改革开放是从沿海开始的，因而东部地区获得了先发优势。20世纪90年代实施区域发展总体战略以后，加上产业转移、技术扩散、市场拓展、能源资源配置等因素，中西部和东北地区迅速赶上来，增速平均高于东部2—3个百分点，发展差距有所缩小。但近年来再度出现逆转趋势，东部地区经济结构调整较早，能够用较少的投资保持较高的增速，甚至出现逆势回升。而中西部尤其是资源依赖型地区增速回落。2015年一季度，经济增速同比回落5个百分点以上的17个省区市中，中西部和东北有13个，其中山西和辽宁回落超过10个百分点。怎样发挥我国巨大的回旋余地，推进区域均衡发展，促进要素自由流动，建立全国性统一大市场，需要新的区域发展战略。

十是旧规则已破与新规则未立的矛盾。过去政府主导资源配置、擅长审批的方式，在简政放权、反腐败等冲击下正在打破，一些官员强力抓经济、上项目的劲头减弱了，不愿抓、不会抓、不敢抓的问题突出出来，如何适应法治政府要求，探索新的宏观调控和行政管理方式，建立新常态下的政绩激励约束机制，成为一项重大课题。政府抓经济的手松了，但市场的手未用好，造成了动力断档。必须尽快建立公开透明、边界清晰、服务高效、多元平衡的行政机制，重塑政商和政府间关系。

从这十个方面看，发展动能接续期是周期性下行与中长期下行叠加的时期，是去杠杆、去产能、去库存与巨大潜力释放并存的时期，是分化加剧与转换加快的时期。这个时期非常关键，搞好了，经济运行就能跨上优质高效运行的新台阶，搞不好，就会坠入"中等收入陷阱"。要用辩证和发展的眼光看待发展动能接续期，不能急于求成，指望"毕其功于一役"，也不能纠结于一两个百分点的起落，在乎"一城一地之得失"，因为旧模式消弭和新动力培育都需要一个过程。要平心静心、凝神聚力，把当前和长远结合起来，把发展和改革结合起来，把国内和国际结合起来，统筹平衡稳增长、促改革、调结构、惠民生、防风险，围绕目标持续用力，久久为功，才能在平稳渡过接续期后，迎来强劲可持续增长的新时期。

我国发展改革进入了关键期和深水区，困难一年比一年大，矛盾一年比一年多，过去跟在别人后面拿过来就能用的经验和规律越来越少，这就要不断探索规律，创新政策，用中国式的办法解决中国发展中的问题。

二、渡过发展动能接续期要用好四个"政策组合"

这次经济下行，与 1998 年亚洲金融危机、2008 年国际金融危机时相比，需求结构、产业结构和政策环境都有了很大不同，因而应对策略也有所不同。根据发展动能接续期的特点和规律，基于我国实践和国际经验，需要创新和完善政策组合。

一是定向调控＋结构性改革。推动发展，最直接的工具是调控，最大的工具是改革，两者必须结合起来。我国经济处于三期叠加、两难处境和多重目标并存的阶段，要兼顾民生、社会、生态环境等多重目标，首先要坚持发展这个硬道理。庖丁解牛的诀窍在于沿骨缝下刀，经济的骨缝在结构，抓住了结构，也就抓住了需求不足和供给过剩的关键。定向调控就是结构性调控，抓住中小企业、"三农"、棚户区改造、水利等重点领域和薄弱环节，采取"靶向"疗法对症施治、补齐短板，使经济在趋于平衡中稳步回升。定向调控也是精细化调控，以治大国如烹小鲜的态度，精准发力、有序有效预调微调。社会学上有所谓"二八定律"，抓住关键少数，可以牵一发动全身，取得最大实效。西方经济学也有宏观政策微观化，1993 年克林顿政府推行"综合经济发展计划"，采取了大量定向减税、公共事业发展计划等措施，使美国经济保持了十年高速增长。定向调控也是一种多目标调控，我国采取的定向降准降息减税等措施，达到了既稳增长、稳物价又调结构、惠民生的多重目标。

当前，定向调控要兼顾稳增长与调结构，把握平衡、善用巧劲，相机抉择、果断出手。当经济运行在合理区间时，要保持定力，重心放在调结构上；当经济滑出或接近下限时，该出手时就出手，否则一旦外部环境"风吹草动"，就易陷入顾此失彼的境地。要加强对苗头性倾向性问题的预判，当前过剩产能行业的库存调整、资产重组是正常现象，但对一些地方由于结构调整缓慢带来的经济下行就要重视。最近围绕要不要"放水""强刺激"的争论很激烈，我国不宜搞所谓"中国版量化宽松"，因为这会使过剩产能再度扩张，环境压力骤然加大，结构调整中断，股市、房市振荡加剧，给后续发展带来隐患。如果抓不住结构这个关键，即使宽松了，也会使经济在虚拟中空转，企业要么融不起资，要么不愿投资，所以根子在实体经济。要积极推动经济结构正向深度调整，扩大有效需求，培育新增长点，以增量拓展带动存量优化。

结构性改革也是瞄准结构性矛盾，着力提高生产率。人们担心，改革这个"远水"，能否解得了经济下行的"近渴"？我国市场化改革进行到今天，仍有大量形形色色的准入壁垒、行业垄断、经营限制等，约束了投资和消费潜力发挥，一旦破除这些障碍，将带来大量新就业新产业新模式，形成新的增长点。比如停车设施、养老设施等，群众有需求、社会有资金、运营可持续，只要体制一破，很快能形成巨大实物投资量，而且不会造成产能过剩。比如通过公私合作、特许经营、政府性基金、定向发债等办法，加大高速公路、铁路、水利、棚户区改造、市政设施等项目投入，以较少政府投入撬动更多社会投入，有的能达到 1∶3 甚至 1∶5。不仅解决投融资难题，更提升公共产品和服务运营效率。机制一新天地宽，创新调控与结构性改革结合起来，展示出拓展经济空间的强大威力。

二是简政放权 + 大众创业、万众创新。大众创业、万众创新是我国发展的全新引擎。投资驱动力减弱后，需要转到更加依靠提高劳动生产率、资本产出率和全要素生产率上来。简政放权与"双创"在目的、手段和方式上高度契合，其内在逻辑与改革开放以来的逻辑是一致的，都是着眼于人的创造力的解放，实现社会生产力的解放和发展。现在到了实现更大解放的时候，要将人从土地、户籍、单位、所有制等的捆绑中解脱出来，实现迁徙自由、择业自由、创业自由、创新自由等，通过努力拼搏实现自我价值，进而推动经济社会发展，开辟提高生产效率的新渠道。这个进程从改革开放延续至今，现在还没有完成，许多领域的管制还很多，对人的束缚无处不在。比如个人和企业创业还有很多障碍，社会交易的制度成本较高，要素流动尤其是人才和科技成果流动还有很多约束等。随着互联网技术的快速发展，公司小型化、网络化、信息化成为趋势，创业创新门槛和成本空前降低，资本杠杆撬动和放大了创业创新能力，众联、众筹、众创、众包等新模式不断涌现。大众创业、万众创新的洪流迫切要求加大简政放权的力度。

简政放权核心是减少政府对经济活动的微观和具体干预，让市场活力和社会创造力充分发挥，政府主要把握好边界和行为方式，发挥补位、引导和营造环境的作用。美国是最富创业创新活力的国家之一，20世纪70年代，美国政府开始放松管制，1975年取消证券市场股票委托手续费，1978年撤销航空管制，此后相继放开石油、汽车运输、铁路运输、电力、银行等领域管制。20世纪90年代又发起"重塑政府"运动，放开大多数竞争性行业管制，同时对社会中介组织放权，逐步将资格审查、质量控制等权力向商业、行业等中介组织转移，优化政府服务。在美国注册企业，政府网站上有详尽的介绍和咨询服务，有关企业创建和经营的指导性内容划分得非常细致，创业者可以得到许多信息，如何制定创业计划，如何获得许可证和营业执照，如何获得税务号码，以及如何选址等，几乎涵盖了各个环节。我国简政放权已经取得很大成效，但与社会热切期待相比还有差距。要以"双创"为镜子，倒逼政府自身革命，简政放权、放管结合、优化服务协同推进、三管齐下。针对群众和企业办事还不方便、一些重大项目推进遇阻等问题，下一步要向深处用力，自上而下与自下而上相结合，变"政府点菜"为"群众点菜""企业点菜""项目点菜"，从群众和企业办事需求出发，倒逼暴露问题，重点解剖麻雀，破解难题，以更有效的改革释放更大的生产力。

三是公共产品、公共服务投入 +PPP。我国在几次经济下行时，都采取了扩大公共产品有效供给来扩大内需的办法。目前公共产品仍然严重不足，但各级政府债务高企、财政收入放缓，直接投入受到制约，不能再采取主要靠政府投资的办法，更可行的途径是以较少政府投入撬动更大社会资本投入公共产品和服务，也就是政府和社会资本合作（PPP）模式。PPP 一手托政府，一手托市场，更符合市场经济规律。PPP 不仅仅是投融资方式的变革，更是公共产品和服务运营理念和方式的变革。可以考虑将PPP 上升为扩大内需的重要战略，以党中央和国务院名义出台文件，对 PPP 从实施方案、目标任务、政策体系等方面作出部署。要创造出中国特色的高效的公共产品和服务建设与运营方式，既不同于福利国家政府全部承担的方式，也不同于自由市场国家多放给私人部门的方式。少量公共产品政府直接生产，大部分可采取政府购买后再向公众免费或部分有偿提供的方式，找到公共产品提供与社会资本运营之间的平衡点。对此，各级政府要进一步加大 PPP 实施的力度、领域和范围，尤其对一些准公益性项目，要深化开放合作，合理让渡利益，灵活运用 BT、BOT、特许经营方式，设立 PPP 引导基金，加大实施力度。同时，尽快启动制订政府和社会资本合作（PPP）相关条例或办法，使 PPP 上升到法律层面，完善 PPP 项目规范化管理办法，设定社会资本盈利机制，给社会资本吃下"定心丸"。

四是《中国制造 2025》+ 国际产能合作。目前我国产业面临两大困境：一个是产能过剩，市场需求不足，企业效益低，产业升级面临技术、设计、营销等天花板；另一个是随着信息网络、智能化、3D 打印等技术突破，全球产业链制造环节有可能重回发达国家，以发挥人力素质高、靠近消费市场等优势，一旦这种情况发生，全球产业格局演变将发生颠覆性变革，并排除我国等后发国家赶超的可能。如何破解这两大困境？一方面要深入实施《中国制造2025》，核心是强化研发创新，加快新一代信息技术与制造业深度融合，推动创意设计、节能环保、远程技术、系统流程管理等先进服务业与制造业深度融合；另一方面推进国际产能合作，产能合作是中国经济与世界经济融合的新方式，将我国的优势产能与发达国家的技术、发展中国家的需求有机结合起来。国际产能合作不是"零和博弈"，打破了社会达尔文主义的"优胜劣汰、弱肉强食"，充分利用多样性和比较优势，创造更大财富，对各方来说是你情我愿、互利共赢的好事。

《中国制造2025》与国际产能合作这两大战略，一内一外、一纵一横，互为支撑、缺一不可。我国能否在全球经济格局重塑中占据优势，处于核心竞争地位，关键是统筹运用两大战略，加大创新与开放力度，特别要在"一带一路"建设中找准突破口，如扩大国内自贸试验区、利用工程建设优势扩大对发展中国家基建投资、与跨国公司联合开拓第三方市场等。

激发新的发展动能，核心在于以极大的勇气和决心，破除思想观念的束缚和体制机制的桎梏，顺时应势、推陈出新，探寻新的发展路径和方式。

三、激发新的发展动能需要推进"四大革命"

（一）推进投融资革命。今后一个时期，新型城镇化和"一带一路"、京津冀协同发展、长江经济带等三大战略，以及《中国制造2025》确定的10个领域等，是未来投资重要方向，所需新增投资超过"十三五"期间保持一定投资增速的要求，现在关键要解决融资机制即"钱从哪里来"的问题。在适度流动性环境下，除了传统的银行信贷，还必须加快创新投融资渠道和机制，大力发展直接融资，打通高储蓄率和实体经济需求之间的通道，提供多样化便捷融资渠道。具体看，至少有 10 个扩大融资途径：一是稳步扩大国债融资和地方债置换。现在中长期国债规模偏低，今后几年每年可以新增 1 万亿元。为控制地方政府债务风险和满足建设需求，地方债置换 2015 年已经增加到 2 万亿元，还可继续增加，以后每年保持适度规模。同时适当扩大专项债券发行规模，用于有一定收益的准公共设施项目，放宽社会资本准入，每年也可新增 1 万亿元以上。二是扩大定向贷款规模。扩大向国开行和农发行等政策性金融机构发行抵押补充贷款（PSL），支持范围从棚户区改造扩大到铁路、水利等，可从每年 1 万亿元增加到至少 2 万亿元，今后 3—5 年规模可达 10 万亿元。同时财政要通过设立风险稳定基金、担保贴息补偿、利用收费权和预期收益质押贷款、专利权质押贷款等方式，促进银行定向放贷。三是实施信贷资产证券化。资产证券化是发达国家金融创新的普遍做法，也是我国银行腾挪额度、提高服务经济能力的重要选择。目前信贷资产支持证券 4500 亿元，与近 90 万亿元的信贷资产余额相比微不足道。最近已经明确将新增 5000 亿元信贷资产证券化试点规模，今后还可逐步扩大。比如地方融资平台资产 7 万亿—10 万亿元，汽车、住房等贷款都有稳定现金流，即使其中一半可以证券化，未来 3—5 年年均也将达 1 万亿元左右。四是加快推进政府与社会资本合作。预计未来 3—5 年 PPP 方式融资每年超过 1 万亿元，带动社会融资保守估计也达 2 万亿元以上。五是扩大企业债券融资。目前我国企业债占社会融资比重在 15% 左右，要在调整债务结构、控制债务风险的条件下，逐步扩大银行外主体参与债券市场比例，每年可新增债券融资 1 万亿元，力争 2020 年企业债融资达 10 万亿元，占社会融资比重 1/4 左右。六是完善资本市场融资功能。主板、创业板、新三板等融资由 2008 年的 3324 亿元迅速增加到 2014 年的 4350 亿元，2015 年将达 1 万亿元左右，今后可适时适度扩大 IPO，规范上市公司再融资。七是发展新型社会融资。私募、股权众筹、知识产权质押等新型融资工具在互联网推动下蓬勃兴起，集中闲散资金支持创业创新，使投融资由小众的事变成大众的事，人人是股东，是真正的投融资革命。目前美国私募基金约 37 万亿美元，众筹融资 650 亿美元，我国分别仅 6 万亿元和 15 亿元人民币，潜力巨大。我国私募、众筹等每年新增融资至少能达 1 万亿元。大力发展风险投资、天使投资、创业投资，规模可望从现在的 4000 亿元增加到 1 万亿—2 万亿元。八是发展产业引导基金。目前国家层面已有十几只总规模近 4000 亿元的产业引导基金，各地也设立了一些产业基金和城镇化基金，规模达数万亿元。预计未来几年，全国每年新增产业基金规模将达 1 万亿—2 万亿元，带动社会资金 2—3 倍以上。九是启动养老基金投资、保险投资基金等。国家已经设立 3000 亿元的保险投资基金，主要投向棚改、城市基础设施、重大水利工程、中西部交通设施等。今后还可以多种方式继续扩大保险等资金投资，同时带动其它社会资金。十是持续扩大利用外资。我国利用外资还有很大潜力可挖，如放宽部分行业外资股比限制和经营范围限制，放宽企业尤其是外资企业国外融资比例限制、放宽自贸区资本自由账户等办法，可以迅速增加融资，倒逼国内降低融资成本。十一是加大外债发行力度。国务院已明确，2015—2016 年支持境内符合条件企业赴境外发行人民币债券增加 3000 亿元，外币债券 2000 亿美元。今后几年即使按这一规模，每年也可新增融资来源近 1 万亿元。以上融资来源打通了，每年至少新增资金来源 10 万亿元，大大超过 2015 年新增投资 15% 的要求，加上盘活财政存量资金、简政放权释放民间投资等，不仅能满足今后几年的投资需求，而且将对我国投融资机制产生根本性影响。

（二）推进消费革命。适应大众消费时代的新趋势、新特点，积极推进消费革命。要从理念和政策上鼓励消费。20 世纪 20 年代美国推动了大众消费社会的形成，使当时的奢侈品汽车走进千家万户；20 世纪 50 至 80 年代日本经济升级的同时，推动了以汽车、电子产品、休闲、娱乐、健康等为主的三次消费革命。我国要借鉴美日扩大消费的合理经验，树立消费光荣的理念，区分正常的中高档消费和奢靡之风，不能一棍子打死，不能把合理消费与勤俭节约对立起来，制定合理的消费政策支持消费革命。要重视消费的预期管理和效应管理。现在 CPI 处于较低水平，PPI 连续 3 年多为负，影响居民收入和预期，不利于形成消费热潮。股市持续活跃有利于形成财富效应，促进企业融资投资，有利于扩大消费。要将扩大消费的长期战略与短期举措结合起来，在持续扩大就业、调节收入分配、完善社会保障体系、发展服务业的同时，研究制定稳定居民消费预期、让利居民消费和引导居民财富转向消费的系列政策。如用财政补贴支持农村居民改善居住条件，实施新一轮"村村通"等。要利用新兴供给创造新兴消费。运用大数据精准把握消费需求，运用互联网创新营销模式，培育和创造体验式消费、融合式消费、发展型消费等新型消费模式，无中生有创造消费，有中提质扩大消费。要加强消费基础设施和制度建设。2015 年政府工作报告提出汽车、住房、养老家政、信息、旅游、教育文化体育等六大消费领域，要加快网络普及和基础设施建设，如实现免费 WIFI 全覆盖等。利用互联网和现代物流体系，加快农村网络、公路和物流网点建设，填平城乡、区域之间的"消费鸿沟"。

（三）推进产业革命。我国产业正处于世界新科技革命酝酿、新兴产业爆发的交汇点上，能否历史性地抓住机会，推动产业由中低端进入中高端，是对我们的真正考验。关键要用好四大机遇：一是利用以互联网为代表的信息技术与各产业各领域的跨界深度融合，推动我国经济技术结构产生脱胎换骨的变化。互联网思维正在产生全方位的革命性冲击，将对现有生产经营模式和组织方式形成强有力的替代。要以智能制造引领制造方式变革，开辟可穿戴智能产品、智能家电、智能汽车等制造业新领域，以网络众包、协同设计、大规模个性化定制、精准供应链管理、全生命周期管理、电子商务等重塑产业价值链体系，培育形成互联网＋制造业＋教育医疗养老等服务业＋交通物流等一系列新产业、新业态、新模式，并尽快培育成国民经济支柱产业。二是利用装备走出去和产能合作，推动新一轮产业在开放中升级。在学习引进中加大自主创新，破解制约我国产业升级的核心关键技术，推动制造业向设计、研发、标准等价值链高端提升。实施节能环保、新一代信息技术、生物、高端装备制造、新能源、新材料、新能源汽车、信息通信、健康养老、现代农业等十大新兴产业振兴计划。借鉴日本1978年"特定萧条产业稳定临时措施法"，提出实施钢铁、建材、煤炭等传统产业改造升级计划。三是利用质量、技术、标准等，倒逼绿色环保等产业发展。目前我国天然气、太阳能等清洁能源的比重偏低，标准倒逼加上调整补贴、税收等经济性政策，可以迅速形成节能环保产业发展高潮。比如我国房地产建筑中用钢比例是20世纪80年代制定的，不到5%，影响安全，也远低于国际标准；如果调整到10%，按每年建筑10亿平方米，将多消费钢5000万吨，还有利于化解产能过剩。四是利用并购重组和产业政策，提升企业效益。2014 年我国兼并重组额占全球的 13.3%，而美国占 25%。要通过财税金融政策、放宽国有企业重组中的民营资本准入等，扩大并购重组，减少僵尸企业的存量资产。财政对产业的支持方式，正从专项补助补贴转向产业基金，既要用以帮助重点产业、潜力型行业、龙头企业和有潜力的中小企业，也要用于产能过剩行业脱困。

（四）推进产权运用革命。我国自 1992 年确立社会主义市场经济体制已经 24 年，绝大部分生产要素已经市场化，但仍然存在集体和国企资产产权不清，技术和知识产权类产权难以完全市场化，农村土地、房屋、林地产权流动不充分等问题，使各类产权的权能不能充分实现，产权价值不能最大化，不利于生产力的真正解放。在许多发达国家，产权界定相对清晰，同时凭借发达的金融创新和社会诚信体系，发展了成熟的农地证券化、知识产权证券化等。我国在产权运用方面市场还很不成熟，法律和制度约束还很多。产权运用好了，城乡各类要素的巨大潜力发挥出来了，将对经济增长产生巨大推动力。一要积极稳妥推进土地经营权流转，建立健全城乡统一土地市场，推动农村集体资产权能改革，发展股份合作、专业合作制，规范发展农村产权交易市场。二要要通过兼并重组、实物资产金融化、金融资产证券化等方式，加快完善国有企业产权流转制度，大力发展区域性股权交易市场，推进中小企业产权流转重组。三要加快推进科技成果产权制度改革，加大知识产权保护力度，完善技术交易和成果转化市场，让科技成果权能实现最大化。四要大力推动土地经营权、股权、债权、知识产权等各类产权的质押抵押，促进产权标准化、可计量。我国改革开放是从放开农民土地承包经营权开始的，到放开搞活集体经济、国有经济，秘诀在于下放权力，让产权要素活起来。现在我们要进一步推动产权的权能实现形式多样化，让各类要素通过自由选择配置和利用，产生强大的聚变动能。这种潜力的释放对整个社会的冲击，将不亚于改革开放初期。

发展创客创投　促进创业创新

忽培元　张昌彩　吴思康　王西星

推动大众创业、万众创新，是国家着眼经济提质增效、适应发展新常态作出的重大抉择。深圳积极响应国家号召，坚定实施创新驱动发展战略，努力打造大众创业、万众创新新引擎，有力推动了创新驱动发展。2015 年上半年深圳经济增长 8.2%，以技术创新、商业模式创新等为核心要素的创新型经济实现较快增长，其中七大战略性新兴产业增加值增长 11.6%，对经济增长贡献率超过 50%，成为发展主引擎。目前深圳高成长性的企业超过 3 万家，其中销售额超亿元达到 1200 多家。在全国经济下行压力较大的情况下，深圳保持经济较快增长和创新活力不断增强的态势，得益于大众创业、万众创新汇聚的强大动力。深圳的做法和经验，对全国打造大众创业、万众创新新引擎具有重要的启示意义。

一、主要做法

深圳充分发挥政府服务支撑作用，积极推进创新、创业、创客、创投"四创联动"，促进了大众创业、万众创新生动局面的快速形成。其主要经验和做法有：

一是主动顺应创客发展新潮流，加快打造一批国际化创客机构。以世界发达地区创客发展为标杆，制定实施促进创客发展的政策措施和三年行动计划，高起点搭建平台载体，推动高质量、高水准的创新创造，努力打造国际创客中心。

着力建设各具特色的国际化众创空间。坚持优势互补，错位发展，打造一批特色创客平台。中科创客学院致力于引进国际先进创客教育体系，推进创客教育、创新交流等，把"蝌蚪"培育成"青蛙"，学院成立不足8个月时间，已吸引了全球66名创客和26个项目入驻。国际创客中心致力于培育创客形成"创意→产品→消费者"的完整产业链。创客孵化基地致力于为创客提供孵化场地、技术平台、开发工具、投融资等服务。

引进最具国际影响力的创客活动。秉持包容开放、共同发展理念，加强与国际微观装配实验室（FAB LAB）合作，主动引进承办FAB2016年会，这是目前世界上影响力最大的创客活动之一。加强与麻省理工学院合作，引进建设三个FAB LAB，其中之一成为其全球旗舰。举办首届国际创客周，组织了创客高峰论坛、全球创客马拉松（公开赛）、深港（国际）青年创客营等14项活动，吸引了210个海外创客团队、60个国际机构，有26万多人次参加。

举办全世界最大的创客DIY聚会。柴火空间承办的制汇节（Maker Faire），在深圳连续举办三届，吸引世界各地几千名创客参加，成为全球最大的创客盛宴。依托高交会、文博会等国际性展会，组织创新创业创客大赛，交流草根创新经验，对接创客项目，激发大众创业热情。

二是聚焦创新创业中的突出问题，全方位降成本、破障碍。针对创业中存在的成本高、流程多、融资难等实际问题，多管齐下，为创新创业"减负担""舒筋骨"。

注重"补"。在居住方面,对符合条件的人才给予租房补贴或提供公租房,本科、硕士、博士毕业生可分别获得 6000 元、9000 元、12000 元 / 人的年租房补贴;在办公方面,对经认定的创新型企业,适度减免其场地租金和互联网设施使用费等。对高校毕业生自主创业的,给予专项资金资助。

着力"改"。针对制约创新创业的制度障碍,强力推进以营业执照为中心的商事登记制度改革,建立了营业执照、组织机构代码证、税务登记证、刻章许可证和社会保险登记证"五证合一"模式,实现"一表申请、一门受理、一次审核、信息互认、五证同发",推行全程电子化登记模式,探索推进"一证一号",大大便利了创业者。

强化"投"。着力发展创投机构,支持其为创新创业服务,破解融资难等问题。出台促进股权投资基金业发展的若干规定,推动各类金融机构快速发展,VC/PE 机构数量达 1.5 万家、注册资本超过 1.1 万亿元。创投支持创新创业效应凸显,深圳创新投资公司投资企业 548 家,其中 97 家上市;高新投资公司为 1.9 万家初创期科技企业提供 2100 多亿元担保服务。加快发展创新金融,推动设立前海微众银行,解决创业者小额贷款需求;设立前海股权交易中心,为创新创业提供定制化金融解决方案;探索设立深圳创客基金,打造国际化众筹服务平台。

三是围绕大学生等重点群体,开展一站式创业辅导。大学生是最具创新创业热情和潜力的群体。紧紧围绕大学生创新创业需求,提供精准服务,助力创业之路走稳走远。

推广全覆盖的大学生创新创业课程。支持高校将创业教育融入人才培养体系、开发创业课程,覆盖大学本科和研究生教育全过程。深圳大学将课内"创新研究短课"和课外"聚徒教学"相结合，实施四年一贯制创业教育与训练，低年级开设以培养创业意识为主的"兴趣引导课"，中年级开设以创业基本知识为主的"通识课"，高年级开设以创新创业前沿实用知识为主的"专长课"。深圳职业技术学院成立创业学院，通过实施"主干专业＋拓展专业"学习模式，打造创新创业"梦工厂"。

建立"教练式"导师制度。深圳市全市成立了超过 1 万名具有丰富经验和创业资源的企业家、投资者、专业人士组成的创业导师团、志愿服务队，采取个性化、定制化方式，提供创业辅导、实训孵化、项目推介、补贴申报、法律维权、政策咨询等全程辅导。深圳大学毕业生沈沾军通过创业辅导，成立深圳思路飞扬公司，自主研发的视讯阅读机深受市场欢迎。深圳呼噜科技有限公司创始人王磊，在导师指导下，成功研制世界上第一款智能睡眠眼罩，并得到了投资机构的高度关注。

试点建设社会化创新创业辅导中心。注重发挥社会力量的作用，探索设立创新产业辅导中心，通过举办创新型中小企业家成长训练营、创新创业研修班等，支持开展面向各类群体的创新创业辅导，形成全社会共同推进创新创业格局。

四是建设面向大众的科技服务"超市"，为草根创新提供强力支撑。借鉴商品超市理念，围绕创新创业中研发、成果转化、金融等需求，在创新集中地区设立科技服务"超市"。

服务对象开放式。超市服务对象包括孵化器和科技园区各类企业，以及所有通过自愿登记的科技型中小企业，覆盖范围达几十万户企业，每年提供数百万次服务，为众多企业解决了创业中的难题。

服务内容链条式。紧紧围绕创新创业需求，引进开发了研发服务、检验检测、知识产权、成果转化、科技中介等一批专业服务，并提供名录展示、供需匹配、交易撮合、定单管理等配套服务。目前，南山科技服务超市已发展 11 大类共 490 家科技服务产品供应商。

连锁服务网络化。在 15 个孵化器园区设立直营网点，发展了 13 个加盟网点，同步打造科技服务网上超市，实现线上线下互动，为创新创业提供便利。

二、几点启示

深圳积极推进大众创业、万众创新，探索了一些有效做法，取得了明显成效，既为本市创新驱动发展注入了强大动力，也为其他地方推动"双创"提供了借鉴。

第一，注重创客、创新、创业、创投"四创联动"。创客的出现，是新时期草根创新创业的一大新生事物。在创新创业链条上，创客是主体，是充满创意并付诸实施的群体；创新是创客的典型特征，也是创客实现创意的重要手段；创业是创客的重要目标，是创新成果的运用和产业化；创投是解决创新创业者资金瓶颈的关键。这四者相互联系、相互促进，共同发力，释放促进经济发展的巨大潜能。在以前，这几个要素相对分离，甚至出现"孤岛"。比如，由于创投机制的不完备，使创新创业难以顺利推进。深圳聚焦创新创业重点环节，坚持多管齐下、联合施策，打破了"肠梗阻"，强化了互动联动，实现了各要素充分聚合，逐步形成以创客为引领、创新为手段、创业为目标、创投为纽带的新型创新创业格局，促进了产业链、创新链、价值链、资金链"四链融合"，使创新创业效率更高、效果更好。深圳的实践表明，"四创联动"是新常态下打造经济新引擎的重要举措，是破解制约创新创业障碍的有效途径。

第二，注重推动与时代发展相适应的创新创业。创新创业与时代发展紧密相连。在改革开放初期，我国的创新创业主要聚焦于传统产业和传统产品，以满足基本需求为主。进入新世纪新阶段，在信息技术的推动下，创新创业具有明显的时代内涵和特征，突出表现在"互联网+"等领域。特别是，随着居民消费升级进入加速期，消费需求更加多元化、个性化，催生电子商务等新产业、新产品、新业态和新商业模式不断涌现。深圳牢牢把握这些新变化新趋势，引导创新创业群体以市场为导向，突出互联网技术、商业模式等创新和应用，突出跨界融合发展，实现了更高水平、与时俱进的创新创业。深圳的实践表明，推动"互联网+"等与时代发展相适应的创新创业，不仅具有广阔的市场前景和发展空间，而且有助于我国经济提质增效和转型升级。

第三，注重搭建高质量平台和提供精准服务。创新创业是市场化程度非常高的一项活动，必须充分尊重市场规律，让市场发挥决定性作用。同时，快速形成大众创业、万众创新的新局面，必须在完善市场机制基础上，更好发挥政府作用，为创新创业提供优质环境。深圳坚持有形之手和无形之手共同发力，紧紧围绕创新创业需求，通过搭建一批平台载体，组织开展丰富多彩的创业活动，为创新创业提供广阔空间；通过创新科技服务理念和方式，为大众创业提供有力支撑。深圳的实践表明，政府在创新创业中不能"缺位"，更不能"越位"，要发挥好政府搭建平台和服务支撑等作用，营造良好环境和氛围，推动创新创业蓬勃兴起、持续发展。

创新推动国际产能合作
促进世界经济稳定复苏

——我国推动国际产能合作的思路和建议

向　东　刘武通　毛盛勇

当前，我国正处在全面深化改革的关键时期，经济发展进入新常态，提质增效升级任务艰巨，需要通过更高水平的对外开放，为经济社会持续健康发展奠定坚实基础。党中央、国务院对此高度重视，作出重要战略部署，决定加快构建开放型经济新体制，积极推动"一带一路"建设，开展国际产能合作，以开放的主动赢得发展和国际竞争的主动。

2014 年以来，李克强总理多次指出，国际金融危机发生以后，一些国家采取了量化宽松政策，这对于防止经济衰退是必要的。但要使世界经济强劲复苏，要从总需求和总供给两方面同时做文章，必须多措并举支持实体经济发展，对内推进结构性改革，对外加强国际产能合作，各国应继续发扬同舟共济精神，不断扩大利益汇合点，开创经济合作发展的新模式，促进世界经济强劲、平衡、可持续增长。

国际产能合作，即产业与投资合作，就是在一国发展建设过程中，根据需要引入别国有竞争力的装备和生产线、先进技术、管理经验等，充分发挥各方比较优势，推动基础设施共建与产业结构升级相结合，提升工业化和现代化水平。推动国际产能合作，对世界经济整体复苏、实现多方共赢和我国新一轮对外开放具有至关重要的作用。

一、创新推动国际产能合作意义重大

从目前情况看，全球经济仍处于深度调整之中，需求不足矛盾比较突出。发挥我国独特优势，通过多种合作方式，不失时机推进国际产能合作，面临重要的战略机遇。

（一）国际产能合作有助于加快经济复苏进程。近年来，经济危机影响虽有所减弱，但经济走势依然乏力。2012—2014年，全球经济平均增速3.4%，明显低于危机前5%以上的增速，2015年一季度仍未有明显起色。IMF报告提出，世界经济要避免陷入长期低迷的"新平庸"，必须找到新的增长点。这几年，不少发达国家和新兴经济体下行压力持续存在，就业困难仍然很大，一些国家通胀风险有所增加。应对经济下行，关键还要靠实体经济发展。目前，发展中国家对基础设施和装备制造的需求强劲；一些发达国家基础设施老化比较严重，需要通过改善设施来拉动投资、促进增长。近期，欧盟推出了投资总量为3150亿欧元的"容克计划"，支持交通和能源网络等建设。哈萨克斯坦拟投资90亿美元实施"光明之路"计划，重点推动基础设施建设。巴西政府已启动总额650亿美元新一轮物流投资计划（PIL），正大力兴建铁路、电力等基础设施。可见，许多国家都意识到当前加强基础设施建设的重要性。中国提出通过共建基础设施，推进产能合作，可以实现经济增长、稳定就业，促进世界经济整体复苏，是走出经济危机、实现共同发展的大战略。

（二）国际产能合作有助于实现三方共赢局面。就全球产业链而言，中国和广大发展中国家处于中低端，其中不少国家还处在工业化初期，建设用装备需求很大，但因资金有限买不起高端装备。中国正处在工业化中期，产业体系完备，200多种工业品产量居世界首位，装备水平处在全球产业链的中端，性价比高。发达国家总体处于后工业化阶段，有些正在推行"再工业化"，拥有高端装备技术。开展国际产能合作，就是要把三方力量汇聚在一起，发挥各自比较优势，形成新的生产力。中方可将自身装备与发展中国家的需求结合起来，降低其采购成本，支持其工业发展。同时与发达国家通过合资、合作等方式联合起来，购买他们的核心技术、关键零部件和一些节能环保设备，使其扩大海外市场。发展中国家可以以较低的成本、较快的速度提升工业发展水平，发达国家可以增加技术和创意出口，中国的优质产能和装备也可更多走出去，全球产业链的上中下游都得到发展进步的机遇，是一箭多雕、三方共赢。中国在高铁、核电等不少装备制造方面竞争力较强，很多发展中国家对此很感兴趣，不少发达国家也希望借助与我国合作寻找新的海外商机。例如，中国与法国合作参与了英国欣克利角核电项目，中法决定在非洲等地开展基础设施、提升工业化水平及减贫发展等领域的第三方合作。发展中国家有近60亿人口，市场潜力不可限量，通过产能合作联合开发这个巨大市场，深度推进南南合作与南北合作，可以实现互利多赢，促进包容发展。

（三）国际产能合作有助于促进我国产业转型升级。开展产能合作，可以在全球范围内配置资源要素，开拓广阔国际市场，增加产品、产能和技术出口，带动国内装备制造业及其关联产业加快发展，助力经济中高速增长。作为当今"世界工厂"，中国220多种主要工业品产量居全球第一，水泥、钢铁、船舶产量分别占世界总产量的60%、50%和40%，机床产量占38%，发电设备产量占60%。中国装备制造业虽然规模很大，产值超过全球三分之一，但仍然不优不强，大多处于全球产业链的中低端。通过产能合作，推动我国企业与技术先进、实力雄厚的跨国公司同台竞争，接受国际标准检验，将倒逼企业提升技术、质量和服务水平，增强整体素质和核心竞争力，加快实现我国由装备制造大国向制造强国转变。同时，我国钢铁、水泥、电解铝、平板玻璃等行业富余产能较多，占用和浪费了大量资源和资金，需要另辟蹊径，挖掘国际市场，通过转移输出逐步化解，以集中更多资源用于技术研发和产品产业升级，推动产业不断向中高端迈进。可以说，国际产能合作正成为提升中国制造国际竞争力、打造中国升级版的重要途径。

（四）国际产能合作有助于我国开放型经济全面发展。30多年来，中国经济在开放中快速成长，对外贸易快速发展，外商直接投资大幅增加，促进了经济高速增长。但在这种"大进大出"的外贸模式下，大部分利润被国外企业拿走，我们所得十分微薄，而且付出了巨大的环境和生态代价。随着我国劳动力成本不断上升和资源环境约束日趋增强，以及国际需求持续低迷，传统粗放的外贸发展模式已难以为继。推进国际产能合作，一方面将促进对外贸易转型升级，出口主要由消费品为主逐步转向投资品为主；另一方面将扩大对外投资，由以工程承包为主向推动装备和产业"走出去"转变，形成对外贸易、利用外资和产能合作"三足鼎立"的新格局。世界上主要发达国家都是通过对外投资带动包括装备、技术、标准、品牌在内的产业输出，实现更大、更持久的利益。我国优质产能富余，产业集成能力强，外汇储备充裕，具有得天独厚的优势，充分运用这些优势，深入推进产能合作，就能扩大对外投资上水平，推动装备"走出去"成规模，培育"优进优出"新模式，推动我国开放型经济发展方式重大转变。

二、借鉴国际产业和投资合作的理论与实践经验

近代工业革命以来，历史上发生了多次有重大影响的国际产业转移，由此形成了包括"雁行理论"在内的、以国际产业分工体系演变为核心的国际贸易理论。随着二战后全球化进程加快，以跨国公司为主体的全球对外直接投资急剧增长，逐渐催生出派别众多的国际直接投资理论，比较有代表性的包括美国经济学家维农的产品生命周期说、英国经济学家邓宁的投资周期理论和国际生产折中论、日本经济学家小岛清的比较优势理论等。这些理论和实践对于推进国际产能合作具有重要借鉴价值。新中国成立以来特别是改革开放以来，我国逐步建立了比较完整的国民经济体系和工业体系，社会主义市场经济体制基本建立，全方位对外开放格局初步形成，这为推进国际产能合作奠定了基础。

（一）推动对外贸易和利用外资方式加快转变。近年来，我国对外贸易自主发展能力日趋增强，加工贸易比重逐年下降，一般贸易比重不断上升，出口从初级品为主向投资品为主转变，从"中国制造"向"中国装备"转变，高附加值产品、高端装备制造以及技术、服务进出口规模双向扩大，对外贸易从"大进大出"向"优进优出"加快转变。根据邓宁的投资周期理论，一国随着经济发展和人均收入水平的提高，从没有外资到少量外资流入阶段，再到引进外资和对外投资并行增长阶段，直至资本净输出阶段，这是国际投资的通常规律。改革开放初期，我国利用外

商直接投资和对外投资规模都很小，随着经济不断发展，利用国外投资和对外投资规模不断扩大，2014年首次成为资本净输出国，利用外资和对外投资双驱动格局初步确立。推进对外贸易和利用外资方式转变，要求我们加快实施国际产能合作，提高对外投资规模和水平。

（二）延长我国优势产品和产业的生命周期。根据维农的产品生命周期理论，对外投资要遵循产品产生、成熟和下降的过程，按照这个规律，产业和产品依次在发达国家、较发达国家和发展中国家间进行转移。多年来，我国在大规模经济建设中形成了大量优质的富余产能，多数主要工业品产量全球第一，装备制造业产值超过全球三分之一。这些产能符合广大发展中国家和中等收入国家对先进适用技术的需求，也可为实施"再工业化"的发达国家提供有力支撑。推进中国产能"走出去"，实质上是在全球产业链上延长产业产品的生命周期，在全球范围内优化资源配置。

（三）发挥对外产业投资的综合比较优势。根据小岛清的比较优势理论，对外投资是一国资本、技术、服务、经营管理等方面综合比较优势的转移，是先进生产力的综合体现。从国际分工和技术水平看，我国多数产业不如发达国家，仍处于中等水平，但产业链条完整，产品和服务价格较低、质量较好，性价比高，并有强大的金融支持，不仅能够满足发展中国家的需要，对发达国家也有较强的吸引力。紧密结合当地经济发展需求，充分发挥综合比较优势，推动产能合作和中国装备走出去，将会受到越来越多国家的欢迎，市场前景广阔。

（四）抓住国际产业转移的重要时机。近现代以来主要发生过四次大的产业转移。从19世纪下半叶英国向欧洲大陆和美国转移，到20世纪50年代美国通过"马歇尔计划"向日本、原联邦德国等转移，再到 20 世纪 60—70 年代日本、原联邦德国向亚洲"四小龙"转移，再到 80—90 年代美国、日本、德国等向外转移。总的来说，历次产业转移都是从发达国家向新兴经济体的"单向转移"，符合"雁形理论"梯度转移规律。目前正在发生的第五次产业转移，出现了"双向转移"现象，一方面，一些劳动密集型中小制造业、中低端产业由中国向越南、缅甸、印度等国家转移；另一方面，越来越多的欧美高端制造业将生产基地搬回本土。我国目前仍处在工业化中期，提出推进面向全球的产能合作，范围涉及广大发展中国家和发达国家，内容涵盖基础设施、装备制造、技术和金融服务等多个领域，大大超过历次产业转移。由一个尚未完成工业化的发展中大国倡导推进世界范围的工业化、城镇化及现代化，是史无前例的伟大壮举。

（五）坚持相对优势和绝对优势并重推进对外投资。邓宁的国际生产折中论认为，决定一国公司对外投资的基本因素是所有权优势、区位优势和市场内部化优势。国际直接投资中既要发挥绝对优势，也要发挥相对优势。面向发展中国家甚至发达国家，中国有些产业占有绝对优势，多数产业需要充分挖掘自身的相对比较优势。在产能合作中，要善于使用"田忌赛马"的策略组合，根据比较优势确定投资产业方向，把装备输出和工程承包结合起来，把产业投资和金融服务结合起来，把对外投资和外汇储备结合起来，以综合优势赢得项目、深化合作。

三、明确国际产能合作的基本思路

（一）以基础设施建设为契机。当前，发展中国家实现现代化，需要加强基础设施建设；不少中等收入国家和发达国家要保证其生活质量和福利水平，基础设施也要改造升级，全球范围基础设施建设需求很大。基础设施建设关联产业多，乘数效应大，以基础设施共建为抓手，推进国际产能合作，能有效拉动经济增长、增强发展后劲。为节省成本和预算开支，解决基础设施建设中的建材短缺问题，中国企业可以帮助合作伙伴国家就地建立钢铁、水泥、平板玻璃厂等生产和加工企业，直接服务当地工程项目。目前，中欧已就中方企业参与泛欧交通网络、中欧陆海快线、新亚欧大陆桥等基础设施建设项目达成共识。

（二）以装备制造为重点。基础设施建设需要相应的施工设备、机械装备，我国装备制造价格较低，质量较好，性价比高，发展中国家既有需求又能买得起，可谓适销对路。我国核电、高铁等高端制造业，质量不比发达国家差，价格却便宜很多，如我国核电造价只有法国的三分之一，国际竞争力也很强。同时，我国装备中有不少设备、零部件来自发达国家，例如中国核电15%的设备、高铁30%的设备都是从发达国家采购。中国企业与发展中国家开展国际产能合作，实际上也相当于为当地引进了发达国家的先进技术，从而带动三方都能实现程度不同的制造业和技术升级。

（三）以金融合作为支撑。实体经济需要金融支撑。国际产能合作涉及大项目多，需要大笔资金支持。广大发展中国家普遍资金短缺，资金使用效率不高。我国外汇储备规模世界第一，要通过优化外汇储备投向，积极支持全球产能合作。进一步推进与有关国家和机构灵活务实的金融合作，设立相关产能合作专项基金和金融租赁公司，健全中长期出口信用保险机制等。例如，中欧已宣布设立中欧共同投资基金，用于支持欧盟提出的基础设施建设和中国—中东欧互联互通项目。还要根据合作需要，不断扩大与相关国家货币互换及本币结算等合作，为推进产能合作项目提供良好的金融服务。

（四）以市场运作为导向。国际产能合作应遵循市场经济规律，发挥市场的主体地位和决定性作用，按照"企业主导、商业运作、社会参与、政府推动"的原则，实现企业、社会、政府良性互动。通过合资、PPP、特许经营等多种有效的合作方式，推动项目顺利实施，通过优势互补，实现互惠互利。各国政府应加紧商签有关投资协定，避免双重征税，提高服务效率，降低交易成本，为企业提供良好营商环境。

（五）以自由贸易为旗帜。自由贸易有利于资源在全球范围内配置，实现互利共赢。推进国际产能合作，摆脱国际金融危机影响，离不开自由贸易的大环境。在信息化背景下，全球经济分工越来越精细，相互渗透越来越紧密，无论是发达国家实行再工业化、发展新兴产业，还是发展中国家推进工业化和现代化、进行产业升级，都要走自由贸易之路。要完善多边贸易体制，推动双边与区域贸易自由化便利化，两个"轮子"一起转，为要素自由流动创造宽松环境。

四、从战略上考虑国际产能合作的区域布局

不少地区和国家都有与我国开展产能合作的条件和意愿，应综合双边关系、合作意愿、资源禀赋、市场需求、产业配套及地缘环境等因素，有步骤、有重点地推进，形成以亚洲为中轴，以非洲、中东和欧洲中东部为"西翼"，以拉美为"东翼"的区域布局。

（一）立足亚洲周边依托。周边邻国特别是陆上邻国，与我国山水相连，历史上经贸和人员往来密切，推进产能合作有独特的地理人文优势。这些国家人口较多、资源丰富、经济潜力大，但

基础设施落后，产能合作应以基础设施和能源资源、冶金建材、轻纺工业、装备制造等为重点。根据亚洲开发银行报告，2010—2020 年亚洲基础设施投资总需求预计达 8.28 万亿美元。推动与周边国家的产能合作，促进地区内互联互通，可提升亚洲整体工业化和现代化水平，维护亚洲长期和平稳定的地区环境，使亚洲成为世界经济持续增长的重要力量。近期，以东南亚、南亚和中亚 7 个相关国家为优先合作国，在此基础上逐步向西亚地区扩展。

（二）深耕非洲广袤沃土。非洲地大物博，资源富集，经济发展基础薄弱，但市场潜力巨大。我国与绝大多数非洲国家经济互补性强，长期保持稳定友好关系，推进各领域合作阻力较小。近年来，非洲地区局势趋于稳定，各国纷纷出台经济多元化战略，在交通、电力、通信等基础设施建设和汽车、机械、初级产品加工等制造业领域亟需资金和技术支持。我国优质的富余产能、适宜的技术装备契合非洲国家需求，推进产能合作可以实现优势互补、各得其所。近期，以东部、北部和南部非洲 5 个国家为优先合作国，逐步向西部和中部非洲国家扩展。

（三）面向拉美创新布局。拉美地区自然条件优越，天然资源丰富，工业化起步较早，市场化水平较高，人均 GDP 已达到 1 万美元，新兴经济体集中。本世纪以来，拉美地区国家在推动基础设施建设和打造南美大陆物流、电力、信息三大通道的同时，迫切希望改变过于依赖初级产品出口的现状、走产业升级之路。我国与拉美国家的产能合作，要注重发挥基础设施工程承建能力强、装备设备性价比高及融资安排灵活实用等优势，支持当地互联互通建设，帮助其形成能矿产品上中下游完整的产业链。近期，以南美洲 2 个资源大国为优先合作国，逐步向加勒比及以北地区扩展。

（四）加快拓展欧洲中东部地区。欧洲是世界最发达地区之一，总体发展水平较高。俄罗斯、白俄罗斯及中东欧国家与我国传统友好关系深厚，虽不属于欧洲最发达国家阵营，但资源禀赋良好，工业基础扎实。这一地区受国际金融危机、欧债危机及油价下跌等多重冲击影响，经济增速下滑，出口减少，财政紧张；同时基础设施亟待升级改造，经济结构和区域发展出现失衡，产业投资严重缺乏，欧盟及西欧发达国家无瑕顾及。我国在当地开展的能矿、交通、电力、汽车、石化及农业加工等项目，与其工业化和现代化发展战略相适应，带来了经济增长点和就业机会。与欧洲中东部国家产能合作，重点是加快推进亚欧大陆互联互通基础设施和陆海联运通道建设，促进贸易投资自由化、便利化，进一步深化装备制造业合作。这有助于提升亚欧国家整体合作水平，促进欧洲东西部平衡发展，对巩固和深化中欧全面战略伙伴关系意义深远。近期，以欧洲东部 2 个国家为优先合作国，逐步向中东欧地区扩展。

（五）探索进入发达国家市场。近年来，美国、英国、澳大利亚、新西兰等西方发达经济体，也面临基础设施老化及短缺问题。经过多年观察和评估，这些国家逐渐认识到我国企业在公路、铁路、港口、机场等交通基础设施建设以及核电、光伏、风电、水电等新能源开发领域，已具备足够实力和成熟经验，相继启动了一系列与中方的合作项目。我国与发达国家开展产能合作，是企业走出去接受锻炼的难得机会，可以实现双赢，夯实我国同西方国家合作基础。

五、正确把握国际产能合作的原则

（一）坚持平等互利。国际产能合作强调合作伙伴政治上平等，经济上互利，绝不重走"依附论"的发展老路。历史上，殖民者和西方大企业曾通过资本输出控制发展中国家资源和重要产业，导致资本输入国经济依赖初级品出口，无法建立独立的产业体系。而我国推动的国际产能合作，本着平等互利的原则，按照市场规则，通过平等协商开展双边合作或第三方合作，互惠互利、共同发展。

（二）注重生态环保。很多发展中国家都有良好的生态物种，这种天然环境往往与这些国家历史文化起源密不可分，甚至成为宗教、文明及国家认同的一部分。尊重这些国家和地区的生态和物种多样性就是尊重其文明的价值，注重环境保护才能融入当地文化习俗。对发达国家而言，保护生态环境已成为现代文明的重要价值理念，也是企业长期商业化运营的基本前提。我国企业应秉持"环境友好型"发展理念，严守当地法律规定，严格遵守环保标准，绝不输出污染，与当地自然人文和谐共存、共发展。

（三）重视转让技术和培训人才。发达国家与发展中国家的根本差距在于技术水平的高低。发展中国家要加快发展，除了需要资本、劳动力、资源外，还要有技术积累和进步。历史经验表明，后发国家实施"追赶战略"，一是要加强自主研发，二是要引进吸收国际先进科技成果。我国在与其他发展中国家的合作中，应重视对当地企业的技术转让，培训当地员工，结合当地需要尽快实现本地化，提升经济发展水平。

（四）履行社会责任。进入21世纪，推动包容性发展已成为国际社会共识。所谓包容性发展，最主要的是扩大就业、平衡发展和促进社会公正。我国推动的国际产能合作，将充分结合发展中国家需求，帮助完善基础设施，推进工业化和城镇化，加快经济发展，扩大就业机会，增加居民收入。重利轻义的短期行为不可取，我国企业在合作中应加强与当地政府和所在社区的沟通，支持当地医疗、教育等公益事业，履行应尽的社会职责。"行商一地，造福一方"，让当地民众分享发展成果。

（五）不附加政治条件。任何国家都有选择自主发展道路和探索发展模式的权利，其他国家或国际机构不应干预。冷战结束后，不少发展中国家为获得经济发展亟需的资金和贷款，迫于压力，接受了一些发达国家和国际金融机构的"高门槛"条件，即政治和意识形态色彩很浓的改革要求，进行了并不符合本国国情的政策调整，造成了长期难以修复的创伤。我国在国际事务中一直尊重他国选择，是负责任的合作伙伴，不越俎代庖，更不让当事国削足适履。我国为国际产能合作提供投融资支持，也不附加任何政治条件。

六、科学制定国际产能合作的规划和政策

推动国际产能合作和装备制造"走出去"是新阶段下以开放促发展的必由之路，是应对国内外经济挑战、加快产业迈向中高端水平的重要途径，具有深远战略意义，需要从统筹国内国际两个大局的高度把握和谋划。

（一）加强战略规划，形成推进合力。推进国际产能合作是重大国家战略，需要政府积极推动并提供政策保障。美国的"马歇尔计划"由美国政府主导实施，欧盟东扩及其东部伙伴计划推动了西欧向中东欧产能转移，日本政府全资成立国际协力银行支持其产业转移，韩国企业 20 世纪 80 年代海外直接投资的 40% 以上靠政府筹集。在借鉴其他国家经验的同时，要根据国家整体战略，立足我国比较优势，瞄准目标国家市场，结合产业结构调整，有力有序向前推进。要科学制定产能合作的战略规划，选好

重点国别和重点产业，完善政策支持和指导，创新机制，使政府、企业和市场协同发力。引导企业有重点、有目标、有组织走出去，避免一哄而起、盲目出击。

（二）发挥国企力量，激发民间热情。推进国际产能合作，本质上是市场行为，企业是"走出去"的主体。既要充分发挥国有企业资金、技术、管理方面的主力军作用，也要进一步鼓励和引导民营企业积极参与，在政策上一视同仁，支持各类企业在国际竞争舞台上一显身手，共同发展壮大。同时，不管是国企还是民企，都要有国家观念和全局意识，要合作出海，优势互补，依靠整体优势增强国际市场开拓能力。

（三）发挥好地方政府作用，调动各方积极性。长期以来，地方政府在加强国家对外经济交往中发挥了重要作用，与国外地方政府建立了各种形式的经济技术合作机制，成功开展了很多国际合作项目，积累了宝贵经验。要进一步鼓励各地方政府按照国家统一部署，结合本地实际，积极支持和推动本地企业参与国际产能合作，促进经济升级发展。各级政府要进一步简政放权，让企业放开手脚去打拼，同时统筹好政治、经济、外交等各个方面，为企业铺路搭桥。

（四）加大财税支持，强化金融服务。发挥财政资金的引导作用，进一步完善外经贸发展专项资金的使用方式和资金投向，加大对重大项目支持力度。加快与有关国家商签避免双重征税协定，实现重点国家全覆盖。扩大"两优"贷款规模和使用范围，增加我国金融机构在重点地区布局网络，创新金融品种和服务方式，发挥政策性银行、开发性金融机构的积极作用，拓宽外汇储备运用渠道，为重点项目提供外汇贷款。提高出口信用保险保障水平，建立信用保险支持大型成套设备的长期制度性安排，对风险可控的项目实现应保尽保。稳步推进人民币国际化，设立政府支持的人民币海外合作基金。

（五）提升服务水平，拓展对外合作。充分发挥现有多双边高层合作机制的作用，积极构建与重点国家建立产能合作机制，创造产能合作的有利条件。加大跨国经营人才培训力度，加快重点行业专业技术人才队伍建设。加强与国际主流媒体交流合作，主动宣传我国推进国际产能合作的理念和政策主张。完善外交服务，为企业高效参与海外竞争创造条件。推动部门间信息共享和执法联动，加强境外监管。建立健全支持走出去的风险评估和防控机制，定期发布重大国别风险评估报告，提出应对预案和防范措施。综合运用外交、经济、法律等手段，切实维护我国企业境外合法权益，保障公民境外安全。

六、加快财税体制改革
深化金融体制改革

及早监测防范债券市场
流动性风险与信用风险

宋　立　曾　辉　张陆伟

宋宝云　黄　璜

2015 年以来，在资金面充裕、股债"跷跷板"等因素作用下，债券市场发行规模明显增加、收益率持续下行、债券价格显著上升，产生了一定的流动性风险和信用风险。流动性风险主要表现为局部杠杆率过高，多由小概率事件引发，风险较难预测。信用风险主要表现为信用风险事件发生概率提高，直接波及金融体系和实体经济。伴随股市向常态切换，债市过热状况将有所改变，但流动性风险有可能凸现。经济下行压力持续加大也将导致信用风险显现，且两种风险相互叠加、引发连锁反应可能性进一步加大，需要高度重视。

一、债券市场流动性风险总体可控但局部风险有所上升

流动性风险主要表现为局部杠杆率过高，一旦出现资金面波动，局部"去杠杆"有可能蔓延为整体的流动性风险。相对而言，回购制度、投资者构成和产品结构化等导致交易所市场流动性风险尤为突出。交易所市场采用标准券折算方式，为加杠杆创造了有利条件。投资者以债券基金和券商为主，投资风格相对于银行更加激进，加杠杆动机更强，流动性缓冲更弱。产品多采用结构化分级设计，类似于股票场外配资，更易抬高杠杆率、放大流动性风险。相对于银行间市场，交易所债券市场质押率较高，局部高杠杆风险特征明显。因为在质押式回购中，债券投资人以债券为押品借入资金，过度"短借长投"导致期限错配严重，杠杆投资者必须不断通过回购滚动融资，才能保证资金链不断裂。一旦资金面变化等导致回购利率飙升或融资受阻，投资者将承受严重损失，甚至强制平仓，很可能引发类似挤兑的"羊群效应"。

目前，交易所市场流动性风险总体处在可控范围。从杠杆率看，截至三季度末，交易所市场杠杆倍数 1.33 倍，虽高于银行间债券市场的 1.12 倍，但仍处于历史正常水平。从杠杆资金供需看，近期杠杆资金存在 8000 亿元左右的超额供给，回购利率较低。从收益率波动看，2 月份以来，到期收益率走势平稳，未出现 7 个交易日内波动幅度超过 50BP 的情况。但流动性风险上升隐患仍然存在，且近期有所加大。主要包括：小部分投资者使用了过高杠杆，抗风险能力弱，负向冲击容易触发强制平仓，引发连锁反应。经济下行压力加大，金融不确定性增加，可能导致资金供需、收益率、市场情绪较大波动，叠加起来容易导致单向预期和"一边倒"行为。未来股市 IPO 重启、股市回暖有可能分流债市资金，扭转债市资金供需关系，导致流动性风险凸现。9 月下旬以来，交易所回购利率水平明显抬升、波动性显著加大，显示流动性风险上升。如果出现较大面积债券违约或评级下调，合格押品范围调窄、折算比例调低导致押品不足，很可能诱发强平或抛售、甚至"踩踏"。

二、债券市场信用风险整体呈现上升趋势

由于实体经济持续低迷，债券信用事件屡有发生，涉及央企、央企子公司、地方国企、民营企业等。一旦信用风险事件集中爆发、刚性兑付打破、风险偏好急剧降低，低信用等级企业将会面临融资成本大幅上升，甚至无法进行债券融资、资金链条断裂的严重后果，并有可能引发投资者集中抛售和"惜购"，导致债市交易急剧萎缩甚至发生"踩踏"。目前，债券市场信用风险已逐步显现，且有上升趋势。

从考察兑付能力的流动性比率看，2015 年 12 月至 2016 年春节期间，信用债到期 1400 只，还本付息金额共计 7149 亿元，相关企业流动比率加权平均为 1.35，中位数为 1.38，均低于公认正常水平 1.5，面临较大兑付压力。其中，产能过剩行业债券面临极大兑付压力。产能过剩行业债券 197 只，还本付息金额 2320 亿元，相关企业流动比率加权平均仅为 0.71，中位数仅为 0.79，明显低于公认危险水平 1.0。

从考察信用违约风险的 Z 计分模型看，已公布 2015 年 1—6 月财务数据的 837 家发行人中，超过 60% 存在信用隐患。其中，226 家处于 1.10—2.60 的财务不健康区间，占比 27%；297 家 Z 值低于临界值 1.10，占比 35.48%。可见，三分之一发行人信用违约风险较大，必须高度重视。

从考察短期偿债能力的"EBITDA/ 利息费用"比率看，2014 年数据显示，中期票据、企业债、公司债各有 7.21%、19.20% 和 5.28% 的发行人该比率低于临界值 1，违约风险较高。其中，企业债发行人主要为地方融资平台，自身盈利水平较差、直接偿债能力较弱，信用风险相对突出。

三、警惕防范年底信用事件发酵成债市风险导火索

年底和春节前往往是企业流动资金和债市资金面最紧张时期，信用风险和流动性风险最容易相互叠加、集中爆发。必须高度关注各种风险触发因素。一是美联储加息、巴黎暴恐等外部因素。10 月份美国非农就业数据的超预期表现，致使美联储近期加息概率加大，巴黎暴恐增加了国际安全形势和世界经济复苏的不确定性，对我国资金跨境流动和汇率稳定形成挑战。二是债市资金面、债券供需、杠杆率及杠杆监管政策、商业银行贷款条件变化等宏观因素。11 月份 IPO 将重启、地方政府债再度扩容、交易所公司债质押率将调整等传闻集中出现，债券市场已出现较大调整，利率出现明显上扬，多只债券发行取消。三是信用风险事件、企业偿债能力等微观因素。11 月第二周，信用事件连续发生，产能过剩行业信用风险持续蔓延。近期上述风险触发因素预期增强，有些已初步显现，构成了较大调整压力。如果各因素在元旦前后进一步升级并集中爆发，很可能引发债券市场剧烈波动。

信用事件持续发酵有可能成为风险爆发导火索。当前债券市场处于敏感时期，收益率处于历史低位、年底前投资者风险偏好降低、市场对下一步货币政策走向及效果存疑、美国非农数据超预期改善提高了加息概率，任何不利因素都可能引发较大市场波动。如果信用风险和流动性风险在此环境下相互叠加，很可能导致风险加速扩散与升级。

杠杆交易将可能成为风险蔓延加速器。一旦信用事件频发、刚性兑付被打破，势必对市场信心形成剧烈冲击，债券风险溢价和信用利差将急剧上行，投资者有可能在悲观预期和恐慌心理驱动下抛售债券，引发收益率大幅上升、债券估值降低、回购利率

飙升，导致投资者在短期内集中降杠杆，并从最初因杠杆利差收窄引发的"主动去杠杆"，转变为"短借长投"难以为继导致的"被动去杠杆"，债券发生大面积强平和抛售。债券价格从高位加速螺旋式下跌，债券基金净值将受到重大损失并面临赎回压力，严重时可能引发个人投资者的群体性事件。相比于银行间债券市场，交易所债券市场由于资金波动性更强、杠杆程度更高，去杠杆风险将更为突出。

资金面紧张有可能成为风险升级催化剂。从 2013 年"钱荒"等风险事件看，资金面短期内迅速收紧往往是风险升级的关键因素。近期股市、楼市回暖，IPO 重新开闸等必将对债市资金形成分流，CPI、汇率、美国加息等则又掣肘货币政策进一步放松，地方政府债券发行加大也将加速资金面转向，导致发行人"借新还旧"链条进一步趋紧，信用风险趋于激化，投资人"去杠杆"更加剧烈，市场流动性过度收缩，严重时可能引发类似"钱荒"的流动性枯竭、市场利率飙升的严峻局面。

四、切实做好债券市场监测预警与防范化解工作

一要加强债券市场风险监测预警，督促债券发行人、主承销、评级机构、增信机构、保险机构等全面排查风险，机构投资者强化杠杆率和流动性管理，交易场所要密切监测市场动向和风险隐患、及时进行风险提示和预警，监管部门要进行压力测试。

二要大力预防和化解风险，缓解过度错配主体和敏感时点的流动性压力，加强投资者风险识别和承担能力，有序合理打破刚性兑付，建立风险化解的常态化机制，控制地方政府债券发行节奏。

三要制定应急处置预案，建立风险阻断机制和早期介入安排，

防止个别风险积累、传染、蔓延为系统性风险，同时也要避免政府背书催生新的道德风险。

四要积极推动制度建设，落实债券市场监管协调的牵头人职责，统一监管标准，强化信息共享，整合监管资源，探索建立完善联通高效的债券市场。

关于近期国际金融市场
剧烈震荡的反思和应对建议

汪红驹　张慧莲　李继尊

2015 年 6 月下旬以来，全球主要股指一度暴跌，一些新兴市场国家货币大幅贬值，国际油价短短两个月跌幅超过三分之一，恐慌情绪蔓延。这次市场震荡虽已基本平息，但病根未除，影响还在持续。我们对此做了分析，现将主要看法报告如下。

一、此次震荡的根源并非"中国因素"，而是国际金融危机以来多重矛盾积聚的结果

关于这次震荡的成因，国际上不少人把矛头指向中国，认为是中国经济下行、对外贸易下降、股市暴跌、人民币贬值等因素所致。9 月 17 日，美联储主席耶伦甚至将中国因素列为暂不加息的理由。这些指责并没有充分的依据，有些也站不住脚。事实上，由于我国资本项目还没有完全开放，国内因素对国际金融市场的影响没有那么大。相反，全球经济特别是主要发达国家长期积累的深层次矛盾才是问题的根源。

一是全球经济增长乏力，主要经济体周期错配。国际货币基金组织（IMF）认为，由于人口老龄化、全要素劳动生产率下降、收入分配向少数人集中等原因，导致世界经济潜在增长率下降。未来五年，发达国家潜在增长率将从危机前的 2.25% 降至 1.6%，新兴市场国家将从危机前的 7.2% 降至 5.2%。IMF、世界银行、经合组织（OECD）等国际机构一再下调世界经济增长预测。从主要经济体的表现看，走势分化、周期错配、政策取向不一是当前最突出的特点。美国处于经济复苏前列，准备加息。欧元区和日本复苏缓慢，继续保持低利率。2014 年下半年以来，美元指数升幅达 25%，欧元、日元及新兴市场国家货币贬值，国际资本从新兴市场向发达国家回流，资本流动的溢出效应直接导致了国际金融市场的震荡。

二是发达国家长期实行量化宽松的货币政策，埋下了祸根。2008 年以来，美欧日相继推出了多轮量化宽松政策，推高了各类资产价格，股票市场出现虚假繁荣。以美国为例，标普 500 指数从 2009 年 3 月的底部 667 点，一路涨至 2015 年 5 月最高点 2134 点，涨幅达 3.2 倍，比危机前最高点还高出 35.5%。即使是 8 月下旬连续暴跌后，也比危机前最高点高出 18.5%。2012 年安倍政府加大量化宽松政策力度后，日本股市 3 年间上涨了 2.5 倍。欧元区实施量化宽松政策，也推高了欧洲主要股指。这些货币宽松政策不可能长期持续，一旦收紧，必然会引起资产价格回调。

三是全球债务规模上升，去杠杆收效甚微。2007 年以来，主要国家债务规模和杠杆率（债务与 GDP 的比值）继续增长。根据麦肯锡国际研究院对 47 个国家的统计研究，包括政府、企业、家庭、金融 4 个部门的总债务，从 2007 年的 142 万亿美元增长到 2014 年二季度的 199 万亿美元，6 年间增长 57 万亿美元，杠杆率从 269% 提高到 286％。其中，日本 517%，西班牙 401%，中国 282%，美国 269%。危机以来，只有阿根廷、罗马尼亚、埃及、沙特、以色列等少数国家去杠杆取得一定成效，美欧等发达国家总债务杠杆率依然是上升的，家庭和金融部门杠杆率有所下降，政府部门的杠杆率大幅上升。

二、影响国际金融市场稳定的因素短期内不会消除，不排除再次发生市场震荡

关于下一步国际金融市场的走向，各方面看法大体一致，普遍认为不确定性不稳定性较大。主要有三个因素：

一是美元加息。9 月 17 日，美联储宣布维持 0—0.25% 的基准利率不变，暂时缓和了国际金融市场的紧张情绪。美联储 10月、12 月还将召开两次公开市场委员会会议（FOMC），耶伦表示存在 10 月份加息的可能性。这对国际金融市场来说，无疑是"一个靴子还没有落地"。

二是欧元区和日本的政策走向。这两个经济体短期内可能延续量化宽松政策，但中长期都面临债券供应不足的问题，后续的宽松政策空间有限。比如，欧洲央行预定的量化宽松资产购买规模占到债券总发行量的一半以上，日本央行持有的国债数量到 2018 年也将占到政府债券市场总额的一半。

三是新兴市场国家的干预政策。目前，巴西、俄罗斯等新兴市场国家债务高企、股市下跌、货币贬值、资本流出、外汇储备下降等压力较大，不得不采取干预政策，扭曲了经济结构，经济脆弱性加大。

三、我国经济与世界经济的联系越来越紧密，对可能出现的外部冲击不能掉以轻心

在全球化背景下，国际金融市场震荡必然会通过资本流动、汇市、股市、市场预期等渠道向我国传导，影响经济金融稳定。

一是引发资本流出。目前，人民币汇率仍然存在一定的贬值压力，资本有外逃动机。央行的干预操作有利于稳定人民币汇率，但会消耗外汇储备。8 月底外汇储备余额 35574 亿美元，比 2014 年 6 月底的高点下降 4358 亿美元。我国外汇储备管理已经成为全球关注的焦点，如果应对稍有不慎，将会加剧资本的外逃，进而有可能导致国内资产市场重估、房地产和股票市场下跌。

二是货币政策操作难度加大。央行从稳增长、促改革、调结构的大局出发，采取了降息降准、人民币贬值等货币政策组合，人民币面临贬值压力。为了稳定汇率，需要进行卖出美元买入人民币的操作，外汇占款会下降，进而导致基础货币投放减少。目前，央行通过非常规货币政策工具如中期借贷便利（MSL）、抵押补充贷款（PSL）和短期流动性调节工具（SLO）等投放流动性，但不能完全抵消这种紧缩作用。央行资产负债表数据显示，2015 年 8 月末，外汇占款 26 万元人民币，比 2014 年 12 月末减少 3.6%，同期基础货币减少 3.5%。为防止货币供应增长目标受到冲击，央行又必须通过降低存款准备金比率等操作工具来扩大货币乘数。凡此种种，都提高了货币政策操作难度。

三是不利于稳定出口。主要货币汇率大幅波动以及全球总需求不足、贸易保护主义盛行等，都会对我国出口造成较大影响。按离岸价格（FOB）计算，8 月份我国对外出口累计同比下降 1.4%。8 月份中国制造业 PMI 新出口订单指数降至 47.7%，再创

新低。非制造业商务活动的新出口订单指数略升 0.4 个百分点至 46.6%，也处于临界点以下，预示短期内出口压力很大。

四、应对建议

当前，国内经济下行压力加大，如果再遇到外部冲击，风险不可低估。为此，要把维护金融稳定放在更加突出的位置，密切跟踪国际金融市场动向，未雨绸缪，及时采取应对之策。

第一，从制度上监管上加大力度，切实防范资本外流。谨慎推进资本项目开放。加强资本项目流出监管，提高资本流出的交易成本。适时推出有利于资本流入的制度建设。警惕"中国套息交易"，甄别资本外逃的新渠道，防止服务贸易逆差继续扩大，严厉打击地下钱庄。

第二，夯实实体经济，化解风险隐患。"苍蝇不叮无缝的蛋"，应对国际金融震荡，根本在于提升自身的经济金融素质。应落实好稳增长的重大项目安排，通过改革创新提升经济活力。积极消化不良贷款，妥善处置地方债务，促进资本市场健康发展，严厉打击非法集资，确保守住风险底线。

第三，加强国际合作，共同应对风险挑战。在国际上高举发展的旗帜，呼吁各国落实二十国集团（G20）提出的全面增长战略，推动实施"一带一路"战略，开展国际产能合作。共同反对贸易保护主义，防止货币竞争性贬值。扩大货币互换范围和规模，为应对可能出现的金融市场震荡建立必要的机制。

对我国跨境资金流动的几点分析

——兼评国际投行"资本外流"估算

宋　立　曾　辉

跨境资金流出，一般是指国际收支中资本金融项下的消极和被动外流的部分，特别是恐慌性的资本外逃。分析跨境资金流动，主要是为了揭示宏观经济或货币金融面临的压力，需要进行结构分析。估计跨境资金流动一般采取残差法。最简单的是直接使用"净误差与遗漏"。传统上较为通行的是使用"金融机构外汇占款—贸易顺差—FDI+ODI"，但这种方法没有考虑我国近年来金融改革进展，可能高估我国资金流出。

一、国际投行估计方法存在明显不足

近期部分国际投行报告认为我国发生了严重的资本外流，例如摩根大通认为我国近 5 个季度资本外流 5200 亿美元，其中 2015 年二季度 1420 亿美元；高盛认为我国 2015 年二季度资本外流 2240 亿美元。这些国际投行在估计时多采取相似的口径和方法，即将外汇储备减少额加上货物贸易顺差额作为资本外流额。上述估计方法至少存在三类不足，即数据选择和使用简单化、未区分本外币兑换和跨境资金流动、未考虑主动的"走出去"战略等，高估了我国资金流出。

数据选择和使用简单化最明显的体现是直接采取外汇储备口径，且没有区分外汇储备变动的不同途径。外汇储备并非考察跨境资金流动的适当口径，其变动也存在外汇干预、投资调整和估值效应等不同途径，后两种途径并不涉及跨境资金流动。外汇干预是指中央银行为对冲跨境资金流动和稳定本币汇率而买卖本外币，此时外汇储备减少和资金流出有一定关系。投资调整是指中央银行调整储备资产结构，减持高流动性、高安全性的外汇储备，而增持其他储备资产，包括向 IMF 增资、股权、高收益债券、外汇（委托）贷款、黄金和其他资产。根据公开数据，2014年二季度至 2015 年二季度，我国向丝路基金、国家开发银行、进出口银行分别注资 400 亿、480 亿和 450 亿美元，如果不考虑这三项会造成相应时期资金流出高估 1330 亿美元。估值效应包括两块，一是外汇储备本身的投资损益，二是美元走强，其他币种资产折算成美元价值相应下降。2014 年一季度末至 2015 年二季度末，欧元兑美元贬值 23.45%，假设我国外汇储备中三分之一为欧元资产，仅此汇率变动就将导致我国外汇储备的美元价值减少约3000 亿美元，不考虑此项会造成我国资金流出高估 3000 亿美元。2014 年二季度至 2015 年二季度，不考虑投资调整和估值效应至少造成我国资金流出高估 4330 亿美元，已接近摩根大通估计规模5200 亿美元。国际投行统计数据选择和使用简单化还体现在未对货物贸易、服务贸易和经常账户进行区分考察，未对 FDI 和 ODI进行考察，未对误差遗漏项进行考察等等。

未区分本外币兑换和跨境资金流动。近年来，人民币国际化步伐明显加快，人民币跨境使用的规模已经不能忽略。同时，结售汇体制改革以来，已不再强制要求本外币汇兑，经济主体会根据人民币升贬值预期等选择是否结汇及结汇时机，此时国际收支和金融机构外汇占款、外汇储备之间已不存在稳定关系。目前人民币单边升值预期较小，市场选择更少持有人民币、更多持有美元，不考虑本外币汇兑就会高估资金流出规模。使用境内金融机构新增外汇存款来考察居民增持外币的规模时，不考虑本外币兑换因素可造成我国资金流出高估 1371 亿美元。

未考虑主动的资本"走出去"，把正常的资本项交易错误地视为资金流出甚至资本外逃。考察跨境资金流动的一个重要目的是考察国际收支中的消极和被动交易部分，揭示宏观经济或货币金融面临的压力，因此有必要识别积极主动交易和消极被动交易，当然这具有一定技术难度。"一带一路""走出去"等国家战略对应的资金流出应该被视为积极主动交易，政策性和商业性金融机构落实国家战略的对外投资也应归入此类。

二、我国跨境资金流动规模估计与展望

从各种口径数据来看，二季度我国资金流出压力渐趋减小。二季度，外汇储备下降 362 亿美元，降幅明显收窄；银行结售汇逆差 139 亿美元，大幅缩小；银行代客涉外收支为净流入。同时人民币贬值压力减少，二季度末，境内外人民币兑美元价差 37 个基点，离岸人民币 12 个月 NDF 贴水 39 个基点，相比一季度末均明显收窄。从已公布数据来看，7 月份我国资金流出压力又趋加大。外汇储备下降 425.28 亿美元，降幅明显扩大；银行结售汇逆差 434.09 亿美元，大幅扩大；银行代客涉外收支转为净流出。7 月末，境内外人民币兑美元价差 103 个基点，离岸人民币 12 个月 NDF 贴水 80 个基点，相比二季度末均明显扩大。

如果使用"净误差与遗漏"方法估计，2014年二季度至2015年一季度我国资金流出为2222.63亿美元。如果使用"金融机构外汇占款－贸易顺差－FDI+ODI"估计，2014年二季度至2015年二季度我国资金流出为4415.03亿美元。正如前文分析，上述两种方法对于当前市场环境不再适用。改进上述方法要考虑外汇存款和人民币跨境支付，将估计方法改进为"外汇占款＋外汇存款－经常项目－FDI+ODI－人民币国际支付"。使用改进方法估计，2014年二季度至2015年二季度我国资金流出1579亿美元，其中2015年上半年资金流出1243亿美元，二季度资金流出913亿美元。这一数字远小于国际投行估计。

未来一段时期，我国跨境资金流动处于双向波动，近期虽然仍有一定流出压力，但外部影响总体可控。目前我国跨境资金流动和人民币汇率既受经济金融中短期因素和长期因素的叠加影响，呈现出市场波动的自发性；又受"一带一路""走出去"等国家战略和资本项目可兑换、金融市场双向开放等改革措施的双重影响，体现了主动调控的政策意图。未来一段时期，我国跨境资金流动和人民币汇率将呈现"双向波动、基本平衡"的新格局。

三、高度重视跨境资金流动，加快推进相关监管体制改革

新格局下必须更加重视跨境资金流动，要看到资金流出具有长期趋势性和短期波动性，要多方应对。首先，在推进国家战略和金融改革时，要根据形势选择恰当时机和力度，避免对资本流动造成过大冲击。其次，深化金融改革，完善金融市场、加强投资者保护、提高国内金融资产吸引力，吸引国际投资，力争实现资本流动有出有进、大体平衡。最后，中央银行要更谨慎地权衡利率政策和汇率政策，做好信息沟通、政策协调、预留空间、准

备预案。

同时，跨境资金流动估算具有比较大的技术难度，在我国提高跨境资金流动透明性还需要解决两个问题。一要解决资本项目管制导致数据失真问题。"净误差与遗漏"项 2009 年以来持续逆差，2014 年逆差 1401.37 亿元，相当于经常项目顺差的 63.79%，或资本项目差额的 366.47%。这说明我国资本项目管制"明紧实松"，不仅无法有效控制跨境资金流动，而且造成了数据失真。相对外币而言，本币跨境流动不容易造成偿付危机和本币贬值压力，改革风险较小，而且可以顺势推动人民币国际化。因此，未来可以将人民币资本项目作为加快资本项目可兑换的突破口。二要解决外币和人民币账户系统及数据监测分割问题。2009 年以后人民币跨境使用采取试点改革形式，形成了外币和人民币相互隔离的账户系统及数据监测系统。近期人民银行和外汇局已开始公布外币外债和人民币外债合并数据，但相关数据仍不够全面、准确、及时。未来需要建立本外币合一账户体系，并使用统一系统对本外币跨境交易和外债情况进行监测预警。

投资来源贷款与中长期贷款
增速背离原因简析与相关建议

宋　立　曾　辉　刘雪燕　杜秦川

2015 年上半年固定资产投资增速持续下降，同期固定资产投资资金来源增速以更大幅度下降。其中，固定资产投资资金来源中的国内贷款（以下简称投资来源贷款）负增长明显，1—7 月投资来源贷款同比下降 4.2%。中长期贷款同比增速达到 14.8% 左右。中长期贷款理应转化为固定资产投资资金来源，但现实情况是，在中长期贷款较快增长的同时，投资来源贷款却持续下降，二者走势发生了明显背离。由此引发了一些猜测与担忧，即上半年股市快速上涨是否吸收了大量资金，导致银行信贷并未流入实体经济。从数据分析结果来看，股市虹吸效应是其中一个原因，但并非最主要、更非唯一原因。多种因素共同作用造成二者增速明显背离。

一、投资来源贷款与中长期贷款两个数据不可比、且增速时有背离

从数据性质来看，中长期贷款和投资来源贷款之间不具有可比性。中长期贷款是指当月银行批复的贷款数量，属于流量数据，不涉及以前年度数据。固定资产投资由于存在施工期限问题，投资来源贷款是由本年度和以前年度银行批复的中长期贷款规模共同决定的，在某种意义上是一个加权平均值，类似存量数据。

从历史数据看，中长期贷款增速与投资来源贷款增速背离并非首次。2010 年下半年至 2012 年底，中长期贷款增速连续 30 个月负增长，而同期投资来源贷款却持续正增长，二者增速背离分别达到 20.2、45.5 和 17.4 个百分点，高于或相当于本次 19 个百分点的差距。之所以出现中长期贷款负增长而投资来源贷款正增长现象，是因为数据性质所致。2008—2009 年银行配合"四万亿"投资计划集中批贷，大量固定资产投资项目上马，其施工周期延续到了 2012 年，虽然 2010—2012 年中长期贷款负增长，但投资来源贷款因 2008—2009 年贷款基数影响而维持高位。

从调整后的可比数据看，中长期贷款的三年加权平均增速与投资来源贷款增速差距明显缩小。固定资产投资项目施工期一般为两年半至三年左右，因此构造与本年度固定资产投资来源贷款相对应的中长期贷款三年加权平均序列，其与投资来源贷款增速差距明显缩小。

二、小微企业和住户中长期贷款增加改变了中长期贷款结构

小微企业中长期贷款增长较快，但其投资未纳入固定资产投资统计，也就不影响投资来源贷款增速。上半年小微企业的中长期贷款增速同比增长 14.5%，比同期大型和中型企业分别高 5.2 个和 3.3 个百分点，占同期企业新增贷款的 26%。且小微贷款的投资选择较少，贷款转化为固定资产投资的比率更高。但现阶段固定资产投资统计的是计划总投资 500 万元以上的固定资产投资项目，小微企业的固定资产投资大部分无法反映其中。

住户部门和服务业中长期贷款较快增长，但对投资来源贷款影响间接。受房地产市场回暖影响，二季度住户部门中长期贷款增速29.7%，较一季度提高17.5个百分点，远高于中长期贷款总体增速，占中长期贷款比重也较一季度提高了11.8个百分点。服务业中长期贷款同比增长17.7%，高于中长期贷款总体增速。住户部门和服务业中长期贷款增加，扩大了中长期贷款总体规模，但对固定资产投资及其资金来源影响较为间接。例如，个人住宅按揭贷款实际上支付给房地产开发商，部分可以自筹形式投入房地产投资。

三、银行表外转表内、地方政府债务置换导致中长期贷款增速"虚高"

银行部分表外融资转化为表内贷款，在一定程度上推高了中长期贷款增速统计。伴随影子银行"去杠杆"继续推进，上半年委托贷款、信托贷款和未贴现承兑汇票等银行表外业务同比少增2万亿元，其中一部分转化为表内的贷款规模。因此，中长期贷款统计数据虽然较快增长，但综合表内表外的实际授信额度增加较少，甚至可能被压缩。

到期地方债务置换多采取中长期贷款形式进行展期，在投资来源贷款没有增加的情况下，加大了中长期贷款增速统计。2015年财政部允许在过渡期限内，到期的地方政府债务以贷款形式进行展期。到期的地方政府债务，原本可能是贷款、非标和城投债等债务形式，现在相当部分用贷款、尤其是中长期贷款形式来进行展期。由此新增的中长期贷款只是借贷形式的变化，实际上早已在资金来源中体现。这有可能导致贷款尤其是中长期贷款增速提高，但并未相应推动投资来源贷款增速提高，导致二者差距拉大。

四、股市分流、企业融资渠道多元化、资本金注入放缓等导致投资来源贷款增速超预期下降

部分银行贷款资金通过多种渠道流入股市。上半年融资盘强力推涨股市，据相关估计，6月中旬市场中的融资盘总量达到4.5万亿元，其中2.5万亿为场内融资，2万亿为场外融资。虽然多数企业以自有资金进入股市，但对贷款规模较大的企业而言，自有资金和银行贷款难以分辨，企业进入股市资金增加，可能就意味着银行流入股市资金增加。

股市活跃导致企业融资渠道多元化，贷款需求有所下降。上半年股票市场活跃度上升，企业股市融资规模较2014年大幅增加。统计显示，上半年非金融企业境内股票融资4245亿元，同比增幅达到126.7%。股票融资规模增加2372亿元，占社会融资总量的4.8%，较2014年提高2.9个百分点。由此导致企业贷款需求有所下降，人民银行调查的6月份企业贷款需求指数为60.4%，比2014年底下降4.5个百分点。

地方政府资本金注入进度放缓，导致国内贷款不能及时进入投资。2015年以来地方政府财政收入增长困难，上半年共有11个省的财政收入负增长。同时地方融资渠道受限，地方项目资本金筹措困难，部分项目启动和进展相应推迟，部分贷款无法及时进入投资项目。

五、进一步加大对实体经济尤其是民间投资、改建和设备更新改造投资的信贷支持

投资是稳增长的关键，投资没有全面稳定经济就难以全面稳定。从最新数据来看，1—7月固定资产投资总体稳中有降，7月份计划总投资额持续上升，但投资增速出现下降。1—7月，计划总投资额同比增速2.4%，较1—6月提高0.8个百分点；投资同比增速11.2%，较1—6月下降0.2个百分点。进一步分析可以发现，投资增速回升的主要是占比较小的部分，而占比较大的部分增速仍在下降。例如，行业占比3%的农林牧渔业投资增速上升1个百分点，占比33%的制造业下降0.5个百分点。结构占比18%的改建投资增速上升1.4个百分点，但占比82%的新建和扩建投资增速持续下降。

投资稳增长必须高度重视民间投资稳定问题。民间投资代表着市场的内生动力和自主性变化，只有民间投资回升才是真正可持续的内生性回升，因此，加大对民间投资支持力度十分必要和重要。改建和设备更新改造投资等可以成为银行贷款新增长点。改建和设备更新改造是我国产业升级的牛鼻子，是当前投资领域为数不多的亮点，也是可以缓解投资稳增长燃眉之急的近水。预算内资金、银行资金只有顺应市场趋势、与市场形成合力才能最大限度地发挥作用，而改建和设备更新改造投资等应该也可以成为结构调整的重要着力点和信贷投放的新增长点。

我国股市运行中的几个问题和有关建议

向　东　谭海鸣

近期，中国股市大幅波动，各界人士纷纷分析原因、提出建议，一些言论影响广泛，但失之偏颇，不利于主管部门对症下药出台政策改善股市运行机制，也不利于公众对市场发展形成稳定健康的预期。其中需要研究清楚的问题是：中国股市由谁主导，中国股市暴涨暴跌是不是频繁交易"炒"出来的。我们对此进行了研究，分析了误解形成原因，澄清真相，并在此基础上提出政策建议。

一、误解

中国股市由散户主导。论据主要有三条：一是中国股市散户数量多。根据中央证券登记结算公司数据，截至 2015 年 6 月底，A 股持股账户总数约为 4950 万户，其中 99.8% 是自然人账户。二是散户持股市值占比高。根据上交所 2014 年年报，2013 年底自然人、专业机构和一般法人持有沪市 A 股市值占比分别为 21.6%、14.6% 和 63.6%。一般法人作为大股东持股比较稳定，而自然人持股市值相当于机构的 1.5 倍，表明散户力量大于机构。三是散户交易量占绝对多数。上交所 2013 年全年交易中，自然人、专业机构和一般法人交易额占比分别为 82.2%、15.3% 和 2.2%。

中国股市交易活跃程度全球遥遥领先，原因是散户热衷"炒"股。据全球证交所联盟统计，中国股市市值列全球第二，交易活跃程度则遥居全球第一。2015 年 6 月底，中国沪深股市市值 9.6 万亿美元，在全球仅次于美国股市（26.5 万亿美元）。2015 年上半年，A 股成交额等值 22.7 万亿美元，换手率（成交额除以市值）为 236%，全球第二位的土耳其股市为 116%，美国纳斯达克为 86%，纽约证交所为 44%，日本、韩国、中国香港、中国台湾股市分别为 56%、74%、33% 和 97%。

基于上述数据，官方和市场一致认为，中国股市是散户主导的。例如，证监会新闻发言人邓舸在 2014 年 6 月 13 日的新闻发布会中表示："当前 A 股市场的投资交易仍以中小散户为主，整体趋势交易行为特征明显，以公募基金为代表的专业机构投资者投资交易行为受市场趋势影响较大，难以发挥'市场稳定器'作用，仍是市场走势的被动接受者"。市场方面，多个分析机构认为散户追涨杀跌是此次股市大幅波动的重要原因。其中，腾讯财经网站发布的《数据证明散户确实是 A 股的主角》，列举股市持股市值、交易量等多项数据印证"散户主导论"，获得了市场舆论的高度认同。但实际上其论证是存在问题的。

二、有关真相

（一）"庄家"才是 A 股市场的主导者。把"自然人"等同于"散户"是"散户主导论"误导大众的主要原因。在股市的实际交易中，衡量市场主导力量的标准并不是自然人交易占比，而是大单和超大单成交量占比，专业术语称为"机构参与度"。大单一次交易为 10 万股或 20 万元以上，超大单一次交易为 50 万股或 100 万元以上。股市 92% 以上的自然人投资者账户市值在 50 万元以下，他们是真正的"散户"，很难做出大单交易。因此，无论是专业机构还是有经验的个人投资者，都将机构参与度作为考察某一个股是否为"庄股"的重要指标。一般来说，一只股票机构参与度超过 30%，就是"高度控盘"，成为"庄股"。"庄股"的主要特征是，股票的涨跌由大单决定，股票的主导者（"庄家"）通过炒作概念、高比例转股送股配股等手段吸引散户参与，通过低买高卖获取盈利，俗称"割韭菜"、"剪羊毛"。我们根据 2015 年 7 月 24 日沪市 A 股的数据计算，"高度控盘"的股票占 56.8%。

为什么自然人交易占绝大多数的市场上有那么多"庄股"？原因有三方面。第一，很多"庄家"通过大量自然人账户来操纵交易。十年前的"德隆系"事件是一个经典案例。对事件主谋唐万新的起诉书显示，从 1997 年到 2004 年 4 月 11 日，唐万新等人使用 24705 个股东账号，采取连续买卖、自买自卖等手法，长期操纵新疆屯河、合金股份、湘火炬三只股票股价，先后买入 678 亿元，获利 98.6 亿元。第二，"庄家"吸引了大量的追随者与其进行方向一致的交易。追随者又分两种，一种是"老鼠仓"，即基金公司等专业机构的从业人员违规买卖公司持有的股票。这种行为受到证监会的严厉打击，但仍然屡禁不止。另一种是普通的"跟庄"。很多拥有大额资金的自然人（俗称"大户"）自身缺乏专业的分析能力，于是通过"听消息"来跟随"庄家"操作。当前普遍存在的投资微信群、QQ 群，就充当了"庄家"与"大户"进行沟通的媒介。例如，2007 年股市上涨过程中因预测股市而出名的"带头大哥 777"王秀杰就通过开设 QQ 讲坛、收取会员费的方式敛财，并推动大量投资者进行同方向交易。第三，一定比例的股票吸引了多家专业机构持有，机构成交量占比较高。截至2015年6月底，沪深两市专业机构持有流通股比例超过20%的股票有57家，在10%—20%之间的有160家，合计217家，占两市股票总数的8.2%。这类股票往往是中信证券、民生银行、乐视网等在各自行业具有代表性的"明星股"，以其稳定的业绩或良好的增长前景吸引了专业机构投资。这类股票虽然机构参与度高，但并不是恶意炒作的"庄股"，机构对这些股票的投资遵循了价值型投资理念，有利于股市健康成长。

（二）中国股市交易活跃程度并非"独步全球"。表面上看，中国股市的换手率高得惊人，实际上这与中国A股独特的"穿透式"账户管理、中央托管制度和独特的"实时全额结算"方式有关。中国所有的股票投资者，无论是自然人还是机构，都实行"一户一码"制度，证券账户集中开立在证券交易所，资金账户则开立在第三方托管银行。在这种体系下，中国股市实行的是"实时全额结算"的交易方式。单个交易账户之间的交易直接在统一的交易系统中撮合，并由中央证券登记结算有限公司统一结算，每一笔交易都进行了统计。

美国、欧洲、日本、香港等股市全部实行的是间接交易的模式，投资者的证券和资金账户开立在不同的证券公司，证券公司再代理客户在交易所和中央托管公司开户。每个证券公司都有自己的客户群、资金池和股票池。在这种体系下，大部分交易实际上采取"净额轧差结算"的方式。同一证券公司开户的投资者之间相互交易，很多都通过公司的内部系统处理，在同一资金池和股票池中调配交易。在交易日末，各证券公司将不能轧平的头寸提交交易所和中央托管公司结算，统计的是净额轧差交易的金额，因此显示的交易量偏低。据负责处理美国股票交易的美国证券托管结算公司（DTCC）2014 年年报披露，该公司 2014 年日均清算股权类产品交易 9249 亿美元，全年总额超过 200 万亿美元，但全球证交所联盟上记载的美国股市成交量只有 28 万亿美元，两者相差 7 倍。因此，真相是：美国股市高度发达，成交额巨大而频繁的程序交易普遍存在，按照 DTCC 口径计算的美国股市 2014 年实际股票换手率高达 800%，是沪深 A 股 2014 年换手率（272%）的 2.9 倍。

三、与两个误解有关的分析

（一）误解带来的影响。在"散户主导"和"交易畸高"的误解下，市场和监管部门都容易把股市波动的主要责任归咎于散户的非理性交易行为，提出的应对方案是发展机构投资者。例如，从 2000 年起，证监会就提出了"超常规发展机构投资者"的思路。在本次股市风波中，这一论调仍然占据主流，例如 2015 年 7 月 14 日，中国证券报发表的题为《壮大机构投资者、构建 A 股"稳定器"》的文章。

实际上，机构投资者并不都是奉行长期投资的"基本面派"，也包括了大量通过趋势交易博取相对收益的机构，甚至还包括了很多采用程序交易的机构。一个显著的例子是各类分级基金和带有强制平仓线的私募基金，在股市大跌的极端情况下，纷纷自动启动强制平仓程序，加剧了股市下跌。"覆巢之下，焉有完卵"，股市的暴涨暴跌，与投资者是自然人还是机构关系并不大。

（二）股市大幅波动的原因。股市大幅波动的原因有四方面。

一是过度加杠杆。2015 年 6 月底，美国纽约交易所股票市值 19 万亿美元，场内融资余额为 5000 亿美元，场内杠杆率为 2.6%。

我国股市中，由于一般法人很少交易，也很少使用杠杆，我们用专业机构和个人融资余额占其持股比例来计算中国股市的杠杆率。2015 年 6 月底，沪深股市市值 59 万元，专业机构和个人持有约 40%，相当于 23.8 万亿元。据华泰证券统计，6 月底股市场内外融资余额高达 3.3 万亿元，其中场内融资 1.98 万亿元。因此，中国股市机构和个人投资者的总杠杆率为 13.9%，场内杠杆率为 8.3%，高于美国。同时，过度加杠杆还导致市场流动性紧张。相对融资债务来说，可以用于偿付的流动资金（即股票交易保证金）不足。在 2015 年 6 月底，全部的股票交易保证金才 2.4 万亿元，7 月初新股发行冻结资金回归后也才 3.3 万亿元。这相当于股市里所有的交易资金都是借来的，一旦股市形成下跌预期，投资者争抢流动性的去杠杆操作便造成资金恐慌出逃，从而加剧股市下跌，形成负面反馈循环。从此次经验看，只要使用了杠杆资金的投资者，在大跌的高峰期都采取了尽快变现的策略，与散户还是机构身份无关。机构投资者起到"市场稳定器"作用，是在获得外部资金支持后才真正显效。

二是打新股冲击。此次股市大跌初期，6 月底和 7 月初两次新股发行冻结了大量资金，6 月 15—19 日，股票交易保证金平均余额从上周的 3.1 万亿下降到 2.6 万亿，6 月 23—26 日回升到 3.5 万亿，7 月 3 日又下降到 2.9 万亿，而股市也经历了"暴跌→小幅反弹→再次暴跌"的过程。

三是信息不透明、不对称。在股市前期上涨的过程中，大量实际业绩欠佳、高度依赖概念炒作的股票大幅上涨，很多人用"市梦率"来形容这一不合理现象。这些股票暴涨的背后，很多有"庄家"利用杠杆融资集中炒作的背景。但由于"庄家"或隐匿于众多自然人账户中，或假借新兴的电子系统进行多账户操作，规避了持股比例超过 5% 必须公告的要求，其他投资者都无从知晓真相，散户只能采取"跟庄"方式博取收益，而公募基金等专业机构在业绩排名压力下也不得不进行追涨杀跌的趋势交易。

四是缺乏合理的风险管理机制。风险管理有三个方法：对冲、保险和留存自担。我国股市风险对冲机制短缺。融资融券制度高度偏向融资，融券券源不足，在股市场内融资余额超过 2 万亿的同时，融券余额只有不到 40 亿元。很多投资者不能在个股上对冲股价过高的风险，只能集中转向股指期货，这导致股指期货大幅贴水，在股市下行压力下，股指期货的贴水对投资者形成巨大的负面心理影响，触发了集中卖空的"羊群效应"，给极少数不法分子操纵市场的可乘之机。我国股市也缺乏保险机制。美国股市的最大"保险"就是资本利得税，税率在 15%—25% 之间，盈利缴税，能有效避免疯狂炒作；亏损可以抵税，让投资者不至于血本无归。我国没有资本利得税，只有证券投资者保护基金，但仅在证券公司经营失败时才起到保障作用，保险力度远逊于资本利得税。在这种情况下，绝大多数投资者都采取了风险自担的方式，相当于对系统性风险不设防。

四、总体政策建议

（一）股市巨幅波动的应对。在特殊时期，维持股市稳定的关键在于稳住"庄家"。首先，组织力量仔细分析每一个个股，弄清楚"有没有庄家、庄家是谁"。证券主管部门拥有每一个账户的交易记录和资金转移记录，加上负责交易的证券公司营业部的配合，应该可以基本摸清情况。从目前的市场结构看，这些"庄家"应该大多数是专业机构、与上市公司主要控制人有关的产业资本、私募股权基金和少数资金量巨大的个人投资者。第二，按照"庄家在哪家证券公司交易，由哪家证券公司负责"的原则，由证券公司、"庄家"商议促进个股回归均衡价值的方案。价格虚高、"庄家"获利较大的个股，要防止"庄家"过快撤出；价格合理的个股，按市场原则进行交易；价格显著低于均衡价值的个股，在"庄家"资信良好、能够提供股票以外的抵押品的基础上，可以予以必要的资金支持。

（二）促进股市平稳健康发展的机制建设。第一，合理管理股市杠杆。不仅要关注资产负债角度的杠杆率，还要关注流动性资金相对于负债的比率，避免出现股票交易保证金不足以偿付债务、引发市场恐慌的情况。将来，如果中国股市也引入了净额轧差结算机制，流动性要求可以适当降低。

第二，建立有效应对打新股的流动性补充机制。针对打新股对银行间市场流动性的影响，央行一般会在公开市场释放流动性，在股市正常运行时，专业投资机构在货币市场和股市的套利操作可以保证股市资金稳定。但在股市巨幅下跌的极端情况下，专业机构套利活动减少，公开市场操作对股市资金的间接影响失效。此时，应该通过证金公司申购 ETF 基金等方式，向股市注资，保证股票交易资金总量稳定。

第三，提高股市交易透明度。对于使用多个自然人账户操纵股价的"庄家"，以及利用内幕信息交易的"老鼠仓"，继续依法严厉打击。对于采用纠集普通投资者共同进行单边操作的"庄家"，通过改革披露制度予以制衡。不仅单一股东持股比例超过 5% 要公告，单一证券公司营业部交易上市公司股票超过 5%，也要详细公告投资者名单，这样可让公众监督"庄家"的交易情况，抑制市场操纵。

第四，健全风险防范机制。大力提高融券便利程度，制衡股价非理性上涨，从而也避免股价虚高而迅速下跌。开征资本利得税，盈利缴税、亏损抵税。这不仅能够为投资者提供股市投资的保险机制，还可以开辟新的税源，并且通过亏损抵税机制鼓励机构和自然人自发报税、规范纳税，对税收制度建设也有好处。

五、破解"庄家主导"的长远之策——建立"专业投资者"制度

研究表明，中国股市不是"散户主导"而是"庄家主导"，应对股市大幅波动的关键是"稳住庄家"，而促进股市长期平稳健康发展则要靠机制建设。在前面研究的基础上，我们梳理国际经验，结合中国国情，建议设立类似美国股市的"专业投资者（specialist）"制度，以市场化手段对"庄家"采取"分而治之"的长效机制，引导更多投资者秉承价值投资理念，共同促进股市平稳健康发展。

（一）"专业投资者"的概念和国际经验。"专业投资者（specialist）"就是充当做市商职能的交易员。其概念来自美国纽约证券交易所（纽交所），最初的职能是"做市"，即同时报出股票的买价和卖价，作为所有买单的卖方、所有卖单的买方，通过买卖差价获利。每个在纽交所上市的股票都指定一个"专业投资者"充当做市商。所有的"专业投资者"都受雇于七家持牌的专业投资者公司（specialist firm），其中包括著名的华尔街投行高盛和巴克莱银行。每个"专业投资者"都只能交易自己代表的股票。

"专业投资者"的主要职能是提供流动性和保持股价稳定。"专业投资者"的职能包括五个方面：一是负责报出开盘价和形成收盘价；二是为其他经纪商执行交易指令；三是撮合客户的买盘和卖盘；四是提供流动性，即在股票存在单边买入或卖出压力时用

自有头寸与客户进行交易；五是保持价格平滑，交易所规定"专业投资者"在一定时间内要连续报价，而且买卖价差不能超过5%。其中，第四、五项是"专业投资者"的核心职能。

不同市场的"专业投资者"（或做市商）制度不同。纽交所采取的是垄断型"专业投资者"制度，一个股票只有一家做市商。纳斯达克采取的是竞争性的"专业投资者"制度，只要持股份额达到一定标准的"专业投资者"，都可以成为该股票的做市商。英国伦敦交易设有指定交易商制度，但交易最活跃的100只股票不设做市商，采用集中竞价撮合制度。

"专业投资者"提供流动性的职能可促进市场稳定运行。2010年5月6日，美国股市经历了"闪电崩盘（flash crash）"，道琼斯指数在5分钟内暴跌近1000点（跌幅为9%），大量交易中断，但由于有"专业投资者"提供流动性，纽约交易所挂牌的股票都得以正常有序地进行交易，当日收盘时大多数股票价格回归到正常区间，道琼斯指数收跌3.2%。

（二）我国设立"专业投资者"制度有利于稳定股市。破解股市"暴涨暴跌"需要引入打破"庄家"主导局面的长效机制。目前，我国股市上，"庄家"的大单引领了个股涨跌的趋势。在宏观经济向好或国家政策利好时，"庄家"往往顺势拉高股价。一旦经济数据或政策不利，"庄家"则利用信息优势率先卖出。而大多数散户由于专业知识不足、信息来源不充分，选择趋利避害的"跟庄"、"听消息"操作方法。"庄家"引领趋势，散户跟随放大趋势，造成我国股市"暴涨暴跌"。尤其是6月中旬以来，股市连续大幅下跌，投资者信心缺失，私募基金、散户甚至公募基金都普遍采取短线参与的交易行为，与社保基金、汇金公司、证金公司等"国家队"做对手，"套救市的利"，不利于股市长期健康发展。

建立"专业投资者"制度的首要目的是稳定股价。也就是让"专业投资者"作为一般投资者的对手方进行反向交易，起到平滑价格走势、稳定股市的作用。

通过引入"专业投资者"，要达到两个策略目标。一是分化"庄家"势力，将他们中具有长期投资理念的群体的操作手法从顺势炒作转变为"长期持有＋参与稳定市场"，与"国家队"形成合力，共同推动股市平稳健康发展。二是对个股分类进行价格引导。价格合理或偏低的，引入"专业投资者"与国家队合力把股价稳住并引导价格向均衡回归形成"慢牛"；价格虚高的，如果"庄家"愿意成为"专业投资者"，则通过要求其履行高标准的披露义务，让其在公众监督下引导股价回归合理水平。也有可能一些价格虚高的个股没有机构和个人愿意担任"专业投资者"，那么这些个股仍按现行规则进行交易，价格由市场决定。在当前上证指数处于4000点附近的情况下，很大一部分个股的价格已经比较合理，对市场释放引入"专业投资者"制度的信息，不会对股价造成大的扰动，但从长远看可在股票投资者中打入稳定股价的"锚"，促进股市平稳健康发展。

（三）我国设立"专业投资者"制度的方案建议。方案的前提：集中竞价和涨跌停板限制。我国股票交易制度有两大特点，一是采取集中竞价撮合的交易制度；二是设有10%的涨跌停板限制。在集中竞价制下，"专业投资者"也是市场交易的普通参与者，并不能像美欧股市的做市商一样通过垄断成交渠道，从买卖差价差中获利。而涨跌停板的限制，往往在涨跌停时、尤其是连续涨跌停时触发市场的"羊群效应"，形成单边交易趋势。这时如果强制"专业投资者"在涨停板卖出、在跌停板买入，"专业投资者"很容易因逆市交易而亏损。因此，"专业投资者"机制设计的关键，是通过给予其一定的政策优惠，在不破坏现有市场规则的情况下，正向激励他们充当市场的"稳定器"。

"专业投资者"的正向激励措施。一是知情权保障措施。赋予"专业投资者"代表中小股东行使集体表决权的权利，鼓励"专业投资者"通过股东大会表决后向企业派驻董事，确保专业投资者掌握企业经营情况，保障专业投资者获得关于个股估值的充分信息。二是股价稳定机制。个股在连续3个交易日内涨幅合计超过20%时，允许"专业投资者"在随后的一个交易日内先卖空股票，后买入股票平仓（俗称"裸卖空"），以平抑股价。反之，个股在连续3个交易日内跌幅合计超过20%时，允许"专业投资者"在随后的一个交易日以股票为质押从证金公司获得低息融资，买入股票稳定股价。三是税费优惠措施。对股票投资者普遍开征资本利得税，盈利缴税、亏损抵税，对"专业投资者"适用减半税率。由于缴税和抵税的对称性，这本身是一个中性的税收政策，但从所得税优惠的经验来看，减半征税对"专业投资者"的正向激励作用将非常明显。

对"专业投资者"优势的限制。对"专业投资者"实施严格的披露要求，避免其像当前股市中的"庄家"一样操纵股价。"专业投资者"持仓结构的披露标准比照公募基金要求。另外，"专业投资者"进行"裸卖空"或向证金公司融资，均需要在当日收市后进行披露。

"专业投资者"的资质和考核。参考国外经验，以及我国"新三板"引入做市商的经验和教训，在A股主板引入竞争性的"专业投资者"制度，即每一个股可以有多个"专业投资者"参与。资信良好、持股超过一定比例（例如持股比例超过1%或位列前10大流通股东）的证券公司、基金公司、保险公司、私募基金和个人投资者均可向证券业协会申请成为"专业投资者"。在一个考核周期内，每个"专业投资者"只能在一只个股的交易中享受正向激励措施。这就保障了"专业投资者"既相互竞争、又专一投资。每个考核周期期末，由证券业协会对"专业投资者"进行考核，核心指标是"裸卖空"和向证金公司融资的机制触发后，"专业投资者"的交易活跃程度，活跃程度低于一定水平的，下一个周期不能担任任何个股的"专业投资者"。

（四）引入"专业投资者"对股市的影响与相应处置措施。一是股市暴涨受到限制，从而也就减少了暴跌的可能性。同时，股市连续下跌时也有了自动补充场外资金、促进股价稳定的机制。股市更加反映经济基本面。二是"庄家"中的个人交易者和非"专业投资者"的机构慢慢丧失优势。"恶意做空"和"哄抬股价"被釜底抽薪。市场加速向受监管、公开透明的专业化投资者主导方向发展。

为避免大量没有获得"专业投资者"资质的机构，特别是私募基金因丧失优势而迅速清盘，引发大量抛盘打压股市，宜在引入"专业投资者"机制时采取以下策略：首先，将相关方案公开向社会征求意见，引导社会形成正面预期。在这种情况下，一部分有意成为"专业投资者"的机构和个人会按照"专业投资者"的要求调整自身交易策略，本身就会起到稳定市场走势的作用。第二，在机制启动后，鼓励个人和机构以股票认购"专业投资者"发行的基金份额，促进投资者结构转换平稳过渡。

业界对互联网金融监管新规的反映

冯晓岚

人民银行等 10 部委发布《关于促进互联网金融健康发展的指导意见》以及《非银行支付机构网络支付业务管理办法》征求意见稿后，引起广泛热议。2015 年 8 月初，中国金融四十人论坛召开研讨会就这两份文件进行座谈，来自人民银行、银监会、中国银行、蚂蚁金服、宜信、汇付天下等部门和机构的代表参与研讨。现将有关情况报告如下。

一、关于两个文件的总体评价

与会专家普遍认为，《指导意见》是互联网金融监管的基础性文件。人民银行条法司司长张涛说，《指导意见》确立了互联网金融的基本制度框架，有利于互联网金融健康发展，标志着互联网金融进入规范化发展的新阶段。宜信公司创始人唐宁认为，总的看《指导意见》比较包容，既是创新监管的阶段性成果，也是对行业最佳实践的一个总结和固化。从具体措施看，要求网贷机构和银行合作进行资金存管等措施，有助于界定借款人身份的真实性，核实交易资金的权属等细节，规避道德风险。

有的专家认为，《指导意见》对传统金融机构从事互联网金融业务给予了更多支持。华远地产股份有限公司原董事长任志强认为，这实际上是对传统银行的一种保护。中国银行研究员王永利认为，从文件规定来看，新兴的互联网企业从事的互联网金融业务只能作为传统金融的一个补充或者中介，这种定位值得再研究。

也有专家提出，虽然《指导意见》和《管理办法》中有一些限制性规定，如将银行而非第三方支付机构作为互联网金融从业机构的资金存管方，但这并不意味着堵死第三方支付机构的发展空间。人民银行乌鲁木齐中心支行行长郭建伟认为，第三方支付机构要想从事大额支付等更多的业务，需要申请相应的牌照。

二、关于第三方支付的资金存管

与会专家充分肯定第三方支付发挥的积极作用。王永利认为，互联网的优势在于通过互联互通突破了很多行业、市场和专业的限制，第三方支付不仅仅是支付，而且是第三方监管或者托管，有利于监督买卖双方的行为。蚂蚁金融服务集团首席战略官陈龙介绍，支付宝基于大数据生态身份识别的机制，建立了一个反洗钱体系，多次得到央行反洗钱局的表彰。支付宝还以每年 0.88 元的保费实现了 100 万元的账户安全，这么便宜的保险还是赚钱的。这说明支付宝有着强大的风控能力。

与会专家对《管理办法》的一些规定有不同看法。争议的焦点是将银行而非第三方支付机构作为互联网金融从业机构的资金存管方。一种观点认为，资金存管方需要对接数十乃至数百家互联网金融机构，这是一个非常关键的环节。一旦出了问题，比较容易导致系统性风险。张涛认为，监管层对银行看得比较紧，由银行作为资金的存管机构，比较容易抓住系统性风险的苗头，也有办法处理。银监会创新部副主任李文泓表示，监管层的首要目标是防范系统性风险，尤其是当资金来源端面向的是比较弱小、信息分析能力比较小的公众。只要形成资金池，就是实质性的资金归集，其监管标准就应该参照银行，而目前对第三方支付的监管标准远低于银行。因此，《管理办法》限制第三方支付机构吸收存款。上述规定并不意味着堵死第三方支付机构的发展空间。郭建伟认为，互联网金融机构可以做传统金融业务，前提是把银行等传统金融机构的牌照申请下来。北京农商银行代行长张健华建议成立一个金融标准化委员会。以远程开户为例，只要标准确立，商业银行和互联网金融机构应处于同一个起跑线上。

另一种观点认为，简单地将第三方支付机构剔除在资金存管方之外，不是一个合适的选择。汇付天下有限公司总裁周晔认为，许多个体网络借贷机构选择第三方支付机构作为其资金的存管方自有其原因，甚至在银行推出资金存管服务之后，一些第三方支付平台的客户没有减少，反而增加了。这是因为，第三方支付提供的服务已经成为了金融基础设施的一部分，银行虽然也有类似的服务，但在应用场景设计、服务定制、效率与成本等方面，都不如第三方支付机构。第三方支付赢得市场并不是监管套利的结果，而是市场主体反复比较、选择的结果。为此，可考虑将资金存管适当分工，第三方支付机构和银行各承担一些职能，这样能减少技术上和结算上可能出现的问题。毕竟，现存的第三方支付账户已经很多。

三、关于分级监管

陈龙认为，互联网金融从业机构的资质、管理水平参差不齐，如果对互联网金融机构不进行区分，用一刀切的方式对所有机构规定一个标准的额度或权限限制，难免会出现"一管就死、一放就乱"的局面。他建议，在守住风险底线的前提下，探索实行分级监管，对技术能力和风险防控能力较强、内控管理较成熟、财务状况稳健、消费者权益保护措施较完善的互联网金融机构，在监管中给予更大的创新支持。对于风险管理能力较弱、内部管理混乱的机构，采取更严格的管理措施，通过奖优惩劣，树立正向激励。

高度重视新一轮美元升值的冲击

史德信

2014 年 7 月以来，美元进入新一轮升值周期，对全球贸易、投资、资本流动等产生了广泛而深远的影响，包括我国在内的新兴经济体更是首当其冲。最近，我们就此做了研究分析，现将主要看法和建议报告如下。

一、多重因素共同推动美元大幅升值

1971 年布雷顿森林体系崩溃后，美元汇率经历了三个大的升贬周期。一是 1971—1979 年的贬值周期和 1980—1985 年的升值周期。二是 1986—1995 年的贬值周期和 1996—2001 年的升值周期。这两个周期的时间跨度都在 15 年左右，其中弱势美元周期 9 年左右，强势美元周期 6 年左右。三是 2002—2011 年，美元指数一路走低，最大贬值幅度超过 36%，此后触底反弹，2014 年下半年以来加速回升。目前看，新一轮美元升值周期已基本确立（见图 10）。推动此次美元升值的主要因素有三个方面：

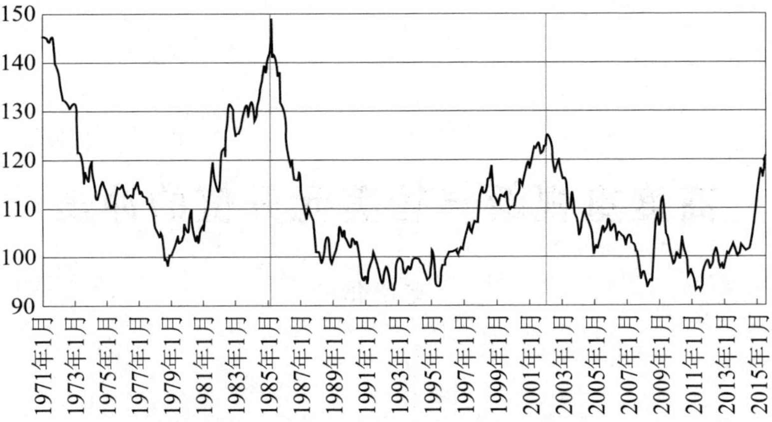

图 10 1979 年以来美元实际有效汇率

注：数据来源于国际清算银行（BIS）。

一是美国经济基本面向好。从中长期看，一国货币强弱主要取决于经济实力。国际金融危机以来，美国实施了 4 轮大规模量化宽松货币政策，在主要发达国家中率先实现经济复苏。2010—2014 年，美国 GDP 累计增长 10.6%，比欧元区和日本分别高 7.3 个和 3.1 个百分点。2015 年二季度，美国经济环比折年率增长 3.9%，8 月份失业率降至 5.1%，也好于大部分发达经济体。而新兴经济体 2013 年以来经济增速不断放缓，巴西、俄罗斯甚至出现负增长，美国经济在全球的相对优势更加明显。

二是主要经济体货币政策分化。2013 年底，美联储开始退出量化宽松货币政策，随着经济和就业形势改善，加息日益临近，也对美元汇率形成有力支撑。与此同时，为应对经济低迷和通缩压力，欧洲央行 2015 年 3 月启动了总规模超过 1 万亿欧元的量化宽松货币政策，日本 2013 年推出"量化和质化"宽松货币政策，加拿大、澳大利亚、瑞士等发达国家 2015 年纷纷降息，印度、俄罗斯、韩国、泰国、土耳其等新兴经济体也调低了基准利率。美国与大部分国家的货币政策取向各异，直接助推了美元升值。

三是去杠杆增强了美元信用。近年来，美国去杠杆取得积极进展，居民和非盈利机构负债占 GDP 的比重从 2009 年 97.5% 降至 2014 年 81.7%，同期政府负债率虽有上升，但赤字率从 9.8% 降至 2.8%，财政收支状况大为改善。这些都有助于提升美元信用水平。而欧元区、日本去杠杆进展缓慢，希腊债务危机仍有变数。新兴经济体杠杆率也上升较快，企业债务与 GDP 之比 2009 年为 80% 左右，2015 年可能提高到 110% 左右。

我们判断，如果美国经济继续保持向好势头，其他经济体不能扭转颓势，未来美元还有进一步升值的空间，强势美元周期不会很快结束。

二、美元升值对全球经济金融的影响不断显现

从历史上看，每一次美元由弱转强都会带来巨大的外部效应，新兴经济体往往首当其冲。1982 年爆发的墨西哥债务危机、1997 年爆发的亚洲金融危机，都与美元升值密切相关。此次美元进入升值周期已造成数轮冲击，未来还可能持续。

一是引发跨境资本剧烈波动。与 2012 年低位相比，当前美国半年期、1 年期国债收益率分别上升约 20 个和 30 个基点，3 年期、5 年期分别上升约 80 个和 100 个基点。而新兴经济体利率水平总体下行，金融风险上升。在这种情况下，国际投资者重新调整资产配置，买入美元资产，卖出其他资产，跨境资本流动出现逆转。英国《金融时报》报道，2014 年 7 月至 2015 年 7 月，全球 19 个新兴经济体资本净流出达 9402 亿美元。事实上，2013 年后不少新兴经济体已出现资本外逃、股市下跌、货币贬值，如俄罗斯、巴西、印度、印尼、南非、土耳其等。

二是导致初级产品价格大幅回落。国际市场初级产品价格与

美元指数高度负相关（见图 11）。在 1980 年至 1985 年、1996 年至 2001 年的美元升值周期中，初级产品价格都出现了大幅下跌。伴随着新一轮美元升值，初级产品价格指数一路走低，从 2011 年 4 月最高点的 210.1 降至 2015 年 8 月的 103.4，累计降幅达 50.8%。大宗商品价格回落产生了财富转移效应。与 2012 年相比，2014 年美国、欧盟和日本进口燃料共少支付 2625 亿美元。同期，俄罗斯、沙特阿拉伯、安哥拉、巴西和南非燃料出口收入则减少 1025 亿美元。

图 11 2000 年以来美元实际有效汇率与初级产品价格指数

注：初级产品价格指数来源于国际货币基金组织（IMF），图中左侧数据为美元实际有效汇率，右侧数据为初级产品价格指数取负值。

三是加重新兴经济体外债负担。国际金融危机以来，新兴经济体海外发债规模急剧飙升，其中很大一部分是企业利用离岸子公司，通过在离岸市场发行债券、跨境外币贷款等进行资金套利交易。2009—2014 年，仅俄罗斯、巴西、印度、印尼、土耳其、南非六国外债余额就从 1.43 万亿美元扩大到 2.28 万亿美元，增长近 60%。据国际金融协会测算，2014—2018

年，新兴经济体需要展期的企业债务达 1.68 万亿美元，其中约 30% 以美元计价。随着美国货币政策紧缩和美元升值，这些国家的债务展期成本将显著抬升，短期外债占比较高的国家将承受更大压力。

四是改变全球贸易和投资格局。通常情况下，本币贬值有利于提升出口竞争力和吸引外资，不利于进口和对外投资，升值则相反。以欧洲为例，随着欧元兑美元大幅贬值，2015 年前 7 个月欧盟在总出口下降 16% 的情况下，对美出口仅下降 0.06%，占总出口的比重同比上升 2.3 个百分点。2014 年欧元区外商直接投资累计流入 60 亿欧元，2015 年上半年则增至 1211 亿欧元。

三、应对建议

与 20 世纪八九十年代相比，我国经济金融的开放程度大大提升，美元升值对我影响会更大、更复杂。基于此，必须高度关注全球经济形势、美元汇率和美联储政策变化，及时采取应对措施，趋利避害，为国内经济金融稳定健康发展营造良好环境。

（一）有效防范跨境资本流动的冲击。2014 年下半年以来，我国资本外流迹象明显增多。据摩根大通中国首席经济学家朱海斌估算，截至 2015 年二季度，一年内资本外流规模达 3400 亿美元，"热钱"净流出 2350 亿美元。上半年，货物贸易项下国际收支顺差仅 894 亿美元，而海关统计的货物贸易顺差则高达 2633 亿美元。8 月份，外汇储备减少 939 亿美元，出现"四连降"，降幅急剧扩大。尽管目前我国外汇储备超过 3.5 万亿美元，仍是全球最大的债权国，但要防止资本大量集中外流冲击市场信心，造成恐慌情绪蔓延。建议暂缓推进敏感资本项目的开放，加强跨境资本流动监管，特别要防止"借道"贸易渠道的资本外流。摸清外债底数，对大量借入美元的企业开展压力测试，完善应对预案。

（二）增强人民币汇率弹性。与其他亚洲国家和新兴经济体的货币相比，近年来人民币兑美元汇率总的趋势是单边升值，对本地区乃至全球经济稳定发挥了重要作用。但要看到，在当前强势美元的背景下，我周边国家货币出现较大幅度贬值，已对我出口造成较大影响，人民币贬值的预期也在上升。2015年前8个月，我国出口同比下降1.4%，出口企业非常困难。建议在保持人民币汇率基本稳定的前提下，择机扩大人民币汇率双向浮动区间。同时，支持企业通过衍生品交易管理汇率波动风险。

（三）顺势推进人民币国际化。国际金融危机以来，人民币国际化进程明显加快。2014年底，人民大学发布的人民币国际化指数从2009年底的0.02%升至2.47%。在美元升值的情况下，一些新兴经济体资本外流、国际收支恶化，对我更加借重。建议抓住这个"窗口期"，扩大与有关国家的货币互换等合作，在双边经贸往来中更多使用人民币结算，推动其来华发行人民币债券，将人民币纳入其储备货币篮子或提高比重。同时，抓住"一带一路"建设的机遇，推动沿线国家在贸易投资、大宗商品计价结算、基础设施建设融资中更多使用人民币。

（四）积极扩大初级产品进口。原油、矿石、金属等初级产品价格下跌对我是有利的。从长远看，一些资源性产品不可再生，供给有限，价格不可能长期处在低位。建议扩大国内必需的石油、金属等大宗商品进口，加大储备力度。同时，支持国内企业走出去开展能源资源合作。

（五）加强市场预期管理。美元升值周期必然伴随着市场调整。在国内经济下行压力加大、金融风险上升的情况下，一有风吹草动就可能导致市场预期逆转，引发恐慌情绪。要通过不同层次、不同渠道加强正面引导，及时释疑解惑，防止误读和炒作。同时，针对各种可能出现的极端情况制定应急预案，切实维护金融安全。

对资本外流怎么看怎么办

李继尊　史德信　管　涛

2014 年二季度以来，我国经常项目、资本项目"双顺差"的局面发生逆转，出现了资本持续外流的现象，引起了国内外广泛关注。我们对这一情况做了分析，提出了应对思路，现将有关看法报告如下。

一、资本外流主要体现为藏汇于民，不排除一部分违规永久性流出

据国家外汇管理局统计，2014 年二季度至 2015 年二季度，累计资本净流出 1814 亿美元。从结构看，外汇资产出现由国家集中持有向民间分散持有的变化趋势。其中，对外投资（资产）项下净流出 5126 亿美元，利用外资（负债）项下净流入 3312 亿美元。截至 2015 年 6 月末，在对外金融资产中，储备资产占 59%，比 2013 年末下降 6 个百分点。同期，在对外投资的净流出中，除直接投资、证券投资以外的其他投资占 62%。这主要由于：企业结汇意愿减弱，持汇动机增强，银行将境内外汇存款多于外汇贷款的部分存放或贷放境外，这部分资金占其他投资项下净流出的 72%。

实际的资本外流规模可能更大。2014 年二季度至 2015 年二季度，国际收支平衡表中的"净误差与遗漏"项下累计为 –2547 亿美元，远大于前 5 个季度累计 –385 亿美元的规模。净误差遗漏为负，既有统计的原因，也有经济的原因，收入高估和支出低估可能都存在。因此，净误差遗漏为负不能等同于违规资本外流或资本外逃。但是，即使其中仅有 1/5 到 1/3 属于违规资本外流，也达 500 亿至 800 亿美元。更重要的是，这部分资本既不被统计，也不被监管，可能形成永久性的资本外流，蕴藏的风险隐患不容忽视。

二、稳市场、稳汇率仍是当前面临的挑战，资本外流还会持续

2015 年 8 月 11 日，完善人民币兑美元汇率中间价报价机制（"8·11"新汇改）后，人民币汇率一度波动较大。虽然外汇市场很快趋于稳定，但稳汇率的压力依然较大，改革仍在路上。下一步，外汇市场可能出现三种情形：一是凭借过去多年央行建立起来的声誉，市场依然相信汇率可以稳定在任何水平上，鉴于本外币息差较大，投机者可能逐渐退出货币攻击。二是如果出现国内经济企稳回升、美元汇率回调等利好消息，市场预期改善，央行的货币阻击战就有胜算的可能。三是如果市场不相信现行汇率水平能够稳住，央行就会继续消耗外汇储备。从风险管控的角度看，对第三种情况要有足够的准备，尤其要关注外汇储备跌破整数关口前后的市场反应。

需要高度重视的是，市场信心非常重要，一旦出现恐慌性囤积外汇和企业加速偿还外债，会使资本外流的形势更加复杂。2009 年以来，人民币境外使用越来越多，境外人民币资产池越来越大，境外投资者减持人民币资产同样会影响人民币汇率。"8·11"

新汇改以来，香港市场已出现抛售人民币、兑回港币的现象，导致港币兑美元大幅升值，香港金融管理局被迫入市干预。

综合分析国内外因素，我国仍将延续"经常项目顺差、资本项目逆差"的格局。主要是：国内经济下行压力加大，财政金融风险逐步释放，主要经济体走势和货币政策继续分化，美元步入升值周期，包括我国在内的新兴经济体普遍面临资本外流压力。至于会不会出现较大规模资本净流出和外汇储备锐减，既取决于经常项目特别是货物贸易顺差对资本流出的对冲能力，也取决于汇率政策的灵活性。

三、长短结合，用发展的办法应对资本外流的冲击

总的看，当前资本外流有合理的一面，藏汇于民也是政策的目标，有利于企业和居民优化资产负债结构。对我国来说，"经常项目顺差、资本项目逆差"本身是一种较好的国际收支平衡格局。我们对此应有一定的容忍度。同时，也要防止大规模资本流出和外汇储备急剧下降，进而酿成系统性金融风险。为此，建议从以下几个方面加以应对。

（一）当务之急应多管齐下，维护人民币汇率稳定。稳汇率关键是稳经济。要采取果断有效措施，改善经济前景，加强和改善与市场的沟通，减少由于信息不对称造成的市场恐慌。强化风险意识和底线思维，在情景分析、压力测试的基础上，完善应对预案，提高危机反应和处置能力。

（二）从中长期看，应实现真正的有管理浮动汇率制度。可抓住外汇供求状况改善、市场预期趋于稳定的时间窗口，适时减少央行外汇干预，引导汇率双向波动，增加汇率弹性。按照"对内平衡优先"的原则，进一步完善开放型经济新体制下的汇率政策

操作。具体讲，要把汇率水平作为其他宏观经济政策实施的结果而非事先设定的目标，把汇率政策作为国际交往的工具而非负担。

（三）大力发展国内外汇市场，完善风险规避功能。"8·11"新汇改以来的市场反应表明，离岸市场对在岸市场的影响不容忽视，加快在岸市场发展迫在眉睫。建议在加强风险教育前提下，通过增加交易主体、丰富交易产品、放宽交易限制、扩大市场开放等措施，积极发展在岸人民币外汇市场，支持境内外市场参与者以较低的成本、更加便利地对人民币汇率敞口进行套期保值。

（四）稳步推进资本账户双向开放，确保风险可控。对于违规资本流动，加强真实性审核可起到一定的作用。但是，这些交易大都披着合法的外衣，收紧管理会影响正常的对外交往和生产经营，有悖于贸易投资便利化目标。可按照"有管理的资本项目可兑换"思路，拓宽资本流出流入渠道。借鉴国际上反洗钱、反避税、反恐融资等方面的成熟做法，督促金融机构按照"了解客户、了解业务、尽职审查"的展业原则办理跨境本外币业务。研究开征托宾税，在相关交易或市场开放之初就采取内嵌式的宏观审慎措施。梳理总结国际上货币危机的案例，搞清楚每个交易项目开放的风险，制定相关应对预案。货币攻击往往跨市场传染、境内外联动，必须完善监管协调机制，健全跨境资本流动统计监测体系，促进信息共享，提高统计数据透明度。

以债引资，以债替贷
让更多资金活水流向实体经济

陈祖新　王绍辉

2015 年上半年我国经济保持平稳增长，可以说上半场已经打平，但当前下行压力加大，部分指标有所波动，下半场要保平争胜，面临的一大挑战是能否把更多资金引入实体经济，发挥好投资的关键作用。现在银行惜贷普遍，股票市场 IPO 已经暂停，企业获得资金的渠道变窄，部分企业经营十分困难。公司债是企业直接融资的重要方式，可借鉴美国发展公司债市场的做法，以债引资、以债替贷，与专项债配合互补，开源疏渠，共同支持实体经济发展。

一、美国公司债助力企业发展和经济复苏

资金是经济的血液。西方发达国家的企业融资，主要有美国的直接融资为主和欧日的间接融资为主两种模式。国际金融危机爆发后，发达国家银行系统受到很大冲击，破产重组、停贷惜贷，间接融资渠道受阻，实体经济普遍出现资金"血脉不畅"问题。而美国依靠公司债等直接融资渠道，把货币政策释放的大量

流动性引入企业，支持了实体经济发展。

公司债扛起支持美国企业发展的大旗。2008年金融危机爆发后，美国500多家银行倒闭，其他证券快速萎缩，企业一度陷入融资困境。比如2008—2014年，抵押贷款支持债券（MBS）余额从9.5万亿美元降至8.7万亿美元，资产支持债券（ABS）从3.9万亿美元降至2.9万亿美元。但公司债市场迅速弥补资金缺口，2008—2014年余额从5.4万亿美元增至7.8万亿美元，年发行量从7000亿美元上升至1.4万亿美元、6年内翻了一番。到2014年，新增公司债和票据融资是银行新增贷款的1.88倍，公司债和票据余额是银行贷款余额的1.84倍。

公司债为美国企业提供了优质资金来源。企业经营除需要短期流动资金外，对价格稳定、来源稳定的中长期资金有更大需求。从期限看，2014年美国新增公司债中，期限超过1年的债券占比达到87.5%，新发债券平均期限长达14.7年，远长于银行贷款的平均期限。从价格看，公司债价格低、波动小，融资成本相对稳定。1996—2014年，Aaa（信用评级最优）公司债收益率的区间为3.67%—7.62%，而同期最优贷款利率的区间为3.25%—9.23%。特别是在中长期资金上，公司债比银行贷款的价格优势更为明显。

公司债吸引全球资金为美国企业服务。公司债具有单只规模小、平均期限长的特点，适合抗风险能力强、以保值为首要目标的机构投资者参与。外国投资者是美国公司债的第一大购买者，2014年占比达到25%。外国投资者大规模涌入，既是对美国经济的认可、对美元的认可，也为美国企业发展提供了大量资金。共同基金、人寿保险、养老基金等，也是美国公司债的主要购买者，持有比例分别为23%、20%和10%。这些大投资者把宝贵的长期资金投入到债市，大部分持有到期，促成了公司债发展以一级市场为主，实现了资金供需的直接对接。

与美国企业直接融资为主相比，欧洲、日本企业的间接融资为主就显得不占优势。在 2015 年的亚洲金融论坛上，欧洲证券及市场管理局主席史蒂芬·迈耶尔就表示，欧洲的中小企业融资也是个问题，很难靠银行贷款，欧盟将建立一个资本市场委员会，扩大股票、债券等市场规模，让企业有更多融资选择。在日本，政府直接设立或控制着中小企业金融公库、国民金融公库、商工组合金融公库等专门服务中小企业的金融机构，并且有数量庞大的立足本地、服务中小企业的地方银行，一定程度上拓宽了中小企业的融资渠道。尽管如此，由于面向中小企业的直接融资市场发展不充分，中小企业融资的难题也没有得到很好解决。

二、做大我国公司债市场，开新渠引资金活水

我国已成为世界第三大债券市场，规模近 40 万亿元，但主要是国债、金融债，而公司债（即非金融企业债）的规模并不大，2014 年末余额为 12 万亿元，占整个债券市场规模的 30%。公司债中，银行间市场有 8 万亿元，发改委和证监会审批的有 4 万亿元。

以债引资，有利于吸引更多金融资源乃至海外资金服务我国实体经济。近几年，我国金融市场某种程度上存在"抽水机"现象，大量资金包括产业资本被吸进金融体系的内循环，以钱生钱。长此以往，实体经济将失血过度，创造价值的能力、创新能力会受到削弱。公司债市场不是"抽水机"，而是一个"洒水器"，能够把更多资金从虚拟经济中调出来，洒向实体经济，洒得越多、实体经济发展的基础就越牢固。发展公司债市场，也有利于引入更多国际资本。尽管我国已向海外开放公司债市场，给

境外人民币回流开了一个口子，但还存在入市不便利、交易有限制、税收不明确等问题，有必要扩大公司债市场的开放程度。目前人民币汇率已趋于合理均衡水平，拓宽境外人民币投资渠道、提高人民币资产收益水平，有助于境外投资者对人民币"愿意拿""拿得稳"，这也是人民币走向国际的一个重要步骤。

以债替贷，缓解我国企业融资难、融资贵问题。国家十分重视缓解企业在融资上的难题，并连续降准降息引导利率水平下降，目前企业贷款加权平均利率已低于6%。但很多企业反映，由于融资链条长，经过层层加码，到手的资金价格仍然很高。比如企业从银行贷款1000万元，扣除利息、手续费并被强制购买理财产品后，实际拿到的资金只有一半多一点。企业是国民经济的细胞，企业融资难融资贵，也就意味着整个国民经济在高空"走钢丝"。我国公司债利率比银行贷款利率平均低1—1.5个百分点，发展公司债市场、以债替贷，有利于向企业提供大量价格低、期限长、来源稳的资金，也有利于降低银行系统"存短贷长"的期限错配风险，从而在一定程度上降低经济运行的"难度系数"。特别是对于建设周期长、资金需求规模大的基础设施，以及"互联网＋"等新业态、新模式，银行系统基于风险控制和收益考虑，贷款意愿不高。发展公司债，有针对性地支持这些领域和产业，有利于积蓄发展的新动能。

发展我国公司债有需求、有潜力。2014年我国公司债与GDP之比为19%，而美国为45%。参考美国公司债市场的广度和深度，我国至少还有20个百分点、大约10万—12万亿元的增长空间。国内有大量机构投资者，如社保基金、保险公司等，持有十万亿元级的庞大资金，需要长期稳定的投资渠道。但我国公司债市场存在规模较小、产品体系不完善等问题。比如，现在公司债市场主要围绕资质优、评级好的大企业提供服务，2014 年国有企业发债约占整个公司债融资规模的90%，而对资金更渴求的中小企业、民营企业支持力度小。目前我国公司债期限主要集中在 3—5 年，10 年以上的债券很少，也难以满足企业长期资金需求。完善我国公司债市场，做大规模，优化结构，有利于企业和投资者对接，实现共赢。

三、发展我国公司债市场的几点建议

1. 突出重点，丰富公司债产品。拓展产品类型和期限结构，形成多层次、全环链、可组合、现有产品与创新产品互补的产品体系。重点是围绕中小企业、民营企业、战略性新兴产业，推出适合高成长性企业的公司债产品，围绕大企业改造升级和国家重点支持的农田水利设施、保障性安居工程、交通等基础设施项目，扩大定向债、私募债等规模。

2. 先行试点，加强制度建设。拓展公司债产品，特别是发展中小企业债、民营企业债，毕竟是新事物，可能出现新矛盾、新难题，可先试点，试出经验后再扩大范围。同时，吸收一些国家公司债市场和我国债券市场好的做法，及时总结试点，健全相关规制。完善信息披露、违约破产处置等制度，筑起保护投资者的第一道大堤。完善增信体系，增强债券吸引力，降低融资成本。探索建立市场平稳基金、风险对冲机制，提高市场抗压能力和问题处置能力。目前，我国银行间市场在后续管理、市场透明等制度建设上已做了有益探索，公司债市场可以借鉴。

3. 强化监管，防风险于未然。注册制是我国公司债市场改革的方向，但这并不意味着可以软化标准、降低门槛、不顾风险盲目发展。监管部门应时刻念着防风险的"紧箍咒"，从事前审批

中摆脱出来，把监管重心转向事中事后。应加强监管协同，实行完整环链的风险防范，及时揭示和预警风险、量化和处置风险、促进公司债市场健康发展。

适当扩大涨跌停板限价幅度

史德信 高善文

这次我国股市发生异常波动以来，各方面对涨跌停板制度的议论较多。最近，我们对此做了研究，现将有关看法和建议报告如下。

一、我国建立涨跌停板制度经历了一个逐步摸索乃至废立摇摆的过程

在股市建立之初的两三年里，沪深两市都采取过部分涨跌停板限制，但调整非常频繁，限价幅度从 0.5% 至 5% 不等。1992年 5 月开始，逐步放开个股涨跌停板限制，实行自由竞价交易。1996 年 4 月到 12 月初，股指出现快速上涨，上证综指上涨120%，深证成指上涨 340%，有的个股一天内上涨 100%。针对这种情况，国务院采取了一系列监管和限制措施，包括从 1996 年12 月 16 日起实行幅度为 10% 的涨跌停板制度。

回过头来看，过去 19 年涨跌停板制度发挥了在日内抑制价格过度波动的效果，但这一制度增加了涨跌停之后的价格波动性，导致比较明显的过度反应。从中期看，A 股牛熊市的波幅并没有明显下降，市场的投机性虽不反映为单日暴涨暴跌，但一些股票

经常出现连续十几个涨停板、跌停板。

二、在这次股市异常波动中，涨跌停板制度与其他因素叠加，导致"千股涨停""千股跌停"，甚至出现场内流动性枯竭

首先，涨跌停板制度与信用交易不匹配。在 2014 年下半年以来的股市上涨过程中，大量投资者通过各种渠道使用杠杆资金购买股票，短短一年，沪深两市融资余额就从 4000 亿元上升至 2 万亿元。2015 年 6 月中旬后，股指快速下跌，信用交易面临补充保证金和被迫平仓的压力，导致一些股票直接被打在跌停板上。在这种情况下，股票流动性丧失，出现越想卖越卖不出去的市场恐慌。不少国家同时拥有杠杆交易和涨跌停板制度，但他们场内杠杆占比远低于我国。以融资余额占流通市值的比例为例，美国为 2.5%，日本为 0.8%，台湾最高时只有 6%，而 A 股在 2015 年二季度达到 8.2%，何况我国还有大量场外杠杆未统计在内。

其次，停牌制度也加剧了流动性紧张。不少上市公司的股东大量使用股权质押融资、一些投资者通过融资参与公司的增资配股。在股指快速下跌过程中，这些股东和投资者往往要求停牌以保护股价。这使得场内卖出的压力只能集中在未停牌公司上，形成更大的下跌压力，引发市场流动性枯竭。

还要看到，我国股市包括两个市值和流动性不同的组成部分，一个是平均市值异常大的主板市场；另一个是中小板、创业板等平均市值较小的市场。近几年，创业板、中小板涨幅明显高于主板，这些中小股票的流动性普遍较差，在市场氛围积极时经常涨停，在恐慌中经常跌停。这种市场结构与高杠杆相叠加，导致在市场下跌时难以及时出清。

三、发达市场对涨跌幅度限制相对较少，新兴市场多数采取涨跌停板限制并不断调整

从国际上看，大部分国家对股票交易价格的涨跌或多或少都采取一些限制措施，但方式和程度各不相同。据国际证券交易所联合会统计，在 51 个会员交易所中，近一半采取了某种形式的涨跌幅限制措施。

美国实行交易临时中止的熔断机制，当股价达到当天限制水平时，实时交易将暂停一段时间后再恢复交易。该制度是 1987 年 10 月 19 日美股暴跌 20% 后建立的。英国、新加坡、中国香港没有涨跌停限制。日本采取动态的涨跌停板调整机制，限价幅度从 5% 至 30% 不等，对中低价股票允许较大波动，股价越高允许波动的幅度越小。新兴市场中，韩国、印度、土耳其、泰国、菲律宾、马来西亚、中国台湾实行涨跌停板制度，幅度从 7% 至 50% 不等。总的看，市场越成熟的国家限制越少，市场发育时间较短、脆弱性较大的国家则限制较多。

值得注意的是，很多国家涨跌停幅度限制并非一成不变，而是及时调整的。特别是大的市场波动和危机往往促成涨跌停板限价幅度的调整，比如，1997 年亚洲金融危机后，泰国从 10% 扩大到 30%，韩国从 12% 扩大到 15%。

四、政策建议

从促进股票市场健康发展的角度看，当前有必要调整和完善涨跌停板制度。可考虑维持主板涨跌停幅度 10% 不变，中小板扩大到 20%，创业板扩大到 30%，这样有利于市场出清，增强场内流动性。由于中小股票的市值占比不大，扩大这些股票的涨跌停

幅度对整个市场指数的影响有限。

　　在扩大涨跌停幅度限制的同时，为抑制过度波动，可引入熔断机制。比如，设定创业板当日最大涨跌幅为30%，如果在5分钟内波幅超过10%，交易将暂停一段时间再进行。还应配套规范场外融资，降低场内杠杆比例，规范并严格管理上市公司停牌行为。

以改促稳　提振信心
推动股票市场健康发展

李继尊

我国股票市场诞生 25 年来，剧烈震荡"七年左右一大波，三年左右一小波"。2014 年下半年以来，股市再次出现大幅异常波动，造成严重冲击，引起各方面深刻反思。最近，我们广泛听取市场机构、监管部门和专家学者的意见，做了认真研究。现将有关看法和建议报告如下。

一、这次异常波动的根子在于结构失衡和制度缺陷，改革势在必行

长期以来，我国股市重融资、轻投资，结构性问题一直没有解决好。主要表现在：一级和二级市场失衡，股票发行严重依赖二级市场行情，行情好就多发，行情不好则少发甚至停发，不能随行就市；二级市场供求失衡，股市暴涨时新股供给严重不足，大量新增资金只能炒作存量股票；股票现货和期货市场失衡，股指期货交易量大，但套期保值规模过小，难以起到分散和锁定风险的作用；投资者结构失衡，个人投资者账户占 99%，成交额占

85%，机构投资者不仅占比低，而且存在散户化倾向，"羊群效应"突出；市场多空失衡，在融资融券业务中，融券不到融资的5‰，加上场外杠杆融资，失衡更为严重。这些失衡的直接后果，是股市价格扭曲，形成了"只认涨、不认跌"的单边市。

透过现象看本质，深层次的原因在于股市本身的制度存在缺陷。一是市场入口不畅。在发行核准制下，对发行节奏、价格等进行控制，形成排队上市的"堰塞湖"。二是退市制度形同虚设。由于上市公司"壳"资源紧俏，各方保"壳"动机强烈，借"壳"重组和炒作之风盛行，事实上"只生不死"。三是交易制度不完善。涨跌停板制度在股市异动中助涨助跌，加剧流动性紧张。现货 T+1 制度有助于抑制日内过度炒作，但与期货 T+0 等交易安排存在冲突。四是缺乏长期稳定回报。上市公司现金分红主要集中在金融、石油等少数行业，"一股独大"公司不愿分红与向大股东输送利益等问题并存。相对于高股价，现金分红微不足道，大股东存在减持套现等短期行为。没有库存股等稳定股价的机制安排。五是长期机构投资者发展滞后。有"股市稳定器"之称的养老金投资占比极低。包括基金在内的机构投资者也是追涨杀跌，短期炒作。六是行政干预过多。股市承担了过多的政策目标，如国企脱困、降低债务率等。个别官方媒体也推波助澜。

解决上述问题，根本出路在于改革。但是，改革是有条件的。当前，股市仍比较脆弱，市场信心尚未完全恢复。在这种情况下，稳市场与促改革成为艰难的选择。我们认为，危机之时往往是改革之机，惨痛的教训、巨大的代价可以倒逼改革，既要稳中求进，也要以改促稳，加快建立公开透明、长期稳定健康发展的股票市场。改革应坚持市场化、法治化的方向不动摇，尊重市场，敬畏市场，完善市场功能，健全基础性制度。在实际操作中，可按照问题导向，理出改革次序，注意搭配组合，优先推出有利于增强市场信心、恢复市场功能的改革措施。

二、着眼于恢复市场功能，提高对股指波动的容忍度

国内外对本次救助行动总体上比较认可，认为符合国际通行做法，阻断了风险向金融体系传染扩散。但是，批评、质疑甚至攻击的声音也不少。主要包括：一是救助与点位挂钩不妥。救助之初要求证券公司4500点以下不减持。市场从救助行动中揣测，政府存在股指波动的容忍区间，这就导致大量投机套利行为，增大了救助成本。二是市场功能退化。通过停止新股发行、限制期指空单等措施削减做空力量，改变了市场规则，牺牲了市场的融资功能和自我调节能力。三是可能产生道德风险。政府直接救市，买哪支股票、买多少、在什么点位买卖、操作能否保密等都会引发种种猜测。四是救助行动协同性不够。采取的措施似乎走一步看一步，对市场反应预判不足。对上述褒贬之词应全面认识，理性看待。国外的危机救助也普遍存在争议。

如何从应急状态回归常态，是当前最大的挑战。有人认为，可以通过再造一波"牛市"，吸引更多资金入市，从而让救助资金和"抄底"资金解套。我们认为，这没有摆脱"单边市"思维，也没有走出"暴涨暴跌"的怪圈。回归常态关键是修复市场功能。在这方面，存在诸多"两难"的矛盾。一是如果延续托市救股指的思路，就会形成市场与政府反复博弈的局面。理论上讲，套利资金最终可将全部"筹码"倒给"国家队"。如果转为以流动性为核心的救助方式，可能会造成股指再次探底，但会促进股市活跃。二是如果解除暂停新股发行、限制期指空单等措施，部分估值过高的股票可能会大幅下跌。如果不能及时解除，

融资活动不能正常进行，投机炒作也将加剧，与直接融资相关的改革无从谈起。三是如果让护盘资金"解套"，让大股东和高管锁定期满减持，就得持续推高股指，救助成本成倍增加。如果将救助资金转为长期投资，采取永久性或临时性的平准基金安排，或者折价划转充实养老金，可以稳定市场预期，也有助于其他措施有序退出，但这涉及多方面的重大政策协调。

综合分析上述矛盾和问题，我们认为，救助的核心目的在于防范系统性风险，避免出现流动性枯竭，不能被股指绑架。股指本身是有局限性的。上证股指并不反映创业板、中小板等股价水平，剔除金融、石油等权重股的上证指数实际水平也不低。如果过分看重股指，将危机救助集中到权重股，会形成对中小盘股的"抽水"效应，效果适得其反。提高对股指波动的容忍度，虽然盘面不好看，前期的救助也会出现账面亏损，但最大的好处是，让市场回归了应有的均衡状态，有利于恢复市场功能，有利于化解"两难"矛盾，有利于走出"骑虎难下"的局面。否则，硬撑着是个"无底洞"，"国家队"接盘压力越来越大。

三、恢复与改革并重，加快完善股票市场基础性制度

这次异常波动以来，不少人担心改革倒退。越是在这种情况下，越要以实际行动推进改革。改革应以完善市场功能为核心，增强市场内在稳定性，降低股市的"赌性"。

（一）统筹考虑重启新股发行（IPO）和推进注册制改革，加大退市力度。此次暂缓IPO已是第10次，暂缓易、恢复难，难在对二级市场的冲击，需要在信心企稳、预期向好、流动性充裕的条件下推出。目前，注册制改革准备工作基本就绪，这件事再难也要干。对仍在排队的公司，优先考虑择机恢复IPO，同时为

实施注册制留下足够的准备时间。实行注册制后，剩余的排队公司按新制度申请上市。退市制度关键是执行，可考虑建立退市风险警示板，实行不同的交易安排。

（二）增加市场流动性，完善交易制度。针对一度出现的"千股跌停""千股停牌"现象，建议放开大盘蓝筹股涨跌停板限制，扩大中小板和创业板的涨跌停板幅度。在市场换手率明显下降的情况下，择机调整股票 T+1 制度。客观看待程序化交易的功能，重点防范高频交易风险。

（三）稳步发展期货衍生品市场，完善风险套保机制。目前，沪深 300、上证 50、中证 500 三大股指期货仅能为 1% 的 A 股流通市值提供风险套保。这次采取的限制期指空单等措施，导致股票投资者只能通过卖出股票减少损失，加剧了流动性紧张和"踩踏"。建议继续发展股指期货、蓝筹个股期权等场内风险管理市场，建立市场化的期指空单调节机制，抑制投机炒作。

（四）完善分红和股份回购制度，提高长期回报水平。尊重上市公司分红自主权，完善"一股独大"公司治理，加大对只"圈钱"不分红、通过分红向关联方输送利益等行为的监管力度，让长期机构投资者在分红决策中发挥更大作用。探索按持股时间长短对股息红利所得实行差别化的税收政策，研究对养老金投资的股息红利实行零税率。借鉴国外做法，建立库存股制度。

（五）大力发展长期机构投资者，发挥市场稳定器作用。发展能有效锁定风险、提供稳定回报的投资工具，逐步替代刚性兑付的理财产品。完善与长期投资相匹配的考核方式，改变基金公司"重规模、轻回报"、同质化低水平竞争的局面。提高基本养老金集中化管理和专业化投资水平，优化企业年金制度设计，允许职业年金开展个人投资选择权试点，发展税收递延型个人养老账户和基金产品。增加合格境外机构投资者（QFII、RQFII）额度，加大引进境外长期机构投资者力度。

四、改进监管，防止类似事件重演

大量加杠杆以及快速去杠杆，是这次异常波动的重要原因。突出表现在，杠杆总水平偏高，融资融券余额占流通市值比重远高于 3% 以下的国际水平。特别是场外配资失控，底数不清，大量资金通过伞形信托、HOMS 系统、P2P 等渠道向投资者高杠杆配资，有的突破了账户实名制的底线。收益互换、分级基金等杠杆产品结构复杂，不少卖给了非合格投资者。在股市暴跌过程中，各类杠杆风险相互叠加，缺乏对场内场外杠杆总水平的有效控制。针对上述情况，建议完善杠杆监管措施，加强逆周期调节，控制杠杆总水平。抓紧清理规范场外配资，提高透明度。强化投资者适当性管理。提高风险监测预警和宏观审慎监管能力。

这次股市异常波动，也暴露了现行分业监管体制的弊端。一种意见认为，目前金融机构已经打破分业经营的界限，综合经营日渐普遍，交叉性金融产品不断增多，需要整合"一行三会"的监管职能，或者强化央行的主导作用，或者组建综合性的金融监管机构，或者成立高层次实体化的金融监管协调机构。另一种意见认为，当前的主要矛盾是，金融业务的边界越来越模糊，同类业务由不同机构按不同标准监管，监管套利和监管真空并存。建议加快实施功能监管，厘清边界，同类业务统一规则，由一个机构集中监管。

我国股权众筹融资发展的
现状、问题和政策建议

向　东　郭道锋　谭海鸣　姚余栋　伍旭川

近年来，发源于美国的众筹模式在全球掀起直接融资的创新浪潮。众筹融资（crowd funding）是通过互联网平台，汇集众多投资者小额资金来满足市场融资需求的一种有效方式，目前主要有股权众筹、债权众筹、捐赠众筹和奖励众筹四种模式。其中，股权众筹提供长期稳定的股本资金，对创业创新推动作用大，受到市场欢迎。2014 年以来，我国股权众筹发展势头强劲，应因势利导，进一步发挥其积极作用。我们对此进行了研究，并提出建议。

一、我国发展股权众筹融资意义重大

股权众筹融资有助于缓解小微企业面临的金融抑制问题。截至 2014 年 12 月底，我国企业 1819 万户，根据中国银行业协会统计，有 300 万户未获得银行服务。这其中主要是小微企业。预计到"十三五"末期，将有超过 500 万户小微企业无法从银行获得融资。从美国经验看，至少有 4% 的小微企业需要通过证券市场融资，以此为参照，到 2020 年我国有 20 万户小微企业需要通过证券市场融资。而乐观估计，届时我国包括主板、中小板、创业板在内的市场挂牌交易企业可以增长到 8000 户，新三板和区域市场挂牌企业 2 万户，但仍不能满足需求。发展股权众筹融资市场，将我国的高储蓄转化为对小微企业的股权融资，有利于弥补银行体系和现有证券市场融资规模的不足，缓解小微企业"融资难"。同时，各类股权市场的发展将与银行为主导的间接融资市场形成竞争，从而降低企业融资成本，有助于解决小微企业"融资贵"问题。

股权众筹融资可以有效降低企业部门杠杆率。从宏观数据看，截至 2014 年底，我国非金融企业负债与 GDP 的比率为 115%，超过英国、美国、日本等十个发达国家平均水平。从微观数据看，2013 年中国企业 500 强平均资产负债率高达 84%，远高于发达国家大企业 50% 至 70% 的平均水平；世界 500 强的平均杠杆率（总资产 / 股东权益）为 8.35 倍，美国企业为 6.65 倍，我国企业为 8.67 倍。发展股权众筹，不仅能支持小微企业融资，也能为大中型企业新设从事产品研发和市场拓展的子公司提供股本支持，加快降低杠杆率，提高企业经营绩效，缓释金融风险，提升我国金融体系稳定性和经济发展的可持续性。

股权众筹融资有利于降低创业创新门槛。我国经济正处于新旧动能转化期，大力推动创业创新对于促进经济保持中高速增长、迈向中高端水平具有重要作用。股权众筹作为一种代表性的"互联网 +"融资新模式，与社交网络、智能手机和网络支付等新技术结合，有力推动了股权融资在线化、扁平化和大众化，为更多创新型企业提供启动资金。同时，通过大数据技术，融资平台可发挥"长尾效应"，在服务高频、小额的融资中薄利多销，合理识别和管控风险。不少平台还在投资方中挑选具备相应经验和技能的专业人士，为融资方提供经营管理方面的指导和服务。发展股权众筹融资，将助力技术密集、创意密集型新经济发展，促进创业创新型企业快速发展壮大，引导经济转型升级。

二、我国股权众筹融资发展现状和存在的问题

从发展现状看。一是融资规模增长快，潜力大。2014 年，我国股权众筹融资总额为 10.3 亿元，增速超过 200%。而据美国 Massolution 咨询公司统计，2014 年全球股权众筹融资规模为 11 亿美元；增速为 167%。这表明我国股权众筹融资规模已占全球约 1/6，而且增速快于全球平均水平。据世界银行预计，到 2025 年，全球发展中国家的众筹规模将达 960 亿美元，其中最大的潜力在中国，年度筹资规模可达 460 亿—500 亿美元。二是单次融资规模小于国外。Statista 网站数据显示，2014 年欧洲股权众筹单次融资规模平均为 11.3 万欧元，英国股权众筹融资平台 Crowdcube 单次融资规模平均为 19 万英镑，美国最大的股权众筹平台 Angelist 单次融资规模区间为 5 万—100 万美元。相对来说，我国股权众筹市场单次融资规模较低，2014 年平均值为 33 万元，相当于欧洲规模的 40%、英国 Crowdcube 的 20%，仅达到了美国 Angelist 的最低门槛。三是股权众筹平台集中度高，优胜劣汰趋势明显。2014 年我国股权众筹平台中，天使汇融资总量达 7.69 亿元，在所有众筹平台中占据绝对优势。京东众筹依托其巨大流量，吸引了广大消费者关注，项目平均认购资金倍数达 12 倍，募集成功率最高。但绝大多数众筹平台融资成功率并不高，最低的只有 2.8%，很多股权众筹平台逐渐被淘汰。但是，全行业在市场竞争中保持了良性发展态势，没有像债权众筹（P2P）行业那样

频现卷款跑路事件，为实施监管提供了条件。

从存在的问题看。一是法律风险较大，而且目前权宜变通的方式不可持续。股权众筹融资单个项目投资者众多，在形式上很容易触及非法集资和非法发行证券的"红线"。为避免触及红线，我国现有的众筹融资平台采取了多种变通方法。以天使汇为代表的平台用"股权代持"手段规避股份有限公司股东人数不得超过200人的限制；以天使街为代表的平台采用"领投+跟投"方式，由经验丰富、财力雄厚的投资者作为领投人，其他投资者作为跟投人，共同成立有限合伙制公司，再以公司名义进行投资；京东众筹、淘宝众筹等电商平台则越来越多采用"产品预售+团购"的奖励式众筹方式。无论是代持，还是成立有限合伙制公司，大部分投资者都不再直接持有被投资公司的股权，容易引发法律纠纷。而奖励众筹方式则脱离了通过股权投资推动企业持续发展并分享发展成果的本意。二是在目前分业监管的体制下，行业难以通过综合经营实现长足发展。股权众筹平台担负着项目审核、投资者准入、资金管理和汇划等众多职能，实际上从事了证券承销和经纪、投资咨询、资产管理等众多证券业务和支付业务。有的还因为需要匹配债权性融资，涉及了银行类业务；或者因为需要对融资方和投资方信用资质进行审核，涉及了信贷征信业务。为了在服务小额融资中有利可图，融资平台延伸服务链条是自然的市场行为。但是，在目前金融业分业监管的情况下，融资平台的业务范围要么局限在为投融资双方牵线搭桥的信息服务阶段，要么实质上从事了多类金融业务，但没有相应资质，处于"地下金融"的无监管状态。

监管部门正在研究制定相关政策。2014年12月，中国证券业协会发布了《私募股权众筹融资管理办法（征求意见稿）》（以下简称《办法》），这是我国首部行业性自律规章，对推动行业规范发展意义重大。但是，《办法》仍存在一些有待研究论证的问题：一是不限制单次融资规模，但限定为私募。传统上，股权投资分为公募和私募，公募允许所有投资者参与，私募仅允许拥有相应财力或投资经验的投资者参与。《办法》将股权众筹定位私募行为，在此基础上融资规模不受限制，相当于"规模不限的私募"。由于我国股权众筹融资单次融资规模较小、数量众多，规模不限其实对绝大多数项目意义不大，而且私募的小圈子性质又让很多项目由于投资者不足融资失败。相对来说，国外普遍采取的方法是在限制融资规模的同时允许股权众筹项目公开发行，这种"规模有限的公募"有利于吸引众多熟悉创业项目，但财力又未达到私募门槛的专业技术型投资者参与众筹融资，形成"专家型公司治理"局面，促进项目和企业良性发展。二是投资者准入门槛高。《办法》规定个人投资者金融资产不低于300万元人民币，或最近三年个人年均收入不低于50万元人民币等。这将使大部分中小投资人失去参与股权众筹市场的投资机会。三是股权众筹平台经营范围窄，且因发起方不同而存在差别。《办法》将股权众筹平台视为"信息发布、需求对接、协助资金划转等相关服务的中介机构"，并且规定其不能从事证券承销、投资顾问、资产管理等证券经营业务（具有相关业务资格的证券经营机构除外）。也就是说，股权众筹平台只是信息中介，如果从事证券业务，需要获得相应牌照，但现有证券经营机构开设股权众筹融资平台则能够兼营信息中介和证券业务。这使得大部分现有的股权众筹平台在经营范围上处于竞争劣势。

综合来看，《办法》对股权众筹采取"对投资者严管、对融资者松管，对融资平台按牌照不同分别对待"的策略有利有弊。好处是，在目前证券市场划分为公募、私募两块和证券公司在行业中占主导地位的大背景下，既可以引入股权众筹进行创新，又不会冲击现有市场格局。不利之处是，这限制了投资者广泛参与，造成了不同平台因"出身不同"而存在经营范围方面的差别，对股权众筹行业发展不一定有利。此外，在允许股权众筹平台探索综合性金融服务方面，还需要其他金融监管部门共同研究制定政策。为此，必须加强顶层设计，打破维持证券行业现有格局的思路局限，要从促进大众创业、万众创新和推动金融体系现代化转型出发，科学设计股权众筹融资政策。

三、国外股权众筹发展的主要经验

目前，美国、英国、意大利、法国、新西兰等国已完成股权众筹立法，加拿大、澳大利亚等正在就立法征求意见。这些国家主要通过平台准入、合格投资者规定、融资者资格及融资规模限制等措施，将股权众筹与一般的股票公开发行区别开来。在此基础上，豁免其履行一整套注册或批准手续，发挥其推动初创型和技术型企业发展的优势。另外，很多国家还在税收方面给予政策支持。

在股权众筹的平台管理上，准入方式主要有许可制和注册制两种。其中，英国、法国、澳大利亚、新西兰采用许可制，要求众筹平台申请相应牌照。美国、加拿大、意大利采用注册制，要求众筹平台向证券主管部门注册。平台的业务范围也有两种。一是提供传统的证券业务，包括作为证券经纪或交易商、投资咨询机构或金融交易场所。二是专门作为一类特殊的金融服务机构。澳大利亚、加拿大、法国采取第一种做法。新西兰采取第二种做法，单列了众筹服务类牌照。美国和意大利综合了两种做法。美国要求股权众筹平台注册为"证券经纪—交易商"或专门的"集资门户"（Funding Portal），而后者是专门创设的新型金融机构。意大利除允许银行和投资公司创设股权众筹平台外，还允许其他公司在证券主管部门注册后从事专门的股权众筹服务。我国采取的方法类似意大利做法，但是意大利并未限制股权众筹平台仅能提供信息服务。

在融资者准入和规模控制方面，首先是对融资企业的类型进行限制。美国 2012 年颁布的《初创期企业推动法案》（JOBS 法案）主要针对初创型企业。意大利最初只允许初创企业进行众筹融资，2014 年底放开到所有中小企业。澳大利亚为股权众筹专门创设了"豁免型公开公司"类别，这类公司的年收入在 500 万澳元以下，或成立不满三年，可以免于一般公开公司（即股份公司）通常的管制和义务，如年度财务审计、召开股东大会等。其次是对融资的规模进行限制。美国规定初创企业 12 个月内筹集资金不超过 100 万美元；意大利是 12 个月 500 万欧元；加拿大是一年 150 万加元；澳大利亚是一年 200 万澳元；新西兰是一年 200 万新西兰元；法国是一年 100 万欧元。此规模以下的项目可以公开发行，并且豁免履行相关手续。第三是对股东人数的限制。美国 JOBS 法案将公开发行限制从 300 人提高到 1200 人，此规模以下的豁免向美国证监会注册。我国的融资者准入主要是从企业类型（要求为中小微企业）和股东人数（不超过 200 人）方面进行限制，这与我国将股权众筹定位为私募的思路是一致的，但与国外普遍定位为豁免型公募的做法不一致。

在投资者准入和分层管理上，各国的股权众筹均采取了"普遍准入＋分层管理"的做法。具体标准有三类：一是投资额，二是投资额与财力（收入和净资产）的比例，三是投资经验。意大利、加拿大和澳大利亚采用第一种方法。意大利规定个人单次投资不超过 500 欧元、年投资不超过 1000 欧元（公司投资为此 10 倍）可不受限制，超过这一标准要依据欧盟法律程序由股票经纪人进行审查。加拿大规定投资单个发行人的每一次要约不超过 2500 加元，一年投资总额不超过 1 万加元。澳大利亚规定投资单个发行人不超过 2500 澳元，一年投资总额不超过 1 万澳元。美国采取第二种做法，以年收入 10 万美元或净资产 10 万美元为界限：财力在此之上的，年投资额不超过年收入或净资产的 10%；财力在此之下的普通投资者也可以投资，但年投资额不超过 2000 美元，或者不超过年收入或净资产的 5%。英国采取第二、三种相结合的做法，提出了三个概念：高资产人士、成熟投资者和受限制的投资者。高资产人士年收入大于 10 万英镑或净资产（不含房产和养老保险）大于 25 万英镑。成熟投资者需经授权机构认证，或者拥有相应的投资或公司管理经验。其他普通大众可作为受限制的投资者，其投资额不得超过其可投资资产净值的 10%。此外，引入投资适当性测试，对投资者是否有足够的知识和经验理解所涉及的风险进行检测。与国外普遍做法不同的是，我国仅允许具备一定财力的投资者参与股权众筹，在此基础上不对投资额进行限制。

在税收优惠方面，美国允许向新型创业企业投资 2.5 万美元以上的投资者，从一般收入中直接冲销投资带来的损失。英国 90% 的股权众筹企业符合企业投资计划（EIS）或者初创企业投资计划（SEIS）的减税政策，EIS 规定符合要求的企业在股权融资时可以减免 30% 的税费；SEIS 规定初创型企业的投资者最多可以获得全年税费 50% 的减免。意大利规定对初创企业进行投资，可减免投资额度 27% 的个人税款。

四、促进股权众筹融资发展的基本思路

股权众筹可定位为新五板市场。当前我国已经建立起了主板、中小板和创业板、新三板、地区性股权市场四个层次的资本市场体系，单次融资一般在 1000 万元以上。股权众筹可定位为新五板市场，以小微创新企业为服务对象。新五板企业成长壮大以后，可以直接对接新三板，甚至二板市场。由于小微企业数量巨大，即便是 1% 的企业成长为中型企业，1‰ 的企业最终成长成为大型企业，也将为我国经济发展和资本市场繁荣注入强大动力。

投资者群体可分为四个层次。参照国外经验，采取"普遍准入＋分层管理"的做法，在私募投资者基础上，适当降低资金门槛要求，形成"大私募"群体参与私募股权众筹融资，这也符合证券业协会拟出台的办法。同时，允许普通公募投资者参与股权众筹，但对他们的单次投资额度和年度投资总额作出限定，形成"小公募"群体，让大众参与支持创业创新、分享新经济发展成果，也有利于控制风险。

设定三个市场板块。种子板块，融资额在 300 万元以下，对信息披露的要求较低，如不要求企业提供财务报表和公开披露经营信息等，以降低企业融资门槛和费用开支。这一板块可以覆盖目前大部分股权众筹项目。天使众筹，融资额度为 300 万—500 万元，这一层次的股权众筹要求披露有限的经营信息内容，但确保企业在众筹融资时信息披露成本不至于大幅度增长。如果企业继续成长，但是距离新四板或者新三板融资规模仍有差距，可以再设立一个成长众筹，这个层次的众筹融资额度在 500 万—1000 万元，要求提供相对完善的经营信息，或经过独立第三方的审计，以提高众筹融资的项目质量，保护投资者合法权益。

确立两个行业发展底线。一是平台不能设立资金池。防止融资平台掌控融资款，在经营失败时卷款跑路，损害投资者合法权益。二是平台不能为融资项目提供任何担保包括隐性担保。小微企业经营发展过程中面临的经营不确定性较大，如果平台为融资项目提供某种形式的担保或保证，平台自身就会面临刚性兑付风险。

划定一条法律红线。为避免非法集资，可参照国外发展经验，对股权众筹的投资者人数进行分类处理。对于融资规模较低的（例如300万元以下），允许公募，不限制投资者人数。对融资规模高的，仍限定为私募，投资者人数不能超过《公司法》和《证券法》规定的上限（目前为200人）。

五、有关政策建议

第一，积极推进多样化的股权众筹试点。5月8日，国务院批转国家发展改革委《关于2015年深化经济体制改革重点工作的意见》中，明确提出"开展股权众筹融资试点"。我们建议，从"五四三二一"框架的思路，就股权众筹的板块划分、投资者准入门槛和监管政策进行多样化的试点。允许不同地区探索设立不同规模的股权众筹融资板块，从种子众筹、天使众筹、成长众筹三个层次进行试点，对不同发展阶段的创业创新企业进行全面覆盖，对接他们的融资需求。

第二，制定相关法律法规须为行业发展留出余地。美欧等发达国家对股权众筹监管都采取了较为灵活和相对宽松的政策措施。我国可借鉴国外经验，从立法层面突破在现有证券行业框架上增补股权众筹的思路限制，对投资者采取"普遍准入＋分层管理"，对融资者采取"一定额度内公募＋超出额度私募"的做法。同时，允许现有的成熟股权众筹融资平台申请证券公司牌照，促进行业公平竞争。条件成熟时还可以在限制融资规模的前提下，允许他们尝试综合经营，探索"互联网+"时代金融业发展的新规律。

第三，明确财政金融等方面政策支持。鼓励股权众筹融资用好支持众创空间发展等有关政策。加强财政资金引导，通过中小企业发展专项资金参股股权众筹平台或相关项目，并提供风险补助和投资保障服务。探索通过股权众筹平台对创业创新型企业和项目提供财政补贴和贴息贷款。加大对股权众筹企业的上市辅导力度。

第四，树立底线思维，建好风险防线。股权众筹以初创企业为投资标的，是典型的高风险、高收益投资。在促进行业大力发展的同时，也要建好风险管理制度规范：严守股权众筹平台不能设立资金池、不能提供任何担保的底线；引入投资者适当性测试，教育投资者理性看待和处理股权众筹投资风险；建立统一的投资者保护、资金监督、信息安全、防范欺诈和利益冲突等行业规则；建立全行业统一的项目信息监测平台，对单一行业、产品融资额过大或过于集中进行预警，降低行业性经济风险对众筹项目形成集中冲击，确保不因大量同质性投资项目集中失败引发区域性、系统性金融风险。

货币金融有升有降，苗头问题值得关注

——上半年金融形势分析与相关建议

宋　立　曾　辉　王　元

2015 年上半年，通过实施定向调控和各方努力，我国经济出现回稳势头，积极因素增多。货币金融形势有升有降，货币增速稳中有升，社会融资增量下降，利率整体下行，人民币汇率先贬后升，资金流出压力持续，股票市场剧烈震荡。同时，金融领域出现的一些苗头性问题需要关注：社会融资增量下降，投资资金来源中贷款持续负增长，融资贵虽有缓解但融资难仍然存在，银行不良贷款持续上升，股票市场风险扩散可能性加大。

一、上半年货币金融有升有降，股票市场剧烈震荡

（一）货币增速稳中有升，社会融资增量下降。6 月份，M2 同比增速 11.8%，比 1 月份高 1.0 个百分点。人民币贷款同比增速 13.4%。1—6 月，新增人民币贷款 6.56 万亿元，同比多增 8200 亿元。1—6 月，社会融资规模增量 8.81 万亿元，同比少增 1.76 万亿元。其中，人民币贷款和非金融企业境内股票融资同比多增；增量中人民币贷款占比 74.80%，同比上升 19.20 个百分点。

中长期贷款较快增长，个人住房贷款增速提高。6月，中长期贷款同比增速14.9%，比贷款高1.5个百分点。个人住房贷款同比增速18.2%，比贷款高4.8个百分点，反映房地产市场销售端有所回暖。

（二）短端利率下行明显，长端利率下降较少。6月份，同业拆借和债券回购加权平均利率分别为1.44%和1.41%，比2014年同期下降141和148个基点。受新股IPO申购、财政税收、银行年中考核等临时性季节性因素影响，短端利率波动较大。6月份，10年期国债收益率3.60%，比2014年同期下降60和45个基点。长期利率下降较少，收益率呈现陡峭化。

社会融资成本下行，清费减负效果显现。6月份，非金融企业贷款加权平均利率6.04%，比2014年末下降73个基点。1—5月，规模以上工业企业利息支出同比增长2.5%，增速同比下降8个百分点。同时，银行业积极清费减负，加大减免力度，巩固减免成果。

（三）人民币兑美元先贬后升，资本流出压力持续存在。人民币兑美元大体一季度贬值，二季度升值，6月中间价比1月略升0.18%。人民币兑其他货币升值明显，1—5月，人民币名义有效汇率升值2.14%。

结售汇累计逆差，外汇占款累计减少。1—5月，银行结售汇累计逆差1074.79亿美元。1—6月，金融机构外汇占款累计减少2516.41亿元，形成基础货币投放自动减缩压力。资金流出具有一定长期性，主要影响因素是我国企业和家庭资产配置向全球范围、多品种、多币种转变的大趋势。

（四）金融市场交易量上升较快，股票市场剧烈震荡。1—6月，银行间货币市场交易量同比增长78.65%，金融体系内部流动性充裕。

杠杆交易使用过多，股市急涨快跌。沪深两市场内融资从 2014 年末的 1.02 万亿元快速攀升至 6 月 18 日的 2.27 万亿，同时场外配资增长迅猛。杠杆交易带动交易量和股指快速上涨，沪深两市 6 月的日均成交额同比增长 984.50%，上证综指从 2014 年末至 2015 年 6 月高点上涨 59.7%，创业板指数上涨 170.6%。6 月中旬后，股市暴跌，6 月 29 日上证综指和创业板指数比上半年最高点下跌 21.5% 和 32.5%。上半年 119 个交易日中，上证综指涨幅超过 2% 的有 25 个交易日，跌幅超过 2% 的有 13 个交易日。

二、苗头性、倾向性、趋势性问题需要关注

（一）社会融资规模增量少增较多，间接融资比重反弹。社会融资需求和供给同时趋弱。实体经济下行造成有效融资需求趋弱，同时金融体系不良率上升、风险偏好降低造成融资供给趋弱。社会融资量价齐跌，意味着融资需求减少幅度大于供给减少幅度。考虑到地方债务置换的影响，社会融资实际规模有所增加。加上地方债务置换的更广口径社会融资，同比增速估算调整为 12.4%，改善比较明显。

人民币贷款比重回升较快，直接融资增加趋势反转。随着金融改革和直接融资发展，人民币贷款占比在 2013 年降至 51.35% 低点，但 2015 年上半年迅速反弹至 74.80%。随着规范影子银行和暂缓股票 IPO，这种趋势在未来一段时间将保持甚至加强，可能对银行资产质量、系统性金融风险和提高直接融资改革造成负面影响。

（二）固定资产投资实际增速回落，资金来源升降分化。多数地区投资增速下滑。1—5 月，30 个省区市中，只有河北、黑

龙江、广西等累计增速同比上升。三大支柱增速均下滑。基础设施、制造业和房地产投资累计增速比一季度下降 4.0、0.7 和 3.9 个百分点。改建投资增速明显提升，体现出企业技改动向明显。1—6 月，改建投资累计增速比 1—5 月提高 1.4 个百分点。

从资金来源看，国内贷款来源持续负增长。1—6 月，固定资产投资资金来源同比增长 6.3%，比 2014 年同期下降 6.9 个百分点。其中，自筹资金同比增长 8.6%，占比 70.99%；而国内贷款同比下降 4.8%，占比 11.29%。国内贷款来源负增长的原因可能在于企业融资渠道多元化，贷款需求有所下降，同时地方资本金注入放缓导致贷款无法及时进入投资，也可能是资金"脱实向虚"进入股市。

（三）企业生产经营仍较困难，融资贵有所缓解，融资难仍然存在。企业用工成本持续上升，资源环境约束强化，市场需求持续低迷，产品价格低迷。生产者价差有扩大迹象。生产者出厂价格（PPI）连续 40 个月下跌，6 月同比下跌 4.8%；生产者购进价格（PPIRM）连续 39 个月下跌，6 月同比下跌 5.6%，跌幅更大。企业原材料购进价格下降相对较多、产品卖出价格下降相对较少，客观上扩大了企业利润空间。融资贵问题有所缓解。人民银行下调贷款基准利率、贷款执行下浮比重上升和银行业清费减负，社会融资成本有所下行。

企业融资难和银行难融资现象并存，好企业慎贷和银行业惜贷并存。从银行角度，有效贷款需求下降，贷款审批趋于宽松。根据人民币银行"银行家调查问卷"数据，6 月份贷款需求指数为 60.40，比 2014 年 12 月下降 4.50；银行贷款审批指数为 47.00，比 2014 年 12 月上升 2.20。同时，政府融资缺规模、平台融资缺渠道、制造业融资缺意愿、小微创新企业融资缺抵押，限贷、惜贷、抽贷现象较为普遍，部分订单增加、市场好转的企业仍然面临融资难问题，"一刀切"现象仍不同程度存在。

（四）银行不良持续双升，股市风险向金融体系扩散可能性加大。实体经济困难向金融领域传递，银行出现两升两降。随着经济下行、房地产市场调整、过剩产能化解等压力进步一步显现，银行经营困难加剧。5月份，商业银行不良贷款余额1.13万亿元，比年初增加2885亿元；不良贷款率1.63%，比年初上升0.34个百分点；拨备覆盖率190.67%，比年初下降39.86个百分点；1—5月，净利润7120亿元，同比增速0.86%，远低于前几年增速。银行业经营困难加剧，银行家信心下降。银行业景气指数二季度为62.40，比2014年四季度下降8.30。

联保互保、非法集资、新型金融（包括互联网金融）风险加大。部分联保变成连坐、抱团取暖变成火烧连营，部分地区非法集资风险有爆发迹象，部分新型金融风控缺陷开始暴露。地方财政收支压力进一步显现，债务偿还压力增大。部分地方政府偿还债务出现困难。

股市暴跌可能对金融机构和实体经济产生负面影响。股市波动可能通过三种渠道影响银行信用风险，包括股票质押贷款、银行理财资金投入两融收益权或场外配资、贷款客户资金进入股市等。目前来看，受益于风控制度较完善，银行信用尚未受到明显冲击。股市本是2014年以来我国经济运行中为数不多的亮点，暴跌不利于直接融资发展、融资结构改善和实体经济杠杆率降低，可能对其他资产价格、投资、消费等产生溢出效应，同时大规模救助股市也可能给流动性管理和货币信贷平稳增长带来一定影响，不利于发挥股市对实体经济的带动作用。

三、几点建议

目前，我国经济运行中积极因素增多，但关键因素仍不乐观。多家研究机构对下半年 GDP 增速预测均值为 6.82%，低于年度预期目标。需要在落实好已出台政策的同时，及时出台新的政策措施，再加一把力，再添一把火。确保实现全年经济增长目标，客观上需要货币金融政策加大作为，通胀率较低也创造了有利条件。要继续实施稳健的货币政策，改善和优化融资结构和信贷结构，提高直接融资比重，降低社会融资成本，继续深化金融体制改革，增强金融运行效率和服务实体经济能力。

（一）适时预调微调，促使货币增速向年度目标靠拢。降准空间较大，可下调 2—3 个百分点。6 月份货币增速低于年度目标 0.2 个百分点，考虑到商业银行货币创造动机较弱，为达到目标增速，准备金率需要下调 2—3 个百分点。但要看到，"牵马河边易，强马饮水难"，目前商业银行超额准备金较多，实体经济有效融资需求下降，降准的有效传导需要多方努力。

降息有一定必要性，存贷款基准利率可下调 25 个基点左右。从贷款真实利率看，引导利率下行有一定必要性。但要看到，美联储加息预期强化、部分资产价格上涨较快、存款真实利率很低、银行业利差收窄，降息受到较强制约。

（二）调整优化信贷结构，加大对经济新亮点支持力度。银行要创新理念、优化投向，对不同行业和企业区别对待，好钢用在刀刃上。

继续加大对重点领域和薄弱环节支持力度。要关注投资资金来源中的国内贷款持续负增长问题，采取有效措施，保障贷款资金真正进入实体经济。要大力支持"三大战略"、《中国制造 2025》、以及"互联网+"等相关重大项目建设投资。继续加大小微企业、"三农"等薄弱环节的信贷支持。区别对待房地产业，适当调整部分地区前期过紧的房地产政策，支持自住型和改善型需求。

大力支持企业设备更新改造。制造业改建投资等与设备更新改造相关的投资是当前投资领域为数不多的亮点，既是结构转型升级的重要突破口，也可以成为当前投资稳增长的着力点，要进一步加大支持力度。

积极服务企业"走出去"。要积极参与"一带一路"战略落实，推进国际产能和装备制造合作，支持"一带一路"沿线重大战略项目和高铁、核电等重大装备"走出去"，为企业"走出去"提供多产品、全流程、综合性金融服务。

探索支持"双创"新方式。要积极探索"双创"贷款等新方式，为大众创业、万众创新等提供金融支持。要建立新体系、开发新系统、推出新产品、给予新政策，提高个人和小微金融服务质效。

（三）加强并改善金融监管，多措并举化解金融风险。金融监管要建立完善预案，防范化解风险。针对突发意外事件和重大政策措施，要讲求方式方法，要配套政策措施，要建立监测预警体系和应急反应预案。股市要有序去杠杆。本轮股市急涨快跌的直接原因是前期快速加杠杆和后期无序去杠杆。目前股市杠杆率仍然较高，应当场内去杠杆和场外禁杠杆。银行经营困难加剧，但风控较完善，拨备较充分，不良贷款和不良贷款率尚在可控范围，可以考虑通过加大拨备核销、允许续贷展期，释放化解风险。民间集资风控薄弱，拨备缺失，部分地区风险开始暴露，要配合地方政府，努力实现鼓励创新和有序退出相结合，防范风险向金融体系传染。

各部门配合防范化解风险。货币政策需要创造松紧适度的货币条件，财政政策需要在政策性补贴贴息、金融税收营改增和不良贷款核销税收等方面给予支持，地方政府和司法部门应该创造有利于金融债券、化解不良的法律环境。金融机构应该妥善处理个案风险，打破刚性兑付，避免采取硬碰硬的措施，多采取双方互利、市场化的债务重组方式。

（四）深化金融改革，以改革稳增长、防风险。健全存款保险制度，促进金融管理模式转变。存款保险是多项金融改革的前置条件，有助于解决金融业大而不倒和刚性兑付问题，有利于金融管理模式从"严准入、宽管理和无退出"向"宽准入、严管理和市场化退出"转变。存款保险制度目前初步建立，需解决费率低基金积累慢、统一费率如何向差别费率转变、风险处置机制如何高效化等问题。

提前测试、做好预案，推进利率市场化改革。存款管制取消条件已经比较成熟。央行应该提前对取消存款利率上限进行压力测试，建立健全监测预警体系和应急反应预案，在适当时间取消存款利率上限。

放宽金融准入，积极推动民营金融机构发展。随着存款保险制度建立，民营银行设立可以加大力度、加快进度。民营银行设立改革已经展开，需解决对发起股东风险兜底要求过于苛刻、对民营银行业务范围限定过死等问题。

推动股票发行注册制改革。本轮股市剧烈震荡凸显了不改革的风险和成本。股票发行注册制改革能够使市场在资源配置中发挥决定性作用，增加股票定价的合理性，形成股市指数的自动稳定机制，推动直接融资和股权融资发展，降低企业部门过高的杠杆率，提高创新型企业直接融资可能性。

稳定政策　推进改革　守住底线
走活金融这盘棋

——关于下一步金融工作的五点建议

李继尊

2015 年以来，金融运行稳中有险。货币信贷增长平稳，社会融资成本趋于下降，人民币汇率基本稳定。值得注意的是，资金"脱实向虚"加剧，股市剧烈震荡，金融风险呈积聚蔓延之势。总的看，金融领域多重挑战交织，既有总量充裕与结构性短缺的矛盾，又有放宽准入、扩大开放与防范风险的冲突，再加上互联网金融等新兴业态快速发展，金融改革发展到了闯关涉险的时候。建议紧紧围绕服务实体经济这个中心任务，继续稳中求进，在守住风险底线的前提下，着力推进金融改革创新，全面提高金融服务水平。

一、把握好稳健货币政策的力度

综合分析各方面情况，当前和今后一个时期，金融调控应继续坚持稳健的基调，综合运用价格和数量工具，保持市场流动性合理充裕，营造中性偏松的货币环境。这是由于：一方面，经济下行压力依然较大，企稳向好的基础并不牢固，物价水平较低。另一方面，上半年已 3 次降息、2 次普遍降准、1 次定向降准，目前存贷款基准利率处在历史低位，银行体系流动性相对充裕，货币政策发挥效应也有个滞后期，边际效果下降。如果刺激力度过大，不利于去杠杆，还会推升资产价格。建议在实际操作中，充分考虑经济走势、通胀水平、外汇占款、美元加息预期等因素，必要时适度降准、降息。

在总量调控的同时，继续完善定向调控，促进结构调整。通过中期借贷便利（MLF）、抵押补充贷款（PSL）向部分符合宏观审慎管理要求的银行提供中长期资金支持。完善差别准备金动态调整机制，强化对金融机构的正向激励，增加小微企业、"三农"、创业创新等领域的信贷投放。同时，针对当前银行信贷资产证券化发行意愿不强、规模不大的问题，将小微企业、"三农"、保障房、消费等贷款纳入基础资产范围，释放更多资金投向重点项目和薄弱环节。

二、加快创新金融服务实体经济的方式

扩大投资作为当前稳增长的关键，面临资金来源不足问题。上半年，投资到位资金同比增长 6.3%，回落 6.9 个百分点。其中，国内贷款同比下降 4.8%，回落 17.7 个百分点。可考虑采取的措施：一是在地方债务管理改革过渡期内，引导商业银行加大对在建、续建项目的贷款投放。同时，合理把握地方债务置换的节奏，稳定市场预期。二是研究扩大专项债发行规模。专项债不列入财政赤字，2015 年预算只有 1000 亿元，可考虑大幅度增发。三是抓紧落实开行、农发行等改革方案，发挥好开发性政策性金融的逆周期调节功能，支持重大公益性基础设施建设。四是加快筹建保险投资基金并

投入运营，引导保险资金支持重点项目建设。

目前，小微企业、"三农"、科技创新等薄弱环节融资难融资贵问题仍未根本缓解，社会反映较多。建议继续抓好已出台政策措施的落地，要求各金融机构进行对照检查，有关部门加强考核和督查。在此基础上，再研究推出一些新的举措。一是推动大银行大力开展在线业务，运用大数据等新技术撬动更多资金投向小微企业。二是研究推动农村信用社省联社改革转型，加快去行政化，强化网络系统、风险控制等后台支撑，调动县级联社和农商行支农的积极性。三是探索发展村镇银行管理公司，加快落实村镇银行县域全覆盖的目标，并逐步向经济发达的乡镇延伸。四是研究制定促进金融租赁健康发展的指导意见，充分发挥其融资和融物相结合的功能，支持企业设备更新换代和技术升级。五是按照大众、小额、公开的原则，推进股权众筹融资试点，帮助小微企业和创新创业者募集股本。六是开展投贷联动试点，将银行的资金优势和风投的股权投资结合起来，拓宽科技创新融资渠道。七是针对小微企业轻资产的特点，改进商业银行授信评估标准，将抵押品范围扩大到应收账款、存货、预付账款等流动性资产和知识产权等无形资产。八是积极发展互联网征信，借助新技术开辟小微企业增信的新渠道。

三、继续深化利率汇率市场化改革

2015 年以来，利率市场化又迈出了重要步伐，存款利率浮动上限提高到 1.5 倍，推出了针对非金融机构投资人的大额存单（CD）。目前，银行存款利率平均上浮 1.2 倍左右，极少有银行触及 1.5 倍的上限，取消存款利率上限的条件基本成熟。但是，取消上限并不意味着利率市场化改革大功告成，基准利率体系还不完善，传导机制不畅，货币、债券、信贷市场相互分割，没有形成完整的收益率曲线。6 月份，同业拆借、质押式回购加权平均利率分别为 1.44% 和 1.41%，而非金融企业贷款加权平均利率为 6.04%，就说明了这一点。下一步，应完善以利率为核心的货币政策传导体系，扩大各期限各品种金融产品的发行，特别是发行能够有效连接短期利率与中长期利率的国债、CD 等产品，通过资金在不同市场间的自由流动，拓展金融市场的广度、深度和联通程度。

人民币汇率形成机制改革的重点是，加大市场决定汇率的力度，增强人民币汇率双向浮动弹性，保持人民币汇率在合理均衡水平上的基本稳定。在美元走强的背景下，人民币汇率稳定不是简单的对美元汇率稳定，而是对一篮子货币汇率的稳定，应避免出现人民币对主要货币全面升值的不利局面。同时，加强外汇市场制度和基础设施建设，不断创新汇率风险管理工具。

四、稳步推进金融开放

在当前十分复杂的国内外经济金融形势下，资本项目开放应权衡利弊，慎重决策，把开放的步骤、时机、力度考虑得更周密更稳妥一些。这是由于：人民币要成为国际货币，加入特别提款权（SDR），客观上都要求实现资本项下自由兑换。同时，这件事又比较敏感，不少新兴经济体在这方面走过弯路。建议：一是择机先在上海自贸区开展资本项目开放试点。二是进一步优化沪港通，推出深港通。三是完善跨境资本流动监测预警体系，堵塞监管漏洞，做好功课。

实施"一带一路"战略，开展国际产能合作，都需要金融服务及时跟进。可考虑采取的措施：一是充分发挥亚投行、丝路基金、金砖开发银行的作用，抓紧促成一批有影响的示范项目。二是探讨同有关国家成立共同投资基金，并吸引社会资本参与。三是鼓励大型商业银行开展并购贷款、项目债券、股权投资等多元化融资。四是研究发行企业并购债券，支持企业开展对外直接投资。五是推动在"一带一路"项目贷款、发债、股本融资中更多使用人民币，助推人民币国际化进程。

五、切实守住不发生系统性区域性金融风险的底线

从上半年的情况看，伴随着经济下行，金融风险明显上升。主要表现在：商业银行不良贷款余额、不良贷款率连续大幅"双升"；股市一度暴涨暴跌，引起市场恐慌；伞形信托、配资公司等跨市场金融产品风险凸显，出现蔓延扩散的苗头；一些地方和行业非法集资猖獗，金融案件高发。这些风险隐患如果防控不力，有可能产生连锁反应，危及经济金融全局。

下一步，应分清轻重缓急，有针对性地采取应对措施。一是从这次股市剧烈震荡中汲取教训，在稳定市场的基础上，加强杠杆监管，完善股票发行、退市、交易规则、信息披露等基础性制度，做好应急预案，防止类似事件的重演。二是切实防范跨境资本异常流动的冲击。目前，主要发达经济体货币政策分化，美联储何时加息、何种方式加息牵动着全球金融市场的神经，国际资本流向更加复杂。对此，应密切关注，加强监测，早做准备。三是加快处置不良资产。银行业是我国金融业的主体，稳住银行就出不了大事。建议放宽不良贷款核销条件，研究重启不良贷款证券化试点，遏制银行不良贷款上升势头。四是高度重视打击和处置非法集资。当务之急是把责任压到各地方，对非法集资案件高发地区及时提示风险，加强指导。

在金融风险上升期，尤其应严肃财经纪律，规范金融秩序。要求各类金融机构加强内部管理，深入开展"两个加强、两个遏制"活动，看好自己的门，管好自己的人，确保稳健经营。外部监管也应从严，既要坚持"谁的孩子谁抱"的原则，又要加强协调配合，明确对互联网金融、伞形信托、配资公司等新业态新产品的监管措施，堵塞监管漏洞。从这次应对股市暴跌的实践看，还应提高金融监管协调层级，增强协调的权威性。

关注以基金方式做"天使投资"
导致的行为异化和市场混乱

黄文川

"天使投资"特指富有个人出于助人创业和体验冒险激情而投资于创业企业的投资活动。由于"天使投资人"和"创业投资基金"相比较,其运作的特点完全不同,所以两者才能相得益彰地支持创业。然而,国内由于对"天使投资"的特点缺乏正确认识,加之各种利益驱动,纷纷以基金方式做"天使投资",这不仅不利于培育真正的天使投资主体,而且已经带来一系列负面后果。

一、以基金形式做天使投资已导致投资行为严重异化

创业投资基金和天使投资人都是投资创业早期企业的重要主体。但天使投资人之所以相对多地投资早期企业,最根本的原因是:天使投资的主要目的是体验助人创业情怀和冒险激情,虽然不回避投资回报,但不在意经济回报。加之是用自己的钱投资,投资决策可以自主自由,无需受他人的约束,也不必建立严格的风险约束机制。相反,只要是募集他人的钱形成基金再做投资,由于多了一层委托代理环节,各类投资者将无法如天使投资人那

样，可以体验助人创业情怀和冒险激情，因而投资的目的便只能集中到投资回报。加之由第三方基金管理机构管理，就必然要考虑委托代理可能带来的道德风险，因而还需建立一整套风险控制制度。

为了更好交流信息，一些天使投资人自发地组建了天使投资人联盟、天使投资人俱乐部等松散组织；还有一些天使投资人由于还需忙于自己的事业，成立了工作室之类的机构承担辅助性工作。但是，投资决策仍由天使投资人自主作出，并由天使投资人对被投资企业行使权利。

值得关注的是，近年来不少地方政府在一些机构的忽悠下，违背天使投资运作规律，设立了诸多"天使投资引导基金"，并通过这些引导基金支持市场机构募集社会资金成立所谓"天使投资基金"。从已经体现出的实际效果看，均不可避免地导致了投资行为的严重异化：

一是真正的天使投资因重在体验助人创业情怀和冒险激情，比创业投资基金更多投资早期企业，相比较而言单笔投资金额也较小。以美国为例，2014 年创业投资基金从事早期投资的金额占比为 30%，而天使投资人从事早期投资的金额占比为 41%。从单笔投资金额看，创业投资基金平均为 1111 万美元，天使投资人平均为 38.4 万美元，是创业投资基金的 1/29。然而，在我国，因主要是以所谓"天使投资基金"形式运作，"天使投资"的早期投资金额占比不足 30%，与创业投资基金相比并无差异。从单笔投资金额看，天使投资平均高达 720 万元，与创业投资基金相比也显著无差异。

二是真正的天使投资往往与天使投资人的兴趣高度关联，因天使投资人大多是成功企业家，他们分布各个不同行业，所以投资领域也相对均衡分散。以美国为例，天使投资常年均衡地分布在软件、文化传媒、医疗健康、生物技术、金融、零售等各个领域。然而，我国的天使投资同样因为主要是以所谓"天使投资基金"形式运作，结果总是热衷于跟风投资于少数几个能够"赚快钱"的热门行业。2014 年，投资于互联网电信领域的资金高达80%！

三是真正的天使投资人重在"雪中送炭"，当企业需要支持时慷慨解囊；但当不再需要支持时，就另找企业支持，没必要和别人争抢项目，更不会过于计较投资价格。然而，据媒体报道，我国的"天使投资基金"经常发生和创业投资基金争抢项目的事。为抢到热门项目，无所不用其极。特别是在前些年地方政府运用财政资金一哄而起参股设立了众多"天使投资基金"后，出现了大量"天使投资基金"争抢少量项目的局面。

四是真正的天使投资人多半是年长资深的企业家，积累了丰富的企业管理经验和产业资源，因而投资过后往往会为企业无偿提供多方位增值服务。然而，我国的"天使投资基金"的管理人竟以 80 后占主流。他们大多没有创业经验，只是假借"天使投资"美名，募集一个个所谓"天使投资基金"，自然难以提供增值服务。少数提供增值服务的，也主要限于凭借一些特殊关系提出政策咨询。但媒体指出：这些"天使投资基金"在提供政策咨询时也往往收取高昂费用，有些甚至用承诺打包上市等手段骗取费用。

五是真正的天使投资人即使投资失败，也在所不惜。然而在我国，有媒体指出：国内"天使投资基金"几乎都唯利是图。为避免投资损失，竟和企业搞财务对赌！一些机构甚至采取高利贷方式诱骗投资者加入"天使投资基金"，还不了钱时，投资者最后把债追到了被投企业的头上。

二、以基金形式做天使投资已造成市场和政策混乱

由于所谓的"天使投资基金"本质上就是创业投资基金，只因人为造出了"天使投资基金"概念，结果使得它具有极大的误导性、非理性，并给整个创业投资市场和政策体系带来了严重的混乱。

例如，国外的天使投资人一个个都非常的低调，无论是以独行侠的方式，还是以松散联盟的方式，都是默默地用自己的钱去助人创业。然而，国内的"天使投资基金"们极尽忽悠之能事，之所以假借"天使投资基金"美称，在很大程度上是为了向地方政府争取财政资金支持，向社会公众募集资金。有的地方甚至出现了借"天使投资基金"概念搞非法集资的情况。2009年，杭州就曾爆发过"红鼎天使投资基金非法集资案"。近年，天津等地又陆续出现了借"天使投资基金"概念非法集资的案例。

再如，国外只要是以基金形式从事创业投资活动（包括一些主要投向种子期企业的种子创业投资基金），均按照基金运作的规律，建立起一系列有效的风险控制机制。然而，国内一些所谓"天使投资基金"以从事"天使投资"为借口，拿投资者的钱率性而为，更疏于风险控制。于是，非理性操作，甚至利益输送的行为极为普遍。其结果必然人为放大整个创业投资市场的风险。

在政策引导上，国外由于无法对"天使投资人"进行界定，主要是在制定创业投资财税扶持政策时，统筹考虑引导包括天使投资人在内的各类投资主体增加对早期企业的投资。经过前些年的努力，我国已建立起比较完备的创业投资基金财税扶持体系，并体现了引导投资早期企业的取向。目前，财税部门还在对各类

个人所从事的早期投资活动，统筹研究相关税收支持政策。按照这个框架，以基金形式运作的，适用创业投资基金政策；个人直接投资早期企业的，可比照享受。如果非要再从创业投资基金切出"天使投资基金"，并设定其只能投资早期，就不可避免地会带来一系列问题：

一是创业投资和天使投资都是早期投资重要主体，如果非要再用阶段来进行划分，就势必导致市场割裂。目前一些地方政府在设立创业投资引导基金后，又因部门利益不同，还各自设立了"天使投资引导基金"，结果不仅导致财政资金运用的碎片化，而且引发多套管理人马各自为战。

二是将天使投资误解为有别于早期创业投资的"早早期投资"，人为地压缩了天使投资的投资空间，束缚了天使投资自主自由发展。而事实上，天使投资人区别于创业投资基金的本质特点在于其"以自己个人的资金，主要出于体验助人创业情怀和冒险激情而支持企业创业"。至于投资阶段，只是比商业性创业投资基金略多一些，从绝对占比看，即使是在美国，天使投资人投资中后期的资金也高达59%。由于"早早期投资"风险过大，如果要求通过募集他人资金成立的所谓"天使投资基金"只能投"早早期"，就必然导致失败概率人为提高，最终挫伤投资者积极性。

三是由于以基金方式做"天使投资"，不仅投资风险、道德风险过大，而且投资者将失去亲自体验助人创业情怀和冒险激情的享受，所以，注定不可能为社会资金所接受。结果前些年不少地方虽然设立了众多财政性"天使投资引导基金"，希望通过其参股支持方式，加快发展"天使投资基金"，但由于社会资金没有积极响应，一些地方政府只好拉郎配，发动国有企业参与。不少市场机构为了争取引导基金支持，也总是先承诺只投资"早早期"；但在争取到引导基金参股后，社会资金迟迟到不了位。目前，已经出现一些地方政府的"天使投资引导基金"因实际用不出去而闲置的现象。

三、促进天使投资健康发展的政策建议

首先，由于天使投资是具有一定公益性质的个人行为，故主要宜通过营造文化氛围，促进天使投资自主自由发展。为给天使投资创造良好市场条件，建议人民银行、工信部加快完善信用体系特别是企业信用体系；科技部加快培育众创空间，鼓励设立各类天使投资人联盟、成立天使投资人协会等组织，促进信息交流和联合投资。

第二，为更好发挥创业投资基金作为早期投资主力军的作用，建议法制办在制定《私募投资基金条例》时，明确创业投资基金的法律边界，并实行差异化监管，为保障运用财税政策引导创业投资基金投资早期企业提供坚实的法律和监管基础。与此同时，建议发改委加快推动财税部门完善创业投资基金财税政策体系。为使天使投资人等各类个人也能享受相应政策，建议财税部门加快建立对个人从事早期投资的税收抵扣制度。

第三，为避免打着"天使投资基金"名义运作创业投资基金带来的各种风险，建议证监会将之统一纳入创业投资基金范畴，进行适当监管。

深化企业债券市场改革
增强实体经济融资能力

范 必

发达国家实体经济大都将债券市场作为直接融资的主要渠道。我国由于企业债券发行管理体制僵化，市场分割，限制了实体经济特别是中小企业通过债券市场融资。建议进一步深化企业债券市场管理体制改革，统一债券发行规则，简化发行流程，降低发债门槛，赋予企业较大的发债自主权，从而拓宽实体经济融资渠道，降低直接融资成本。

一、我国企业债券市场现状及主要问题

我国从 1984 年开始发行企业债券，长期以来把这类债券作为商业银行贷款的补充手段。2005 年之前，企业债券只有发改委主管的企业债一个品种（一般 5 年以上），用于支持特定产业政策。由于融资成本低，相当于政策性融资，主要是解决商业银行短存长贷问题，满足特定行业发展的长期资金需求。从 2005 年起，国家发改委、人民银行和证监会逐步允许企业发行多种类型、多种期限的债券，包括短期融资券（1 年及以下）、公司债券（3—5 年

497

为主）、中期票据（3—5 年为主）等，目前已基本形成覆盖各期限的债券品种格局。

2007 年以来，我国实体经济共发行企业债券 18.2 万亿元。截至 2014 年底存量债券 12.7 万亿元，占社会融资规模的比重从 2007 年的 3.8% 提高到 10.4%。企业债券融资成本一般比商业银行贷款低，条款灵活，分担了金融体系间接融资比重过高的风险，支持了实体经济生产经营活动的资金需求。但是同发达经济体相比，我国企业债券市场发育仍然滞后，主要表现在：

重股轻债。发行债券与发行股票都是企业直接融资的手段，相比之下股票发行条件要严于债券，投资股票的风险也要高于债券。发达国家债券市场规模一般远远高于股票市场，如美国 2013 年底债券市场上存量企业债券为 20 万亿美元，是股票总市值的 2 倍；德国企业债券是股票总市值的 1.5 倍。东亚国家这一比例与欧美相比较低，但债券市场规模与股票市场也基本相当。但是目前我国企业债券市场规模仅为股票市场的 1/3 强。企业融资更倾向于银行贷款和 IPO 股权融资，而不是发行债券。

重大轻小。大型国有企业发债容易，中小企业、民营企业发债困难。2014 年全年，共有 1757 家企业发行 3720 只债券，融资 4.5 万亿元，基本集中在基础设施、能源和房地产行业，其中国有企业达 1328 家，融资占比超过 90%。发债企业年销售收入和资产总额大多在 5 亿元以上。债券市场成为这些行业大企业的低成本资金来源，而对中小企业支持严重不足。

产生这些现象的主要原因：一是发行审批制度改革滞后。我国证券发行制度改革的总体方向是从行政审批转向注册制。债券的投资风险远小于股票，但债券发行改革的推进步伐落后于股票发行，抑制了债券市场规模。从 1999 年开始，我国新股发行已经从审批制过渡到核准制，注册制改革也已经提上日程。但是，目前发改委和证监会主管的企业债、公司债等品种仍需事前审批，对发债企业的资质进行行政审核，力求债券兑付"零风险"。债券市场的规律是高风险高收益、低风险低收益，风险应由债权人和债务人自行承担，与政府无关，主管部门完全可以放开注册。

二是发行标准不合理。如企业债发行除需要符合国家产业政策和行业发展规划外，还要求连续三年盈利；公司债虽不要求三年连续盈利，但净资产要求超过3000万元；中期票据发行则要求主体评级 AA- 以上。这些发行条件基本是从规避违约风险的角度出发设定的，对中小企业而言，构成了较高的门槛。目前符合这些标准的企业基本都已发债，进一步扩大企业债券市场规模的空间非常有限。现在评级机构对企业发债信用的评定有一套系统的指标体系，比现在主管部门设定的这些门槛更为科学合理。考虑到债券市场上投资人依据评级自主承担决策风险，继续由政府设定企业债券准入门槛已无必要。

三是交易市场分割。目前我国企业债券市场主要分割为交易所市场和银行间市场两部分，各由不同的政府部门主管（见图12）。一般来说，投资者购买企业债券既可获得稳定收益，也可保持资金的流动性。一个市场上流通的品种如果要到另一个市场上变现，要经过非常复杂的程序，客观上限制了债券的流动性，也就降低了债券的投资价值，妨碍了债券市场做大规模。在市场分割的情况下，每个市场的主管部门不愿意看到自己管辖的市场出现兑付风险，因而倾向于对中小企业设置各种门槛来限制其在自己的市场融资。

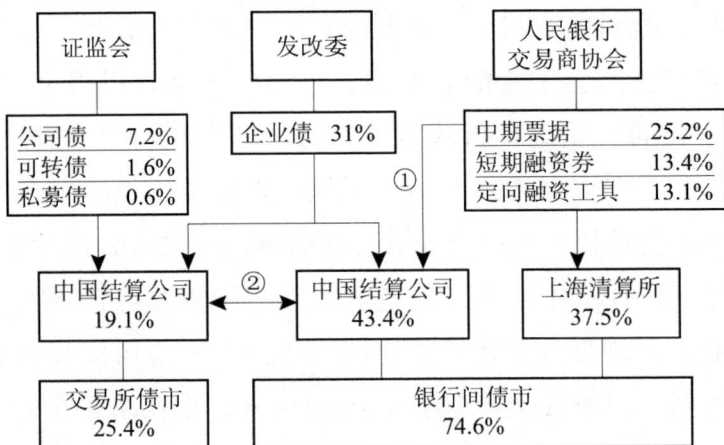

图 12 非金融企业企业债券市场格局

图中数字为市场份额。

① 2013 年 6 月起，新发行的中票需到上清所登记托管，原有中票到期前继续
在中央结算公司托管。

② 2009 年 6 月起，企业债可以跨市场转托管。

二、做大债市化解企业融资困境

债券市场具有长期资金充裕、融资成本低的优势。但是 2015
年前 5 个月，1 年期以上企业债券融资规模仅 6076 亿元，同比少
增 1860 亿元。当前化解企业融资难融资贵的各项政策中，尚未充
分利用债券市场融资渠道。未来一个时期，做大债市可以有效解
决银行期限错配、实体经济融资成本过高、中小企业告贷无门等
突出问题。具体思路可以概括为替换、承接、支持三种方式。

替换：利用中长期企业债券融资替换银行中长期贷款。我国
商业银行资金较多地投向基础设施、国有企业的中长期项目，出
现了短存长贷的期限错配问题。这些长期贷款占用信贷规模，加
上受存贷比考核指标约束，使看似庞大的银行资产实际资金使用
规模并不大。企业债券融资期限可以长达 10 年以上，而且融资成

本也较银行贷款低。截止 2015 年 5 月，我国企业贷款余额 87.5 万亿元，其中中长期信贷高达 49 万亿元，贷款加权平均利率 7%。而企业债券融资平均票面利率在 6% 左右，低大约 100 个基点。如果这些中长期项目用发行企业债券融资替换部分中长期贷款，既可以实实在在地降低企业融资成本、扩大融资规模，也可以使银行减少中长期贷款占用的信贷规模，把这些盘活的资金用于扶植中小企业、实体经济。

特别需要指出的是，债市"替换"功能也有助于化解地方政府债务风险。2015 年，有关部门在对 2014 年地方政府性债务清理甄别的基础上，对部分 2015 年到期、地方政府负有偿还义务的债务置换为地方政府债券。财政部 3 月份下达第一批 1 万亿元置换债券额度，近日又下达第二批 1 万亿元额度。另外，明后年地方政府没有偿还义务的融资平台债务约 1.6 万亿元到期。现在看，第一批债券发行并不顺利，商业银行购买积极性不高。实际上，另一个可行的措施是，借助债券市场将一部分债务置换为各类企业债券，这将有利于缓解地方政府的偿债压力、盘活商业银行资产、降低平台公司融资成本，化解债务风险。

承接：用正规的直接融资承接非常规融资。近年来，在日趋严格的银行贷款规模管理和存贷比管理之下，中小企业、实体经济想要获得银行贷款十分困难。很多银行资金通过证券、信托等通道，以"非标"形式迂回贷给企业，拉长了融资链条。目前企业到手的融资成本一般都在年利率 10% 以上。如果放开企业债券融资市场，将这部分融资需求通过发行企业债券解决，就可以省掉不必要的中间环节，融资成本可以降低至 6% 左右。

支持：通过企业债券市场支持不同信用等级的企业融资。中小企业、实体经济可以在债券市场上直接发债融资。民营银行、小贷公司等中小金融机构也可以直接发债融资，它们的服务对象也主要是中小企业，客观上可以有利于解决中小企业融资难的问题，也有力解决中小企业债信不足难以发债的问题。

三、深化企业债券市场改革的建议

发挥债券市场作用化解企业融资困境，还是要在深化改革方面寻找出路，增强债券市场的融资能力。具体有以下几点建议：

第一，全面推行企业债券发行注册制。人民银行主管的中期票据 2007 年实行注册制发行以来，从无到有，已占据债券市场 1/3 规模，说明注册制有利于企业债券市场扩大规模。按照《证券法》第 10 条规定，包括债券在内的证券发行要经国务院有关部门批准[①]。建议尽快修订《证券法》相关条款，允许发改委和证监会主管的债券品种实施注册制。

第二，放宽企业债券发行标准。建议发改委、中国人民银行和证监会取消对企业债券发行设置的各种不合理限制，制定各部门统一的发行注册条件和规则。完善债券评级机构的相关制度规范，逐步使债券评级能够客观、真实反映发债风险程度。

第三，面向中小企业、创新企业发行新的债券品种。在没有修改《证券法》、企业债券尚未全面实行注册之前，建议针对盈利和净资产水平不高的创新创业企业定向发行债券，支持大众创业、万众创新。

第四，建立互联互通的交易市场。建议允许交易所市场和银行间市场的不同品种能够到对方市场挂牌交易，优化各家债券托管机构的电子化连接，提高债券跨市场转托管效率。提高债券市

---

① 中国人民银行发行的中票依据的是《票据法》。

场流动性，吸引更多社会资金入市。

深化企业债券市场改革、降低发债门槛、增强债券流动性，将有利于提高企业发债意愿，降低企业融资成本，盘活银行资金存量，从而改善中小企业实体经济的融资环境，是企业、银行、投资者共赢之举。

加快推进我国个人所得
税制改革的几点建议

李江冰　潘国俊

个人所得税是筹集财政收入、调节收入差距的重要税种，在发达国家应用广泛。相比之下，我国个人所得税的功能发挥很不够。中央"十三五"规划建议强调，要加快建立综合和分类相结合的个人所得税制。我们要进一步明晰改革思路，积极克服面临的挑战，有步骤、有力度、有实效地推进个税改革。

一、客观评价我国个人所得税制的优点和不足，充分认识推进个人所得税制改革的紧迫性

我国于 1980 年建立个人所得税制度，1994 年确立个税制度的基本框架并沿用至今。2006 年起个税改革加速，主要是调整"工资薪金所得减除费用标准"（即所谓的免征额）、税率级次级距、利息所得税以及自行纳税申报人员范围，等等。

总的看，我国个人所得税制发挥了一定的积极作用。从筹集税收收入看，个人所得税已成为我国第五大税种，2014 年达到 7376.6 亿元，占税收总额的比重是 6.19%，占 GDP 的比重为

1.16%。1999—2014 年，个税年均增长 21.2%，超过同期总税收 17.4% 的增速。从调节收入分配看，国内外实证研究大多肯定个税对我国城镇居民收入分配的调节作用，个税的地域分布也能直观反映这一点。广东、上海、北京、江苏、浙江等五个经济发达省市的个税收入占全国的一半以上，2014 年广东、上海地方个税收入均超过 400 亿元。

需要指出的是，2006 年以来的个税改革多是技术性的、局部微调，未触动实质性问题。现行制度安排存在的问题日益突出。一方面，个人所得税收入增速相对放缓，占税收总额的比重没有提高。2006—2014 年，个人所得税年均增长 14.8%，低于同期总税收 16.6% 的增速，也低于 1999—2005 年年均 31% 的增速，个税在税收总额中的比重从 2005 年 7.28% 的高点下降到 2012 年的 5.78%，近两年才略有回升。另一方面，个人所得税的调节面和调节力度被削弱。一是由于缺乏综合收入口径，调节不全面；二是实行分类征收且税目、税率设计不够科学合理，偷税避税空间较大；三是费用扣除"一刀切"，未考虑家庭、物价等因素，缺乏公平性；四是提高"工资薪金所得减除费用标准"降低了平均有效税率，实质是削弱了调节功能。

鉴于此，在我国税收收入增速放缓、财政增收压力加大，社会收入分配差距较大的情况下，我们认为，单纯上调"工资薪金所得减除费用标准"的改革思路不宜再延续，必须加快推进个税实质性改革。考虑到个税是现行 18 个税种中须经人大立法的 3 个税种之一，有关部门应在充分论证的基础之上，加快研究提出改革方案，择机上报审议。

二、进一步明晰我国个人所得税制改革思路，坚定推进改革的决心和信心

个税改革涉及面广、情况复杂，要把握正确方向，借鉴国际经验，立足国情，实事求是谋划改革思路。

坚持综合与分类相结合的大方向。这一改革方向早已明确，"九五""十五""十一五""十二五"规划纲要和"十三五"规划建议均已强调。从国际看，采用纯粹的分类税制国家已经很少，只有中国和非洲、西亚的一些发展中国家，即使是印度、印尼、巴西等人口众多的发展中国家，也已实施综合与分类相结合的个税制度，只是综合的程度不同。

着眼于更好发挥个人所得税的功能。筹集税收收入、调节收入分配两大功能要统筹兼顾，从当前情况看，可考虑以调节收入分配功能为主、筹资功能为辅，去设计个税改革方案。从完善税制结构出发，再逐步增加个税的筹资功能。当然，对个税的各项功能都要合理预期，不宜过高估计。关于筹集税收收入，这是最基本的功能。从国际经验看，直接税（剔除社会保障税后）和间接税收入比重基本相当的国家，如德国、法国，财政收入稳定性较强，在受到国际金融危机冲击后，可以很快修复。我国目前直接税和间接税大致是三七开，直接税比重偏低，税收收入增速容易出现大起大落。下一步提升直接税比重离不开个人所得税所占份额的增加，要在稳定总税负的前提下，通过深化个税改革以及加强征管等手段适当提高个税收入。关于调节收入分配，这方面的功能要加强。坚持共享发展、缩小收入差距，需要完善包括税收手段在内的再分配调节机制，而在调节财产存量的税种缺失情况下，个人所得税的作用有待进一步发挥。个税制度设计要体现

出量能负担原则，强化对高收入群体的税收调节，让高收入者成为纳税主体。

遵循渐进和可行的原则。个人所得税制随着经济社会发展需不断完善，改革绝非一蹴而就。例如，美国个人所得税从1913年立法产生经历了百年变迁，经过多次重大改革，至今还在调整变化。深化个税改革，要与现有税制有效衔接，特别是不应对现行分类税制彻底否定，要尽可能继续发挥其优势。个税改革的成功与否，与征管能力密切相关，因此方案设计要与当前的征管水平匹配，可以在明确大目标的前提下，推出短期方案，随着征管能力提高再逐步精细化。

三、抓紧做好一些基础性工作，积极克服个人所得税制改革面临的挑战

多年来个税改革可谓"只听楼梯响，不见人下来"，实质性举措难以出台，原因多方面：既有征管条件不完善等客观因素导致不能动；也有个税涉及面广、社会关注度高、影响大，出于谨慎不敢动；还有考虑到个税收入分量不大，但改革投入多、成本高，利益调整难度大，所以不愿动。这些也正是深化个税改革面临的主要挑战，必须积极克服。

一是社会管理信息系统的支撑不够。无论是税务部门内部，还是与银行、工商、房管、海关等其他部门之间，涉税信息共享都还没有很好实现。个人财产实名登记制度还在建设，现金交易比较普遍，税务机关对纳税人信息状况的真实性和准确性难以掌握与分辨，强化个税征缴稽核缺乏信息基础。

二是自然人纳税申报的能力意愿不足。我国一直实行代扣代缴为主的间接征管方式，割裂纳税人与税务机关的直接联系，个

人主动纳税意识和纳税遵从度较弱。纳税人不熟悉税法，申报能力缺乏，申报质量难以保证。无论是面向自然人的税收管理服务体系，还是相关涉税中介机构都还不健全。

三是个税征管及收入归属等制度设计不适应。目前，个税征管由地税负责，税款缴纳一般是属地主义原则、可能分属不同地方，纳税申报一般是属人主义原则，如户籍所在地、经常居住地；个税收入中央地方按六四分享，个税占中央税收的 7%，个税在地方税收的占比最高的达到 10% 左右。实行综合与分类相结合的个税制度，会产生汇算清缴环节退税承担等现实问题，涉及中央和地方、以及地方之间利益调整。

克服这些挑战，既不能急于求成，指望短期内见效，但也不能没有进展，要把一些基础性工作抓紧做起来，持续改进。当前可围绕汇总个人信息、提高纳税遵从度完善相关配套条件。如加快修订税收征收管理法，建立自然人纳税人税务代码制度，完善涉税信息管理体系，实行第三方信息报告制度；促进个人财产收入显性化，完善个人金融、房产等资产的实名登记，严控现金交易；大力发展涉税中介机构；加大宣传教育，培养公民纳税意识。要统筹谋划，调整个税征管安排与收入分享模式，充分调动各方改革积极性。

四、抓住关键环节，进一步完善我国个人所得税制改革方案

个税改革是系统工程，建议可从以下几方面入手，进一步精细化设计改革方案。

一是以个人为计税单位，适当考虑家庭因素。以个人或者家庭为计税单位均有利弊。前者计算简单，便于征管，但往往存在横向不公平。后者会使税制设计复杂、加大征管难度，税收遵从

成本提高、损害税收效率。20 世纪 70 年代以来，一些原本以家庭为计税单位的国家，如澳大利亚、意大利也纷纷改以个人为计税单位。鉴于我国现实的征管环境，可以继续坚持个人为计税单位，家庭因素通过在费用扣除标准方面以及自行申报、综合汇缴环节予以考虑和体现。

二是简化课税税目，优化税率设计。整合归并 11 类所得项目，建议将工资薪金、劳务报酬、稿酬等同属劳动所得且代扣代缴基础较好的项目，合并为综合所得项目，收入发生时预征、年终综合计征，采用超额累进税率。目前经合组织（OECD）34 个成员国中，25 个国家的个税累进税率不超过 5 级，22 个国家的最高边际税率不超过 40%。我国的累进税率设计也可考虑减少税率级数、降低边际税率。对利息、股息、红利等资本所得以及财产租赁、财产转让等可沿用现在做法，继续分类按次征收，实行比例税率。

三是拓宽课税对象，合理制定费用扣除标准。工资薪金所得项目是个税最重要的收入来源，且占比逐步上升，2000 年为 42.9%，2013 年达到 62.7%，个人所得税因此被称为"工薪税"。考虑到居民尤其是高收入人群，收入来源日益多元，要适度拓宽课税对象，尽可能涵盖其在纳税年度内，境内境外、不同时点、不同来源的收入所得。费用扣除标准要考虑家庭负担水平、地域发达程度、物价变动等因素，采用"基本扣除＋专项扣除"的模式，专项扣除主要与纳税人家庭抚养子女、赡养老人，医疗教育、首套房贷利息等方面支出相挂钩。要规范个税优惠政策，清理免税、减征等规定，普惠性政策可通过调整专项扣除予以实现。

四是完善计征方式，严格税收征管。再好的税收制度和政策，如果没有强有力的、科学严密的征管制度和手段作保证，也很难有效运行，甚至被扭曲。要强化个税征管，分类预征要到位，综合汇缴要做实。目前高收入人群自行申报纳税，流于形式，更多只是备案的意义。将来对综合课税项目，征纳过程需要把分类预征和综合汇缴有效结合起来，继续强化分类预征环节的代扣代缴，防范税收流失，逐步做实年终汇算清缴环节。要花气力建立有效的纳税申报制度，着力提高申报的质量，考虑引入家庭联合申报，相关家庭支出可在夫妻双方之间分摊扣除或由一方扣除。

我国有必要、有能力
大幅度提高财政赤字率

潘国俊

赤字是财政政策的核心指标。既可作为短期性手段，用来相机抉择应对经济波动，稳定经济增长；也可作为阶段性手段，用来扩大公共投资，为长期经济发展打基础。从国际看，绝大部分国家一直在持续灵活运用赤字，而且在经济不景气时期大幅加码。从国内看，我国财政风险总体可控，短期内运用赤字的空间还较大。我们认为，2016年有必要、也有能力把赤字率提高到3%左右的水平。

一、财政赤字已成大部分国家的常态，赤字率超过3%也不少见

现代市场经济条件下，财政赤字的运用具有以下特点。

一是赤字政策的使用非常普遍。纵观各国特别是美国、日本和欧洲一些国家的经济发展史，财政赤字成为常态。美国从1950—2014年的65年中，出现财政赤字的年份有56年，占总数的86%。进入新世纪以来的15年里，有赤字的年份，法国和日本为 15 年、美国 14 年、英国 13 年、德国 12 年。在本轮国际金融危机中，绝大部分经合组织国家都出现了赤字；发展中国家中，出现财政收支平衡或盈余的国家微乎其微。

二是经济困难时期的赤字率更高。美国 20 世纪以来出现过 5 次赤字比较严重的时期，赤字率均超过 3%，主要原因都是经济萧条引起的。2008 年国际金融危机以来，美国、英国、法国等国家赤字率一直在 3% 以上，日本、加拿大、意大利等国家大部分年份在 3% 以上。从最高数值看，美国在 2009 年、2010 年和 2011 年持续 3 年超过 10%，2009 年最高达 12.7%；英国每年都超过 5%，2009 年最高达 10.8%；日本 2009 年最高达 8.9%；法国 2009 年最高达 7.2%；德国 2010 年最高达 4.1%；意大利 2009 年最高达 5.3%；加拿大 2010 年最高达 4.9%；经合组织国家平均水平最高是 2010 年，达到 5.5%。新兴经济体和发展中国家的最高值中，印度达 10%，巴西达 6.7%，南非达 5.9%，埃及达 13.4%，俄罗斯为 4%，越南为 5.7%。

三是出现财政危机的国家并不多。除希腊等极少数国家外，其余国家大都通过采取有效措施消除了高赤字率的影响，保障了财政的可持续性。这是因为，在经济周期的不同阶段，财政收支是不平衡的，但经济困难时期的赤字能够被经济繁荣时期的盈余所弥补。这样，在一个完整的经济周期，财政收支相对平衡或基本平衡。比较典型的如美国 20 世纪 90 年代中期以后（1998—2001 财年），经济高增长消除了财政赤字，并转而出现盈余。此外，德国 2012—2014 年的财政盈余，基本能够弥补 2008—2011 年的财政赤字。

四是运用财政赤字夯实经济发展基础。政府通过赤字融资，投向交通、能源、通讯等基础设施和农业等弱势产业部门，能够有效推动和保障经济长期发展。这种政府为公共投资支出进行赤字融资的规则，被称为财政收支的黄金法则。美国 20 世纪 30 年代、日本 20 世纪 80 年代、英国 20 世纪末等，持续较长时间利用赤字融资，加快公共工程与社会保障制度建设，保证了经济增长并在一定程度上改善了财政状况。

二、2016 年我国财政经济形势极其严峻，很有必要把赤字率提高到 3% 左右的水平

2016 年的财政收支压力比 2015 年还要大，特别是中央财政困难更加突出。从收入看，减收因素仍在持续，但增收措施难以持续，财政收入增速将进入低谷。2012—2014 年，全国一般公共预算收入增速分别为 12.9%、10.1% 和 8.6%，增速一路下滑，扣除特殊增收因素后的增速下滑更快，且超过 GDP 增速回落幅度。一是财政收入增长根基不够稳固。经济是财政收入的基础，2016 年经济下行压力仍然较大，生产者价格指数难有根本改观。二是税制改革和税收优惠等减收因素不容忽视。"营改增"的大头还没有开始，2016 年在金融、房地产、建筑业等行业全面实施"营改增"，对税收收入的冲击不小。2015 年出台的税收优惠政策多达 9 项，涉及科技创新、小微企业发展、鼓励汽车消费、扶持能源行业等，2016 年要全面落实，也将影响税收收入增长。三是特殊增收因素无法持续。2015 年采取人民银行、部分国有企业上缴利润等特殊措施应对财政困难，既抬高了基数，而且 2016 年再采取特殊增收的空间明显缩小。从支出看，稳增长、促改革、调结构、防风险、惠民生对资金的需求不易压缩，甚至刚性增长，增支压力进一步加大。2016 年的财政收支缺口明显加大，需要扩大赤字来弥补。

2016 年我国经济下行压力仍然较大。一是国内和国际周期性因素交织叠加，实体经济运行困难仍可能持续。目前我国经济运行正在本轮周期的底部徘徊，同时经济增长遇到全球增长逆流，外部环境变化冲击我国出口，并影响到投资，造成部分行业产能过剩，进而拖累实体经济。二是主观因素与客观因素交织叠加，市场信心回升面临较大困难。我国经济在经历近 40 年快速增长后，潜在增长率下降。一些地方和国有企业还不能适应新的发展理念，主动作为不够，相当部分民间资本对经济发展信心不足，预期较为悲观，观望、等待情绪较重。三是体制性因素与结构性因素交织叠加，拉动经济增长的动力不足。我国国有企业、财税金融、收入分配等制度不完善，内需外需不平衡、投资消费不协调、自主创新不够等，制约经济活力和潜力。财政政策是宏观调控的重要工具，扩大财政赤字是促进经济稳定增长的有力选择。

改革开放以来，我国财政只有 4 年出现盈余，其余年份都是赤字。1998 年面对东南亚金融危机，以及经济结构调整和特大洪水等自然灾害，我国扩大了财政赤字规模，中央财政赤字率持续 6 年维持在 2% 以上，为重建家园，扩大内需，保持国民经济持续稳定增长起到了积极作用，实践证明是正确的。为应对本轮国际金融危机，我国实施财政政策转型，大幅度提高财政赤字率，2009 年达到 2.8%，比 2014 年高 2.7 个百分点，也有力促进了经济平稳较快增长。2016 年把赤字率安排为 3% 左右，全国财政赤字达到 2.17 万亿元，比 2015 年增加 5500 亿元，新增地方专项债务可以扩大到 5000 亿元，使地方政府新增债务规模在 1 万亿元以上，刺激和拉动经济的力度是较大的，相信也能够经得起实践的检验。

三、我国完全有能力、有条件在短期内承受 3% 左右的赤字率

经过改革开放以来近 40 年的发展，我国经济实力、财政实力都有了大的飞跃，短期内把赤字率提高到 3% 左右是可以承受的。如果国际经济形势进一步恶化，国内经济增速继续回落，还可以适当加大财政政策的扩张力度，进一步扩大赤字。得出这个判断，主要基于以下因素的考虑：

一是政府债务风险总体可控。财政赤字增加的背后是债务规模的增加。如果债务存量可持续，政府赤字的年度融资就不成问题。目前经合组织国家债务与 GDP 的比例平均已经达到 85% 左右，其中，美国为 103%，英国 112%，法国 120%，日本 239%，意大利 156%。2014 年我国这一比例为 50% 左右，即使赤字率提高到 3%，也显著低于欧美国家，财政风险仍在可控的安全区。更重要的是，与当前欧美国家主要用于社会福利不同，我国财政支出中有相当部分投放到生产性领域，支持产业升级和改善基础设施，对经济增长有推动效应，也有利于"正反馈"财政，促进财政形势好转。

二是债务利息负担相对较低。债务利息支出占 GDP 的比例反映偿债能力，比例越大，财政偿债压力越大。2014 年，我国一般公共预算中债务付息支出为 3572 亿元，地方政府性债务按照 4% 的利率估算，付息支出约 6500 亿元，合计 1 万亿元左右，占 GDP 比重为 1.6%，与世界其他国家相比处于较低水平。2013 年美国为 3.6%，英国为 2.6%，法国为 2.3%，德国为 2%，意大利为 4.8%，经合组织国家平均为 2.5%。总体看，我国财政的偿债压力还不算大。

三是国债认购能力较强。从我国目前金融市场状况看，资金

供给较为充裕。2014 年底我国国债余额 95655 亿元，地方政府性债务 164466 亿元，合计约 26 万亿元，而全部金融机构各项存款余额高达 117.4 万亿元，是政府性债务余额的 4.5 倍。我国金融市场正在不断完善，国债品种日益多样化，期限结构也较为合理，国债具有较高的信誉。特别是我国政治稳定，经济持续稳定健康发展，群众对政府有信心，购买国债的热情和积极性较高，国债发行具有较好的可持续性。

四是能够"以时间换空间"逐步消化赤字。当前我国的赤字和债务规模扩大是在经济下行背景下发生的，从中长期发展前景看，这一规模还在可承受范围之内。一方面，财政赤字和债务空间的大小与经济发展的潜力密切相关，我国经济发展潜力巨大，经济长期向好基本面没有改变，仍将在较长一段时期保持中高速增长，对财政赤字和债务的消化能力和承受能力将不断提高。另一方面，当前我国经济处于周期的低谷，在增速回升后，可以降低赤字率甚至实现盈余，实现跨年度的财政收支基本均衡。

当然，我们也要审慎理性看待财政赤字，对赤字的副作用必须事先有所警惕。比如，赤字运用不好，将加重后代负担、对民间投资产生"挤出效应"、诱发通货膨胀、加大财政风险等。因此，在加大积极财政政策实施力度的过程中，要认真做好增收节支工作，优化财政支出结构，合理把握扩大赤字、增发国债的力度和节奏，建立规范的地方政府举债融资机制，防范财政风险。从中长期看，在经济形势好转阶段，要抓住机会逐步削减甚至取消赤字，实现财政经济可持续发展。

助力企业减负降本
住房公积金制度改革势在必行

乔尚奎　姜秀谦　李志宏

2015 年 12 月底，我们就住房公积金（以下简称"公积金"）制度改革如何助力企业减负降本问题作了研究，召开了财政部、住建部、人民银行、国务院法制办有关司局和国管局、北京市公积金管理部门负责同志，以及财政部财科所、中国社科院金融所、北京师范大学收入分配研究院、中央财经大学法学院等机构专家参加的座谈会。现将有关情况报告如下。

一、公积金制度为我国住房制度改革作出重要贡献

公积金制度，是 20 世纪 90 年代初我国为推行住房制度改革，增强职工住房消费能力，参照新加坡中央公积金制度建立的。1991 年上海市在全国率先试点公积金制度，1994 年国务院在总结上海等试点城市经验的基础上，在全国推行公积金制度。1999 年，国务院颁布公积金管理条例，2002 年进行修订，将公积金制度纳入了法制化轨道。

公积金制度自建立以来，在积累住房专项资金、促进住房消

费和经济增长等方面发挥了重要作用。到 2015 年 11 月底，全国实际缴存职工有 1.2 亿人，公积金缴存总额 8.8 万亿元，提取 4.8 万亿元，缴存余额 4 万亿元，其中贷款余额 3.2 万亿元。支持了大量职工购房安居，到 2015 年 11 月，全国累计发放公积金个人住房贷款 5.2 万亿元，支持 2464 万户职工家庭购买住房。同时，公积金已成为职工收入和福利的重要组成部分。

二、专家和部门对公积金制度改革的主要看法

座谈中，大家对公积金制度改革主要有两种看法和意见。

（一）有的专家认为，公积金制度已经失去存在的意义，应该取消。主要理由：一是公积金制度是在居民收入较低、住房信贷不发达的背景下，为了推进住房市场化改革推出的，现在住房制度改革已经完成，商业贷款已逐渐成为人们购房融资的主要方式，加上我国城镇居民住房自有率已在 70% 以上，在世界上是比较高的，公积金贷款支持职工购房的作用正在减弱，公积金制度应该适时退出。二是公积金相对于目前的高房价而言，对一般收入群体购房的支持作用不大，一些没有缴存公积金的中低收入群体，享受不到单位补贴和优惠贷款。同时，这项制度在实施中还存在不少问题，譬如公积金使用效率低，到 2014 年底累计只有 18.4% 的职工家庭享受了公积金贷款，基金使用率只有 50% 左右，缴存资金沉淀不仅影响居民当期消费，也增加了企业负担；公积金缴存基数和比例在不同地区和行业之间差别较大，造成工资越高补贴越多，加剧了收入分配不均。这些问题饱受社会各方面批评。

（二）多数部门和专家认为，公积金制度虽然存在不少问题，但不宜立即取消，应对其进行改革完善。主要理由：一是公积金制度仍然是拉动住房消费的重要力量。2015 年 1—11 月，全国公

积金提取 9808 亿元，发放个人住房贷款 9765 亿元，两项资金合计 1.96 万亿元，占同期商品住宅销售额的 1/3，北京市公积金贷款笔数占全部住房贷款的比例达 43%，对扩大住房消费、降低房地产库存发挥了积极作用。二是公积金制度具有统筹互助作用。虽然我国住房商品化改革已经完成，一些高收入群体和已使用公积金购房的职工不再看重公积金，但他们的缴存对中低收入群体和新市民购房具有重要的互助支持作用，这也在一定程度上调节了收入分配。有专家提出将公积金单位缴存部分理入职工工资，不再专户累积，但这样就无法起到统筹互助的作用。三是公积金已经成为职工收入的一部分，具有福利刚性。如果一步取消公积金，多数职工受惯性思维影响，心理难以接受，与改革要增加群众获得感的方向不符。从近期国务院法制办征求对《住房公积金管理条例》的修改意见看，共收到 682 个单位和个人反馈的 865 条意见，仅有 4 条意见提出取消公积金制度。四是全国公积金管理系统队伍已经发展到 3.7 万人、机构 500 多家，取消公积金制度，需要解决这部分人的安置问题以及相关债权债务问题，处理不好可能引发连锁反应，不利于社会稳定。

三、改革完善公积金制度的几点建议

综合多数部门和专家意见，公积金制度改革要稳妥推进、分步实施，避免产生剧烈震荡。当前，《住房公积金管理条例》正在修订过程中，要借《条例》修订之机，从助力减轻企业负担、降低房地产库存、刺激消费需求的角度出发，尽快完善公积金制度。

一是切实降低企业缴费负担。根据有关部门建议，立即推出"两降""一缓"措施。"两降"，就是降低缴存基数上限和缴存比例。建议将缴存基数上限由现行 3 倍调降为 2 倍，并规定缴存基

数一律按社平工资标准，不得以各行业、企业的工资标准擅自突破；调降部分地区、行业、单位过高的缴存比例，将缴存比例严格控制在上限为 12%，下限为 5%，具体比例由用人单位自主决定。"一缓"，就是在当前经济下行压力加大、企业负担过重情况下，对缴存公积金确有困难的企业，经企业职工代表大会讨论通过，可以实行缓缴。

二是拓宽资金增值渠道。结余资金除存银行、买国债外，在确保安全的前提下，还可用于购买大额存单、地方政府债券、政策性金融债、公积金个人住房贷款支持证券等高信用等级固定收益类产品。增值收益部分，可以设立住房贷款担保基金，为新市民购房提供贷款担保，刺激住房消费。同时，研究提高缴存人收益，可考虑缴存 1 年以上的金额，由现在按照 3 个月定期利率计算，提高为按 1 年定期利率计算。

三是提高结余资金使用效率。目前公积金结余资金 8000 亿元，规模仍然偏大。一方面要尽可能简化公积金提取和贷款的程序，取消提取限额，提高贷款额度，让提取和申请贷款更加自由便捷；另一方面要放宽公积金的使用条件，扩大到购房首付款、房租、物业费等所有与住房有关的支出。同时可考虑降低风险准备金计提比例，到 2014 年底公积金风险准备金余额 895 亿元，占公积金贷款余额的 3.5%，大大超过相关制度规定，建议统一降低为 1%，以释放出更多资金用于住房消费。

更好发挥审计监督在稳增长中的作用

乔尚奎　陈相杰

当前，国内外经济形势复杂严峻，我国经济下行压力依然较大，稳增长的任务很重。审计机关依据宪法设立，依法对重大决策部署落实情况，以及公共资金、国有资产、国有资源和领导干部履行经济责任情况进行审计，其监督具有独立性、专业性、权威性强，覆盖广、全面客观的特点，在促进重大政策落地、推动重大改革实施、推进重大项目建设、督促盘活存量资金、鞭策干部担当有为方面有着特殊优势。要重视发挥审计监督在促进稳增长方面的独特作用，坚决顶住经济下行压力，护航中国经济行稳致远。

一、发挥重大决策部署落实"督查员"作用，促进稳增长政策落地生根

近年来，面对复杂多变的国际环境和艰巨繁重的国内改革发展稳定任务，党中央、国务院统筹稳增长、促改革、调结构、惠民生、防风险，出台了一系列重大政策措施，为实现稳增长发挥了重要作用。从几次督查和审计的情况看，这些政策措施总体执行是好的，但仍有一些地方和领域贯彻落实不到位，有的地方没

有及时出台配套政策，有的部门没有按期制定实施办法；部门间出台的政策不协调、不衔接，有的政策甚至相互打架；一些领域法律法规修订调整不及时，阻碍了政策实施。

要充分运用审计监督力量，促进政策执行更坚决、实施更顺畅、制定更精准。一是积极推动重大政策落实。持续跟踪审计中央部门和单位、地方各级政府贯彻落实政策情况，促进政府和部门及时细化分解任务、制定实施方案细则，使政策尽快落地，提升企业、社会和群众对政策的"获得感"。二是为政策实施清障铺路。审计要做政策实施的"清道夫"，揭示积极财政政策、稳健货币政策等实施中的问题，针对扩大投资、促进消费、创新投融资机制、加强国际产能合作的一系列政策措施执行中发现的问题，提出修订相关制度规定的建议，确保政策顺利实施。三是为政策制定建言献策。发挥审计能够获取全面、真实、可靠数据信息的优势，服务宏观经济分析和预测，揭示重大经济运行风险，为国务院制定完善政策提供有效参考。

二、发挥促进重大改革实施的"催化剂"作用，为稳增长添动能、激活力

改革是我们披荆斩棘、砥砺前行的"开山斧"。近年来我国能够保持经济运行处于合理区间，2015年上半年实现GDP增长7%、就业比较充分和居民收入同步增长，很重要的是靠深化改革。特别是持续推进简政放权、商事制度等改革，极大激发了市场活力和社会创造力，2015年上半年新增市场主体继续呈井喷式增长，新注册企业平均每天1.1万户。当前，改革进入攻坚期、深水区，涉及更多的利益调整和深层次矛盾，改革推进难度加大。从几次督查和审计的情况看，一些领域的改革推进仍不顺畅、改革措施落实还不到位，如在简政放权过程中存在明放暗不放，实施变相审批、收费等，悬空改革措施；一些部门审批手续、程序、环节、要件还是比较繁杂，审批效率低，冲抵改革红利；事中事后监管跟不上，一些部门监管制度和监管标准缺失，形成监管"灰色地带"，削弱改革效果。

要更好地发挥审计监督作用，重点对简政放权、放管结合、优化服务的各项改革举措落实情况进行审计，促进放权到位、监管有效、服务提升。一是揭示放权不到位问题。主要是推动落实李克强总理在全面推进简政放权放管结合职能转变工作电视电话会议上的讲话精神，持续监督五个"再砍掉一批"的执行情况，重点揭示已决定取消下放的审批事项"换马甲"继续留存问题，推动权力下放、精简到位。二是查找监管薄弱环节。主要是通过加强经济责任审计，清晰界定审计发现问题的监管责任，倒查相关部门的监管漏洞，并提出改进建议；同时，还要跟踪审计监管部门实行随机抽取被检查对象、随机选派检查人员的"双随机"机制情况，揭露选择性监管问题，促进消除"任性"检查和监管不到位问题，提高监管效能。三是提出改进服务的建议。重点是检查各级政府在服务大众创业、万众创新方面存在的问题，促进降税清费、信贷优惠等扶持小微企业发展的各项财税金融政策，以及"三证合一、一照一码"等商事制度改革措施落实到位。

三、发挥加快重大项目建设的"推进器"作用，促进投资稳定增长

扩大有效投资是当前稳增长的关键。2014年底和2015年6月份，国务院针对发展中的"短板"、民生重点领域和亟需解决的问题，研究推出了两个批次的11大工程项目包，这里面蕴含着几万亿元的投资需求，对稳增长具有关键作用。从几次督查和审计的情况看，一些重大投资项目推进还比较缓慢，上半年全国铁路建设投资只完成全年计划的 36.32%；有的地方虚报投资完成进度，审计抽查发现部分铁路和水利项目多报投资完成额 50 多亿元；一些体制机制和制度性问题制约着项目推进。

审计机关要盯紧国务院确定的重大工程项目，以促进稳投资来实现稳增长。一是全面掌握项目进度。继续对重大项目进展情况进行审核，揭露虚报施工进度、虚报完成投资额问题，为国务院提供准确信息。二是找出工程进展缓慢原因。通过深入分析，找到影响项目进展的根源和"瓶颈"，特别要揭示项目审批等简政放权改革方面的问题，以及现有体制机制和制度障碍，为推动项目实施找到可靠抓手。三是提出合理政策建议。在找准原因的基础上，向国务院、中央部门、地方政府、项目实施单位分别提出建议，促进多方施策，加快推进项目建设。

四、发挥盘活存量资金的"理财师"作用，为稳增长提供资金支持

消除资金使用"碎片化"，盘活沉淀的存量资金统筹用于发展急需的重点领域和薄弱环节，是更好发挥积极财政政策效用的重要举措，对当前稳增长具有重要意义。上半年全国一般公共预算收入同比增长 6.6%，而支出同比增长 11.8%，财政收支矛盾加大。在此情况下，虽然各地各部门加大存量资金盘活力度，但督查和审计仍发现一些地方存量资金规模偏大、盘活比重偏低，而急需推进的重大投资项目又因缺乏资金投入而进展缓慢，财政资金"趴窝"闲置与资金"短缺"并存的矛盾仍然突出。

要持续开展存量资金审计，继续促进盘活财政存量，保障重

大民生、重大工程等重点支出需要。一是掌握存量资金的规模和结构。细化财政存量资金分类口径，实行各部门定期报送和审计机关随机抽查相结合，推进存量资金规模结构分析的常态化。二是提出统筹使用资金的建议。对各地各部门存量资金中可以统筹使用的部分，提出调整使用的建议，该收回的收回，该调整用于急需领域的调整使用，并督促有关地方和部门落实到位，切实提高财政资金使用效益。三是促进清除影响资金统筹使用的制度障碍。审计要持续用力，揭示影响财政存量资金统筹使用的深层次体制机制和制度障碍，提出改进建议，坚决予以推进。

五、发挥干事创业"鞭策者"作用，激励干部担当有为

面对复杂严峻形势和繁重艰巨任务，根本上还要靠各级干部勇于担当、积极作为、真抓实干。从几次督查和审计情况看，当前一些领导干部"不作为""慢作为"的问题还比较突出，有的领导干部躲避责任不愿作为，有的推诿拖沓不急作为，有的打折变通不真作为，有的能力不足不会作为。这些问题是导致一些重大政策和改革举措不能落地、重大项目进展缓慢、财政存量资金统筹不够的重要因素，直接影响政策目标的实现。

审计机关要从促进正向激励、严格问责、营造环境三方面齐下力，调动各级干部干事创业的积极性，凝聚发展的巨大力量。一是及时总结好的做法和经验。要积极发掘具有推广价值、有实际成效的做法和经验，让那些干事创业、真抓实干、开拓创新、积极主动抓政策落实的地方、部门和单位得到褒扬和正向激励。二是揭示"为官不为"的典型。审计要用好"火眼金睛"，揭露隐藏在各种假"托词"和"理由"背后真"不作为"的典型，对不担当、不作为、懒政怠政甚至失职渎职的行为予以曝光，对相关责任人严格问责。三是为干部作为营造良好环境。审计机关要适应改革创新形势，实施"包容性"审计监督，为干部干事创业提供宽松环境。当前，审计机关已明确了有利于稳增长的审计思路，坚持既不以现在的制度规定去简单衡量以前的老问题，也不用过时的制度规定来衡量当前的创新事项，对于突破原有制度和规定的创新举措或应变措施，只要符合改革方向，有利于稳增长和促发展，就要予以支持，实际执行中要持续贯彻好。对于有实际成效的创新举措，多从制度障碍的角度反映问题，不让敢闯敢干的好干部受到不必要的"牵制"。同时，审计机关也要推进有关部门尽快清理过时的制度规定，为依法审计提供更好的环境，为稳增长清障护航。

七、国外政策研究和决策参考

日本高铁走出去做法及我应对建议

刘武通　陈安娜

近年来，中国高铁发展迅速，已在国际高铁市场占有一席之地，但也面临来自日本、德国、法国等国的激烈竞争。日本高铁新干线拥有一定技术优势，在东南亚、北美、巴西等市场已占较大份额，是目前中国最主要竞争对手。知己知彼，百战不殆。研究分析日本高铁走出去做法，对提升我国高铁海外竞争力具有重要现实意义。

一、日本推动高铁走出去的主要做法

一是精心谋划设计布局。二战期间，日本曾通过战争企图占领整个亚洲，战后调整策略，转向政府官方援助、日元贷款、直接投资等方式介入东南亚，试图维持其对该地区的影响力。新形势下，输出高铁已成为日本兜售装备技术、带动国内制造业发展的主要方式之一，也是对东盟国家施加政治甚至战略影响的重要手段。日方为了拿下新加坡—吉隆坡的新马高铁、泰国的曼谷—清迈高铁、印尼的雅加达—万隆高铁、印度的金奈—新德里以及孟买—艾哈迈达巴德高铁等项目，动用了从政府到企业和民间的各方面资源，安倍首相也亲自上阵四处游说，拉开架势准备与中国高铁打一场持久战。不仅如此，日本为阻挡中国与中南半岛的互联互通建设，加紧在泰国进行铁路布局。目前在泰修建三条铁路：第一条线路是称作"北线"的曼谷—清迈的高铁线路，为南北走向；第二条线路是称作"东南线"的北碧—曼谷—沙缴的复线米轨铁路，属窄轨铁路，主要覆盖泰国东南地区，为东西走向，从西到东贯通泰缅、泰柬边境并连接主要港口和工业区；第三条线路是称作"东北线"的达府—彭世洛—孔敬—穆达汉铁路，主要覆盖泰国东北地区，也为东西走向。从中不难看出，日本对泰国内交通干线的地理区位和空间布局进行过深入调研，其意图是赢得泰国铁路网设计建设的先占权，不给中国留下可用空间。

二是设立专门统筹机构，推广日本高铁标准。日本政府将高铁输出作为"经济成长战略"重要支柱。2013 年，日本政府新设了以内阁长官为议长、由各相关大臣为成员的"经济协作基础设施战略会议"，国土交通省还先后设立了"海外铁道技术协力协会""海外交通城市开发事业支援机构"等专门机构，协调新干线出口事宜。2014 年，日本东海铁路、东日本铁路、西日本铁路、九州铁路公司还共同设立了"国际高速铁道协会"，并与日立制作所、川崎重工等 25 家铁路机车车辆制造相关企业联手，推广以日本高铁技术为基础的国际高铁标准，试图在世界上树立"日本标准"的权威地位。

三是提供官方资金和贷款支持。为更多占据海外市场，日本政府不惜从资金、技术和运营层面对目标国高铁建设进行援助。据报道，为帮助菲律宾破旧的铁路系统升级，日方已承诺提供约 20 亿美元的"软贷款"（低息优惠贷款），用于修建 36.7 公里长的高架铁路线以连接马尼拉和马洛洛斯市。日方希借此增加获得菲律宾高铁订单的筹码。日本在赢得泰国高铁项目的过程中，其政府领导人亲自积极推销，并承诺向泰方提供预计利率不会超过1.5% 的低息软贷款。此外，日本政府决定今后5年向亚洲地区国家提供 1100 亿美元长期、低息的基础设施建设资金援助，并将无偿援助资金增加 25%。强大的官方资金支持已成为日本高铁竞争力的重要因素。

四是保持核心技术优势。日本高铁在核心技术方面处于世界领先地位。日方曾成功向中国台湾地区输出了包括设计建设到车辆设备和管理在内的成套技术，奠定了高铁成套设备出口的基础。日立、川崎重工等日本主要高铁车辆生产厂商决定通过联合研发零部件通用化的高铁标准车辆，努力降低生产成本，提高在国际市场的价格竞争力。在中国高铁呼声日益高涨的新形势下，日本铁道与车辆出口协会对外宣称，日本高铁核心技术优势将长期保持，中国企业在主要零部件方面仍将依赖三菱电机、日立制作所等日本厂家。日方计划充分利用其技术优势，在未来 5 年将海外高铁等基础设施订单增加到 3000 亿美元左右。同时，日本还开动宣传机器，标榜其高铁的安全性、舒适性、便利性、精准性以及运营管理方面的丰富经验，树立日本装备技术的可信度和良好形象。

当然日本高铁也有弱点和局限性。首先，高铁技术研发的局限性。由于国内土地、环境限制，日本高铁无法适应高寒天气及崇山峻岭的外部环境。其次，日本高铁走私营化路线，高铁制造商往往寻求利益最大化，很难为了国家利益而自我牺牲。第三，日本高铁造价昂贵。虽然日本称其新干线的安全性世界第一，但如无强大资金支持，其在海外的运营收入很可能连贷款利息都还不上。对于拥有广阔高铁市场前景的发展中国家来说，费用问题是重要考量因素，日本新干线可能因无法契合当地需求而丧失这些市场。

二、对中国高铁走出去的思考和建议

当前和今后一段时期，中国与世界的经济开放性互动日益密切，统筹国内、国际两个市场的任务更加紧迫。随着中国综合国力不断增强，打造一个自身主导的全球资源配置、产业布局和自由贸易体系势在必行。大规模走出去的高铁可作为"开路先锋"和"试金石"，我们必须精心策划推进。日本对外输出高铁规划布局、政策举措、机制平台及相关做法，值得我们认真研究，有助于我们取长补短，不断完善我高铁走出去战略。有关建议如下：

（一）积极推进长远战略布局。第三次科技和产业革命已呼之欲出，大数据、云计算、物联网、智能制造等新技术蓬勃发展，把整个世界联在一起已不是遥不可及。为适应未来的生产、商业和消费模式，并持久发挥自身的市场、资源及后发优势，保持世界经济引擎地位，我国必须完成与世界的"信息联接"和"物理联接"。前者主要通过通讯和互联网实现，后者则通过铁路、海运和航空等运输形式来实现。与海运和航空相比，铁路特别是高铁表现出的运输低成本、高效便捷、安全性好等优势无可比拟。除北美洲和澳洲外，欧亚大陆、非洲大陆及南美洲大陆都蕴含铁路发展的巨大需求和开发潜力。中国身处欧亚大陆，这里正是中央提出的"一带一路"战略的主轴部分，向大陆纵深处发展的"西进战略"已成为我外交大战略的重点方向。为打造我国与周边及整个亚欧大陆的互联互通格局，促进我与这些地区和国家的经贸投资合作，并由此拉紧传统友好及地缘政治纽带，高铁输出担负光荣而艰巨的使命。当务之急，我们要力争铺设一条铁路大动脉，以中国为中枢，向南纵贯中南半岛，直达马来西亚和新加坡，向西经过中亚、俄罗斯联通欧洲，从而形成亚欧陆上物流大通道。同时，推动匈塞铁路及欧洲陆海快线建设，把欧洲中东部国家用铁路、港口联在一起，形成海陆联运网络，这将使中国等东亚国家的货物和商品，可经海路在地中海北岸登陆经铁路运抵欧洲目的国，而不必绕道大西洋东岸登陆再分运到欧洲腹地，由此将节省大量运费和时间。中长期内，我们应抓住西方大国内忧外患、无暇外顾的难得契机，积极参与非洲铁路网、拉美大陆纵贯铁路及两洋铁路等建设，推动世界范围内互联互通建设。铁路修到哪，我国的影响力就延伸到哪。我们的高铁走出去战略将使我国与世界市场紧密相连，在发展中国家工业化和城镇化、西方国家基础设施改造升级乃至世界经济复苏进程中打下深深的"中国烙印"。

（二）探索中国高铁走出去的独特模式。高铁走出去是推动国际产能合作的重要形式。目前，我国在铁路特别是高铁领域已具备自主生产能力，在设计、制造和工程承包等方面拥有成熟经验和充足产能，设备产品性价比高，适应性强，可针对不同地理、气候条件"量身定做"，不仅可以满足广大发展中国家的交通需求，而且已逐步在西方发达国家打开市场。高铁战略已上升为"国家战略"，从中央到地方都高度重视高铁走出去工作。李克强总理亲自"挂帅"，当起了"高铁推销员"。2013年下半年以来，李总理几乎每次出访中都要对外推销中国高铁，已向几十个国家表达了合作建设高铁的意愿，目前已取得可喜进展。我国高铁走出去可探索自己特有模式。一是产业链整体输出。由中国铁路总公司牵头协调，组建勘探设计、基建工程、轨道车辆等企业联合体，联合体中的企业"轮番上阵"竞标，从而形成一种"上下游一体化"的产业链输出模式。莫斯科—喀山高铁项目就采用了这种模式。这种方式受到不少合作伙伴国的欢迎。二是使企业、社会、政府三者良性互动。我们对外参与和推动高铁、铁路项目，要遵循市场经济规律，符合当地国情及法律法规，按照"企业主导、商业运作、社会参与、政府推动"原则，以独立承包、三方合作等多种方式，推动有关项目尽快落实。中方企业应考虑吸纳当地就业，注重保护生态环境和履行社会责任，做好人员培训和技术转让，致力于包容性增长。三是投融资形式高效实用。我国有充足的外汇储备，还可利用丝路基金、亚投行、欧洲复兴开发银行等金融机构及各种专项贷款、合作基金等多样化筹资渠道，重点支持交通基础设施互联互通项目。要坚持中方信贷不附加任何政治条件的传统特色，这是我们在发展中国家战胜西方竞标对手的主要优势之一。还要针对不同地区和国家创新投融资形式。如有的中东欧国家受到欧盟主权担保融资条款限制，我们应鼓励通过融资租赁、直接投资、股权投资等多种形式，还可探讨组建16+1多边金融公司，规避相关门槛，降低合作融资成本。

（三）强化中国高铁"走出去"的软硬实力。质量是产品的生命线。产品的质量和信誉是企业的核心竞争力。日本高铁及很多品牌之所以拥有较好国际口碑，归根结底在于他们展示的精益求精的质量、管理和服务。中国经济发展正在迈入提质增效升级新阶段，要尽快改变过去30多年快速增长时期粗放式生产、经营、管理及消费模式，特别是针对全社会消费需求升级和多样化趋势，要努力提供精细化、个性化、专业化的高品质产品和服务。高铁走出去也应贯穿这一指导思想，强化精品意识。要加强核心技术研发，从"追赶"到"超越"西方国家应成为中国高铁的努力方向。虽然从技术上讲，中国高铁在轨道面、高架桥强度等方面已接近日本新干线水平，特别是2014年中国南车造出国内首条属核心技术的芯片生产线，但在高端制造、项目设计、管理及配套服务等方面仍有继续改进的空间，要在产品全方位提供上达到国际一流标准还有一定差距。要充分用好中国特有的高铁运营经验。到2015年，中国高铁运营里程已突破1.7万公里，超过全球高铁总里程旅程的一半，是日本的4倍多。高铁列车保有量达1300多列，位列世界第一。列车覆盖时速200—380公里各个速度等级，种类最全。中国具有在多种地形地貌和气候条件下建设运营高铁的丰富经验，包括建成世界最南端、与雅万高铁在气候和地质条件上非常相似的海南高铁，堪称是"世界高铁博物馆"。我们要重视从这些经验中提炼出技术含量，不断完善中国高铁的性能。要继续保持我们的价格优势。一般情况下，同一个项目，中国建设高铁的国际报价为每公里0.3亿美元，而日本则为每公里0.5亿美元，差距很大。成本和价格优势已成为我们以往几个项目成功中标的决定因素之一，也将是中国高铁未来在更多国际市场上最终胜出的关键筹码，绝不能轻易失去。

（四）加快补足专利和标准短板。中国高铁走出去面对的突出挑战是专利布局问题。我国高铁技术绝大部分专利都是在国内申请的，而要真正获得国际认可，就必须申请欧美的专利。目前欧洲的高铁几乎饱和，美国则市场空间巨大，本国又缺乏强有力的高铁企业，因此成为有关国家高铁海外专利布局的必争之地。日本将其主要高铁专利都布局在美国，试图取得先占优势。从长远看，中国高铁企业也必须考虑在美国进行专利布局，一旦进入诉讼程序，中国企业就能够援引在美国的专利来进行抗辩。还有技术标准问题。推动中国高铁标准国际化并非易事。为应对欧美市场的标准壁垒，中国高铁必须符合需求者标准，提升消费者的满意度和忠诚度。例如，我国出口马其顿的动车组，是我国动车组产品符合欧洲铁路互联互通技术规范（TSI）要求进入欧洲市场的第一单，是中国轨道交通装备产业"出海"的标志性一步。其设计按照最严苛的欧洲标准 EN15227：2008 的要求，采用三级碰撞能量吸收系统，能在两列车以时速 36 公里相撞、或一列车以时速 36 公里撞击 80 吨货车等工况下，通过车体的能量吸收系统，确保乘客和司机的安全。我们应在此基础上，深化与西方高铁大国的技术和标准交流力度，探索中国特色的更高标准。

中国高铁走向世界刚刚起步，不仅面临市场、服务和技术标准之争，还遇到政治、法律、文化等层面的棘手问题。对此，我们既要增强忧患意识，积极应对，也要坚定信心，迎难而上，努力把"中国高铁"品牌打造得更过硬、更响亮。

做 大 做 强 中 非 基 金
加大对非投资合作支持力度

唐　元

中非基金（全称"中非发展基金"），是我国政府 2006 年宣布设立的股权投资基金，旨在按照"自主经营、市场化运作、自担风险、保本微利"方式，鼓励和支持中国企业"走出去"开展对非投资合作。中非基金自 2007 年投入运营以来，把优强中国企业和非洲项目连接起来，已成为"中国企业对非投资的主力平台"，为贯彻中央对非政策、巩固中非友谊、增进政治互信发挥了积极作用，在助力对非合作提质升级、支持非洲发展的同时，实现了自身的良性发展，蹚出了一条以市场化方式实现国家战略的路子，表明中央设立中非基金的决策是正确的，是符合中非战略合作实际的。在当前鼓励企业走出去、加快实施中非合作的新形势下，建议进一步做大做强中非基金，使其在推动中非投资合作中发挥更大作用。

一、中非基金效果显著

中非基金是中非合作论坛的产物，是我国推进对非务实合作的重要举措。根据国务院批复的《中非基金组建方案》，中非基

537

金要体现国家战略意图，与对非财政、金融支持政策形成互补，对投资非洲的企业及项目投资参股，帮助企业解决资本金不足问题，也为企业提供咨询服务。中非基金资金规模为 50 亿美元，由开发银行承办。其中一、二期共 30 亿美元已到位，并已全部承诺投资，三期 20 亿美元资金方案已落实，待国务院批复。

中非基金运行 8 年多来，紧紧围绕国家发展和外交大局，积极作为，做了大量卓有成效的工作：

一是投资了一批关系国家能源资源保障的项目。涉及铁矿 100 多亿吨、铜 700 多万吨、铂金 488 吨（超过我国资源总和）、黄金 1400 多吨以及铀、钴、锆钛砂等战略性矿产资源。

二是参与投资了一批基础设施项目。包括开发区、港口、航空、远洋航运和发电等项目。其中，参与投资建设的埃及苏伊士经贸园区项目，吸引的中方企业投资占我对埃投资的 70% 以上；参与投资建设的加纳电厂，装机容量占该国发电装机的 20%，极大地缓解了该国电力短缺局面。

三是投资了一批社会影响面广的项目。这些项目主要是广播电视传媒项目和农业项目，涉及范围广、社会影响大，对于传播中国文化、加深民间友谊，起到了很好作用。比如，投资的四达时代数字电视项目，已在非洲十几个国家落地，覆盖 6000 万电视人口，广泛传播中国文化，扩大了我国影响力；投资的坦桑尼亚 10 万亩剑麻项目，带动当地近 2000 人就业，受到广泛称赞。

四是引领对非产能合作。中非基金积极参与我国优势行业对非产能合作投资。8 年来，累计在水泥、玻璃、机械、汽车、家电等行业投资超过了 4 亿美元，引导企业投资 30 亿美元，形成年产重型卡车 1.3 万辆、空调 30 万台、冰箱 60 万台、电视 40 万台、水泥 160 万吨的生产能力，在拉动当地经济发展、解决就业、扩大出口等方面发挥了重要作用，被非洲领导人誉为支持非洲国家工业化建设的典范。

五是引导中国企业抱团赴非投资。中非基金发挥对非投资综合平台优势，引导在非中国企业合力开拓非洲市场，避免恶性竞争，维护了国家整体利益。例如，协调河北钢铁与俊安集团组成中方联合体，成功降价 30% 收购储量 2 亿吨的力拓南非 Palabora 铁矿项目，一举节省收购成本 3 亿美元。

中非基金运行 8 年多来，累计对分布在 35 个非洲国家的 83 个项目承诺投资 31.62 亿美元，已经出资 23.56 亿美元。这些项目全部实施后可带动中国企业对非投资约 160 亿美元，带动非洲国家出口 20 亿美元、增加税收 10 亿美元，解决当地 100 万民众就业，在提升我国对非洲国家影响力、巩固中非传统友谊、增进政治互信中发挥了重要作用。8 年来，中非基金自身也在不断锤炼中迅速成长，积累了项目投资相关的前期开发策划、可行性研究、价值评估、法律法规、财务顾问、建设运营、投后管理和退出机制等全流程经验，锻炼和培养了一批适应高水平对外开放要求的专业化团队，建立了丰富的非洲项目渠道和公共关系资源，储备了一批"三网一化"、产能合作项目。目前，中非基金形象已在非洲深入人心，成为中国与非洲项目投资和企业合作不可或缺的平台，具备了发挥更大作用的能力。

当然，中非基金在发展过程中也面临一些障碍和问题。一是资金规模有限。目前仅有 50 亿美元，面对众多的对非投资合作项目资金需求，已经捉襟见肘，在今后中非投资合作规模迅速扩大的新形势下，基金供需缺口更大。二是投融资方式受限。按照有关规定，中非基金需要与中资企业一起捆绑投资，使得中非基金不能独立把握一些有价值、国家急需的投资项目，影响了基金战略效益和财务效益。三是对非政策分散。目前对非政策资源和资金渠道趋于多元化，但未能形成合力。

二、做大做强中非基金十分必要

加强对非投资合作是当前和今后一个时期我国外交外经领域的一项重大战略，做大做强中非基金，对于加大对非投资合作力度，不仅重要，更显必要。

一是有利于提升中非政治互信。非洲是发展中国家"大票仓"，也是我传统友好区域，在国际事务中对我支持作用巨大。借助中非基金平台，加大中非企业合资合作力度，促进中国企业在非洲扎根，与当地政治、经济深度融合，有利于建立起"你中有我、我中有你"的利益共生关系，有利于增强非洲自我发展能力、加快非洲国家发展，有利于夯实中非政治互信的基础、培养政治外交战略合作关系。

二是有利于中央对非投资目标的实现。中非间经济互补性极强，非洲既是我不可或缺的海外资源基地，也是我优势产业转移的重点地区。目前我国对非投资年均约为 30 亿美元，仅占非洲吸引外资的 5% 左右，与我国同期对非 2000 多亿美元的贸易规模极不相称。为此，中央提出到 2020 年我对非投资存量要达到 1000 亿美元的目标，而 2014 年底仅为 323.5 亿美元，实现上述目标的难度很大，必须充分发挥中非基金投融资平台作用，引导和带动企业大规模对非投资。

三是有利于国家对非"三网一化"、产能合作等重大战略的实施。非洲目前总体上处于工业化起步阶段，电力、通信、交通等基础设施非常落后，加快基础设施建设、吸引产能转移是非洲各国的当务之急。中央提出的中非投资合作以"三网一化"和产能合作项目为重点，是切合中非实际的重大决策。这些项目初步匡算需要 1800 多亿美元，具有资金需求大、回收周期长、短期难以见效的特点，需要中非基金作为国家政策性抓手，与企业合资合作分担投资风险，并发挥协调作用，以确保国家重大对非合作项目顺利实施。

四是有利于规避中国企业对非投资风险。随着国内经济结构调整升级，我纺织、家电等传统优势行业产能向非洲转移是大势所趋。当前这些行业及企业具有走向非洲的冲动，但对非洲普遍缺乏了解，尤其缺乏企业在非洲运营管理的经验。中非基金作为政策性投资基金，可发挥政府与企业桥梁作用，为企业提供信息资讯和业务咨询，规避投资风险，同时发挥协调作用，避免恶性竞争。

三、政策建议

中非基金在我国对非投资合作中作用明显，做大做强中非基金意义重大。建议采取切实有效措施，鼓励中非基金发展，使其更好地发挥政策抓手功能，在中非全面战略性合作中发挥更大作用。

（一）扩大中非基金资金规模。为满足"十三五"中非合作国家战略的需求，据估算，中非基金规模应达到 300 亿美元为宜。建议采取由国家开发银行向外储发行特种债券筹资或由外储直接注资等方式，将中非基金规模由目前的 50 亿美元提高到 300 亿美元。

（二）在投资运作层面给予中非基金更大灵活性，提高资金运营效率。一是允许中非基金自主选择国家战略急需、具备经济效益的项目，先行投资，将项目培育成熟后，再引入中国企业"接盘"。二是鼓励基金创新投资工具，通过债务型融资工具等，支持我国在非投资企业发展。

（三）给予中非基金更多政策支持。一是对中非基金与中国企业投资在非项目生产的产品给予进口配额支持。二是中非基金投资项目的母体企业在国内上市时，豁免中非基金的国有股转持义务，提高中非基金的投资和退出效率。三是将对非援助等鼓励措施和优惠政策与中非基金投资结合起来，为重点投资项目提供综合配套服务体系。

法国城市基础设施建设及投融资模式
对我国的启示及建议
——赴法国考察调研报告

郭道锋　李春荣　王作成　杨相卫　朱　宁　牛发亮

王绍辉　全　刚　韩志刚　黄良港　崔成涛　曾　超

2015 年 9 月下旬，按照国家外专局批复的培训计划，我室牵头组织了赴法国考察培训团，对法国城市基础设施建设与投融资体制进行了专题调研。法国城市基础设施建设和运营的成功经验，关键在于逐步形成了灵活多样的投融资模式以及良好的市场和制度环境，这对我国具有重要的借鉴意义。

法国大规模城市基础设施建设起步于 19 世纪中叶。二战后，随着国家重建的逐步展开，城市基础设施建设进入高潮。随后几年，政府通过设立国家城市发展基金、组建公共工程机构和混合经济公司等，集中财力和物力，加快城市基础设施和住宅建设。1955 年，法国政府制定了地区总体发展计划，组建中央房产公司和公用事业公司，并对混合经济公司进行改造，地方财政开始参与商业性公司投资。在这一举措的带动下，法国城市基础设施建设投资结构发生明显变化，私人投资占据越来越重要的位置，公共资金投资占总投资的比例由 1950 年的 50% 下降到 1966 年的 27%。1967 年，法国制定了《地产法》，规定征收城市基础设施建设地方税，为基础设施建设提供了新的资金来源。1977 年，为综合协调旧城区的建设改造，法国设立了城市规划基金，专项用于旧城区改造工程。1982 年，法国实施《中央权力下放法》，改变了中央政府包揽一切的状况，调动了大区、省、市等地方政府的积极性。1993 年，在总结中央下放权力做法的基础上，法国颁布了《城市合同法》，明确了国家和地方的权益关系。1994 年，法国中央政府与地方签订了 244 项合同，在财力上对地方建设给予支持。目前，法国城市基础设施建设逐步形成了灵活多样的融资方式。主要包括三大类：

一、公共市场模式

完全依靠政府投入，与我国政府主导的基建投资类似，主要用于非经营性或社会效益大的项目，如城市道路等，大体占全部投资的 60%。如果财政资金不能满足投资需求，则由政府向银行贷款，但必须控制在财政长期预算收入可偿还范围内。一般来说，重大项目主要由中央政府投资，如巴黎香榭丽舍大街的建设等；一般性城市基础设施项目则由中央、地方政府共同承担，中央政府投入约占 1/4，地方政府约占 3/4，目前地方政府投入比例仍在上升。

二、委托管理模式

这是法国最具特色的模式，也是吸引社会资本的主要途径，不仅用于铁路、供水、污水处理、城市公共交通等领域，还包括高速公路、停车场、供暖、有线电视等项目，大体占全部投资的

30% 左右。具体做法是在保持所有权公有的前提下，政府部门依照法定程序，通过市场竞争，选定一家企业对某项城市基础设施进行建设和管理，其经营管理过程受到政府部门和居民的监督。该方式的好处：一是有利于减轻政府财政压力；二是有利于实现政企分开，兼顾了政府公共性和私营企业灵活性；三是有利于发挥企业在设计、施工、经营、维护等方面的专业优势，改善服务质量。根据合同类型不同，这种方式还可具体分为租赁管理、特许经营权管理、直接委托管理等。

（一）租赁管理。政府承担项目的建设或扩建所需费用，经营费用、风险费用由承租企业负担。这种租赁管理方式，占到公用部门与专业私营部门在公用事业方面合作总量的 75%，在法国水务和污水处理部门应用尤为普遍。这一类租赁合同主要分为包干制合同及非包干制实报实销两种形式。前者需要向资产所有部门支付固定的租金，生产独立性强，责任风险相对较大；后者是一种建立在实报实销制上的服务性合同，经营管理者依据其业绩获得一定的奖励及分红，经营独立性小，风险也相对较小。

（二）特许经营权管理。依照法律，发租方在招标细则中明确规定特许经营约束条件。受托企业承担投资和经营管理全部费用，负责设施运转和维护，独自承担风险。设施产权属于发租方，合同到期后，受托企业将设施交还给发租方。该模式有效实现了成本的代际分担，减轻了当代人承担未来基础设施的建设成本负担。和租赁管理不同，特许经营权管理要求受托企业承担投资费用，一般合作期限相对较长。

（三）直接委托管理。地方政府机构承担设施建设的投资和所有风险，管理权属于政府机构。受托企业为公共部门服务，不直接从用户获取营业收入，而是从地方财政预算中获取报酬。如法国交通运输部门就采取这种管理方式。这是因为单靠用户所付费用远不能保证交通运输开发经营者收支平衡，目前，法国交通运输部门享受大约 50% 的国家补贴。

三、公私合营（PPP）模式

这种模式大体占法国城市基础设施建设全部投资的 10% 左右。2004 年以前，法国地方政府主要推行公共市场和委托管理等模式，但这些模式缺少一个中间人，因为有时投资人并不具备丰富的项目运作能力。公私合营模式是政府把整个项目委托给第三方运作公司，进行投资融资、工程建设、维修维护、开发和服务管理，帮助政府履行公共服务使命。合同期限一般取决于城市基础设施建设的折旧年限。第三方项目运作公司不直接面向用户，而是通过向政府收取租金形式获得政府投入。其中，项目的设计、建造、财务和运营维护等商业风险由社会资本承担，而法律、政策和最低需求等风险由政府承担，不可抗力等风险由政府和社会资本合理共担。与委托管理模式相比，该模式主要由专业化项目公司运作，通过三方合作（政府、项目公司、社会资本），不仅降低了设计建设与开发管理间的衔接风险，而且降低了企业由于专业化水平不足导致的经营风险，有利于找到政府、社会资本和公众各方利益的平衡点，确保公共服务"优化而不退化"，社会资本"盈利而不暴利"，从而找到实现各方利益的"最大公约数"。

总体看，法国引入民间资本参与基础设施建设的方式灵活多样，具体一个项目适合哪种方式并未有明确界定。但无论采取什么模式，都必须遵循以下原则：一是坚持政府的主导作用，政府对基础设施建设拥有决策权；二是坚持基础设施的公共属性，其最终目的都是为了更好地为公众利益服务；三是坚持公平与效率的有机结合，决不能为了提高效率危害社会公平；四是坚持通过风险预估进行科学民主决策。实际操作中，不同模式的界限也并非十分明确，许多合同常常是几种方式的混合体，体现出灵活性和适应能力。

与我国相比，法国对投融资模式的定义和划分也有一定区别。比如，关于PPP的概念就有不同的理解。在我国较为普遍采用的定义中，广义PPP是指公共部门与私营部门为提供公共产品或服务而建立的各种合作关系，具体可分为外包、特许经营和私有化三类。狭义PPP仅指政府与私营部门以合资组建公司的形式展开合作，共享收益，共担风险。目前我国推广的PPP项目运作形式包括BOT、TOT、ROT、BOO等多种类型，应该属于广义PPP；法国模式中的PPP更类似我国的狭义PPP。

四、法国城市基础设施建设投融资模式的几点启示

法国城市基础设施建设投融资模式，广泛吸引私营投资进入，既有效缓解了财政资金不足的困难，也提高了基础设施运行效率。其成功的关键在于：

（一）拥有充分公平竞争的市场环境。竞争是市场经济的内在要求，有了充分竞争，才能选出项目最优实施方案，实现最低成本控制。在欧洲及法国法律中，投融资市场化遵循了四个原则：一是引入竞争性；二是增加透明度；三是确保信息公平；四是竞标过程公正。竞争性是基础，法国私营部门除不能进入军工等涉及国家安全的领域外，其他均可投资建设，比如学校、监狱、法院等公共机构。政府做决策时，对国有、私营以及合营制企业一视同仁，通过寻求专家协助、征求公众意见等，从纳税人和用户

等多角度出发，最终根据项目财务收支平衡、风险以及收益等择优选择。

（二）拥有一批高水平专业化项目运作公司。出于对政府以及投资人缺乏专业性、项目决策会存在风险的担心，在这种背景下，法国政府提出让专业的第三方进行设施与服务的投资、设计、维护和管理，即 PPP 模式。政府只面对项目运作公司，只考虑项目经济和社会效益。项目运作公司作为政府代言人，拥有日常管理复杂项目的丰富经验，与银行、投资者、开发商等沟通协调，既帮助政府选择合适开发商，也帮助私人企业进行决策，解决了政府机构和投资人专业化水平不足等问题。目前，法国已经拥有一大批各种类型的项目运作企业，如埃法日、万喜、布衣格、爱集思、NEXITY（法国建筑业头号企业）、里昂合流、罗纳尔—里昂设备工程公司等，还有法国信托投资银行、法国国民互助信贷银行（GECINA）等大型金融机构，这是其能够开展委托管理或者 PPP 融资的关键所在。

（三）拥有完备的法律法规。市场经济是法治经济，由于 PPP 等融资方式的复杂性和长期性，必须将其纳入法律和契约下进行投资、建设、经营和监管。法国对城市基础设施的规划设计、项目筹资、投资建设、企业经营以及使用等都无一例外地法治化，将有关政府部门、相关企业以及居民的权利、义务、责任等用法律的形式确定下来。比如，针对公共市场模式，法国专门有公共市场法则；针对委托管理模式，专门出台有 1993 年 1 月 29 日经济活动和公共程序中预防腐败和透明法，2001 年 12 月 11 日经济及金融紧急措施法；针对 PPP 模式，专门出台了 2003 年 7 月 2 日法令和 2004 年 6 月 17 日条例。这些具体法律法规及政策措施，杜绝了权责不清现象，能够有效防范和解决可能出现的种种问题。

（四）拥有良好的社会信用体系。社会信用体系是市场经济和社会治理体制的重要组成部分。法国城市基础设施投融资和建设运营过程中，涉及政府、项目运作公司、银行等金融机构、个体投资人、建筑商、开发商、贷款人等诸多方面。项目运作公司是各方利益的代言人，一般本身并没有资金。项目要获得成功，关键是政府对所选项目运作公司要有足够信任，同时通过制定详细合同文本，确定风险由谁承担。有时合同文本长达 1.5 万页。项目实施过程中，各参与方不能私下协议，不能出现作弊行为。如果项目失败，必须按照合同由风险承担方支付亏损，否则由法院进行裁决。

（五）拥有灵活发达的金融市场。法国金融市场高度市场化，很多机构既是授信方，也是投资人，有时还是项目运作公司。在充分竞争背景下，金融机构贷款利率相对较低，比如 2015 年 7 月 31 日，法国央行发布数据显示，法国 6 月份 100 万欧元以下贷款利率均值为 2.09%；100 万欧元以上贷款利率均值仅为 1.62%，大大降低了基础设施建设成本。更重要的是，在良好的政府和社会信用保障下，银行等金融机构对项目贷款资本金要求具有很大灵活性。如果金融机构认定某个项目具有良好收益前景，有时甚至基本不用资本金作担保。如里尔城市建设体育场项目，资金需要 3 亿欧元，竞标后由埃法日集团投资，实际上只投入 1% 的资金给项目运作公司作为启动资金，其他 99% 的资金都是通过项目运作公司向银行贷款。

（六）拥有严格的政府监管。推进公共基础设施建设，最终目的是更好服务民众，实现经济和社会效益最大化，法国法律规定了政府监管责任。项目实施过程中，项目公司必须按照合同执行，确保公众利益，一旦出现问题，政府有权根据法律重新竞标选择。比如，里昂城市拥有法国第一大公共交通管理系统，其运营采取典型的委托管理方式，政府不仅规定了地铁、公交、有轨电车等路线、票价、运行时间等，还不定期查看运行情况，通过征求公众意见等形式确保服务质量。公共交通管理公司拥有的权利很少，只能依靠提高运行效率增加收益，最多可在夜间根据情况合理降低车辆班次等。政府这种严格监管既实现了私营的灵活性，又确保了基础设施的公共性。

五、相关建议

当前，我国正处在城镇化快速发展时期，加快推进城市基础设施建设，既有利于提高城市综合承载能力和城镇化发展质量，也有利于增加公共产品有效投资、拉动社会资本投入、应对经济下行压力。从法国实践经验看，加强政府与社会资本的合作，关键是各级政府要有市场意识、合作意识、规则意识、创新意识，严格按市场经济规律办事。为充分调动社会资本参与城市基础设施建设的积极性，提升公共服务的供给质量和效率，现提出如下建议：

（一）建立适应融资创新需要的法规政策体系。为吸引社会资本参与公共服务建设，我国相关主管部门也出台了一系列政策办法，但各主管部门的政策文件各自为政，很多时候不能相互衔接，给项目建设运营带来不利影响。建议国家层面尽快出台相关法律法规，填补政府和社会资本合作领域立法空白，着力解决政府和社会资本合作项目运作与现行法律之间的衔接协调问题，为政府和社会资本合作提供良好的法律环境和稳定的政策预期。地方城市政府也要依据立法法相关规定，出台地方性法规或规章，进一步有针对性地规范政府和社会资本合作模式的运用。

（二）培育大型专业化项目投资或运作主体。目前，我国各级城市政府多数都成立了相应投融资平台和管理运行公司，比如城投公司、铁路投资公司、公交公司、地铁公司等。但这些公司大都直接隶属于政府，不仅专业化水平不足，甚至政企不分，管理效率低下。建议结合当前推进的国企改革，在供排水、污水垃圾处理、公共交通、文化体育设施等领域，将一些政府融资平台改造培育成专业化项目运作公司，积极吸引社会资本参股、控股，进而提高其经营项目的能力，降低项目运行风险。

（三）建立科学民主的项目决策机制。近年来，由于我国城市规模的快速扩张，部分城市规划已经滞后于城市发展，加上政府领导决策权力过于集中，项目前期论证不充分，导致项目布局和实施方案不合理，建成后难以发挥效益。有的属于形象工程、政绩工程，不顾政府财力承受能力，盲目与私营资本进行合作，导致公共资源流失。建议强化政府重大决策责任制，在与私营资本进行合作时，要通过对不同合作方式对应的资本结构、运行成本及可获得的利润进行综合分析，对项目的定价调价机制、责任风险分担、运营维护成本、融资方案和财政补贴等进行重点论证，通过多方比选确定项目实施方案和合作模式。同时结合财政收支平衡状况，统筹论证新建项目的经济效益和社会效益，并进行财政承受能力论证，保证决策质量。

（四）营造有利于公平竞争的市场环境。与发达市场经济国家相比，我国竞争政策还很不完善，市场秩序不规范，垄断和不正当竞争屡禁不止。建议鼓励社会资金、外国资本采取独资、合资、合作等多种形式，参与经营性城市基础设施建设经营。对于非经营性项目，如市区内的道路、桥梁、绿化、公共场所的卫生保洁等，建议严格按照政府采购要求，一律通过公开招投标，提高财政资金使用效率。同时，建议结合推进国企改革，尽快将原市政公用事业单位与政府真正分开，政府不再干预企业的投资和生产经营活动，使企业真正成为经济利益的受益者和经营风险的实际承担者。

（五）大力开展金融服务创新。目前，我国银行贷款只有项目资本金到位才能发放，由于法律框架下财政对属于公共物品性质的城市基础设施不能担保，也使银行贷款受到限制。建议进一步完善金融市场体系，支持社保和保险资金按照市场化原则，创新运用债权投资计划、股权投资计划、项目资产支持计划等多种方式参与项目。设立基础设施投资基金，在特定期限内对项目进行直接投资，可介入相对早期土地开发，并设立相应退出机制安排。出台专门向城市基础设施领域倾斜的资本市场融资办法，鼓励符合条件的项目运营主体在资本市场通过发行公司债券、企业债券、中期票据、定向票据等市场化方式进行融资；延长城市基础设施贷款年限，扩大 20 年以上长期贷款在城市基础设施建设贷款中的比重。鼓励开发性金融机构发挥中长期贷款优势，引导商业性金融机构拓宽项目融资渠道，参与城市基础设施建设。

应前瞻部署"一带一路"
沿线国家语言资源建设

聂　丹　范绪锋

"一带一路"建设是新时期我国对外开放战略的大手笔，"十三五"时期将进入从起步到提速的关键阶段。语言互通不仅是促进人文交流、实现民心相通的根本保障，也是深化各领域务实合作的重要支撑。立足当前、着眼长远，必须把沿线国家语言资源的共建共享放在重要战略位置，高度重视，早作部署，抓好落实，服务于全方位对外开放的新需求和大格局。

一、"一带一路"语言资源建设具有重大战略意义

作为人类最重要的交际工具和信息载体，语言是文化的基础要素和鲜明标志，是"了解一个国家最好的钥匙"。"一带一路"建设，主要内容是政策沟通、设施联通、贸易畅通、资金融通、民心相通。实现这"五通"，语言互通是最基本的前提和基础，语言资源特别是非通用语种资源已成为不可或缺的战略性资源。

粗略估算，"一带一路"沿线60多个国家，大致包含50多种国家通用语和200多种民族语言。这些语言绝大多数都是非通用语种。目前我国面向这些语种的教学和研究非常薄弱，大约只能

开设 20 门语种的课程，其中很多语种只有 1 所高校能够开设。掌握非通用语种的人才奇缺，语言资源匮乏，语言服务滞后，远远不能满足"一带一路"互联互通的需要。同时，随着"互联网＋"行动计划和国家大数据战略的实施，基于数字化、网络化的各国语言资源开发、共享与应用，越来越成为服务国家战略、适应时代变革的迫切要求。

一是服务互联互通。实现"一带一路"互联互通，需要架起各国人民之间的"心灵之桥"。充分挖掘各国典型的语言文化资源，并采用生动、逼真的现代技术进行展示和演绎，在讲好中国故事的同时，也讲述世界故事，可以让不同国家的民众在增进了解、互学互鉴中实现跨文化交流、激发心灵共鸣。实践证明，发展基于大规模语言数据库的现代化语言教育，对于加强非通用语种教学、培养和储备语言人才具有革命性的意义。在此基础上，加快开发智能化的机器翻译产品，可以提供随时随地的专业翻译服务，迅速打开各国之间的语言屏障。

二是服务国家安全。随着"一带一路"建设的推进，多元文化碰撞愈发激烈，非传统安全问题凸显。比如，中亚、南亚地区的分裂势力和恐怖组织始终威胁着我国边疆地区的安全稳定。我国边疆一些跨境民族与境外使用相近的语言，常常受到境外敌对势力的影响，语言文化"倒灌"现象不可忽视。语言问题已经从一般交流问题上升到国家安全战略问题。世界大国都高度重视语言与国家安全之间的密切关系。美国在"9·11"之后推出的"关键语言"项目，将相关语种的资源开发和研究提升到国家安全战略层面。俄罗斯国防部确定的关键外语语种，仅在高校储备的就多达 145 种，涉及 9 大语系。加强"一带一路"语言资源建设，实现中外语言特别是非通用战略语种的自动翻译，有助于及时发现不稳定因素，迅速应对紧急事件，在防范、预警和化解非传统安全威胁过程中，发挥无可替代的情报价值。

三是服务文化传承。历史上，中华文明曾在丝绸之路留下深刻印记，通过语言资源的共建共享，可以发掘整理中外人文交流的宝贵资源，有利于提升中华文化影响力和软实力。同时，随着全球化的不断深入，大量语言急剧萎缩，依托于语言的许多文化样式濒临灭绝。"一带一路"沿线国家拥有丰富的语言文化资源，如果不加以保存，任其衰亡，将是人类无法弥补的损失。加强对包括中国在内的沿线国家语言文化资源的挖掘，特别是对濒于消失的口传文化与书契文化等非物质文化遗产加以保存，对文化传承创新意义重大。

四是服务经济发展。加强语言资源建设，不仅直接服务于各领域务实合作，还能带动相关产业发展。近年来，语言产业伴随着全球化进程迅速发展，已成为未来经济发展新的增长点。据统计，我国大约有120万人从事语言产业，翻译和本地化业务年产值约120亿元。大力开展"一带一路"语言资源建设，可以催生各类语言产业新业态和语言经济新模式，为经济社会发展助力。

二、"一带一路"语言资源建设的基本构想

"一带一路"语言资源建设应该覆盖沿线国家全部语种，特别是关键语言、战略语种，这应当是国家行为。建议从国家层面加强部署，依托高校和科研机构，以建设国家语言资源库、人才信息库、开发"语言通"智能产品为抓手，全面构建"一带一路"语言资源支撑体系。

一是建设国家语言资源库。主要是致力于收集和开发沿线国家所有语言及与语言相关的资源，针对每种语言分别建立语料

库、语言知识库、语言文化资源库等。在此基础上，可以通过虚拟数字博物馆的方式展示沿线国家所有语言的基本面貌及使用情况，陈列以语言为载体的富有民族或地域特征的各类文化样态，实现语言资源的共用共享。

二是建设语言人才信息库。主要是积极动员来华留学生、外国专家学者、孔子学院和孔子课堂、出国留学生、海外华侨华人、国际非政府组织等各界力量，构建国际化、立体化的语言资源建设队伍，尤其要重点推进我国非通用语种专业人才的培养工作和信息共享。

三是打造"语言通"智能产品。主要是以语言资源库为基础，研发多语种多功能的语言智能产品，包括面向各个语种的机器翻译、语言现代教育技术、语言实时监测等高科技产品，重点解决"一带一路"复杂语言环境下的跨语言沟通障碍问题、语言学习自动化问题以及非传统安全威胁问题等，为社会提供多样化的语言服务。

三、相关政策建议

"一带一路"语言资源建设具有战略意义，也是一个宏大的系统工程，融语言学、计算机科学、心理学、脑科学、认知科学、人工智能、自动化控制等多学科于一体，不仅需要科技与人文学科间的协同创新，还需要沿线国家以及世界范围的合作建设。

一要加强战略规划。应从国家层面统一组织实施，加强顶层设计和宏观战略规划，明确"一带一路"语言资源开发的目标和步骤，并给予稳定的政策与资金支持。可以先确立一批与国家安全和对外经贸联系密切的战略语种（包括阿拉伯语、缅甸语等），或在区域和经济上地位重要的关键语种（包括印尼语、泰国语等），优先开发其语言资源。力争 3 年完成战略语种的资源建设，5 年完成关键语种的资源建设，10 年完成沿线国家全部语种的资源建设。还可以考虑在丝路基金等设立语言资源建设配套项目资金，组织重大课题，开展分国别、分语种的系列研究和资源开发。

二要整合现有资源。国内一些高校和研究机构对沿线国家部分语言及语言国情开展过调查研究，积累了一些语料和数据信息，建立了不同用途和规模的语料库或数据库。比如北京语言大学陆续建设了汉语中介语语料库、多国语翻译平行语料库、语言大数据 BCC 语料库、面向语言信息处理的基础资源库等多种语言资源库。上述不同类型的语言资源库和相关数据分散在不同的研究机构和专家手里，难以共享和利用。建议国家统筹现有的语言资源，将所有与沿线国家语言文化资源有关的项目和成果整合起来，进行二次开发和盘活使用，提升既有资源的利用率。

三要开展国际合作。"一带一路"语言资源建设是多赢、共赢的事业，应充分调动沿线国家的积极性和社会各方面力量，加强互利合作，共建共享资源平台。首先，来华留学生和各国汉学家不仅是语言资源建设的内容和对象，而且可以成为语言资源的采集者、建设者和传播者。如果把沿线各个国家的汉学家引进语言资源建设工程，统一部署，分头行动，那么语言资源建设就会立竿见影，事半功倍。其次，沿线大部分国家都设立了孔子学院和孔子课堂。除了开展汉语教学和中华文化传播之外，孔子学院还应该成为合作研究和学术交流的平台。比如，利用孔子学院的教师和学生资源，成立若干语言资源研发机构，采集当地人语言，调查当地语言国情，挖掘具有民族和地域特征的语言文化资源等。再如，依托国家汉办"孔子新汉学计划"和各类"奖学金"项目，资助与语言资源建设有关的课题研究、进修访学、联合科研等。此外，沿线很多非通用语种的国家都有中国留学生，虽然目前数量不多，但都是国家不可或缺的语言人才。将这些学生纳入语言资源建设队伍中，可以在语言资源采集加工、语言国情调查和研究等方面发挥巨大作用。

四要依靠前沿科技支撑。在大数据和"互联网＋"的时代背景下，"一带一路"语言资源建设应充分运用各种前沿技术手段。比如，可以综合利用语音识别技术、图形图像技术、声光电展示技术、虚拟现实技术以及各种新媒体技术，开发大数据的语言文化资源库和语言资源在线采集及处理服务平台，研发多通道交互语言模型，推送原始语料、标注语料、语言知识、语言文化样态陈列、语言文化体验游戏等多种专题。可以建立语言大数据增值服务机制，开发面向智能手机的"语言通"服务客户端，为沿线国家的各界人士提供多样化、全天候的语言服务。

在疲弱中走向分化　在调整中积蓄力量

——当前国际经济形势分析

李继尊　史德信　郭晨涛
刘日红　李　梁　樊石磊

2015 年以来，世界经济呈现出"疲弱＋分化"的特征，国际机构一再下调经济增长预测，主要股市、汇市轮番震荡，大宗商品价格大幅下跌。总的看，全球经济的调整远未结束，新的动能尚不强劲，低速增长的局面短期内难以改变。

一、主要经济体增长拉开距离，多数面临下行风险

美国经济继续向好。二季度，国内生产总值（GDP）环比折年率增长 3.9%，明显高于一季度 0.6% 的增速。9 月份失业率维持在 5.1%，为 2008 年以来最低。新房销量环比增长 5.7%。制造业 PMI 已连续 67 个月保持扩张势头，7、8 月份非制造业 PMI 分别为 60.3 和 59，远超 50 的荣枯线。但是，美国物价下行压力较大，8 月份消费者价格指数（CPI）同比仅增长 0.2%，生产者价格指数（PPI）同比下降 2.9%。

欧洲经济低位企稳。二季度，欧元区和欧盟 GDP 环比均增长

0.4%，连续 9 个季度正增长，同比分别增长 1.5% 和 1.9%。8 月份欧元区失业率保持在 11%。欧盟各成员国分化加大，德国、英国、波兰等国发展较好，希腊、西班牙、意大利等国问题缠身。大量难民涌入欧洲，增大了欧洲经济复苏的不确定性。欧央行将 2015 年欧元区 GDP 增长预期从 1.5% 下调到 1.4%。

日本经济再次萎缩。二季度，GDP 由一季度增长 4.5% 转为下降 1.2%。7、8 月份，工业产出连续环比下降。8 月份，日本核心 CPI 同比下降 0.1%。标准普尔将日本主权信用评级由 AA- 下调为 A+。9 月 24 日，安倍政府提出了"新三支箭"，但市场预期未见明显好转。

新兴经济体困难增大。特别是依赖能源资源出口的国家出现"滞胀"，二季度俄罗斯 GDP 同比下降 4.6%，巴西、墨西哥环比分别下降 1.9% 和 0.7%，8 月份这三个国家通胀率分别达 15.8%、9.8% 和 22.9%。包括巴西、智利、哥伦比亚、墨西哥、秘鲁在内的拉美五国（LAC5）陷入经济低迷、金融动荡的困局。东南亚国家经济普遍调速换挡，马来西亚、印尼经济金融风险较大。在新兴经济体中，印度经济表现较好，一、二季度 GDP 同比分别增长 7.5% 和 7%。

二、未来一段时期，外部环境复杂多变，对我既有挑战也有机遇

国际金融危机爆发 7 年来，世界各国为稳增长、促就业使尽了招数，尽管收到了一定成效，但病根未除。种种情况表明，我国面临的外部环境可以说旧患与新忧叠加，利空与利好同在。需要关注的问题主要有：

（一）总需求不足的矛盾加剧。美欧日等主要发达经济体接连实施量化宽松的货币政策，但对实体经济的刺激作用有限，消费和投资意愿不足。全球贸易一直没有恢复元气，近3年增速均在3%以下，不仅远低于危机前25年5.8%的年均增速，也低于全球经济的增速。2015年前8个月，主要经济体进出口均出现萎缩，美国同比下降4.6%，日本下降15.5%，巴西下降19%，澳大利亚下降17.2%，加拿大下降10.3%，欧盟前7个月下降14.5%。这就决定了我们不能再像过去那样对外需抱有太多的期望。但也并非没有机遇，不少国家通过扩大基础设施投资、吸引外资等方式刺激经济，降低了市场准入门槛，为我国企业走出去开展国际产能合作提供了契机。如欧盟推出"容克计划"等。

（二）国际资本流动更加复杂。美联储加息是影响国际资本流动最大的变数。9月17日，美联储宣布维持0%—0.25%的基准利率不变。由于美国非农就业数据不理想、劳动参与率低等因素，最近美联储加息预期有所弱化，但加息是迟早的事。美联储加息将增强美元资产吸引力，导致投资者在全球范围内重新进行资产配置，引发大规模国际资本跨境流动，进而对全球金融市场造成新的扰动。在这种情况下，国际金融市场动荡在所难免，新兴经济体尤其是经济基本面较差的国家更易遭受外部冲击。10月1日，国际金融协会（IIF）发布的报告认为，新兴市场2015年将出现自1988年以来首次资金净流出。

（三）大宗商品价格可能继续走低。国际货币基金组织（IMF）数据显示，前8个月初级产品价格指数下跌21%。综合分析各方面因素，大宗商品价格仍可能处于低位。这主要由于：目前的供需格局短期内很难改变，一方面，受经济低迷影响，大宗商品进口需求不旺；另一方面，供给并未相应减少。石油输出国组织（OPEC）坚持不减产。据世界银行预测，仅美国和欧盟取消对伊朗的制裁这一个因素，全球原油日产量将增加 100 万桶，2016 年油价将因此拉低 10 美元／桶。还要看到，美元进入新一轮升值通道，以美元计价的大宗商品价格会面临回调压力。高盛、摩根士丹利、花旗等国际投行认为，大宗商品价格走低的趋势可能还会持续几年。这会加剧全球通缩压力，导致相关出口国收入锐减，经济形势恶化。我国作为主要大宗商品进口国，进口成本将显著下降，但国内的能源、矿产等行业也会面临困难。

（四）全球科技和产业竞争越来越激烈。当前，世界各国都在抢占科技制高点，打造产业竞争新优势。比如，美国出台创新战略，实施总经费达 1360 亿美元、为期 10 年的"美国竞争力计划"；欧盟公布"地平线 2020"科研规划；日本出台"数字日本创新计划""机器人新战略"；德国实施"工业 4.0"；印度推出 10 年创新路线图；巴西实施壮大新兴产业计划，等等。与此同时，发达国家推行"产业回归""再工业化"，发展中国家也在积极承接产业转移。可以说，全球产业分工进入一个重塑的时代，我国面临"高"上不去、"低"向外走的竞争压力。英国《金融时报》旗下数据服务机构 FDI Markets 研究认为，2015 年上半年印度超过中国成为全球最大的绿地投资目的地。

（五）国际经贸规则面临重构。10 月 5 日，跨太平洋伙伴关系协定（TPP）结束谈判。尽管 TPP 生效还需各成员履行国内审批程序，美国民主党总统候选人希拉里等甚至明确反对，但

TPP"一石激起千层浪",产生的影响不可低估。主要是:TPP的高标准将增强成员国的贸易投资优势,带来转移效应,跨大西洋贸易与投资伙伴关系协定(TTIP)等区域贸易安排谈判可能加速,多边贸易体制面临更大挑战,全球经贸格局会出现新的复杂变化。一旦TPP生效,我国作为世界贸易第一大国,既面临现实的竞争压力,也面临制度性遏制。美国总统奥巴马称,不能让中国这样的国家制定全球经济规则。

三、有关建议

我国经济与世界经济的融合程度不断加深,相互影响越来越大。特别是我国已是120多个国家和地区的最大贸易伙伴,对世界经济增长的贡献今非昔比,"中国因素"凸显。面对当前错综复杂的外部环境,既要抓住机遇,主动作为,又要有效应对各种挑战,防范外部冲击。

(一)努力开拓国际市场。在当前国内经济下行压力加大的情况下,稳外需不能放松。关键是把已出台的贸易促进政策落实到位,着力降低成本,提高便利化水平,确保占国际市场的份额继续提升。建议全面实行收费项目"正面清单",减少检验检疫品种。目前,跨境电子商务发展很快,要继续挖掘潜力,把这一块做优做大。同时,利用当前大宗商品价格较低的契机,扩大原油等能源资源进口,充实战略储备。采取综合措施吸引境外消费回流。

(二)积极利用外资。针对国际产业格局调整的新态势,采取更有力的措施吸引外资。可考虑扩大服务业市场准入,对旅游、商贸物流等服务业,全面放开准入限制;对电信、医疗等服务业，在评估风险的前提下有重点地放开准入限制。总结上海自贸试验区等试点经验，在中西部及边境省份再设立一批自贸试验区。加强东中西对口合作，推动产业梯次转移。加快外资"三法合一"，出台《外商投资法》，实施准入前国民待遇加负面清单的管理模式。

（三）提升走出去水平。目前，"一带一路"倡议得到沿线国家的积极响应，国内各省区市也踊跃参与，应趁热打铁，抓好与沿线国家的对接合作。近期，可考虑重点推动中蒙俄、中巴、中国—中南半岛、中国—中亚—西亚等经济走廊建设，全力抓好匈塞铁路、雅万高铁、莫斯科—喀山高铁、比港等重大项目。抓紧把国际产能合作特别是第三方合作的倡议落实到项目上，形成一批示范项目、示范园区。同时，通过境外投资贷款、并购贷款、委托贷款等方式，加大对走出去的金融支持，设立人民币海外投资基金。

（四）积极应对TPP等外部压力。在全球规则制定中，我国还很难成为主导者，对此应有清醒认识，保持定力。一方面，加快区域全面经济伙伴关系协定（RCEP）谈判，推进中日韩自贸区建设，打造中国—东盟自贸区升级版，尽快完成中美等投资协定谈判；另一方面，用好亚太自贸区这张牌，巧于周旋。在美元进入新一轮升值周期的背景下，应强化底线思维，密切关注国际金融市场变化，制定必要的应对预案。

表 5 IMF 和 OECD 对世界经济的最新预测

国家/地区	IMF 预测				OECD 预测			
	2015 年		2016 年		2015 年		2016 年	
	10 月预测	与 7 月差异	10 月预测	与 7 月差异	9 月预测	与 6 月差异	9 月预测	与 6 月差异
全球	3.1	-0.2	3.6	-0.2	3.0	-0.1	3.6	-0.2
美国	2.6	0.1	2.8	-0.2	2.4	0.4	2.6	-0.2
欧元区	1.5	0.0	1.6	-0.1	1.6	0.1	1.9	-0.2
日本	0.6	-0.2	1.0	-0.2	0.6	-0.1	1.2	-0.2
英国	2.5	0.1	2.2	0.0	2.4	0.0	2.3	0.0
中国	6.8	0.0	6.3	0.0	6.7	-0.1	6.5	-0.2
印度	7.3	-0.2	7.5	0.0	7.2	-0.1	7.3	-0.1
巴西	-3.0	-1.5	-1.0	-1.7	-2.8	-2.0	-0.7	-1.8

建设性债务不纳入财政赤字

——美国地方债考察报告[①] 之一

范 必 翟俊武 薛志敏 余从凤
杜 帅 赵全厚 黄林芝 莫万贵

我国地方政府建设性债务，主要用于公益性项目建设，这与美国地方政府资本性项目债务融资的功能基本一致。中美两国都实行复式预算，美国资本性项目融资单独列支，在计算财政赤字时不包括这部分负债。我国在计算地方财政赤字时口径大于美国，包括了地方政府每年新增一般债券规模。考虑到经常项目预算每年要现收现付，公益性项目建设往往要经过多年才还清本息，分摊到每年需要偿还的本息数量相对较小。因此现行的将用于建设的地方政府一般债券新增规模计入年度赤字的做法不利于国际比较，也束缚了手脚。建议改革预算管理方式，今后用于地方基础设施等建设的一般债券不再纳入全国赤字口径。这有助于中央更好地对地方债务实行余额管理，从宏观上增强财政政策相机抉择的余地，同时也可为地方政府扩大投资提供更大空间。

---

① 原编者按：控制和化解地方政府性债务风险，合理拓展地方政府建设融资渠道，是当前经济工作的重要任务。为借鉴发达国家的有益经验，我室按照国家外专局批复的培训计划，2015 年组织了赴美专题调研，形成了系列政策建议。

一、美国资本项目融资独立于经常性预算

美国州及地方政府预算的基本原则是，经常性预算收支平衡，资本性预算量力而行。地方政府基础设施建设和各类公益性项目主要由资本性预算管理，其资金来源主要以债务直接融资为主。也就是说，美国的基础设施和公益性项目建设主要依靠负债进行。

一般来说，美国地方政府不能为经常性预算融资，只能为资本项目融资，主要采取债券融资方式。美国有超过 8.3 万个不同层级的地方政府，均有发行债券的权力。债券主要分为两种：一是一般责任债券（General Obligation Bonds，简称 GOB），以政府信用为担保；二是收入债券（Revenue Bonds），以项目本身的收益（例如高速公路收费）作为偿债来源。若项目收益未能覆盖到期本息，政府没有义务用税收偿还。无论是一般责任债券还是收入债券，所筹集的收入均纳入资本预算管理，而不是纳入经常性预算管理。

二、资本项目债务不纳入政府赤字

美国绝大部分州和地方的法规规定，经常性预算要遵循"平衡预算法则"。他们所谓的地方财政赤字，仅指经常性预算中出现的收支缺口。由于资本预算一般被用来为基础设施投资提供资金，一个项目从融资到回收，时间跨度往往要经过十几年甚至几十年。将所有的资本性债务计入一年的赤字显然不合理，因此资本预算不受"平衡预算法则"限制，为项目建设筹集的债务收入也不计入当年财政赤字。

尽管如此，美国地方政府并未放松对资本项目融资的监管。

政府部门或机构不能擅自举债，大部分州和地方立法规定，资本项目负债必须得到有关机构甚至全体公民的授权和批准。各州年度债务发行一般不超过当年经常性预算的 20%。全美有 33 个州对债务利息支出设有上限，其中不少州规定债务利息支出不能超过经常性收入的 5%—8%。

三、启示与借鉴

我国也实行复式预算，但在实际执行中，经常性预算与建设性预算（相当于美国资本性预算）往往混编在公共预算中，建设性负债与经常性财政赤字不分，易造成赤字比例偏大。现在世界各国大都将"马约"规定的 3% 的赤字率作为衡量财政健康度的标准。按照我国目前的赤字率统计口径，2015 年为 2.3%，如果扣除 5000 亿元地方政府一般债券额度，实际赤字率将降低到 1.6%。美国州和地方政府未将资本项目融资纳入赤字，并未影响其风险管理。

第一，建议地方政府一般债券融资规模不纳入全国赤字统计口径。目前，我国建设性债务中，专项债券没有纳入赤字统计，今后一般债券也可从赤字统计中剔除。调整统计口径后，中央政府赤字规模和地方政府的发债空间都会进一步加大，更有利于实施积极的财政政策。同时，也有助于保证赤字率国际比较的一致性、可比性。

第二，将地方政府债务从年度发行规模管理转向余额管理。在地方政府一般债券纳入全国赤字口径的情况下，国家被迫对地方的债务实行年度发行规模管理，各地纷纷向中央争规模、争指标。地方一般债券规模与财政赤字脱钩后，国家可以更好对地方债务实行余额风险管理，使地方发行新债时必须统筹考虑发债规模与财政承受能力。

　　第三，在地方全面推行复式预算。建议深化预算改革，将地方政府经常性预算和建设性预算分账处理。无论一般债券还是专项债券均纳入建设性预算管理，以便列收列支，单独考核。这有助于预算科学合理、公开透明。

编制中长期建设投融资规划

——美国地方债考察报告之二

范 必　翟俊武　薛志敏　余从凤

杜 帅　赵全厚　黄林芝　莫万贵

美国地方政府每年有大量资金用于基础设施建设和民生保障项目。我们在美国多个州、郡、市的预算管理部门了解到，为了确保资金来源和投资绩效，各地大都制定了跨年度的资本改善计划（Capital Improvement Program，CIP），统筹衔接项目的资金来源、支出、偿还和中长期发展规划，较好地把控了债务风险。我国五年规划对建设项目侧重于目录管理，内容比较笼统。建议借鉴 CIP 的理念和方法，从"十三五"开始，倡导各级政府编制"中长期建设投融资规划"。做好与经济社会发展规划、财政预算的衔接，从而保障建设资金来源，提高规划的可操作性。

一、美国地方政府资本改善计划（CIP）

美国虽然是市场经济国家，但政府对公益性项目管理的计划水平很高，做到了全面系统、长短结合，比较有代表性的是编制实施 CIP。

CIP 是政府投资项目的全面计划，内容包括政府购买有形资产（办公楼、设备等）、基础设施建设、教育、住房项目建设以及大型维修支出等。CIP 要编列项目总投资、建设内容、融资方式、还款来源、建设和还款进度等内容。纳入 CIP 的项目将被列入财政资本预算的某个时段或者某个部分。如马里兰州乔治王子郡在 2015 年一季度已编制了六年资本改善计划（2016—2021年），合计 30 亿美元，其中 2016 年计划投资 5230 万美元，主要分配给教育局、公共工程等项目。

CIP 的资金来源主要是负债，还有地方政府专项收入、联邦补助等。CIP 要明确每个项目的资金来源和融资方案。融资主要通过发行一般责任债券或项目收益债券进行。

CIP 的实施分为五个阶段。首先，由地方政府成立 CIP 委员会，编制现有资产清单，评估地方财务能力，审查在建项目状态。其次，CIP 委员会向政府有关部门公开征集项目，提交的项目申请应详细说明理由、成本、对预算的净效应以及实施计划。第三，建立标准逐一审核，确定项目优先顺序。第四，制定 CIP融资计划，确定最优项目融资方案。第五，CIP 委员会负责监督各部门执行，每年向选民介绍情况，必要时对 CIP 方案进行修订。

二、地方政府编制资本改善计划（CIP）的意义

编制 CIP 有利于用长远眼光开展当期建设。CIP 具有典型中长期特征，计划期一般为 5—7 年，每年滚动编制，而不是等计划期结束后再编下一个计划。在考察中了解到，各地的 CIP 已成为中长期发展愿景、资本项目建设、财政收支三者之间的综合性计划。各地纳入 CIP 的项目必须具有前瞻性，与地方的中长期利益相一致。在制定债务规模时，要在确保续建项目完成的基础上，

再根据财力和融资能力设立新项目，兼顾了需要与可能。

编制 CIP 是政府科学理财的重要手段。资本预算是美国地方政府预算编制的基本制度，其核心是项目决策和融资计划。由于纳入资本预算的资本项目如教育、公共服务工程、基础设施建设具有资金量大、跨年度等特点，且与过去和未来年度资本预算和经营预算相关，因此地方政府必须先编制一份多年度的 CIP，统筹提出未来一段时间本地区需要新建和改建的项目。这些项目将分别纳入本年度和未来年度资本预算，从而有效保证资本预算编制的质量。

编制 CIP 可以有效防范地方政府债务风险。虽然美国 CIP 的资金来源主要是债务融资，但大部分地方没有发生债务风险。其主要的防范机制：一是公众参与度、计划透明度高，在项目决策过程中形成了较强的外部约束，有利于优化政府投资规模和投资方向。二是所有项目融资需要比较论证后选择最优方案，有助于控制融资规模，降低融资成本。三是只有纳入 CIP 的项目才有资格进行债务融资，保证了债务的专用性。四是 CIP 往往规定，融资主要通过资本市场采取直接融资方式，借助资本市场完备的信息披露制度，可以确保投资者对政府财政的全面了解和评估。

三、启示与借鉴

我国地方政府大量建设性资金分散在财政、发改、水利、交通等各个部门，分散融资、碎片化使用、资金沉淀等问题长期得不到解决，中长期规划与年度财政预算缺少衔接。2015 年以来，国家确定了 11 大领域的投资包，大量需要政府投资，但实际开工率和资金到位率不够理想。我国在稳增长中仍需要适当扩大基础设施建设规模，制定和实施"十三五"规划也要有一大批重点项目作支撑。建议以此为契机，倡导各级政府编制"中长期建设投融资规划"。

第一，地方政府率先试编。建议选择一些基础设施投资需求较大的地方进行试点，主要行政领导负责，投资主管部门牵头，建立跨部门的协调机制。

第二，统筹考虑投融资规划与经济社会发展规划。各地在编制"十三五"规划《纲要》的同时，应同步编制中长期建设投融资规划。根据规划目标，遴选规划期建设项目。

第三，衔接中长期财政规划。目前我国正在试编三年滚动财政预算和中长期财政规划。建议中长期建设投融资规划与之有效衔接。根据政府财力和债务控制标准，测算建设资金规模、明确资金来源。按照财政可承受能力，做好重大项目建设周期与不同融资工具之间的合理搭配与整体平衡。

第四，循序渐进、由短到长、滚动编制。为增加中长期建设投融资规划的前瞻性和可操作性，可考虑先编制3—5年的投融资规划，将来可延长至5—8年。

发挥市场对地方债的激励约束作用

——美国地方债考察报告之三

范 必 翟俊武 薛志敏 余从凤

杜 帅 赵全厚 黄林芝 莫万贵

在美期间，我们拜访了联邦财政部的州和地方财政办公室、纽约市和加州洛杉矶郡预算办公室、花旗银行债券交易部等政府部门和金融机构，了解到美国市政债利率要高于国债，可以减免所得税，对个人投资者有较大吸引力。金融监管部门基本不对市政债发行进行监管，主要依靠债信评级、信息披露、机构自律进行约束，市政债违约率低。相比之下，我国地方债在发行规模和定价上行政色彩较浓。建议今后地方债发行标准与现有市场化债券发行标准应当并轨，落实好有关部门关于地方债信息披露和信用评级的要求，提高发债透明度，切实保护投资者利益，为地方债市场化创造条件。

一、美国市政债发行的主要做法

目前，美国市政债存量达 3.7 万亿美元，约占整个债券市场规模的 9%。市政债主要用于基础设施建设和各类公益性项目，与我国的地方债十分类似。其发行、交易、监管有以下几个特点：

第一，地方政府自主发行、自控风险。市政债经过地方议会批准就可以发行。只要地方政府通过承销商（underwriter）和市政债顾问（municipal advisor）向市政债规则制定委员会（MSRB，行业自律组织）提供发行文件和信息，就可以发行，不需向证监会直接或间接地申请。发行规则和管理办法与其他债券基本一样。各级地方政府为了控制债务风险采取多种措施。

一是设置债务规模上限。重点控制一般责任债券的发行。如纽约州宪法规定，市政府一般性债务余额不得突破全市应税房地产市值五年滚动平均估值的10%。对于主要以市政项目运营收益为还款来源的收益债券，视项目收益情况确定举债规模。

二是设立债务比例限制。一些地方政府设置了负担率（债务余额占居民收入的比值）、偿债率（还本付息占预算收入的比值）等限制指标。

三是建立预警机制。如俄亥俄州审计长办公室负责监控地方政府的财政状况，确定其是否处于财政困境，并根据其严重程度作出"财政困境警告"、"财政困境观察"或"财政紧急状态"的判断，并要求地方政府采取相应措施，从而做到实时监控防范风险。

第二，利息免税有利于吸引个人投资者。美国市政债大都免交联邦、州和地方的利息收入所得税（银行一般不免），风险低，收益相对较高。个人投资者是市政债的购买主体，2013年超过70%的市政债由个人持有，其中44%由居民个人直接持有，27%由个人通过共同基金、货币市场基金、封闭式基金等间接持有。个人投资者一般偏爱购买本州发行的市政债，一方面是因为持有跨州发行的市政债要征收州所得税，另一方面投资者对当地政府的财务状况和项目情况比较了解，这在无形中构成了投资者对当地政府的监督。为了方便以中老年人、当地人为主体的个人投资者，市政债的发行和交易主要采取场外（OTC）交易方式进行，部分承销商之间采用电子化交易。

第三，信用评级直接影响投资者决策。市政债券发行时要由两个评级机构对其进行信用评级。评级机构会定期审查和更新市政债的信用级别，以反映债券发行人的最新信用状况。市政债信用评级体系主要由地方经济发展情况、地方政府债务规模、债务结构、财政可持续性、地方政府税收收入等因素组成。对于收益债券，评级主要关注融资的项目能否产生足够的现金流。个人投资者对市政债的投资决策主要依赖信用评级。我们走访的洛杉矶市、纽约市、哥伦比亚特区，其市政债的信用评级基本在 AA 级以上。

第四，事后监管、行业自律规范市政债市场。美国证监会（SEC）等监管机构虽然没有直接监管市政债发行人的权力，但根据反欺诈条款可以进行事后监管。MSRB 作为自律组织，通过制定市政债券承销及交易规则、建立市政证券从业人员的职业标准、收集和发布市场信息、宣传教育和引导等方式，发挥实际监管作用。券商自律委员会（FINRA）协助证监会监管从事市政债业务的券商及从业人员。

第五，信息披露对发行主体形成硬约束。为了保护投资者利益，地方政府必须遵循政府会计准则委员会确立的政府债务报告基本准则，记录和报告政府债务。在市政债券存续期内对于财政和法律状况发生的任何重大变化，都必须及时披露相关信息。洛杉矶郡对市政债券的信息披露要求甚至高于公司债券。MSRB 执行以保护个人投资者为导向的信息披露制度，2008 年 MSRB 按证监会授权建立了全美统一的市政债券信息披露电子系统

（EMMA），方便所有市场参与者、投资者及社会公众查询。美国政府财务师协会（GFOA）和美国市政债券分析师协会（NFMA）等自律性组织，也制定了很多债券信息披露的规范性文件，这些规定已成为市政债信息披露的行业标准。

二、我国地方债市场存在的问题

2015 年 3 月财政部出台了地方政府一般债券和专项债券发行管理办法，并开始通过发行地方债置换存量债务。由于我国地方债市场刚刚起步，还有很多不完善的地方。

一是行政干预较多，难以实现市场化定价。由于地方债的信用等级和流动性一般要低于国债，因此市场普遍认为，地方债利率应该比国债高一些。但目前地方债利率普遍与国债利率接近或持平。主要原因是，发债的地方政府往往以财政存款、投资项目等作为交换条件，影响债券投标银行的报价，甚至直接指定投资者在每一个价位的投标量，以达到低利率发行的目的。地方政府债券利率不是真正由市场供求关系决定，造成利率扭曲。

二是信息披露不够全面及时，信用评级制度不健全。财政部对信息披露和信用评级都有详细规定，但一些地方政府远未达到要求，地方债券风险难以与各省的财政实力、债务状况直接挂钩。已发行的地方政府债评级均为 AAA 级，没有差异，信用评级的调整滞后于市场现实。投资者无法通过信息披露和信用评级作出投资决策，这也是 2015 年以来地方置换债券发行进展不畅的重要原因。

三是投资主体单一，市场前景堪忧。由于地方债不是真正的市场化定价，利率偏低，对投资者的吸引力明显不足。目前地方债投资以当地的商业银行为主，一般与当地政府有较大的利益关系。其他投资者，如社保基金、住房公积金、企业年金、职业年金、保险公司和个人投资者等普遍处于观望状态，投资意愿不强。

四是重复设置审批事项，加剧市场分割。我国证券发行制度改革的总体方向是从行政审批制转向注册制，银行间债券市场发行已经实现了注册制。但是地方债发行仍然实行审批制。现有的银行间债券市场和交易所债券市场对债券的发行、信息披露、评级、交易等都有一套很成熟的管理办法，银行间市场交易商协会已经发挥了自律组织的作用。但是针对地方债，有关部门又制定了一套发行、信用评级管理办法，有些规定与现行债券市场的管理办法存在一些冲突，造成新的市场分割，影响了地方债市场的发育。

三、政策建议

我国地方债有望成为今后地方政府融资的重要渠道，这一前景与美国现在的情况比较类似。为了进一步完善地方债市场，借鉴国外做法，有以下几点建议：

第一，推进地方债发行注册制。建议由地方政府自主决定地方债发行，有关部门不再进行审批和规模控制。地方债发行标准与现有市场化债券发行标准并轨。债券发行规模和价格由市场决定，高风险高利率，低风险低利率。这方面可先行试点，以积累和总结经验。

第二，完善地方债信息披露和信用评价机制。落实有关部门关于地方债信息披露和信用评级的要求，提高发债透明度，切实保护投资者利益。

第三，培育和发展多元化的投资者队伍。为了吸引企业年金、社保基金、个人投资者、境外投资者等长期投资者购买地方债，建议对购买地方债产生的收益实行减免税。同时，引导居民购买本地区的地方债。

第四，建立地方政府债务风险控制机制。各地根据实际情况，设立地方政府债务规模限额和债务比例约束指标。上级政府应建立对下一级政府的债务风险预警机制，适时采取早期纠正措施，切实防范债务风险。

利用 PPP 模式优化地方债务结构和管理

——美国地方债考察报告之四

范　必　翟俊武　薛志敏　余从凤

杜　帅　赵全厚　黄林芝　莫万贵

美国地方政府在建设供水、供电、排污、道路、港口等具有一定收益的基础设施时，为了吸引社会资本参与，广泛采用了 PPP（公私合营）模式。在访问纽约市、马里兰州、加州洛杉矶县等地方政府部门中了解到，美国传统的基础设施投融资模式与目前我国的很多做法十分相似。我国推进 PPP 项目中还存在一些等待观望的情况。为了调动参与各方的积极性，亟需在项目公开透明、合同履约、组织管理模式，以及定价机制与合理分担风险等方面出台更有针对性的措施。建议政府各相关部门协调合作，进一步优化服务、转变职能，从公共产品、服务的提供者，转变成参与者和质量监督者。

一、从政府依赖模式向 PPP 模式的转变

美国传统的基础设施建设投资，主要是依赖政府财政资金，发债融资的压力很大。存在的主要弊端：一是各级政府发债受经

济周期影响较大。每遇经济下行周期，往往使地方政府赤字大增，基础设施建设投资与运营资金出现困难。二是地方财政负担过重。美国地方政府基础设施建设投资增速往往高于财政收入增速。不断增加的基础设施存量，需要更多的管理和维护费用，而大多数基础设施是免费或低收费供应，需要政府提供补贴，使财政负担难以为继。三是城市基础设施建设、运营和管理效率低下。在传统以政府为主导的模式下，缺乏竞争机制、激励机制和约束机制，导致投资浪费、效率低下、服务质量差等问题。

在基础设施领域引进私人资本和私营部门的做法，最早起源于英国。20 世纪 70 年代末 80 年代初，美国政府为了缓解财政压力、弥补基础设施建设的资金缺口，引入并推广 PPP 模式。政府通过项目未来运营收入和适当补贴，"撬动"私人资本参与项目"全生命周期"，减轻当期财政支出压力，平滑年度间财政支出波动，提高基础设施建设、运营的效率。

通过采用 PPP 模式，私人资本已成为美国城市基础设施建设的主体，参与的领域包括：收费公路、铁路、地铁、港口、机场、电厂、水利、学校建筑、医院、污水和垃圾处理等。例如，马里兰州乔治王子郡水利设施 30%—40% 的建设资金、污水处理设施近 80% 的建设资金来自私营部门。

二、PPP 模式的理念与制度优势

PPP 模式的形成和发展，改变了公共设施的建设和运营主要由公共财政承担的观念，突破了传统的政府与私人部门的分工边界，构建了公共产品新的产权关系。

第一，引入社会资本缓解地方政府债务压力。引入 PPP 模式后，地方政府以较少的资金引导，撬动了大规模的社会资本进入基础设施建设领域，置换和替代政府债务，减少了政府补助支出。这既有效抑制了政府债务规模过度扩张，又在很大程度上解决了城市建设的资金来源问题。采用 PPP 模式的项目，地方财政部门要采用公开招标等竞争性方式，做到政府财政支出公开透明，也有助于公众监督政府负债。

第二，对项目实行全生命周期管理。传统的基础设施建设期与运营期是两套班子，由于管建设的不管运营，管运营的不负责建设，在投入阶段往往难以控制质量和成本，造成长期运营负担过重。为了解决这个问题，美国 PPP 项目都建立了规范的特别目的机构（Special Purpose Vehicle，简称 SPV）。这一机构为非营利性质，既有传统的融资平台功能，也有协调监督职能。其构成比较灵活，一般覆盖了投资方、金融机构和政府部门。政府部门中既有出资的财政部门，也包括其他相关职能部门。比如，美国有些机场项目的 SPV，除投资方外，地方政府的交通管理部门在不出资的情况下也参与其中，这样在项目融资、建设、运营的各个阶段由一个机构负责，确保项目全生命周期各个环节有效衔接。

第三，形成政府与社会资本间公平对等的合作关系。PPP 模式体现了市场经济下的契约精神。PPP 模式下，美国政府与社会资本是在平等协商、依法合规、诚信互惠的基础上达成合作关系，而不是利用管理优势获取强势谈判地位，挤压私营方的合理收益。

第四，保证项目建设与运营的可持续性。为了保证 PPP 项目对私人资本的吸引力，美国地方政府建立并完善了定价与风险分担机制。企业可以自主定价，确保私营部门获得合理回报；风险由最适宜的一方来承担，即政府承担政策、法律变更等风险，私人部门承担项目融资、建设、运营和技术等风险，避免了政府为吸引社会资本而承担过多风险，或将过多的风险转嫁给私营部门。

第五，提高基础设施项目运营效率。美国地方政府对于拟采用 PPP 模式的项目，要与传统投融资模式进行比对。遵循"物有所值"原则，不是简单地追求采购价格最低，而是更多关注成本、质量、风险、效益等因素。如果增加的成本能够带来更高的效率或质量，则采用 PPP 模式。把政府的政策意图、社会目标和私人部门的运营效率相结合，实现了"让专业的人做专业的事"，使基础设施建设和运营的质量水平、绩效水平、管理水平得到明显提升，也提高了社会资本的回报。

三、启示与借鉴

考虑到我国目前基础设施投融资模式与美国传统模式类似，遇到的问题也相近，在很多地方可以借鉴美国的做法。

一是扩大 PPP 模式运用领域。2015 年 5 月国务院办公厅发布的《关于在公共服务领域推广政府和社会资本合作模式的指导意见》（国办发〔2015〕42 号），在能源、交通运输、水利、环境保护等 16 个公共服务领域引入 PPP 模式。建议扩大 PPP 模式运用领域，将营利性与非营利性政府公共投资项目都涵盖在内，通过不同的制度设计予以实施。营利性项目通过自身现金流满足投资回报；非盈利性项目通过政府提供的专项资金补贴、安排税收返还等措施覆盖成本。

二是改革基础设施项目实施的组织模式。我国很多地方的基础设施项目建设，仍由地方政府派出工程建设指挥部，由政府官员统筹协调。存在的主要问题：（1）指挥部不是正规注册的法人实体，缺乏明确的经济责任制。指挥部拥有投资建设管理权，却不承担决策风险。（2）仅代表政府，过于强调行政管理与指挥职能，欠缺各投资主体间的平等协调、监督的职能。（3）指挥部是一个临时机构，随项目建设期结束而解散，工程质量无法追诉、管理成本无账可查，并造成项目建设期与运营期的脱节。工程建设指挥部的管理模式是造成很多项目"预算超概算、决算超预算"、管理水平不高、财政压力增大的主要原因之一。

建议今后在 PPP 项目中，不再设立各类工程建设指挥部，而是正式注册成立一个非营利性 SPV，在 PPP 项目融资、建设、运营的全周期内，通过协调、监督机制，保障各投资主体、政府各相关部门协调合作，使项目建设预算控制在合理范围内。政府要进一步转变职能，从公共产品、服务的提供者，转变成参与者和质量监督者。

三是推动 PPP 项目公开透明。我国采用 PPP 模式吸引社会资本时，并未严格按照公开招标的竞争性方式，导致目前社会投资方多为国有企业，民营资本难以介入。建议强化基于互联网的政府公开招标，确保竞争机制发挥作用，通过"选择做合适的人做最合适的事"，保证政府、社会资本、大众利益的最大化。

四是加强 PPP 模式合同履约管理。我国 PPP 项目中，政府往往利用管理优势，擅用行政权力进行干预与修改。例如北京地铁四号线，政府未经董事会同意，单方面延长线路、增加站点，使社会资本利益受损。建议由政府职能部门和司法部门共同组成的联合监督机构，加强对 PPP 合同签订、执行的监督管理与违约责任追究，确保政府与社会资本处于契约同等地位，行为受法律严格约束。如需要修改合约内容，必须经过协商、仲裁、诉讼等方式达成一致意见后方可进行，这样才能减少社会资本的后顾之忧。

五是提高选择 PPP 项目的专业水平。PPP 项目的形式灵活多样，而且有一定的门槛。美国遵循"物有所值"原则，在选择项目时要依赖一批高度市场化的专业机构进行评估分析。建议我国推进 PPP 模式吋，重点选择收益稳定、投资规模较大、合同期限较长、技术较为成熟的项目进行试点，防止一哄而上。充分发挥规划、财务、技术等市场化机构的作用，全面评估，慎重选择。

防范地方政府流动性危机

——美国地方债考察报告之五

范　必　翟俊武　薛志敏　余从凤

杜　帅　赵全厚　黄林芝　莫万贵

美国底特律政府破产在全球引起很大震动，城市经济凋敝、社会治安混乱的报道经常见诸我国媒体。一些同志担心，我国地方政府债务负担过重是否也会破产。带着这个问题，我们访问了美国加州橙县、圣贝纳迪诺市两个破产的地方政府。所到之处，政府运转井然有序，社会治安平稳，与底特律的情况完全不同。美国联邦破产法庭法官、破产法专家和律师介绍了地方政府破产的法律和主要破产城市情况。基本结论是，地方政府破产与企业破产有很大差异。即使政府破产，在联邦破产法保护下，公共服务不会中断，也不能随意清算政府资产，只是进行必要的债务重组。美国地方政府破产主要表现为流动性危机，这类风险在我国同样存在，需引起高度重视并作好预案。

一、美国地方政府破产不同于企业破产

一般谈到政府破产，总会联想到企业破产。在美国，不论政

府还是企业，破产都意味着遇到流动性困境，无法清偿到期债务。但是二者有很大不同，企业破产往往意味着运营休止、资产清算和债务清偿，政府破产则不然。

第一，地方政府破产不能影响其履行公共服务职能。联邦破产法明确规定，地方政府在濒临破产时需要向联邦法院提出破产保护申请，得到核准后，不论是债权人还是法院，在破产保护期间都不能干预地方政府行使行政权力，不能干涉税收和政府财产，不能干扰政府开展公共服务，只能参与协商和监控地方政府的债务重组计划。

第二，破产后地方政府要进行债务重组，而不是清算政府所有财产。地方政府在破产保护期间要提出债务重组计划，如延长还债期限、减免部分债务、对存量债务再融资、承诺以未来税收偿还等。债务重组计划征得债权人同意后，在联邦破产法院和债权人的监督下执行。橙县政府在金融衍生品投机中失败造成破产，由于当地旅游业和农业发达，税源丰沛，政府破产后通过债务展期可以全部还清。底特律主要因为产业空心化造成萧条，圣贝纳迪诺因为军事基地撤并失去了主要收入来源。这两个地方经济比较困难，政府债务主要通过削减债权人权益甚至包括养老金（Pension Funds）债权来化解危机。政府偿债主要依靠税收、收费和变卖部分财产，但与公共服务相关的财产不得变卖。

第三，地方政府破产只能适当兼顾债权人利益。企业破产意味着要用全部资产清偿债务。政府由于破产后仍要履行公共服务职能，不能把保护债权人的利益放在首位。比如，一般责任债券占政府债务的 80% 以上，通常被看作风险比较低的投资，但在进入破产程序后则恰恰相反，被视为无担保的债券。依据联邦破产法，地方政府没有必须偿还一般责任债券本金和利息的义务。事实上，美国为了防止地方政府通过破产恶意逃废债务，也在不断提高破产的门槛。

二、地方政府破产的救助原则

美国法律规定，州政府不能破产，但县、市等地方政府可以申请破产。地方政府破产时，联邦政府原则上不救助，州政府可以参与流动性救助。

美国是联邦制国家，联邦、州和地方政府的财政税收实行相对独立的三级管理体制。由于各州享有自治权，联邦不能干预地方政府各项事务，因此地方政府破产由州负责，联邦原则上一般不干预、不救助。而且地方政府违约大多是分散事件，影响范围有限，不太会演变成全国性的经济危机。2008 年金融危机以来，美国已有 40 多个地方政府按照破产法申请破产保护，都没有寻求联邦的经济救助。奥巴马总统在 2012 年竞选时虽然公开承诺不会让陷入债务危机的底特律市破产，但最终联邦也没有采取任何援助措施。当然也有例外，1975 年的纽约市债务危机进行了经济救助，主要是防止纽约市破产可能引发大面积、系统性危机。

与联邦政府原则上不救助相反，美国州政府一般会参与救助。州政府通过提供信用担保、任命应急经理人接管地方财政、提供贷款等措施，缓解地方政府破产期间的流动性危机。比如，1975 年纽约市财政危机，在州政府协助下组建市政援助公司，发放以州政府信誉做担保的长期债券来赎买纽约市的短期债务。在底特律破产案中，由密歇根州州长任命的应急经理人接管了市财政，实施一系列财政减支措施来协助处理债务危机。由于县、市政府是财政相对独立的自治体，债务最终的清偿责任仍然是地方政府。

三、启示与借鉴

美国地方政府破产实际上是在遇到流动性危机时进行的一种债务重组，而不是企业意义上的破产。这种流动性危机我国地方政府也有可能碰到，应当未雨绸缪，早作预案。

第一，应当允许出现流动性危机的地方政府进行债务重组。虽然我国不允许地方政府破产，但与美国地方政府类似的流动性危机是可能出现的。对此类情况不应回避，可以考虑借鉴美国做法，以债务重组化解流动性危机。

第二，地方政府在出现债务危机时不能影响政府公共服务职能。如果地方出现债务偿付的流动性危机，在处置中应首先保证政府能正常履职，不能轻易清算政府财产。

第三，坚持地方政府风险自担原则。新预算法实施后，为硬化预算约束，防范道德风险，国务院要求地方政府对其举借的债务负有偿还责任，中央政府实行不救助原则。对这一原则应当坚决执行。但是，省一级政府应当对发生债务危机的地方政府给予必要的流动性援助，如果债务危机会引发区域性、系统性经济风险，中央也可考虑予以援助，但最终偿债责任主要在地方。

第四，制定应对流动性风险的规则和程序。我国一直没有政府破产的法律，也没有相关实践，为防止个别地方政府发生流动性风险时处置不当，建议财政部门制定债务重组、流动性援助、政府履职、债权人保护等方面的相关预案，以便危机发生后有章可循、从容应对。

充分利用国际交通、贸易便利化公约
有效落实"一带一路"战略

王　敏　曲鹏程

与沿线国家共建丝绸之路经济带和 21 世纪海上丝绸之路，是当前和今后一个时期我国的重大战略。落实"一带一路"战略，核心是"五通"：政策沟通、设施联通、贸易畅通、资金融通、民心相通，其中设施联通、贸易畅通是重中之重。实现国际间设施联通、贸易畅通，需要遵循各国公认的国际标准和规则。因此，充分利用现有国际公约，推动交通、贸易便利化，对于有效落实"一带一路"战略，十分必要而紧迫。

一、现有国际交通、贸易便利化公约，是实现"一带一路"国家设施联通、贸易畅通的法理保障

二战后，联合国制定了多个旨在推动交通、贸易便利化的国际公约。这些公约为便利各国跨境运输和贸易，简化通关程序，提供了规范的法律框架，得到大多数国家认可。1992 年，联合国亚太经济社会理事会在其通过的 48/11 号决议中，建议各国应积极加入七个主要的联合国交通与贸易便利化公约，以推动各国运输事业和国际贸易均衡发展。这七个国际公约是：

（一）《1975年国际公路运输公约》（TIR公约）。该公约主要是在国际道路运输及多式联运领域，在必要管控的基础上，最大限度地便利国际贸易中海关加封货物的流动。凡是加入公约的国家，其符合条件的集装箱，在穿越他国边境时，可以免于海关检查，显著提高通关效率。

（二）《1956年国际道路货物运输合同公约》（CMR公约）。该公约主要规范国际运输的交易行为，统一合同文件，减少争议，方便管理，提高国际道路运输效率。

（三）《1982年统一边境货物管理的国际公约》。该公约旨在国际货物运输中，减少完成过境程序所需要的手续和停留时间，实现边境口岸"合署办公""统一检查""统一文件"及"一站式"服务。

（四）《1968年道路交通公约》。该公约规范车辆标准及交通行为，指导驾驶员和车辆在各国间遵循统一的交通规则，以提高国际道路交通的安全性。

（五）《1956年临时进口商用道路车辆的海关公约》。该公约主要为临时进出缔约国国境的商用运输车辆提供海关通关便利。

（六）《1968年道路标识和信号公约》。该公约统一国际道路的标志、信号、标线、符号以及道路标牌，推动国际道路交通规范化。

（七）《1972年集装箱海关公约》。该公约主要针对集装箱运输业务，统一各国海关监管制度。

上述七个主要公约，总体上属于国际经济法范畴，集中体现了国际交通运输和海关管理的技术准则，对于促进二战后国际交通、贸易便利化发挥了重要作用。截至目前，我国只加入了《1972年集装箱海关公约》，其余六个公约尚未加入；而丝绸之路经济带上的绝大多数国家，都已加入这七个公约。

二、我国加入主要国际交通、贸易便利化公约，首先是《TIR 公约》，将为"一带一路"国家设施联通、贸易畅通带来极大便利

"一带一路"沿线包括 60 多个国家，其中，丝绸之路经济带上，有中亚、西亚、南亚和中东欧 50 多个国家。实现与这些国家交通、贸易便利化，进而实现经济深度融合，是我国实施"一带一路"战略的重要任务。

利用国际道路运输，实现从发货地到目的地"门到门"直达服务，可以大大提升"一带一路"沿线国家的贸易量。2014 年，我国与丝绸之路经济带沿线国家的货物贸易额达到 1.12 万亿美元，占我国货物贸易总额的 26%；预计未来 10 年将突破 2.5 万亿美元，翻一番。扩大贸易量需要方便、快捷的运输方式相配合。与国际水路、铁路运输相比，国际道路运输兼有路网发达、机动灵活、覆盖面宽、装卸方便、"门到门"直达等优势，可成为我国与丝绸之路经济带国家贸易畅通的有效手段。据测算，从我国连云港到荷兰鹿特丹，在有国际交通、贸易公约保证的情况下，通过丝绸之路道路运输，比海上运输缩短距离 9000 多公里，运输时间缩短近一个月；若采用"公铁联运"方式，将覆盖更多区域、更多线路节点。特别是，利用现已基本建成的亚洲公路网，通过道路运输与中国经济对接，可以把各国不在铁路沿线的一些中小经济中心连起来，带动更多地区发展。

在实施"一带一路"战略的大背景下，我国尽快加入国际交通、贸易便利化公约，已经提上重要议程。加入这些国际公约，有助于我国充分利用现有国际规则，提升与"一带一路"国家的

运输、贸易便利化水平，与这些国家建立更紧密的经贸联系；有助于我国突破瓶颈障碍，打通与丝绸之路经济带国家的运输与贸易通道，挖掘国际道路运输潜力；特别是有助于落实中央"参与并影响全球治理体系规则的制订"这一重大方针，使相关国际公约成为我国实施"一带一路"战略的有效工具。

目前我国正在审批的《TIR 公约》，是二战后欧洲多国在重建过程中，为实现国际道路运输便利化而制定的一套快速通关体系。其全称为《TIR 证国际货物运输海关公约》。其宗旨是：扩大国际货物过境运输，减少运距和关税，降低运输成本，促进各国间运输便捷、货畅其流。多年来，该公约对于国际贸易、运输便利化、安全化发挥了重要作用。目前，全球有 69 个国家是《TIR 公约》缔约国，58 个国家是 TIR 系统使用国。丝绸之路经济带沿线除了阿拉伯半岛国家外，所有国家都是 TIR 系统的使用国[①]。持有 TIR 通行证的国际道路运输车辆，缔约国海关可以在几分钟内放行。由于 TIR 系统提供充分的安全管控方案和关税担保，在过去 66 年中，TIR 系统已被多数欧亚大陆国家所使用，使用 TIR 通行证的国家越来越多。2013 年，欧亚大陆有 300 多万次运输作业使用了 TIR 通行证。

加入《TIR 公约》，实施 TIR 系统，将为我国落实"一带一路"战略带来诸多好处：

（一）显著提高过境运输效率。使用 TIR 通行证将大大缩短车辆等候时间，提高货物通关效率和车辆周转率。我们在实地调研中发现，通过我国新疆口岸驶向中亚国家的货车，平均每辆车需花费 4 天时间排队等候对方国家海关检查。2014 年，我国国际

---

① 中国的邻国中，中亚五国、俄罗斯和蒙古国是《TIR 公约》的缔约国和使用国。

道路运输货运车辆与中亚国家运输作业高达 18.88 万次[①]，一旦中国成为《TIR 公约》缔约国并建立 TIR 系统，这些运输车辆的通关时间将缩短到几小时[②]。

（二）减少"灰色通关"腐败。目前，在一些中亚国家口岸，普遍存在利用"灰色通关"手段盘剥中国运输企业的现象。建立 TIR 系统、使用 TIR 通行证进行国际道路运输，可以实现不开箱验货通关，从根本上减少通关腐败。

（三）提高国家间海关合作水平。TIR 系统已经建成了各国海关信息分享平台，一旦我国加入，可与系统内各国实现海关监管互认、信息共享、执法互助，建立更深程度的通关合作，实现更高层次的贸易便利化，提高海关在国际贸易运输中的风险管控能力。

（四）提升港口货物周转率。TIR 系统不仅适用于国际道路运输，还适用于多种运输方式联运。对于使用 TIR 通行证的集装箱免检放行，可有效减少港口集装箱积压拥堵现象。2014 年，我国港口集装箱吞吐量达 2 亿标箱，如果使用 TIR 通行证，每个集装箱在运输过程中，最低可减少 1 天等待时间，其成本效益非常可观。

（五）发挥示范推动效应。我国与东南亚、南亚国家经贸往来日益频繁，国际道路运输已成为双方重要的贸易实现途径。2014 年，我国国际道路运输货运车辆与东南亚往来运输作业 66.4 万次。虽然我国与东南亚五国在 2002 年签署了《大湄公河次区域便利运输协定》，但由于目前双方都未加入《TIR 公约》，实际运输过程中仍存在较多障碍。同时，已经开始的"孟中印缅经济走廊"建设，也将呈现大量新的道路运输需求。因此，我国加入《TIR 公

---

① 《2014 年中国道路运输发展报告》，第 55 页。
② 在目前的 TIR 使用国，持有 TIR 证的车辆的通关时间平均不到 1 小时。

约》将对东南亚和南亚国家加入该公约产生积极带动作用。

三、主要政策建议

（一）尽快加入《TIR 公约》和其他国际交通、贸易便利化公约。海关总署已在2015年5月将《关于加入 TIR 公约的请示报告》上报国务院，建议抓紧批复。在2015年国际道路运输联盟（负责 TIR 系统运行的国际组织）会议上，一些欧亚大陆国家纷纷表达对中国尽快加入 TIR 公约的热切期待，希望利用 TIR 系统增加与中国的交通贸易往来。我国应尽快加入 TIR 公约和其他几个相关公约，全面与国际运输规则接轨。

（二）加快制定《中华人民共和国道路运输法》。我国交通运输领域已有《铁路法》《公路法》《民用航空法》《海商法》《航道法》等多部法律，但涵盖国际运输的道路运输法至今缺失。随着我国对外开放不断扩大，与其他国家的交通运输量大幅增加，急需制定相应法规，为国际道路运输提供法律依据和保障。因此，推进《道路运输法》立法势在必行。

（三）加快理顺我国国际道路运输管理体制。我国现有道路运输口岸76个，其中设立国际道路运输管理机构的有61个，只有辽宁、新疆、广西、西藏四省区由省级道路运输机构管理，其他均由县、市道路运输机构管理。这与口岸海关、检验检疫、边检、交通运输海事（水路）等部门直属中央管理差异极大，也是导致《国务院关于印发落实"三互"推进大通关建设改革方案的通知》（国发〔2014〕68号）难以落实的重要体制原因。应加快建立"中央—省—口岸"三级直属的国际道路运输管理体制。

（四）推动我国货运汽车制造执行国际通行标准。目前国际通行的公路货运车辆载重量为40吨，而我国为49吨；国外大多为篷布式货车、双挂汽车列车，而我国货运车辆大多为非专用货车；尤其我国的硬铁厢式货车，净重一般比国外车辆超出 5 吨以上，这种车辆很容易被对方国家拒绝入境。因此，货车制造急需采用国际通行标准。

（五）大力发展我国国际道路运输产业。我国国际道路运输总体规模偏小，在市场竞争中受外国运输公司挤压严重。2014 年，我国只有 260 家从事国际道路货物运输的企业，难以满足快速增长的国际道路货运需求。应进一步加大政策支持力度，大幅提高国际道路货运量，尽快将这一产业做大做强。

增长不及预期　风险挑战犹存

——2015 年上半年国际经济形势分析

史德信　冯晓岚　李继尊

2015 年 6 月底，我们就 2015 年以来国际经济形势做了分析。现将有关情况报告如下。

一、主要经济体表现有喜有忧

从全球经济看，主要国际机构再次下调了 2015 年的增长预期。7 月份最新数据，国际货币基金组织（IMF）将 2015 年世界经济增长率预测下调 0.2 个百分点至 3.3%。6 月份，经济合作与发展组织（OECD）下调 0.6 个百分点至 3.1%，世界银行下调 0.2 个百分点至 2.8%。

美国经济在波折下回暖。受恶劣天气影响，美国经济一季度遭遇"倒春寒"，环比折年率下降 0.2%。二季度明显好转。4 月份批发销售扭转一季度下滑局面，增长 1.6%。5 月份新屋销售户数升至近 7 年高位。6 月份失业率降至 5.3%。美联储预计，美国经济二季度增长 2.5%。但是，经济增长的基础还不够稳固，2014 年二季度以来，私人投资对经济增长的贡献一路下滑，2015 年一季度仅贡献 0.4 个百分点。4 月份工业生产环比下降 0.1%，连续 6 个月下降。美元走强加大了出口困难，1、2 月份出口负增长，3、4 月份分别增长 0.6% 和 1%。

欧洲经济温和复苏中有不确定性。一季度，欧元区经济增长 1%，比 2014 年四季度有所加快。6 月份综合采购经理人指数（PMI）升至 54.2，为 2011 年 5 月以来最高水平。欧元贬值对进出口的效果显现，贸易顺差扩大。欧盟委员会预计，欧元区经济 2015 年将增长 1.2%，2016 年增长 1.7%。但是，欧元区仍面临不少结构性挑战，5 月份失业率仍在 11.1% 的高位，希腊、西班牙等重债国债务率继续攀升。6 月份消费者信心指数下降至 -5.6。英国经济相对较好，一季度环比折年率增长 1.2%，连续第 9 个季度正增长，5 月份失业率降至 2.3%。6 月底，希腊债务违约带来新的不确定性。

日本经济保持复苏但乏力。在私人投资和出口回暖的带动下，日本经济一季度环比折年率增长 3.9%，比 2014 年四季度加快 2.7 个百分点。其中，私人设备投资增长 11%，私人住宅投资增长 7%，净出口增长 12.2%。失业率保持在较低水平，5 月份为 3.3%。进入二季度以来，消费需求改善，5 月份家庭消费支出增长 4.8%，是上调消费税以来首次同比正增长。但工业生产出现回落，5 月份下降 2.2%。出口增速放慢，从 2015 年 1 月份的 17% 回落至 5 月份的 2.4%。

新兴市场国家增速总体放缓。金砖国家中，印度经济一枝独秀，一季度增长 7.5%。巴西经济一季度萎缩 1.6%，5 月份失业率 6.7%，雷亚尔大幅贬值，出现严重通胀。南非经济一季度增长 2.1%，失业率高达 26.4%。俄罗斯受石油价格下跌和美欧制裁双重打击，一季度经济继续萎缩，下降2.2%。"新钻11国"[①]中，除越南外，多数国家经济增速都处在低位甚至负增长。

二、需要关注的几个问题

一是美联储加息预期牵动各方神经。这是影响全球经济金融的重大变数。2015年以来，美元对主要货币继续升值，跨境资本流向更加复杂。据新兴市场基金研究公司（EPFR）统计，6月4—10日，全球新兴市场股票基金和债券基金的资金净流出达93亿美元，创2008年金融危机以来最高水平，其中我国股票基金净流出71亿美元。在6月16—17日的美联储议息会议上，多数委员认为年内将启动加息。加息预期及其实施都可能波及全球金融市场，一些经济增长乏力、外债负担重、经常账户赤字大的国家可能受到较大冲击。

二是希腊债务危机可能产生连锁反应。7月5日，希腊公投否决了债权人的"改革换资金"协议草案，引发国际市场恐慌，全球主要股指暴跌，国际油价下挫近8%。如果不能迅速就新的援助计划达成一致，未来希腊可能发生更多违约。即使希腊与债权人达成一致，也将接受严苛的救助条件，推进包括一系列紧缩措施的结构性改革，短期内可能加剧经济下行压力。这一事件暴露了欧元区固有的体制性缺陷，即成员国与欧元区在政策目标上存在冲突，又缺乏有效的协调机制，存在"摊牌""双输"的风险。此外，英国将就是否留在欧盟举行公投，一旦英国脱离欧盟，对欧洲乃至全球经济的影响不可忽视。

[①] 　新钻11国包括巴基斯坦、埃及、印度尼西亚、伊朗、韩国、菲律宾、墨西哥、孟加拉国、尼日利亚、土耳其、越南。

三是大宗商品价格剧烈波动。2014 年以来，原油、铁矿石等大宗商品国际市场价格下降约 40%。俄罗斯、巴西等大宗商品出口国贸易条件和国际收支恶化，经济形势雪上加霜。能源资源价格回落与需求疲软叠加，使发达国家面临通缩压力。欧元区消费价格指数连续 3 个月负增长，美国消费价格指数在零上下浮动。

四是地缘政治冲突等不稳定因素此起彼伏。对俄制裁与反制裁互不让步。6 月 22 日，欧盟决定将对俄经济制裁延长半年至2016 年 1 月 31 日，主要针对金融、能源、军民两用品贸易等。俄罗斯 24 日宣布对欧盟反制裁措施即日起延长一年，限制从一些西方国家进口部分食品。中东局势动荡不安，"伊斯兰国"卷土重来发动新一轮攻势，也门冲突升级。埃博拉疫情余波未平，中东呼吸综合症又引发新的恐慌情绪，全球已有 24 个国家报告了确诊病例。

三、应对建议

总的看，当前外部环境对我既有机遇，也有挑战。主要机遇：一是发达国家总体形势好于 2014 年，有利于我稳定出口。二是主要经济体纷纷扩大投资，如欧盟提出目标为 3150 亿欧元的"容克计划"，巴西推出 640 亿美元的投资计划，印度将在未来五年投资1200 亿美元发展铁路交通，这为我企业走出去和装备出口提供了契机。三是大宗商品价格处于低位，有利于我降低进口成本。挑战在于，主要货币汇率大幅波动，可能对我出口和国内金融市场产生负面影响。建议加强形势跟踪分析，主动作为，趋利避害，做好以下几方面工作。

（一）推进国际产能合作。最近，李克强总理访问拉美、欧洲期间，提出了与有关国家开展国际产能合作的主张，得到积极响应，达成了一些具体合作意向。有关部门和企业应趁热打铁，抓紧落实，促成一批有影响的示范项目。

（二）深化创新合作。当前，美欧正在开展一系列创新行动，如"美国创新战略"、德国"工业 4.0"、"英国制造 2050"等。有关部门应积极对接，加强创新对话和国际合作，力争在新一轮科技创新中赢得主动。

（三）切实防范跨境资本流动的冲击。2014 年二季度以来，我国跨境资本流出压力较大。近期国内股市剧烈震荡，如果国内外因素叠加，可能进一步放大风险。建议密切关注全球经济金融走势特别是美联储加息、欧债危机等最新进展，加强跨境资本流动监测分析，完善应急预案，做好政策储备。

（四）利用多双边平台加强国际合作。下半年，二十国集团（G20）峰会、联合国发展峰会、东亚系列峰会以及中欧、中英、中法、中俄等双边对话将陆续举行。我应抓住契机，推动实施"一带一路"战略，扩大务实合作。

附：

表 6　主要国际机构对世界经济的最新预测

国际机构	全球		发达经济体		新兴市场和发展中国家		预测时间
	2015 年	2016 年	2015 年	2016 年	2015 年	2016 年	
IMF	3.3%	3.8%	2.1%	2.4%	4.2%	4.7%	2015 年 7 月
世界银行	2.8%	3.3%	2.0%	2.4%	4.4%	5.2%	2015 年 6 月
OECD	3.1%	3.8%	—	—	—	—	2015 年 6 月

表 7 主要经济体部分经济指标

国　家	一季度国内生产总值增速	5 月份消费价格指数增速	5 月份失业率
美国	−0.2	0.0	5.3（6 月）
欧元区	1.0	0.2（6 月）	11.1
日本	3.6	0.5	3.3
印度	7.5	5.7	—
巴西	−1.6	8.5	6.7
俄罗斯	−2.2	15.3（6 月）	5.6
南非	2.1	4.4	26.4（一季度）
墨西哥	2.5	2.8（6 月上半月）	4.5
阿根延	−0.2	15.3	7.1（一季度）
越南	6.3	1.0	2.4（6 月）
土耳其	2.3	7.2（6 月）	10.6（3 月）

注：除美国和日本为环比折年率外，其他国家国内生产总值增速均为同比数据。越南国内生产总值增速为上半年同比数据。

加快推动我国主导的
4G TD-LTE "走出去" 的有关建议

张军立　胡　成

我国移动通信产业经历了"2G 跟随、3G 突破、4G 同步"的跨越式发展，由大唐电信集团主导、国内企业共同推动的 TD-LTE 技术已成为世界第四代移动通信两大标准之一，这是我国科技创新的巨大成果，也使我国一跃成为能够向全世界提供最新移动通信技术与产品的重要国家。当前正是世界布局 4G 的关键时期，我在实施"一带一路"战略及国际产能和装备制造合作中，已把 TD-LTE "走出去"作为重要内容，现在亟需的是加强顶层设计，进行统筹规划，促进尽快实施。

一、4G TD-LTE "走出去" 具有重要战略意义

——有利于稳增长，带动信息通信产业成为新的经济增长点。保守估计，未来五年海外市场 4G TD-LTE 用户接近 2 亿，以 70% 系统设备由国内企业提供、70% 终端在国内生产、70% 配套基建业务由国内企业承担来计算，可带动我国通信制造业 4000 亿元以上的出口，间接带动国民经济增长 2 万亿元，新增国内就业岗位近 80 万个。

——有利于调结构，实现从产品出口向先进技术出口的升级。我国通信设备企业已经具备一定国际竞争能力，4G TD-LTE "走出去"将带动芯片、终端（手机）、仪表以及移动互联网企业共同"走出去"，实现通信产业链整体"走出去"，切实推动我国出口结构从低附加值的劳动密集型产品向高附加值的高科技产品转型，提升对外贸易出口竞争力。

——有利于强产业，在新一轮全球移动通信竞争中占领优势地位。我国移动通信产业参与全球竞争，已从技术标准和产业之争，进入到全球市场战略资源竞争的新阶段。4G市场是一个全新的市场，尽早推动我国企业"走出去"，全面参与全球市场竞争，有助于提升我国自主 TD 国际标准的竞争力和影响力，增强我国在全球信息通信领域的话语权，保持自主技术标准的持续竞争优势，为我国从 4G "同步"到 5G 实现"引领"奠定坚实基础。

——有利于保安全，促进国家重大战略的实施。随着"一带一路"、中国装备"走出去"和推进国际产能合作等战略的实施，我国国家信息安全的范围也将扩展到"一带一路"沿线国家。伴随我国高铁、核电等基础设施和银行等金融服务机构"走出去"，必然需要通过网络、通信等行业信息化设备实现互联互通；基础设施建成投入运营后，又必将产生大量高密级的数据信息。如何保障"走出去"过程中的信息安全，成为迫切需要解决的关键问题。大力推动 4G TD-LTE "走出去"，实现"一带一路"走到哪里，自主创新、为我所控的信息通信网络就铺到哪里，这是保障国家信息安全的根本途径，也是影响"一带一路"战略能否顺利实施、发挥长远影响的重要因素。

二、4G TD-LTE "走出去" 具备良好的基础和条件

一是 4G TD-LTE 产业链已具备与 FDD—LTE 相当的技术性能和成熟商用能力。我国 4G TD-LTE 已形成本土厂家主导、国际厂商广泛参与的完整产业链，产业链上下游企业超过 400 家，其中包括系统设备商 10 家、芯片企业超过 20 家、终端厂家超 80 多家、仪表企业超 30 家。截至 2015 年 3 月，我国 4G TD-LTE 基站出货量超过 80 万台，预计到 2015 年末将达到 130 万台，与欧洲主导的 FDD—LTE 基本持平，覆盖城市超 340 个，成为全球最大的 4G 网络，产业规模效应开始显现。同时，4G TD-LTE28 纳米终端芯片已实现多厂家量产，终端款数近 1400 款。中国移动等主流运营商的商业运营实践证明，4G TD-LTE 产业链已完全具备了国际化能力。

二是我国通信企业已在境外积极布局 4G TD-LTE 知识产权，形成较强攻防能力。近年来，大唐电信集团、华为、中兴等国内移动通信企业发挥 4G TD-LTE 标准制定者的优势，积极开展境外知识产权布局，4G TD-LTE 核心专利数量进入全球前十，并产生一批独特的、无法绕开的核心知识产权，已具备较强的知识产权攻防能力，能够为 4G TD-LTE "走出去" 战略实施提供有效支撑。

三是国内信息通信企业具有 "走出去" 的宝贵经验。目前，我国企业已在包括比利时、日本、南非在内的全球四大洲建设了 TD-LTE 网络，累计建设基站超 2 万套。2011 年底，我国大唐电信集团在比利时成功竞拍取得 TDD 频谱资源，这是中国企业在海外拥有的首张 4G 移动通信牌照。2014 年 3 月大唐与比利时合作方正式签署 TD-LTE 项目合作协议，已经开始推进比利时 TD-

LTE 网络建设。

三、4G TD-LTE "走出去" 既有机遇、也有挑战

"一带一路"、装备"走出去"和推进国际产能合作为 4G TD-LTE "走出去"提供了良好机遇。"一带一路"沿线区域包括 65 个国家，约 44 亿人口、年生产总值 21 万亿美元，分别占全球的 62.5% 和 28.6%；2013 年，我国与沿线国家货物贸易额超过 1 万亿美元，占我国对外贸易总额的四分之一，市场十分巨大。当前，这些国家信息基础设施建设正处在从 2G 向 3G/4G 升级的关键阶段和窗口期。特别是发展中国家大力推进工业化、城镇化进程，在满足高铁、核电等基础设施实现信息互联互通的同时，消除信息鸿沟，提高这些国家信息化水平也将提上议事日程，进而对信息通信技术和产品产生巨大的市场需求，势必带动"一带一路"沿线国家进入信息通信基础设施大规模、高强度投资建设期，这为我国加快推动自主创新的 4G TD-LTE "走出去"提供了重要机遇。

但是，我国 4G TD-LTE "走出去"也存在不少挑战。从国外看，TD-LTE 和 FDD—LTE 两种技术标准对市场的争夺日趋激烈，欧盟和美国政府通过"双反"调查、外交协调、高访等手段，支持 FDD—LTE 技术标准推广和设备厂家开拓市场；欧洲电信标准化委员会和欧美企业联合游说，要求在欧盟范围内将国际电联已划分给 TDD 的频段重新分配给 FDD 使用，遏制 TDD 技术在全球范围的应用；欧洲厂商在欧洲发起的 5G PPP 标准化组织中明确要求，成员必须是在欧盟内注册经营的企业，试图限制中国企业参与欧洲企业标准化工作。从国内看，仍存在不少问题和障碍。一方面是缺少"走出去"的顶层设计。国家"一带一路"

战略将通信作为"走出去"的重点领域，但目前尚缺少推动 4G TD-LTE"走出去"的国家层面顶层设计，没有形成相应的协调机制，政策红利尚未完全释放。另一方面是缺乏上下游企业间"走出去"的协同机制。4G TD-LTE"走出去"需要全产业链整体输出，是一个系统工程。当前企业"单兵作战"的"走出去"模式难以适应 4G TD-LTE"走出去"的现实需求，迫切需要加强运营商、设备商以及基建商的协同。此外，通信网络建设具有前期投入大、回报周期长的行业特点和一般规律，由于我国自主创新 4G TD-LTE 产业链企业尚未进入高回报周期，完全依靠自身资金积累和投入难以形成可持续发展模式，迫切需要国家政策性金融机构给予支持。

四、有关政策建议

（一）将 4G TD-LTE"走出去"纳入国家对外总体战略。借鉴国外政府采用多种方式支持本国移动通信标准开拓全球市场的经验，将 4G TD-LTE"走出去"纳入国家对外总体战略，特别要结合"一带一路"，将 4G TD-LTE"走出去"作为重要议题纳入双边或多边合作机制，推动从标准、装备到服务的整体"走出去"。同时，将 4G TD-LTE"走出去"纳入高访议题，通过外交手段减少和消除境外政策、产业、贸易壁垒，为我国企业境外贸易和投资争取更开放和公平的环境。

（二）建立 4G TD-LTE"走出去"的部际协调机制。建议由工信部、发改委牵头建立 TD-LTE"走出去"部际协调机制，加快 4G TD-LTE"走出去"战略顶层设计，围绕实现"一带一路"沿线国家基础设施互联互通，明确 4G TD-LTE 在推动交通运输、电信、网络等基础设施互联互通中的作用，协调推动 4G

TD-LTE 产业链"走出去"。由商务部牵头制定两优贷款和援外资金支持计划，同时，积极发挥亚洲基础设施投资银行、中国进出口银行和国家开发银行开发性金融服务国家战略的作用，将 TD-LTE "走出去"纳入专项支持规划；在丝路基金中设立 TD-LTE 专项基金，支持成套设备、技术、标准、服务"走出去"。

（三）推动产业链上下游企业协同"走出去"。加强上下游企业间的合作，发挥企业之间协同效应，杜绝恶意竞争，实现国家利益最大化。由有关部门牵头，鼓励 4G TD-LTE 有关企业抱团"走出去"，通过电信运营企业与设备制造企业合作，带动自主 4G TD-LTE 通信设备出口；通过金融企业与金融安全芯片设计制造企业合作，带动自主金融 IC 卡"走出去"；鼓励有条件的企业积极布局数据中心等基础设施，带动数据处理等设备出口，保障大数据、云计算安全；鼓励企业在海外设立研发机构，利用全球智力资源，加强新一代信息通信技术（5G）的研发。

（四）创新"走出去"的合作方式。进一步加强合作方式创新，根据不同国家、不同市场环境制定差异化的国际推广策略，采取贸易、投资、工程建设、技术合作、技术援助等多种方式、多种组合，灵活开展合作。如推动国外政府尽快分配 TDD 频谱、制定有利于 TD-LTE 发展的政策；采取 EPC（交钥匙）、BOT（建设—经营—转让）、工程总承包等多种方式帮助新兴电信市场解决资金和成本问题；鼓励有条件的国内企业开展境外投资和并购，提供审批绿色通道和融资便利；将 4G TD-LTE 列入国家对外援助项目优先选择的技术，援助相对落后地区建设、维护、运营 4G TD-LTE 网络；通过互利共赢等方式推动传统 FDD 运营商国家或地区部署 4G TD-LTE 或 TDD—FDD 融合网络。

（五）以重点市场为突破口实施重大项目和示范工程。深入分析"一带一路"沿线国家移动通信市场状况和进入机会，选择辐射范围大、示范带动性强的重点国家，可以考虑面向东盟、南亚、西亚、非洲、中东欧等需求旺盛的新兴市场，实现重点突破。实施4G TD-LTE 示范网络项目，以点带面，促进 4G TD-LTE 在"一带一路"沿线国家应用。用好我国信息通信企业在欧洲高端市场取得的频谱等战略资源，通过重点项目支持推动，加强运营商与设备商紧密合作，建设规模 4G TD-LTE 商用网络。发挥欧洲高端市场的"桥头堡"作用，带动亚非拉国家选择 4G TD-LTE。选择中资企业较多的非洲或亚洲友好国家，实施整建制援助 4G TD-LTE 示范项目，形成示范效应，带动在目标市场规模应用。

北欧国家如何做到"万众创新"？

——瑞典、芬兰国家创新体系调研报告

贺达水

"创新一停步，危机就来临"。这是我室调研组在瑞典、芬兰两国与政府部门、行业协会、企业负责人座谈时，感触最深的一句话。北欧国家偏居欧洲一隅，人口总量不大，资源条件不佳，在他们的发展观里，要素驱动、投资驱动"皆有穷时"，惟有创新驱动"永无止境"。正是因为将创新作为国家生存之本、发展之基，北欧国家保持充沛的活力和强大的竞争力，成为全球发展典范。根据彭博 2015 年全球国家竞争力排名，芬兰居第四，瑞典居第七，丹麦和挪威也都跻身前 15 名，与美、日、德等大国相比毫不逊色。在北欧调研期间，小到日常生活用品，大到城市交通治理，都能品出浓浓的"创新味"，创新已融入经济社会血脉，成为不可或缺的国家发展基因。瑞典、芬兰在构建国家创新体系方面有独到之处，值得借鉴。

一、以优质教育涵养"创新之源"

创新归根结底要靠人才和知识积累。教育特别是高等教育肩

负着人才培养和基础研究的使命，是国家原始创新能力的重要源泉。瑞典、芬兰两国均把提升教育质量作为首要国策。像芬兰人口仅 500 多万，却拥有 20 所大学，是人均占有高等教育资源最多的国家，在各类教育排名中，芬兰教育质量长期名列前茅。在首都赫尔辛基的中心广场上，三面矗立的建筑分别为大教堂、首相府和该国最高学府赫尔辛基大学。芬兰人告诉我们，教堂管灵魂，政府管行为，大学管思想，三者并驾齐驱，赫尔辛基大学的校旗就是芬兰国旗，国家对教育的重视可见一斑。在瑞典，斯德哥尔摩大学中国留学生代表与我们座谈时表示，在瑞典政府和社会各界的资助下，斯德哥尔摩大学的实验室、仪器设备等科研条件堪称世界一流，而且该大学科技合作的国际化程度很高，已成为全球研发和创新网络的重要节点。

调研中了解到，近年来，北欧国家日益重视发挥大学的"第三使命"，使其深度参与国家创新体系，反过来也提升了高等教育质量。区别于作为"第一使命"的教学和作为"第二使命"的科研，大学"第三使命"主要指学术成果转化，建立与经济和社会的直接联系。斯德哥尔摩大学化工专业的中国留学生告诉我们，他所在的实验室获得政府资助项目，与大众、沃尔沃等顶尖汽车企业合作，开发新一代电池材料，有望将电动汽车续航里程提升数倍，并采用无线充电技术，应用前景广阔。他认为，这种深度创新合作有"三重好处"，既可使瑞典保持在新能源产业上的全球竞争力，也可使大学研究人员活跃在相关领域研究前沿，还可培养造就大量适应产业发展需要的专业人才，很多博士生还没毕业就已被企业"预订"，有的则是谋划自行创业。"象牙塔"和"生产车间"携手共进，这是涵养"创新之源"的有效办法。

二、以灵活机制焊接"创新三角"

大学、研究机构、企业被视为是"创新三角"，如何把产学研打通并牢牢绑定，形成创新合力，是世界性难题。北欧国家在这方面给出了多种解决方案。瑞典采取"政府统筹下的产学研一体化"模式，成立首相挂帅、由 5 位内阁部长、商界、学术界及工会代表组成的国家创新委员会，为各方开展创新协作创造条件。据瑞典首相府负责创新事务的官员介绍，该委员会是政府咨询机构，目的是建立一整套培育、鼓励、支持创新的政策体系，如国家风险资本、创新采购、促进创新型企业发展等政策。瑞典创新局是政策执行机构，支配的研发资金相当于约 1% 的 GDP，支持的项目必须是产学研合作项目，周期为 3—6 年，最高支持比例为50%。芬兰采取"中间人链接"模式，国家技术研究中心（VTT）利用公共资金，扮演产学研"中间人"角色，依托科学园等载体，将具有研发实力的知识型组织与寻找新技术的企业集合在一起，与两者签订合作开发合同，提供"粘合资本"和市场开拓服务，使之形成一个学术气氛活跃、商业气息浓厚的创新生态系统，孵化出应用性研究成果，促进产业新陈代谢。两种模式都是以促进科技成果转化为目标，以市场需求为驱动力，以公私合作为主要工具。

三、以政府采购创造"创新需求"

政府采购是创造市场需求的重要手段。中小创新型企业在推出新产品、新服务的初期，或多或少会遇到需求不足的困境，这时候就需要以政府采购来创造有效需求，为创新"惊险一跃"提供助力。对此，瑞典、芬兰均建立了"创新友好型"的政府采购制度，从需求侧助推创新。例如，瑞典《公共采购法》针对创业公司资金实力弱、营运时间短、业绩少等状况，允许其提出满足采购合同指标的新解决方案，允许用融资计划等文件代替银行担保来证明其经济能力，允许用公司部分核心员工此前的工作经验代替公司业绩来证明专业实力，允许数个中小企业组团联合投标，等等，为中小企业参与政府采购竞标扫清障碍。运作良好的政府采购能够显著影响创新速度和方向，像瑞典政府对电信公司采购数字交换机，巨额订单使爱立信公司加快通信技术研发，迅速成长为全球电信巨头。芬兰为鼓励本国清洁技术发展，规定所有政府采购项目，必须优先考虑新型清洁技术解决方案，尽可能实现节能降耗减排，通过创造市场需求，强化相关产业的国际竞争力。调研中我们还了解到，瑞典、芬兰等国近年来不断创新政府采购方式，从传统的采购商品和服务，进一步走向采购研究成果，对企业和研究机构合作开发出来的成果予以"采购"，其实质是一种研发后支持政策，为研究成果顺利实现商业化"助一臂之力"。

创新政府采购支持方式是当前我们深化"大众创业、万众创新"的重要举措，这方面可以借鉴瑞典、芬兰的做法，通过制度安排，消除中小企业在投标时面临的条件认定、企业资质等阻碍创新型企业进入的门槛，为创新活动提供更大空间。

四、以设计挑战激励"创新供给"

从本质上看，"创新友好型"的政府采购是对已有创新存量的支持，对创新增量的激励不够。增加创新供给、让更多的人参与创新，必须另辟蹊径。北欧国家充分吸收借鉴美、日、德等大国在创新竞赛方面的经验，通过甄别问题、设计挑战、设定有吸引力的奖金，召集行业内创新企业参与，激励提供创新解决方案。

如瑞典首创"72小时创新竞赛"，将不同专业背景的人士组合成创作小组，借助科学家、工业设计、专利专家的指导和支持，在72小时内不间断完成创意、制作、评估、专利注册等创新环节，最终提交符合专利保护条件的新产品和新服务。通过这种团队合作的极限创新活动，有效激发参与者的创意和天分。这类创新竞赛还有助于提高国家创新竞争力。例如，芬兰国家研发基金（SITRA）与赫尔辛基市政府近期联合举办了一个可持续建筑国际设计竞赛，面向全球招募优秀建筑设计团队，为建造一个低碳或无碳排放、使用可持续建材的大型建筑综合体提供创新解决方案。通过竞赛，提升了芬兰在生态建筑、生态城市建设方面的创新能力，为其未来主导该领域的国际标准提供支撑。在与芬兰技术产业联合会座谈时，调研组了解到，芬兰正在雄心勃勃地开发所谓"实时经济"（Real-time Economy），在这个新体系下，所有商业主体间的交易，如订单、税务申报等，都能以"数字格式"自动完成，无需任何存储和处理，最大限度减少交易环节造成的延误，进而降低企业成本。该联合会创新网络部负责人介绍，在实时经济下，未来公司员工在家就可以完成所有工作，大幅减少国民上下班通勤时间，且公司财务、纳税等行为都将自动地、即时地完成，整个国家的生产成本将大幅降低，竞争力有望成倍增长。目前，实时经济开发也采用设计竞赛方式，参与方既有诺基亚等巨头，也有中小企业，开发进展顺利，预计2016年初就可以与政府公共服务平台实现对接。有奖竞赛等创新激励方式，对于加快创新进程、鼓励集体创新、提高创新成效，具有很好效果，值得我们在深化"大众创业、万众创新"中大力推广。

后　记

　　国务院研究室作为承担综合性政策研究和决策咨询任务、为国务院主要领导同志服务的办事机构，紧紧围绕党中央、国务院工作大局和中心任务，深入开展调查研究，撰写调研报告，提出有价值的咨询建议，积极主动为党和政府科学决策发挥参谋助手作用。本书收录的文章，均为2016年上半年国务院研究室针对2016年全国经济社会发展形势，在深入调查研究的基础上形成的调研成果，作者大多是国务院研究室的同志，也有部分成果是与其他单位同志合作完成的。其中有的调研报告获得党和国家领导同志重要批示，有的直接推动了工作，具有较强的针对性和可操作性，对关心中国经济社会发展的读者有较大的参考价值。根据文章所涉主题，我们将所选文章分编成七大部分。除对个别文字进行校改外，文章基本保留原貌。

　　中国言实出版社为本书的出版做了大量工作，在此表示感谢！

本书编委会

2016 年 7 月